2024 年度版

REGISTERED CUSTOMS SPECIALIST

通関士
スピードテキスト

TAC通関士講座講師　小貫 斉

TAC出版
TAC PUBLISHING Group

はじめに

　本書は，**短期間での通関士試験合格**を果たすためのものです。無駄を省き，試験対策上重要な分野をしっかりと学習できるように構成されています。それぞれの学習進度に合わせて，有効に活用してください。

①　これから学習を始める方

　知識ゼロの状態から始めても，十分に理解できるように，理解しやすい解説を行っています。はじめは**本文**をひと通り読んで，内容を理解してください。あまり細部にはこだわらず，図表で各制度のイメージをつかむようにしてください。側注の「**着眼点**」も各項目を理解するために役に立ちます。

②　学習経験のある方

　すでにある程度の知識をお持ちの方は，知識の定着度を確かめながら進んでください。特に，「理解はしているが覚えきれていない」ということがありがちなので，気をつけましょう。基本知識が大丈夫なら，側注の「**発展**」もしっかりと読み込んで，知識を拡充してください。

　各章末には，「復習テスト」を設けてあり，重要知識の確認ができるようになっています。

　また，弊社刊行『通関士　過去問スピードマスター』を併用していただくと，より効果的に学習を進めることができます。側注の「**過去問**」にリンクを示してありますので，うまく活用してください。

　最後になりますが，本書を手にした皆さんが通関士試験に合格されることを祈念しております。

2023年12月
TAC 通関士講座

本書の利用法

第2章
輸入通関

 出題傾向

項目	H28	H29	H30	R1	R2	R3	R4	R5
1 輸入通関制度の全体構造	○							
2 輸入申告	○	○	○	○	○	○	○	○
3 添付書類		○	○	○	○		○	○
4 輸入貨物の審査と輸入の許可	○	○	○	○	○	○	○	○
5 輸入の許可前における貨物の引取り	○	○	○	○	○	○	○	○
6 予備審査制			○					
7 特例輸入申告制度	○	○	○	○		○	○	○

 本章のポイント

外国から本邦に到着した貨物は，いきなり本邦に引き取り，流通経路に乗せることはできない。一連の輸入通関手続を経由する必要がある。

ここでは，輸入通関手続について学習する。関税法では最も多く出題される分野の一つである。複数選択式，択一式では，次章の輸出通関と合わせて何問も出題されるほか，語群選択式においても出題の可能性は高い。

範囲が広く，細かい知識も多いが，まず原則的な手続の流れをつかんだ上で，関連付けて押さえていくのがよい。また，特例輸入申告制度については，あまり細部にこだわらず，通常の輸入通関手続との相違点を理解しつつ学習を進めることが大切である。

13

出題内容

過去8年分の出題実績を示しています。重要項目が一目でわかります。

本章のポイント

各章ごとの重要点と学習の進め方を示しています。本文を読み進める前に，概要をつかんでください。

1　保税運送等　★★★

1　保税運送の承認

　外国貨物は，税関長に**申告**し，その承認を受けて，開港，税関空港，税税地域，税関官署及び他所蔵置許可場所**相互間に限り**，外国貨物のまま運送することができる（保税運送*1，関税法63条1項）。

2　保税運送の手続を要しない外国貨物

　次の貨物については，保税運送の承認を要しない（63条1項，施行令52条）。

① 郵便物
② 特例輸出貨物*2
③ 本邦に到着した外国貿易船等に積まれていた外国貨物で，引き続き当該外国貿易船等により，又は他の外国貿易船等に積み替えられて運送されるもの
④ 輸出の許可を受けて外国貿易船等に積み込まれた外国貨物で，当該外国貿易船等により，又は他の外国貿易船等に積み替えられて運送されるもの

【保税運送の承認を要しない場合（③の場合）】 *3

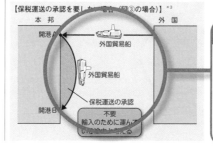

本書の利用法

過去問

重要過去問を掲載しています。「スピマス類題」とし姉妹本『過去問スピードマスター』における関連箇所を示しているので，併せて活用してください。

着眼点

本文をよりよく理解するための考え方等を示しています。効率的な学習のために活かしてください。

語 句

重要語句や意味が難解な語句を掲載しています。

側 注

> **1　関税法の** ごとに連番をふってあります。

過去問 ＊2

関税法第68条に規定する仕入書は，輸入の許可を受けようとする貨物の仕出国において欧州連合の一機関である欧州委員会の定める様式により作成されたものであって，当該貨物の記号，番号，品名，品種，数量及び価格を記載したものでなければならない。(R3)

× 様式については定められていない。記載も絶対的に必要とはされていない。(スピマス類題→第3章⑰)

着眼点 ＊3

提出不要な場合や有効期間について，入念な確認を意識しておこう。

語 句 ＊4

蔵入承認

保税地域の一つである保税蔵置場に外国貨物を長期間置くことについての承認。第5章参照。

発展 ＊5

原産地証明書は，当該貨物の原産地，仕入地，仕出地若しくは積出地にある本邦の領事館若しくはこれに準ずる在外公館又はこれらの官公署若しくは商業会議所の証明したものでなければなら...

22

名又は名称が記載されているものをいう(基本通達68-3-1)。

【仕入書についての出題のポイント】 ＊2
① 有効期間の定めはない
② 原産地の記載は要求されていない
③ 価格はCIF価格である必要はなく，契約上の価格でよい

③　協定税率，便益関税の適用を受ける場合

一定の国や地域を原産地とする貨物については，条約の規定により，通常の場合よりも有利な税率の適用を受けて輸入することができる。

WTO(世界貿易機関)協定の規定による関税についての条約の特別の規定による便益である協定税率(又は便益関税*)を適用する場合において必要があるときは，税関長は，当該貨物が当該便益の適用を受ける外国の生産物であることを証明した原産地証明書を提出させることができる(関税法68条)。ただし，次の貨物に係る場合には提出を要しない(施行令61条1項1号) ＊3

① 課税価格の総額が20万円以下の貨物
② 貨物の種類，商標等又は当該貨物に係る仕入書その他の書類によりその原産地が明らかな貨物

原産地証明書は，当該貨物の輸入申告の日(蔵入承認 ＊4 申請書等を提出する場合にあっては，その提出の日)においてその発行の日から1年以上を経過したものであってはならない(災害その他やむを得ない理由によりその期間を経過した場合を除く)(61条3項) ＊5

※　税率の選択と便益関税
輸入貨物に通常適用される税率には，①基本税率，②協定税率，③特恵税率，④暫定税率があり，このうちのいずれかを選択して適用する。②の協定税率を適用するためには，WTOに加盟する国や地域を原産地とする貨物を輸入する場合でなければならないが，便益関...

発 展

関連知識を示しています。やや発展的なものもあるので，学習進度に応じて活用してください。

vi

スピードテキスト - 過去問スピードマスター対応表

	スピードテキスト	過去問スピードマスター
関税法	第1編	第2章
関税定率法等	第2編	第3章
通関業法	第3編	第1章
通関実務	第4編	第3章

 復習テスト

1　保税運送の承認が不要な外国貨物（4つ）
2　保税運送の手続（①から③に適切な語句を挿入）

　　税関長は，保税運送の承認をする場合においては，相当と認められる運送（　①　）を指定しなければならない。また，税関長は，保税運送の承認をする場合において必要があると認めるときは，税関職員に当該運送に係る貨物の（　②　）をさせ，また，関税額に相当する（　③　）を提供させることができる。

3　特定保税運送制度（①から③に適切な語句を挿入）

　　特定保税運送者は，特定保税運送に際しては，（　①　）を税関に提示しその確認を受けなければならない。また，特定保税運送に係る外国貨物が運送先に到着したときは，（　①　）を遅滞なく（　②　）の税関に提示し，その確認を受けた後に当該（　①　）を当該（　①　）の発送の確認をした税関に提出しなければならない。

　　特定保税運送に係る外国貨物が発送の日の翌日から起算して（　③　）以内に運送先に到着しないときは，特定保税運送者から直ちにその関税を徴収する。

【解答】

1　①　郵便物
　　②　特例輸出貨物
　　③　本邦に到着した外国貿易船等に積まれていた外国貨物で，引き続き当該外国貿易船等により，又は他の外国貿易船等に積み替えられて運送されるもの
　　④　輸出の許可を受けて外国貿易船等に積み込まれた外国貨物で，当該外国貿易船等により，又は他の外国貿易船等に積み替えられて運送されるもの
2　①　期間　　②　検査　　③　担保
3　①　運送目録　　②　到着地　　③　7日

114

復習テスト

　各章ごとに，最も基本的で重要な項目を確認できるようになっています。

　通関士試験で大きな配点を占める「語群選択式」の問題に対処するため，穴埋め形式を中心に掲載しています。すっと言葉が出てくるかどうか，確かめながら進んでください。

目 次

第2編　関税定率法等

目 次

目 次

第1編

関税法

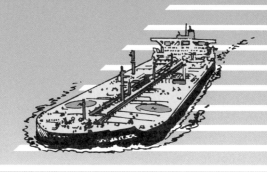

第1章
関税法の目的と定義

 出題傾向

項目	H28	H29	H30	R1	R2	R3	R4	R5
1 関税法の目的								
2 用語の定義	○	○	○	○	○	○	○	○

 本章のポイント

　本章では，関税法上の重要な用語の定義を学習する。今後の学習内容の基礎となるものであるから，しっかりと理解してほしい。特に，「外国貨物」の定義を押さえることが重要である。

　また，例年必ず出題されている分野であり，語群選択式での出題も十分にありうるので，正確な表現で覚えておく必要がある。

1　関税法の目的

　関税法は，**関税の確定，納付，徴収及び還付**並びに**貨物の輸出入**についての**税関手続**の適正な処理を図るため必要な事項を定めている（関税法1条）。すなわち，関税についての税法としての側面と，輸出入貨物についての通関法としての側面を有しているということである。

2　用語の定義 ★★☆

1　外国貨物・内国貨物

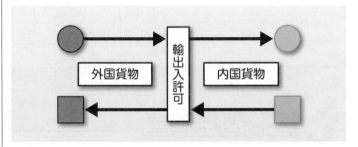

　関税法においては，貨物を外国貨物と内国貨物とに分けて規定している（2条1項3号，4号）*1。

　外国貨物とは，次のものをいう。

① 　**輸出の許可を受けた貨物***2

② 　**外国から本邦に到着した貨物**（**外国の船舶**により**公海で採捕**された水産物を含む。）で輸入が許可される前のもの

　内国貨物とは，次のものをいう。

① 　本邦にある貨物で外国貨物でないもの

② 　本邦の船舶により公海で採捕された水産物

　*1

　外国貨物の定義を覚えることが重要。外国貨物でないものが内国貨物と思えばよい。両者を区別するポイントは，「輸出入の許可を受けたか否か」である。貨物が置かれている場所は関係がないことに注意。

過去問 *2

　輸出の許可を受けた貨物で外国貿易船又は外国貿易機に積み込まれる前のものは，関税法上の内国貨物である。（H21）
× 　輸出の許可を受けた貨物は，外国貨物である。（スピマス類題→第2章①②）

水産物については，図を参考に，次のように理解しておく。

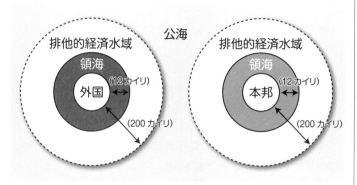

① 本邦の領海で採捕→内国貨物

② 外国の領海で採捕→外国貨物

③ 公海（又は排他的経済水域*3の海域）で採捕

　　イ 本邦の船舶により採捕→内国貨物

　　ロ 外国の船舶により採捕→外国貨物

② 輸入・輸出・積戻し

　輸入とは，外国から本邦に到着した貨物（外国の船舶により公海で採捕された水産物を含む。）又は輸出の許可を受けた貨物（＝外国貨物）を本邦に（保税地域*4を経由するものについては，保税地域を経て本邦に）引き取ることをいう（2条1項1号）。外国貨物については，原則として保税地域以外の場所に置くことはできないことになっており，関税法上様々な規制がされている。「本邦に引き取る」とは，この規制から解放されて内国貨物となることを意味している。

【「輸入」の定義】 外国貨物

外国から本邦に到着した貨物（外国の船舶により公海で採捕された水産物を含む。）又は輸出の許可を受けた貨物 を本邦に（保税地域を経由するものについては，保税地域を経て 本邦に）引き取ること

↓

必要な輸入手続を経て（≒輸入の許可を受けて）

着眼点 *3

　関税法上，本邦または外国の排他的経済水域の海域で採捕された水産物は，公海で採捕されたものとして扱われる。すなわち，「排他的経済水域＝公海の一部」と考えればよい。

語句 *4

保税地域

　輸出入貨物の通関手続を行うための一定の施設。指定保税地域，保税蔵置場，保税工場，保税展示場，総合保税地域の5つがある。詳しくは第5章で学習する。

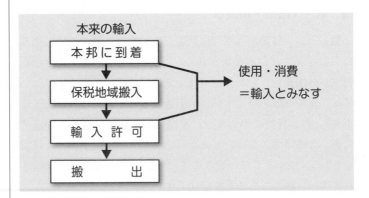

輸出とは，内国貨物を外国に向けて送り出すことをいう（2条1項2号）*5。

積戻しとは，外国貨物を外国に向けて送り出すことをいう(75条)。

※ 関税定率法上の輸出

関税定率法において「輸入」の定義は関税法と同様であるが，「輸出」の定義はより広義となっている。

関税定率法において「輸出」とは，関税法に規定する行為のほか，貨物を特定の国（公海並びに本邦の排他的経済水域の海域及び外国の排他的経済水域の海域で採捕された水産物については，これを採捕したその国の船舶を含む。）から他の国に向けて送り出すことをいう。

すなわち，必ずしも「本邦から外国へ」送り出す場合に限らず，「ある国から他の国へ」送り出す場合であっても，「輸出」に該当するということである。

③ みなし輸入

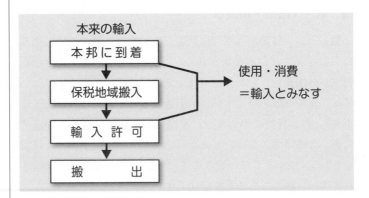

```
本来の輸入
本邦に到着
  ↓
保税地域搬入    →  使用・消費
  ↓               ＝輸入とみなす
輸入許可
  ↓
搬  出
```

外国から本邦に到着し，保税地域に搬入したワインを，輸入の許可を受ける前に飲んでしまった場合，保税地域からの引き取りがないため，本来の「輸入」には該当しないことになってしまう。しかし，このような行為は「輸入」と同視して，関税を徴収すべきである。そこで，外国貨物が輸入される前に本邦において**使用**され，又は消費される場合には，**その使用し，又は消費する者がその使用又は消費の時に当該貨物を輸入するも**

過去問 *5

内国貨物を外国に向けて送り出すことは，「輸出」に該当する。(R2)
○ （スピマス類題→第2章①②）

6

のとみなすこととした（2 条 3 項）^{*6}。

ただし，本邦での使用，消費行為のすべてを輸入とみなし，関税を徴収することは妥当ではないため，次の場合においては，例外として輸入とはみなさないこととなっている（2 条 3 項かっこ書，関税法施行令 1 条の 2）^{*7}。

① 保税地域において関税法により認められたところに従って外国貨物が使用され，又は消費される場合

　保税蔵置場において，税関長の許可を受けて外国貨物について簡単な加工を行う場合等が挙げられる。

② 本邦と外国との間を往来する船舶又は航空機に積まれている外国貨物である船用品又は機用品を当該船舶又は航空機において本来の用途に従って使用し，又は消費する場合

　外国貿易船において外国貨物である燃料油を消費する場合等が挙げられる。

③ 旅客又は乗組員がその携帯品である外国貨物をその個人的な用途に供するため使用し，又は消費する場合

　海外旅行の土産である酒，たばこについて，旅客が個人的に消費する場合等が挙げられる。

④ 関税法の規定により税関職員が採取した外国貨物の見本を当該貨物の検査のため使用し，若しくは消費する場合又はその他の法律の規定により権限のある公務員が収去した外国貨物をその権限に基づいて使用し，若しくは消費する場合

　食品衛生法上の検査のため，権限のある公務員が外国貨物を収去する場合等が挙げられる。

4　みなし内国貨物

外国貨物は，通常の場合，輸入の許可を受けた時に輸入されたことになり，以後内国貨物として扱われる。しかし，手続として輸入の許可を経由しないで適法に本邦に引き取られる貨物については，外国貨物として関税法の拘束を与えておくのは適当ではない。そこで，一定の時点で輸入の許可を受けたものと

過去問 *6

保税展示場で開催される博覧会において展示される外国貨物である酒類を，当該博覧会の観覧者が試飲する場合には，当該観覧者がその消費の時に当該貨物を輸入するものとみなす。（R1）
○（スピマス類題→第 2 章①②）

過去問 *7

旅客が，その携帯品である外国貨物を輸入する前に，本邦においてその個人的な用途に供するため消費する行為は，関税法上の輸入とみなされる。（H19）
×「みなし輸入」の例外に該当し，輸入とはみなされない。（スピマス類題→第 2 章①②）

*8

　輸入許可前引取承認を受けた貨物についても，一定の場合を除き，内国貨物とみなされる。手続の詳細については，第2章で学習する。

し，内国貨物とみなすこととしている（関税法74条，関税法施行令64条の2）。いくつかの場合があるが，重要なものは次の4つである[8]。

① 日本郵便株式会社から交付された郵便物若しくは信書便物[9]の送達を行う者から交付された信書

② 許可の期間満了後保税展示場にある外国貨物について**関税が徴収**されたもの

③ 公売に付され，若しくは随意契約により売却されて買受人が買い受けたもの

④ 保税工場，保税展示場，総合保税地域外における使用又は作業の許可を受けた貨物で，指定された期間を経過して**関税が徴収**されたもの

*9

信書便物
　民間の宅配事業者が取り扱う信書（手紙，証明書，許可書，請求書等）。民間事業者による信書の送達に関する法律3条（郵便法の適用除外）に掲げる場合に該当して信書便物の送達を行う者から交付される信書については，輸出入通関に関して郵便物同様の取扱いがされている。

5　その他の用語の定義

　これまでに見てきたもののほかに，関税法で規定されている用語の定義として押さえておくべきものは，以下のものである（関税法2条1項）。

附帯税	関税のうち延滞税，過少申告加算税，無申告加算税及び重加算税
外国貿易船	外国貿易のため本邦と外国の間を往来する船舶[10]
外国貿易機	外国貿易のため本邦と外国の間を往来する航空機
沿海通航船	本邦と外国の間を往来する船舶以外の船舶
国内航空機	本邦と外国の間を往来する航空機以外の航空機
船用品	燃料，飲食物その他の消耗品及び帆布，綱，じう器その他これらに類する貨物で，船舶において使用するもの
機用品	航空機において使用する貨物で，船用品に準ずるもの
開港	貨物の輸出及び輸入並びに外国貿易船の入港及び出港その他の事情を勘案して政令で定める港
税関空港	貨物の輸出及び輸入並びに外国貿易機の入港及び出港その他の事情を勘案して政令で定める空港
不開港[11]	港，空港その他これらに代わり使用される場所で，開港及び税関空港以外のもの

*10

　外国貿易のため本邦と外国との間を往来する船舶は，「外国貿易船」に該当する。（H26）
○（スピマス類題→第2章①②）

*11

　不開港では原則として，外国貿易船の自由な入港が認められていないため，入港には事前に税関長の許可が必要である（20条1項）。

特殊船舶等 （15条の3 第1項，施 行令13条 の3）	本邦と外国との間を往来する船舶又は航空機で外国貿易船又は外国貿易機以外のもの（外国の軍艦及び軍用機並びに海上における保安取締り及び海難救助に従事する公用船及び公用機並びに自衛隊の船舶及び航空機を除く）

第1編

関税法

復習テスト

1 関税法の目的（①から④に適切な語句を挿入）

　関税法は，（ ① ）の確定，（ ② ），徴収及び還付並びに（ ③ ）についての税関手続の（ ④ ）な処理を図るため必要な事項を定めるものとする。

2 ① 外国貨物とは？

　② 内国貨物とは？

　③ 輸入とは？

　④ 輸出とは？

　⑤ 積戻しとは？

3 公海において採捕された水産物のうち，

　① 本邦の船舶により採捕されたものは（ ）貨物

　② 外国の船舶により採捕されたものは（ ）貨物

4 「みなし輸入」の例外4つ

5 日本郵便株式会社から（ ）された郵便物は，関税法の適用については，輸入を許可された貨物とみなす。

【解 答】

1 ① 関税　② 納付　③ 貨物の輸出入　④ 適正

2 ① 輸出の許可を受けた貨物及び外国から本邦に到着した貨物（外国の船舶により公海で採捕された水産物を含む。）で輸入が許可される前のもの

② 本邦にある貨物で外国貨物でないもの及び本邦の船舶により公海で採捕された水産物

③ 外国貨物を本邦に（保税地域を経由するものについては，保税地域を経て本邦に）引き取ること

④ 内国貨物を外国に向けて送り出すこと

⑤ 外国貨物を外国に向けて送り出すこと

3 ① 内国　② 外国

4 ① 保税地域において関税法により認められたところに従って外国貨物が使用され，又は消費される場合

② 本邦と外国との間を往来する船舶または航空機に積まれている外国貨物である船用品又は機用品を当該船舶または航空機において本来の用途に従って使用し，又は消費する場合

③ 旅客又は乗組員がその携帯品である外国貨物をその個人的な用途に供するため使用し，又は消費する場合

④ 関税法の規定により税関職員が採取した外国貨物の見本を当該貨物の検査のため使用し，若しくは消費する場合またはその他の法律の規定により権限のある公務員が収去した外国貨物をその権限に基づいて使用し，若しくは消費する場合

5 交付

第2章
輸入通関

出題傾向

項目	H28	H29	H30	R1	R2	R3	R4	R5
1 輸入通関制度の全体構造	○							
2 輸入申告	○	○	○	○	○	○	○	○
3 添付書類	○	○	○	○	○	○	○	○
4 輸入貨物の審査と輸入の許可	○	○	○	○	○	○	○	○
5 輸入の許可前における貨物の引取り	○	○	○	○	○	○	○	○
6 予備審査制			○					
7 特例輸入申告制度	○	○	○	○	○	○	○	○

本章のポイント

　外国から本邦に到着した貨物は，いきなり本邦に引き取り，流通経路に乗せることはできない。一連の輸入通関手続を経由する必要がある。

　ここでは，輸入通関手続について学習する。関税法では最も多く出題される分野の一つである。複数選択式，択一式では，次章の輸出通関と合わせて何問も出題されるほか，語群選択式においても出題の可能性は高い。

　範囲が広く，細かい知識も多いが，まず原則的な手続の流れをつかんだ上で，関連付けて押さえていくのがよい。また，特例輸入申告制度については，あまり細部にこだわらず，通常の輸入通関手続との相違点を理解しつつ学習を進めることが大切である。

1 輸入通関制度の全体構造 ☆☆

　外国から本邦に到着した貨物は，いきなり本邦に引き取り，流通経路に乗せることはできない。一連の輸入通関手続を経由する必要がある。

　原則的な輸入通関制度である**輸入（納税）申告方式**[*1]の流れは以下のようになる。まず外国貨物を保税地域に搬入した上で，税関長に対し，輸入申告及び関税等の納付に関する申告（納税申告）を行う。これに対し，税関長は検査その他の審査を行い，問題がなければ，輸入者は関税や内国消費税を納付して輸入の許可を受ける。ここで初めて，貨物を保税地域から引き取り，国内の流通経路に乗せることができるようになる[*2]。

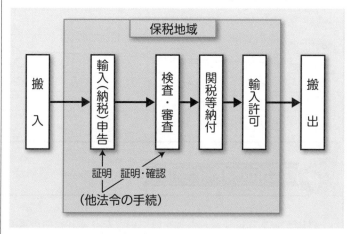

2 輸入申告 ☆☆☆

■ 輸入申告の要否

　貨物を輸入しようとする者は，当該貨物の**品名**並びに**課税標準**※となるべき**数量**及び**価格**その他必要な事項を税関長に**申告**し，貨物につき必要な検査を経て，その許可を受ける必要がある（関税法67条）。ただし，**郵便物**[*1]や郵便物に該当しない信

発展 *1

　あらかじめ税関長の承認を受けた輸入者等（特例輸入者及び特例委託輸入者）が輸入を行う場合には，最初に輸入申告のみを行い，輸入の許可を受けた貨物について，特例申告書により納税申告を行うことができる。納税関係の手続を後回しにして，輸入の許可までの時間を短縮するメリットがある。これを特例輸入申告制度といい，この場合の輸入貨物を特例申告貨物という（**7**参照）。

発展 *2

　このほか，関税関係法令以外の法令（他法令）で輸入規制が行われている貨物については，事前に必要な許可や承認等を受けておき，輸入申告等の際に税関に証明等を行う必要がある（**4**参照）。

発展 *1

　価格（輸入の場合，課税標準となるべき価格）が20万円を超える郵便物については，寄贈物品等を除き，輸入申告及び許可が必要である。

書については，独自の手続により輸出入が行われるため，輸入申告及び許可は不要となっている（76条，78条の3）[*2]。

　※　課税標準

　　関税を計算する際の基準となるものをいう。以下の例においては，2,000 L，1,000,000円がそれぞれ課税標準となる。

　　例1　従量税（数量を課税標準とする関税）

　　　2,000 L × 100円／L = 200,000円

　　例2　従価税（価格を課税標準とする関税）

　　　1,000,000円 × 30% = 300,000円

2　輸入（納税）申告の方法

　輸入申告の方法は，原則として，一定の事項を記載した輸入申告書を税関に提出して，しなければならない（関税法施行令59条1項）。この際に納税申告も併せて行うため，輸入（納税）申告書という標題がつけられている。

　輸入申告は，**輸入の許可を受けるためにその申告に係る貨物を入れる**保税地域等の所在地を所轄**する税関長**に対してしなければならない（関税法67条の2第1項）。

　ただし，ワシントン条約[*3]に規定する貨物については，税関長の**輸入の許可の権限**が，財務大臣が指定する税関官署の長を除き，**委任**されていない（関税法107条，施行令92条3項）。したがって，当該貨物の輸入申告は，財務大臣が指定する税関官署の長に対してしなければならない。

　輸入申告書の提出を要しない場合として，次のようなものがある。

　①　**旅客又は乗組員の携帯品**

　　貨物が旅客又は乗組員の携帯品（支払手段又は証券に該当するもの及び貴金属に該当するものを除く）であるときは，口頭で輸入申告をすることができる（施行令58条，59条1項，外国為替令8条の2第1項1号，2号）。

　②　**コンテナー条約の適用を受けて輸入するコンテナー**[*4]

　　コンテナーに関する通関条約の規定により，**関税の免除**

過去問［*2］

　外国から本邦に到着した貨物であって本邦にある外国の大使館に属する公用品として本邦に引き取られるものは，関税法第67条の規定に基づく輸入申告を必要としない。(H21)
×　原則通り輸入申告を必要とする。（スピマス類題→第2章③④）

語句［*3］

ワシントン条約

　正式名称は，「絶滅のおそれのある野生動植物の種の国際取引に関する条約」。野生動植物の国際取引の規制を輸出国と輸入国とが協力して実施することにより，採取，捕獲を抑制してその保護を図るための条約である。

語句［*4］

コンテナー

　リフトバン，可搬タンク等の輸送機器で一定の条件を満たすものをいう。反復使用に適するほど堅ろうであることや，1 m³以上の内容積を有すること等が要件とされている。

過去問 *5

コンテナーに関する通関条約の規定により関税及び消費税の免除を受けてコンテナーを輸入しようとする者が，その輸入申告に際し，積卸コンテナー一覧表を税関長に提出した場合には，税関長は，関税法第67条（輸出又は輸入の許可）の規定による申告があったものとみなすことができる。(H29)
○ （スピマス類題→第2章③④）

語句 *6

ATA 条約
特定の物品の一時免税輸入について，通関手帳により簡易な手続によって行うことができること等を定めた条約である。「ATA」は「一時輸入」を，「カルネ」は手帳を意味する言葉である。

を受けて輸入する**コンテナー**について，積卸コンテナー一覧表を税関長に提出した場合には，輸入申告があったものとみなすことができる（コンテナー特例法施行令2条）*5。

③ **通関手帳（ATA カルネ）により輸入する貨物**

物品の一時輸入のための通関手帳に関する通関条約（ATA 条約*6）に規定する通関手帳を使用して一定の物品を輸入する場合には，通関手帳を税関に提出することにより，輸入申告をすることができる（ATA 条約特例法3条1項）。

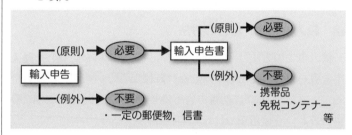

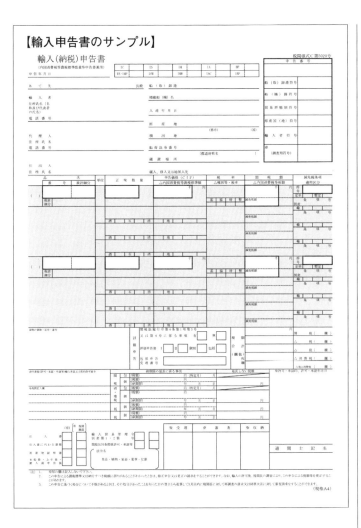

3 輸入申告の内容

　輸入申告書には，次に掲げる事項を記載しなければならない（施行令59条1項）。

【輸入申告書の記載事項】

① 貨物の記号，番号，品名，数量及び価格*7

② 貨物の原産地及び積出地並びに仕出人の住所又は居所及び氏名又は名称

③ 貨物を積んでいた船舶又は航空機の名称又は登録記号

④ 貨物の蔵置場所

⑤ その他参考となるべき事項

貨物の数量は，財務大臣が貨物の種類ごとに定める単位*8による**正味の数量**を申告する（59条の2第1項）。「正味」とは，「中身」のこと。例えば重量ならば，原則として，包装や容器も含んだ「総重量（G／W，Gross Weight）」ではなく，中身のみの重量である「正味重量（N／W，Net Weight）の方を申告する。

貨物の価格は，課税価格に相当する価格を申告する（59条の2第2項）。課税価格とは，関税定率法の規定により計算される**課税標準となる価格**のことであり，具体的には，**CIF 価格***9のことである。

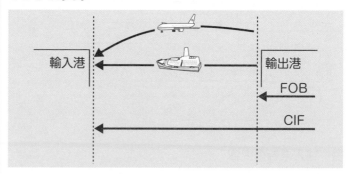

貨物の価格が外国通貨によって定められている場合には，本邦通貨である円に換算して申告しなければならない。その際に使用する**外国為替相場**は，**輸入申告の日の属する週の前々週**における実勢外国為替相場の当該週間の平均値とされており，税関長により公示されることになっている（定率法4条の7第1項，施行規則1条）。

輸入申告書に記載すべき事項のうち，税関長は，貨物の種類又は価格を勘案し記載の必要がないと認める事項の記載を省略させることができる（関税法施行令59条1項，58条）。

④　輸入申告の手続（時期）

　輸入申告は，**原則**として，貨物を保税地域又は他所蔵置許可場所* 10（保税地域等）に入れた後に行う（関税法67条の2第1項，2項）。

　ただし，例えば穀物，鉱物，巨大重量物等は，運送に困難を伴い，通関のために保税地域等に搬入させることが輸入者に必要以上の負担をかける。そこで，入港手続の規定による積荷に関する事項が税関に報告され，又は積荷に関する事項を記載した書面が税関に提出された後※であって，次に該当する場合には，保税地域等に搬入せずに申告することができる（67条の2第2項，3項，施行令59条の6第1項）* 11。

(1)　保税地域等に入れないで申告することにつき，税関長の承認を受けた場合* 12

　①　**本船扱い及びふ中扱い**

　　申告に係る貨物を他の貨物と**混載**することなく外国貿易船，はしけ又はこれに類する船舶に積み込んだ状態で**検査及び許可**を受けようとする場合（当該貨物の性質，形状及び積付けの状況が**検査を行うのに支障がなく**，かつ，当該貨物を**保税地域等に入れることが不適当**と認められる場合に限る）

　　外国貿易船（はしけ又はこれに類する船舶を含む。）に積み込んだ状態で輸入申告をすることが必要な貨物を輸入しようとする者は，税関長の承認を受けて，当該**外国貿易船の係留場所を所轄する税関長に対して輸入申告**をすることができる* 13。

　②　**到着即時輸入申告扱い**

　　輸入申告を電子情報処理組織（NACCS）を使用して行う場合（当該輸入申告に係る輸入貨物が本邦に**迅速に引き**

過去問 〈* 11

　貨物が外国貿易船に積まれた状態で輸入申告することにつき税関長の承認を受けた場合における輸入申告は，関税法15条（入港手続）の規定により報告すべき積荷に関する事項が税関に報告され，又は当該事項を記載した書面が税関に提出された後でなければすることができない。（H22）
○　（スピマス類題→第2章③④）

着眼点 〈* 12

　特例申告貨物以外の貨物を「一般輸入貨物」という。(1)は一般輸入貨物，(2)は特例申告貨物の場合である。なお，特例輸入申告制度については本章7で詳しく学習する。

過去問 〈* 13

　はしけに積み込んだ状態で輸入申告をすることが必要な貨物を輸入しようとする者は，税関長の承認を受けて，当該はしけの係留場所を所轄する税関長に対して輸入申告をすることができる。（R3）
○　（スピマス類題→第2章③④）

取られる必要があり，かつ，当該貨物の性質その他の事情を勘案して**取締り上支障がない**と認められる場合に限る。）

③　**搬入前申告扱い**

　①②に掲げる場合のほか，貨物を保税地域等に入れる前にこれらの申告をすることにつきやむを得ない事情があると認められる場合

(2)　**特例輸入者**又は**特例委託輸入者**が**電子情報処理組織**を使用して輸入申告を行う場合＊12，＊14

過去問 ＊14

特例輸入者又は特例委託輸入者が電子情報処理組織（NACCS）を使用して行う輸入申告は，当該申告に係る貨物を保税地域等に入れる前に行うことができる。(R5)
○（スピマス類題→第2章③④）

※　積荷に関する事項の報告等

　テロ行為等に対する取締りの強化のために，外国貿易船の入港手続について，規定されている（関税法15条1項，2項，3項）。以下に主なものを挙げる。

①　開港に入港しようとする外国貿易船の船長は，通信設備の故障その他一定の場合を除き，あらかじめ，当該外国貿易船の名称及び国籍のほか，当該外国貿易船の積荷，旅客（当該外国貿易船に旅客が乗船する場合に限る）及び乗組員に関する事項をその入港しようとする開港の所在地を所轄する税関に報告しなければならない。

②　外国貿易船が①の報告をしないで開港に入港したときは，船長は，当該外国貿易船の入港後直ちに，①の規定により報告すべき事項を記載した書面を税関に提出しなければならない。

③　外国貿易船が開港に入港したときは，船長は，入港の時から24時間（行政機関の休日に含まれる時間を除いて計算する）以内に所定の事項を記載した入港届及び船用品目録を税関に提出するとともに，船舶国籍証書又はこれに代わる書類を税関職員に提示しなければならない。

　なお，外国貿易機についても，上記①～③とほぼ同様の規定がされている。

3　添付書類　★★★

① 輸入申告に際し提出が求められる書類

輸入申告に際しては，一定の場合に，輸入申告書に添付して次の書類の提出を求められる場合がある（関税法68条）。

【輸入（納税）申告書に添付する書類】

① 申告の内容を確認するために必要な書類

　イ　仕入書（インボイス）[*1]

　ロ　契約書，運賃明細書，保険料明細書，包装明細書，価格表，製造者若しくは売渡人の作成した仕出人との間の取引についての書類

② 関税についての条約の規定による便益を適用するための書類

　イ　協定税率，便益関税→原産地証明書

　ロ　経済連携協定→締約国原産地証明書

---

*1

仕入書（インボイス）
　輸入貨物が輸入取引（売買契約）により輸入される場合，通常，仕出人（売手）から仕向人（買手）に対してその契約内容を明示する計算書が交付される。これが仕入書である。

② 輸入申告の内容を確認するために必要な書類

仕入書（インボイス），契約書等は輸入申告の内容を裏付ける書類であり，輸入貨物の課税標準を決定するための重要な資料となる。そこで，税関長は，輸入申告があった場合において輸入の許可の判断のために必要があるときは，申告の内容を確認するために必要な書類（当該輸入申告に係る貨物の**契約書，仕入書**，運賃明細書，保険料明細書，包装明細書，価格表，製造者若しくは売渡人の作成した仕出人との間の取引についての書類等）を提出させることができる（関税法68条，施行令61条1項）。

輸入の許可の判断のために税関長が提出を求める仕入書は，仕出国の荷送人が仕向国の荷受人に貨物の発送を通知するために作成する書類で，一般に貨物の品名，種類，数量，価格，代金支払方法，当該荷送人及び当該荷受人の住所又は居所及び氏

名又は名称が記載されているものをいう（基本通達68-3-1）。

> 【仕入書についての出題のポイント】*2
> ① 有効期間の定めはない
> ② 原産地の記載は要求されていない
> ③ 価格はCIF価格である必要はなく，契約上の価格でよい

3 協定税率，便益関税の適用を受ける場合

　一定の国や地域を原産地とする貨物については，**条約の規定**により，通常の場合よりも**有利な税率**の適用を受けて輸入することができる。

　WTO（世界貿易機関）協定の規定による関税についての条約の特別の規定による便益である協定税率（又は便益関税※）を適用する場合において必要があるときは，税関長は，当該貨物が当該便益の適用を受ける外国の生産物であることを証明した原産地証明書を提出させることができる（関税法68条）。ただし，次の貨物に係る場合には提出を要しない（施行令61条1項1号）*3。

　① 課税価格の総額が20万円以下の貨物

　② 貨物の種類，商標等又は当該貨物に係る仕入書その他の書類によりその原産地が明らかな貨物

　原産地証明書は，当該貨物の輸入申告の日（蔵入承認*4申請書等を提出する場合にあっては，その提出の日）においてその発行の日から1年以上を経過したものであってはならない（災害その他やむを得ない理由によりその期間を経過した場合を除く）（61条3項）*5。

　※ 税率の選択と便益関税

　　輸入貨物に通常適用される税率には，①基本税率，②協定税率，③特恵税率，④暫定税率があり，このうちのいずれかを選択して適用する。②の協定税率を適用するためには，WTOに加盟する国や地域を原産地とする貨物を輸入する場合でなければならないが，便益関

過去問 *2

　関税法第68条に規定する仕入書は，輸入の許可を受けようとする貨物の仕出国において国際連合の一機関である国際海事機関が定める様式により作成されたものであって，当該貨物の記号，番号，品名，品種，数量及び価格を記載したものでなければならない。（R3）

× 様式は特に定められていない。記載事項も絶対的に必要とはされていない。（スピマス類題→第3章⑰）

着眼点 *3

　提出不要な場合や有効期間について，仕入書との相違点を意識しておこう。

語句 *4

蔵入承認

　保税地域の一つである保税蔵置場に外国貨物を長期間置くことについての承認。第5章参照。

発展 *5

　原産地証明書は，当該貨物の原産地，仕入地，仕出地若しくは積出地にある本邦の領事館若しくはこれに準ずる在外公館又はこれらの地の税関その他の官公署若しくは商業会議所の証明したものでなければならない。

税制度によりその適用範囲を広げており，それ以外の一定の国や地域を原産地とする場合であっても，協定税率と同様の便益を適用できるようになっている。

4　経済連携協定の適用を受ける場合

(1)　経済連携協定の種類と原産地の証明

　本邦と一定の国々（締約国）との間には，一定の貨物につき特に有利な条件で輸入を行える旨の条約（経済連携協定）が締結されている。

経済連携協定には次のものがある。

① 新たな時代における経済上の連携に関する日本国とシンガポール共和国との間の協定（シンガポール協定）

② 経済上の連携の強化に関する日本国とメキシコ合衆国との間の協定（メキシコ協定）

③ 経済上の連携に関する日本国政府とマレーシア政府との間の協定（マレーシア協定）

④ 戦略的な経済上の連携に関する日本国とチリ共和国との間の協定（チリ協定）

⑤ 経済上の連携に関する日本国とタイ王国との間の協定（タイ協定）

⑥ 経済上の連携に関する日本国とインドネシア共和国との間の協定（インドネシア協定）

⑦ 経済上の連携に関する日本国とブルネイ・ダルサラーム国との間の協定（ブルネイ協定）

⑧ 包括的な経済上の連携に関する日本国及び東南アジア諸国連合構成国の間の協定（東南アジア諸国連合（アセアン）協定）

⑨ 経済上の連携に関する日本国とフィリピン共和国との間の協定（フィリピン協定）

⑩ 日本国とスイス連邦との間の自由な貿易及び経済上の連携に関する協定（スイス協定）

⑪ 経済上の連携に関する日本国とベトナム社会主義共和国

発展 *6

ペルー協定、モンゴ
ル協定においては、貨
物がそれぞれの協定の
適用を受けることがで
きる品目に該当するも
のであることにつき証
明を必要とするもので
ある場合にあっては、
これを証する書類（締
約国品目証明書）を提
出しなければならな
い。ただし、当該証明
が締約国原産地証明書
により行われる場合は
提出不要である。また、
課税価格の総額が20
万円以下である場合に
あっては、税関長の求
めがあったときに提出
すれば足りる。

語句 *7

締約国原産品
　経済連携協定の規定
に基づき当該経済連携
協定の締約国の原産品
とされるものをいう。

との間の協定（ベトナム協定）

⑫　日本国とインド共和国との間の包括的経済連携協定（インド協定）

⑬　経済上の連携に関する日本国とペルー共和国との間の協定（ペルー協定*6）

⑭　経済上の連携に関する日本国とオーストラリアとの間の協定（オーストラリア協定）

⑮　経済上の連携に関する日本国とモンゴル国との間の協定（モンゴル協定*6）

⑯　環太平洋パートナーシップに関する包括的及び先進的な協定（ＴＰＰ11協定）

⑰　経済上の連携に関する日本国と欧州連合との間の協定（ＥＵ協定）

⑱　日本国とアメリカ合衆国との間の貿易協定（日米貿易協定）

⑲　包括的な経済上の連携に関する日本国とグレートブリテン及び北アイルランド連合王国との間の協定（英国協定）

⑳　地域的な包括的経済連携協定（ＲＣＥＰ協定）

　これらの締約国から輸入する貨物について、経済連携協定における関税についての特別の規定による便益（ＥＰＡ税率）を適用する場合において必要があるときは、税関長は、当該貨物が締約国原産品*7であることを証明した又は申告する書類（締約国原産地証明書又は締約国原産品申告書等、(2)〜(4)で後述）を提出させることができる（関税法68条、施行令61条1項2号）。

(2)　第三者証明制度（締約国原産地証明書）

　輸入される貨物が締約国原産品であることにつき、経済連携協定の規定に基づき、協定締約国の権限ある当局（機関）が証明した書類（締約国原産地証明書）を提出することにより証明する方法である。

(3)　認定輸出者による自己証明制度（締約国原産地証明書）

　スイス協定、ペルー協定、メキシコ協定、ＲＣＥＰ協定においては、原産品であることについて、上記(2)による証明（第三

者証明制度）の他に，**認定輸出者**による**自己証明制度**を採用している*8。

輸出締約国（スイス，ペルー，メキシコ，ＲＣＥＰ協定の各締約国）の権限ある当局（締約国原産地証明書発給機関）から一定の基準を満たしているとして予め認定を受けた輸出者（**認定輸出者**）が，**自ら作成**した**仕入書等の商業上の書類**に輸出貨物が原産品である旨の申告を記入した上で，当該仕入書等を輸入国に提出することにより，ＥＰＡ税率の適用を可能とするものである。当該仕入書等は，締約国原産地証明書として扱われる（施行令61条1項2号イ(1)）。

第三者証明制度と認定輸出者による自己証明制度のいずれを利用するかは，輸出者が選択することができる（財務省関税局経済連携室資料）。

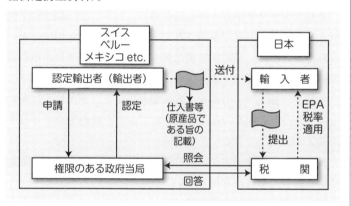

⑷　締約国原産品申告書等（自己申告制度）

オーストラリア協定，ＴＰＰ11協定，ＥＵ協定，日米貿易協定，英国協定及びＲＣＥＰ協定においては，**自己申告制度**が設けられている。すなわち，次の①及び②の書類（「**締約国原産品申告書等**」という。）を輸入の際に税関に提出することにより原産地の証明を行う方法である（61条1項2号イ(2)）。

第1編
関税法

着眼点　*8
　輸出者にとって原産品の証明方式の選択肢が増えるとともに，原産地証明にかかる費用や時間が削減され，輸出手続の円滑化及び貿易の促進が期待できる。

*9

経済上の連携に関す
る日本国とオーストラ
リアとの協定に基づく
締約国原産品申告書
は，輸入貨物に係る輸
入者が自ら作成する
ことができる。(R5)
○　(スピマス類題→
第3章⑰)

【締約国原産品申告書等】

①　締約国原産品申告書

　　輸入貨物が締約国原産品であることを申告する書類で
あって経済連携協定の規定に基づき作成されたもの。当
該貨物の**輸出者，生産者又は輸入者**（**日米**貿易協定の場
合は，**輸入者のみ**）が自ら作成する[9]。

②　締約国原産品であることを明らかにする書類

　　当該貨物の契約書，仕入書，価格表，総部品表，製造
工程表その他，当該貨物が当該締約国原産品であること
を明らかにする書類。

☆　②については，税関長がその提出の必要がないと認め
るときは，提出を要しない。

　オーストラリア協定，ＲＣＥＰ協定においては，第三者証明
制度と自己申告制度が併用されており，税関長から提出を求め
られた場合には，締約国原産地証明書又は締約国原産品申告書
等のいずれかを提出する必要がある。

　ＴＰＰ11協定，ＥＵ協定，日米貿易協定及び英国協定におい
ては，自己申告制度のみが採用されており，締約国原産地証明
書による証明はできない[10]。

　締約国原産地証明書又は**締約国原産品申告書等**は，次の貨物
に係る場合には提出を要しない。

①　税関長が**貨物の種類又は形状**によりその原産地が**明らか**
であると認めた貨物

②　課税価格の総額が**20万円以下**の貨物

発展 *10

　ＴＰＰ協定附属書3
Ａを採用する締約国
（ベトナム）について
は，協定発効後の一定
期間，締約国原産地証
明書による証明が可能
となっている。この場
合，締約国原産品であ
ることを明らかにする
書類を併せて提出する
必要がある。

【第三者証明制度（又は自己証明制度）と自己申告制度の比較】

第三者証明制度 （自己証明制度）	自己申告制度	
締約国原産地証明書	締約国原産品申告書等	
	締約国原産品申告書	原産品であること を明らかにする書類

締約国（輸出国）の権限ある当局が発給（権限ある当局が認定した輸出者が作成）	輸出者，生産者又は輸入者が作成（日米貿易協定の場合，輸入者が作成）	税関長がその提出の必要がないと認めるときは提出不要
次のいずれかの場合には提出不要 ① 税関長が貨物の種類又は形状によりその原産地が明らかであると認めた貨物 ② 課税価格の総額が20万円以下の貨物		
有効期間は原則1年		

【原産地の証明方法】

	締約国原産地証明書		締約国原産品申告書等
	第三者証明	認定輸出者（自己証明）	
①シンガポール協定	○	×	×
②メキシコ協定	○	○	×
③マレーシア協定	○	×	×
④チリ協定	○	×	×
⑤タイ協定	○	×	×
⑥インドネシア協定	○	×	×
⑦ブルネイ協定	○	×	×
⑧アセアン協定	○	×	×
⑨フィリピン協定	○	×	×
⑩スイス協定	○	○	×
⑪ベトナム協定	○	×	×
⑫インド協定	○	×	×
⑬ペルー協定	○	○	×
⑭オーストラリア協定	○	×	○
⑮モンゴル協定	○	×	×
⑯TPP11協定	×	×	○
⑰EU協定	×	×	○
⑱日米協定	×	×	○
⑲英国協定	×	×	○
⑳RCEP協定	○	○	○

着眼点 *11

特恵関税制度にも，同様の制度がある。第2編第4章で学習する。

語句 *12

運送要件証明書

当該締約国から本邦の輸入港に至るまでの通し船荷証券の写し，当該貨物について積替え，一時蔵置若しくは博覧会等への出品がされた当該非原産国の税関その他の権限を有する官公署が発給した証明書又はその他税関長が適当と認める書類をいう。

発展 *13

当該非原産国の保税地域その他これに準ずる場所において当該非原産国の税関の監督下で行われるものに限る。

着眼点 *14

英国協定に基づく「関税割当証明書」である。関税割当制度については，第2編第2章3参照。

発展 *15

蔵入承認等（蔵入，移入，総保入承認。第1編第5章2参照）を受けようとする場合には，当該承認等の申請の日に提出されたものとみなす（36条の3第7項，50条の2，51条の12第7項）。

(5)　運送要件証明書 *11

　　輸入貨物が締約国原産品であって，かつ，締約国から当該締約国以外の地域（「非原産国」）を経由しないで**本邦へ向けて直接に運送**されたもの（「**直接運送品**」）以外のものである場合にあっては，原則として，輸入申告に際し，当該貨物が次の①又は②のいずれかに該当するものであることを証する書類（「**運送要件証明書** *12」）を提出しなければならない（関税法施行令61条1項2号ロ，7項，8項）。

　①　当該締約国から**非原産国を経由**して本邦へ向けて運送される貨物で，当該非原産国において積替え及び一時蔵置 *13以外の取扱いがされなかったもの

　②　当該締約国から**非原産国における博覧会等への出品** *13のため送り出された貨物で，当該非原産国から本邦に送り出されるもの（当該貨物の当該非原産国から本邦までの運送が直接運送品又は①に該当する貨物に係る運送に準ずるものである場合に限る。）

　　課税価格の**総額**が20万円以下の貨物については，運送要件証明書は提出を要しない。

(6)　日英特恵輸入証明書

　　輸入申告に係る貨物が英国協定の規定に基づき関税の譲許が一定の数量を限度として定められている物品（農水産品等）に該当するものである場合には，原則として当該貨物が当該譲許の便益の適用を受けることができる物品に該当することを証する書類 *14（「**日英特恵輸入証明書**」）の提出が必要である（施行令61条1項2号ニ）。

　　日英特恵輸入証明書は，当該日英特恵輸入証明書に係る貨物の輸入申告の日の属する年度の**翌年度の6月30日**までに，税関長に提出しなければならない（61条9項）。この場合において，当該日英特恵輸入証明書は，当該**輸入申告の際に提出されたものとみなす** *15。

　　財務大臣は，日英特恵輸入証明書に係る物品について，当該物品に係る英国協定の規定の実施に関して必要があると認める

ときは，**農林水産大臣**に対し，必要な**説明**を求め，及び**意見**を述べることができる（61条10項）。

4　輸入貨物の審査と輸入の許可　

1　輸入貨物の検査

輸入申告された貨物については，税関により**必要な検査**が行われる（関税法67条）[*1]。この検査は，申告価格や数量が適正であるか等を確認するためのもので，輸入許可の前提となるものである。

検査の方法には，①**見本確認**，②**一部指定**検査，③**全部**検査の3種類がある（基本通達67-3-10）。

貨物の検査は，税関長が指定した場所で行う（関税法69条1項）。ただし，危険物や巨大重量貨物の場合等は，指定された場所に搬入することが困難である。そこで，あらかじめ**税関長の許可**[*2]を受けた上で，**指定された場所以外の場所**で**検査**を受けることができる（指定地外検査，69条2項）[*3]。

税関長は，貨物の性質又は数量により税関長が指定した場所で検査をすることが**不適当**であり，かつ，検査を能率的に行うのに**支障がない**と認めるときは，**許可をしなければならない**（69条3項）。

2　証明又は確認

輸入に際しては，通関手続を行う前に，関税関係法令以外の法令（他法令）の規定によって，許可や承認等の手続が必要となることがある[*4]。

他の法令の規定により輸入に関して許可，承認その他の行政機関の処分又はこれに準ずるものを必要とする貨物については，輸入申告の際，当該許可，承認等を受けている旨を税関に証明しなければならない（70条1項）。

また，他の法令の規定により輸入に関して検査又は条件の具

着眼点 *1

保税蔵置場に置くことの承認の際に税関の検査を受けた外国貨物についても，輸入申告の際に税関の検査を受けることが必要である。

着眼点 *2

指定地外検査については，届出ではなく許可が必要である。

発展 *3

許可を受けようとする者は，貨物の品名及び数量並びに検査を受けようとする期間，場所及び事由を記載した申請書を税関長に提出しなければならない（施行令62条）。

着眼点 *4

他法令の証明，確認は，輸出通関においても必要である。輸出入共通の規定として覚えてしまうとよい。

備を必要とする貨物については，**輸入の許可の検査その他輸入申告に係る税関の審査の際**，当該法令の規定による検査の完了又は条件の具備を税関に証明し，その確認を受けなければならない（70条2項）[5]。

これらの証明がされず，又は確認を受けられない貨物については，税関長は輸入を許可しない（70条3項）。

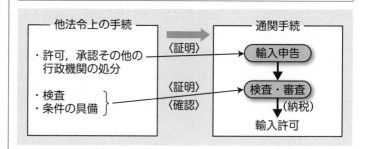 過去問 [5]

関税法以外の法令の規定により輸入に関して検査を必要とする貨物については，輸入申告の際に当該法令の規定による検査の完了を税関に証明しなければならない。(H26)
× 輸入申告ではなく，検査・審査の際に証明し確認を受ける。（スピマス類題→第2章⑤）

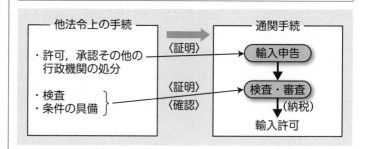 着眼点 [6]

これらのうち，内容についても出題されるのは，外為法，輸入令，輸出令のみである。第2編第7章で学習する。

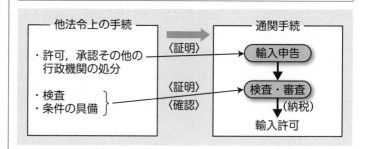 過去問 [7]

原産地について偽った表示がされている外国貨物であっても，当該表示が当該外国貨物の容器にのみ間接的に表示されている場合には，当該外国貨物について，輸入の許可を受けることができる。(R5)
× 容器に間接的に原産地虚偽表示等がある場合であっても，輸入が許可されない。（スピマス類題→第2章⑤）

【輸出入に際して規制を行っている他法令の例】[6]

・外国為替及び外国貿易法（外為法），輸入貿易管理令（輸入令），輸出貿易管理令（輸出令）
・文化財保護法　・毒物及び劇物取締法　・種苗法
・肥料取締法　　・農薬取締法　　　　・食品衛生法
・火薬取締法　　・植物防疫法　　　　・家畜伝染病予防法
・狂犬病予防法　・麻薬及び向精神薬取締法
・医薬品，医療機器等の品質，有効性及び安全性の確保等に関する法律　等

他法令上の手続
・許可，承認その他の行政機関の処分
・検査
・条件の具備

〈証明〉
〈証明〉
〈確認〉

通関手続
輸入申告
検査・審査
（納税）
輸入許可

3　原産地虚偽表示等

(1) 原産地を偽った表示等がされている貨物

原産地について，虚偽の表示等がされている貨物がそのまま輸入され，国内を流通してしまうと，一般消費者に不測の損害を与えることとなる。そこで，原産地について**直接又は間接**[7]に偽った表示又は誤認を生じさせる表示がされている外国貨物については，税関長は**輸入を許可しない**（71条1項）。

税関長は，原産地虚偽表示等がされている外国貨物について，

輸入申告をした者に直ちに通知し，期間を指定して，その者の選択により，その表示を消させ，若しくは訂正させ，又は当該貨物を積み戻させなければならない（71条2項）。

(2)　原産地を偽った表示等がされている貨物の留置

　　税関長は，原産地について偽った表示又は誤認を生じさせる表示がされている貨物について輸入申告をした者が指定された期間内に当該表示を消し，若しくは訂正し，又は当該貨物を積みもどさないときは，これを留置する（87条1項）。

　　留置された貨物は，当該表示が消され，若しくは訂正され，又は当該貨物が積みもどされると認められる場合に限り**返還**することとされている*8（87条2項）。留置された貨物の返還を受けようとする者は，その留置に要した費用を税関に納付しなければならない（86条2項）。

発展　*8

　留置された貨物が最初に留置された日から4月を経過してなお留置されているときは，税関長は，公告した後公売に付し，又は随意契約により売却することができる（88条，84条1項，3項）。公売，随意契約については第5章**5**で学習する。

［原産地虚偽表示等がある場合の流れ］

```
              輸入申告
                 │
         〈原産地虚偽表示等〉
                 │
          ┌──────┴──────┐
         なし           あり
          │             │
        輸入許可   直ちに通知（税関長→輸入申告者）
                        │
              ┌─────────┴─────────┐
              │ 輸入申告者の選択により │
              │ ①表示の抹消          │
              │ ②表示の訂正          │
              │ ③積戻し             │
              └─────────┬─────────┘
                        │
                   ①〜③の措置
                        │
              ┌─────────┴─────────┐
             あり                 なし
              │                   │
       輸入又は積戻しの        貨物の留置
          許可                    │
                          （4月以内に返還請求なければ）
                                  │
                        公売，随意契約により売却
```

【原産地虚偽表示等についての注意点】

① 原産地が「表示されていない」貨物については，特に規制がない。

② 表示の訂正等を行う場合，「輸入申告をした者の選択」による。「税関長の選択」ではない。

③ 原産地虚偽表示等がある場合の効果は，「輸入を許可しない」ことである。蔵入承認等については，受けることができる。

④ 原産地虚偽表示等については，貨物に直接されている場合のみならず，貨物の包装等に間接に表示されている場合も，輸入の許可を受けることができない。

*9

内国消費税

消費税のほか，酒税，たばこ税等をいう。輸入品については，関税のほか内国消費税，地方消費税が徴収されることになっている。

*10

申告納税方式

納税申告が必要な場合。原則として納税義務者のする申告により納付すべき税額が確定する（関税法6条の2第1項1号）。大部分の輸入貨物は申告納税方式となっている。第8章参照。

*11

輸入の許可を受けた貨物の品名，数量及び価格，仕出人の氏名又は名称並びに当該許可の年月日及びその許可書の番号を記載する（施行令83条1項）。

４ 輸入の許可

輸入申告が適正に行われ，検査に問題がない場合，次の要件の下に輸入が許可される。

① 貨物が「輸入してはならない貨物」に該当しないこと（69条の11第1項，第4章参照）

② 他法令の証明，確認がされていること（70条）

③ 原産地虚偽表示等がされていないこと（71条1項）

④ 関税（内国消費税*9及び地方消費税を含み，過少申告加算税及び重加算税を除く）が納付されていること（72条）

なお，イ　特例申告貨物が輸入される場合

ロ　納期限が延長される場合

には，関税等が納付されていない場合であっても輸入の許可を受けることができる（72条，9条の2第1項，2項）。

５ 帳簿等の備付け及び保存

申告納税方式*10が適用される貨物（特例輸入者の特例申告貨物を除く。以下「一般輸入貨物」という）を業として（反復継続して）輸入する者（「保存義務者」）は，当該貨物の品名，数量及び価格その他の必要な事項*11を記載した帳簿（関税関

係帳簿）を備え付け，かつ，当該貨物の**輸入の許可の日の翌日**（「起算日」）から**7年間**，輸入者の本店若しくは主たる事務所若しくは当該輸入許可貨物の輸入取引に係る事務所，事業所その他これらに準ずるものの所在地又は輸入者の住所地（「**本店等**」）に保存しなければならない（関税法94条1項，施行令83条1項，6項）。

また，当該貨物に係る取引に関して作成し又は受領した書類その他の書類（関税関係書類）を起算日から**5年間**[*12]，本店等に保存しなければならない（関税法94条1項，施行令83条1項，6項）。

ただし，関税法68条（輸出申告又は輸入申告に際しての提出書類）の規定により税関に提出した書類については，保存する必要はない。

なお，保存義務者は，関税関係帳簿について，自己が**最初の記録段階から一貫して電子計算機を使用して作成**する場合には，当該関税関係帳簿に係る電磁的記録の備え付け及び保存，又は当該関税関係帳簿に係る**電磁的記録の備付け**及び当該電磁的記録の電子計算機出力マイクロフィルムによる保存をもって当該関税関係帳簿の備付け及び保存に代えることができる（94条の2第1項，94条の3第1項）。

また，保存義務者は，関税関係書類の全部又は一部について，自己が**一貫して電子計算機を使用して作成**する場合には，当該関税関係書類に係る電磁的記録の保存又は当該電磁的記録の電子計算機出力マイクロフィルムによる保存をもって当該関税関係書類の保存に代えることができる（94条の2第2項，94条の3第2項）。

発展 ＊12

帳簿に記載すべき事項の全部又は一部がこれらの書類又は輸入の許可書に記載されている場合は，当該事項の帳簿への記載を省略することができる。帳簿への記載を省略した場合には，これらの書類の保存期間は7年間となる（施行令83条5項，6項）。

5　輸入の許可前における貨物の引取り ★★☆

① 税関長の承認と担保の提供

外国貨物は，輸入の許可を受けた後でなければ，保税地域等

から引き取ることができないのが原則である。しかし，一定の場合*¹には特に引取りを急ぐ必要がある。そこで，税関長の承認を受けることにより，外国貨物（特例申告貨物を除く）を輸入申告の後輸入の許可前に引き取ることができる（関税法73条1項）。

承認を受けると，関税納付前に貨物を保税地域等から搬出できるようになる。そこで，関税の徴収を確保するために，輸入許可前引取承認を受けようとする者は，当該貨物の関税額（**過少申告加算税**及び重加算税に相当する額を**除く**）に相当する額の担保*²を提供しなければならない（**必要的担保**）（73条1項）。課税価格に相当する額の担保ではないことにも注意。

2 承認をしない場合

税関長は，輸入の許可を与えることができない場合（**関税等が納付されない場合を除く**）においては，承認をしてはならない（73条2項）。承認を受けた貨物は，国内を自由に流通していくこととなるので，輸入の許可の場合と同様の厳しい規制を課すべきだからである。

この他，専ら関税の納期限の延長を目的とする等明らかに制度の本旨に反すると認められる場合には，承認を受けることができないが，貨物の関税が有税であるか無税であるかにかかわらず，承認を受けることは可能である（基本通達73－3－2）。

3 みなし内国貨物

承認を受けた貨物は，関税法の適用については，**原則として内国貨物とみなされる***³。ただし，関税については未納の状態であるから，主に関税の徴収に関する次の規定については，**外国貨物として扱う**ことになっている*⁴（関税法73条3項）。

① 課税物件の確定時期（4条）
② 適用法令（5条）
③ 関税等の納付と輸入の許可（72条）
④ 税関職員の権限（105条）

着眼点 *1

① 新規輸入品であって課税標準の審査に日時を要する場合
② 輸入貨物が動植物，貴重品等である場合
③ 免税関係書類を整えるために日時を要する場合
等である（基本通達73－3－2）。

過去問 *2

外国貨物を輸入申告の後輸入の許可前に引き取ろうとする者は，当該外国貨物の課税価格に相当する額の担保を提供して税関長の承認を受けなければならない。（R1）
× 「課税価格」ではなく「関税額」に相当する額の担保が必要。（スピマス類題→第2章⑥）

着眼点 *3

承認を受けた貨物は，輸入の許可を受けた貨物と同様に国内を自由に流通させることができるからである。

着眼点 *4

例外（①〜⑤）のうち，①〜③は「カネ」，④⑤は「権限」に関する規定，と覚えておくとよい。

⑤　特別の場合における税関長の権限（106条）

④　承認申請の手続

　承認を受けようとする者は，承認を受けようとする貨物の記号，番号，品名，数量及び輸入申告の年月日並びに当該承認を受けようとする事由を記載した申請書を税関長に提出しなければならない。この場合において，当該輸入申告に係る貨物を分割して引き取ろうとするときは，当該申請書にその旨を付記しなければならない[*5]（施行令63条）。

⑤　納付すべき税額の通知

　輸入許可前引取承認を受けて引き取られた貨物については，先の輸入（納税）申告の際に申告された税額を審査した上で，納付すべき税額の通知書が送付される。

①　申告額に誤りがない場合　⇨　関税の納付通知書（7条の17）

②　申告額に誤りがある場合　⇨　更正通知書（7条の16第1項）

着眼点 [*5]

　すなわち，輸入申告をした貨物の一部について輸入許可前引取承認を申請することも可能である。

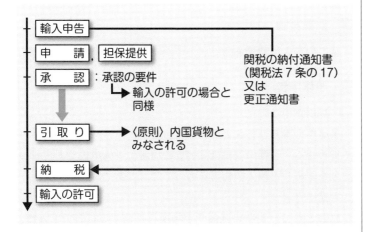

6 予備審査制

　迅速な**輸入通関**を実現するために，予備審査制という制度が設けられている（個別通達「予備審査制について」）[*1]。これは，貨物の本邦到着及び保税地域等への搬入の前に予備申告書の提出を認め，**輸入申告**までの間に**書類審査**を行うことにより，貨物の到着後の手続にかかる時間を短縮するものである。

　最近はあまり出題されていないが，制度の概要については理解しておくべきである。

着眼点 [*1]

　輸出通関については，予備審査制は適用されない。輸出貨物については，保税地域等に入れることなく輸出申告できるため，予備申告を必要としないためである（第3章参照）。

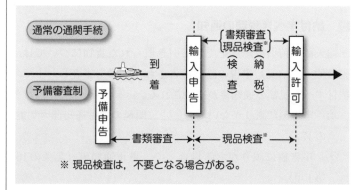

※ 現品検査は，不要となる場合がある。

1　対象貨物

　全ての**輸入貨物**である。

2　予備申告

(1)　提出書類

　予備申告書及び仕入書等の添付書類を提出させることによって行わせる。予備申告書は，適宜の箇所に予備申告である旨の記号を記載した**輸入申告書**をもってこれにあてる。

(2)　提出官署

　原則として，貨物の蔵置予定場所を管轄する官署であるが，税関長が適当と認めた場合には，他の官署に提出することができる。

(3)　提出時期

輸入申告予定日における外国為替相場が公示された日又は貨物の船荷証券（航空貨物にあっては Air Waybill）が発行された日のいずれか遅い日*²

③　予備申告後の事務処理要領

予備申告書を受理した場合には、審査担当職員は、輸入申告予定日までに書類審査を終了させておくことを原則とする。予備申告された貨物に対する税関検査の要否についての事前通知を行った場合、その後であっても、必要があると認められるときには、事前通知の内容を変更することができる。

④　輸入申告への切替え

予備申告に係る貨物の輸入申告は、当該貨物が保税地域等に搬入された後に、予備申告書の申告年月日欄の右横余白に押なつすることにより行い、当該予備申告書を輸入申告書として取り扱う。

⑤　他法令の証明

他の法令による許可、承認等の証明は、予備申告書を輸入申告書に切り替える時（輸入申告の時）までにすればよい*³。

7　特例輸入申告制度　★★★

①　特例輸入申告制度の概要

特例輸入申告制度は、貨物の輸入に関する手続である輸入申告（輸入（引取）申告）と納税に関する手続（特例申告）とを分離して、2段階で申告及び審査を行うものである。迅速な輸入通関を実現するための制度である。

輸入の許可の後に納税がなされるため、コンプライアンス（法令の遵守）が強く要求される。そこで、あらかじめ税関長の承認を受けた者（特例輸入者）又は輸入通関の手続を認定通関業

過去問 *2
予備審査制に基づく輸入貨物に係る予備申告は、輸入申告予定日における外国為替相場が公示された日又は当該貨物に係る船荷証券が発行された日のいずれか遅い日以降の日から行うことができる。（H16）
○（スピマス類題→第2章③④）

着眼点 *3
予備申告の際には、税関に証明する必要はない。

認定通関業者

　輸出入に関する業務を適正，確実に遂行できる旨の税関長の認定を受けた通関業者（関税法79条，第3編第7章参照）。

AEO制度

　AEO業者には，次のものがある。

① 特例輸入者
② 特定輸出者
③ 認定製造者
④ 特定保税承認取得者
⑤ 特定保税運送者
⑥ 認定通関業者

者[*1]に委託した者（特例委託輸入者）のみが行えるものとしている。特例輸入申告制度は，コンプライアンスに優れた一定の業者に特典を与え，手続の迅速化を図るAEO（Authorized Economic Operator）の制度[*2]のうちの1つである。

　特例輸入者又は特例委託輸入者の特例申告に係る輸入貨物を，**特例申告貨物**という（7条の2第2項）。

【特例申告貨物の輸入通関手続】

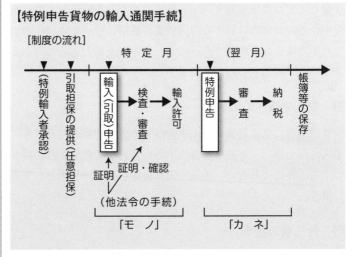

2　特例輸入者の承認

(1)　特例輸入者の承認の要件

　特例輸入者となるには，あらかじめ次の事項を記載した**申請書をいずれかの税関長に提出して承認を受けなければならない**（関税法7条の2第1項，5項，施行令4条の5第1項）。

　　① 承認を受けようとする者の**住所又は居所及び氏名又は名称**

　　② 承認の要件（関税法7条の5第1号）のいずれかに該当する場合には，その事実

　　③ その他参考となるべき事項

　　税関長は，承認申請書の提出があった場合において，一定の事項に該当するときは，特例輸入者の承認をしないことができる（承認の要件，関税法7条の5）[*3]。次の場合である。

　税関長は，申請につき承認をしたときはその旨を，承認をしないこととしたときはその旨及びその理由を書面により申請者に通知しなければならない（施行令4条の5第4項）。

【特例輸入者の承認の要件（承認しないことができる場合）】

① 承認を受けようとする者が次のいずれかに該当するとき

イ　関税法その他の国税に関する法律の規定に違反して刑に処せられ，又は関税法若しくは国税通則法の規定により通告処分[4]を受け，それぞれ，その刑の執行を終わり，若しくは執行を受けることがなくなった日又はその通告の旨を履行した日から3年[7]を経過していない者であるとき[5]

ロ　イに規定する法律以外の法令の規定に違反して禁錮以上の刑に処せられ，その刑の執行を終わり，又は執行を受けることがなくなった日から2年[7]を経過していない者であるとき

ハ　暴力団員による不当な行為の防止等に関する法律の規定に違反し，又は刑法204条（傷害），206条（現場助勢），208条（暴行），208条の2第1項（凶器準備集合及び結集），222条（脅迫）若しくは247条（背任）の罪若しくは暴力行為等処罰に関する法律の罪を犯し，罰金の刑に処せられ，その刑の執行を終わり，又は執行を受けることがなくなった日から2年[7]を経過していない者であるとき[6]

ニ　暴力団員又は暴力団員でなくなった日から5年を経過していない者（暴力団員等）であるとき

ホ　その業務についてイからニまでに該当する者を役員とする法人であるとき，又はその者を代理人，使用人その他の従業者として使用する者であるとき

ヘ　暴力団員等によりその事業活動を支配されている者であるとき

ト　承認の申請の日前3年間[7]において関税又は輸入貨物に係る消費税若しくは地方消費税（以下「関税等」という）について，重加算税を課されたことがある者であるとき

語句 [4]

通告処分
　行政機関（税関長等）が調査により犯則の心証を得たとき，罰金に相当する金額等を納付すべきことを通告する処分。履行を怠ると検察官に告発される。

過去問 [5]

　税関長は，関税法の規定により通告処分を受け，その通告の旨を履行した日から3年を経過していない者が特例輸入者の承認を受けようとする場合には，その承認をしないことができる。（H22）
○　（スピマス類題→第2章⑦）

着眼点 [6]

　①ハについては，「暴力関係の犯罪又は背任罪で罰金刑→2年×」と覚えておく。また，ハ，ニ，ヘは，「暴力団排除規定」として一括して把握しておくとよい。

着眼点 [7]

　特例輸入者としての資質に直結する重大な違反行為の場合は「3年」，その他の場合に「2年」となっていると覚えておく。

チ　承認の申請の日前３年間*7において関税等を滞納したことがある者であるとき

リ　承認の取消しの規定により特例輸入者の承認を取り消された日から３年*7を経過していない者であるとき

② 承認を受けようとする者が，特例申告を電子情報処理組織を使用して行うことその他特例申告貨物の**輸入に関する業務を適正かつ確実に遂行**することができる能力を有していないとき

③ 承認を受けようとする者が，特例申告貨物の**輸入に関する業務**について，その者（法人である場合，役員を含む）又はその代理人，支配人その他の従業者が関税法その他の**法令の規定を遵守**するための事項として所定の事項を規定した規則を定めていないとき*8

発展 *8

　税関長は，特例輸入者が関税法の規定に従って特例申告を行わなかったこと等により，関税法の実施確保のため必要と認めるときは，規則又は当該規則に定められた事項に係る業務の遂行に関し，改善に必要な措置を講ずることを求めることができる（関税法７条の６）。

[特例輸入者の承認の要件のポイント]
①イ〜リ…コンプライアンスに関する要件
②…NACCS 使用等の能力のチェック
③…法令遵守規則

(2)　承認の失効と取消し

　特例輸入者が一定の事由に該当した場合，承認の効力は**失効**する（７条の11）。また，一定の場合において特例輸入者としてふさわしくないと判断したときは，税関長は，承認を**取り消す**ことができる（７条の12）。承認の失効事由及び取消事由を次にまとめる。

【承認の失効事由及び取消事由】

失効事由	取消事由
① 申告の特例の適用を受ける必要がなくなった旨の届出*9があったとき ② 特例輸入者が死亡した場合で,承認の承継の規定による申請が規定する期間内にされなかったとき,又は承継の承認をしない旨の処分があったとき ③ 特例輸入者が解散したとき ④ 特例輸入者が破産手続開始の決定を受けたとき ⑤ 税関長が承認を取り消したとき	① 関税等について,重加算税を課されたとき ② 関税等を滞納したとき ③ 特例申告書又は内国消費税等に係る特例納税申告書をその提出期限までに提出しなかったとき*10 ④ 担保の提供の規定による命令に従わなかったとき ⑤ 承認の要件のいずれかに該当するとき ⑥ 規則等に関する改善措置の規定による税関長の求めに応じなかったとき ⑦ 帳簿の備付け若しくは記載若しくは帳簿書類の保存が政令で定めるところに従って行われていないとき,又は帳簿書類に不実の記載があるとき

発展 *9
特例輸入者は,申告の特例の規定の適用を受ける必要がなくなったときは,所定の事項を記載した届出書を,特例輸入者の承認をした税関長に届け出ることができる(7条の10,施行令4条の13)。

過去問 *10
税関長は,特例輸入者が特例申告書をその提出期限までに提出しなかったときは,当該特例輸入者の承認を取り消すことができる。(H23)
○(スピマス類題→第2章⑦)

特例輸入者の承認が失効した場合において,当該承認を受けていた者又はその相続人(承認を受けていた法人が合併により消滅した場合においては,合併後存続する法人又は合併により設立された法人)は,その失効前に輸入の許可を受けた特例申告貨物に係る特例申告の義務,当該特例申告貨物について課されるべき又は納付すべき関税等の納付の義務並びに当該特例申告貨物に係る特例輸入関税関係帳簿の備付け及び記載並びに特例輸入関税関係書類の保存の義務を免れることができない(関税法7条の11第2項)。

(3) 承認の承継

関税法7条の2第1項(申告の特例)の承認(特例輸入者の承認)を受けた者について相続等があったときは,一定の者が当該承認に基づく地位を承継することができる*11(7条の13,

着眼点 *11
許可,承認等に基づく地位の承継については,保税蔵置場等の許可,通関業の許可,AEO各制度に基づく承認又は認定についても同様の規定がある。

48条の2，施行令4条の15）。地位の承継については，次の①から⑥のように定められている。

① 特例輸入者の承認を受けた者について相続があったときは，その**相続人**（相続人が**2人以上ある場合**において，その全員の同意により当該承認に基づく地位を承継すべき相続人を選定したときは，その者）は，被相続人の当該承認に基づく地位を承継する。

② ①の規定により特例輸入者の承認に基づく地位を承継した者（**承継人**）は，被相続人の死亡後60日以内に，その承継について税関長に承認の申請をすることができる。

③ 税関長は，承継人について承認の要件（7条の5各号）のいずれかに該当する場合には，②の承認をしないことができる。

④ 特例輸入者の承認を受けた者について合併若しくは分割（当該特例輸入者の特例申告貨物の輸入の業務を承継させるものに限る）があった場合又は特例輸入者の承認を受けた者がその業務を譲り渡した場合において，あらかじめ税関長の承認を受けたときは，合併後存続する法人若しくは合併により設立された法人若しくは分割により当該特例輸入者の特例申告貨物の輸入の業務を承継した法人又は当該業務を譲り受けた者（**合併後の法人等**）は，承認の失効（7条の11第1項1号又は3号）の規定にかかわらず，当該合併により消滅した法人若しくは当該分割をした法人又は当該業務を譲り渡した者の特例輸入者の承認に基づく地位を承継することができる。

⑤ 税関長は，合併後の法人等について承認の要件のいずれかに該当する場合には，④の承認をしないことができる。

⑥ 税関長は，②は④の承認をしたときは，**直ちに**その旨を公告しなければならない。

３ 特例輸入申告制度を適用できない場合

特例輸入申告制度を利用して貨物を輸入する場合，輸入申告

と納税申告（特例申告）とを分離して行う。したがって，輸入貨物に適用される税率が，それまでに輸入された総価格や総数量を基準として決定される場合には，貨物に関する事項と納税に関する事項を併行して審査する必要があるため，取締り上不都合が生じる。そこで，次の①～③の貨物については特例輸入申告制度を適用して輸入することはできないこととされている（関税法7条の2第4項，施行令4条の3）＊12。

【輸入申告の特例を適用できない貨物】
① 関税暫定措置法別表第1の6（輸入数量が輸入基準数量を超えた場合の特別緊急加算関税率表）に掲げる物品
② 関税暫定措置法7条の6第1項（豚肉等に係る特別緊急関税）に規定する豚肉等（③の物品を除く。）
③ 関税暫定措置法7条の8第1項（経済連携協定に基づく特定の貨物に係る関税の譲許の修正）に規定する修正対象物品（①の物品を除く。）

④ 特例輸入者等の義務

(1) 担保の提供

　特例輸入申告制度を利用する場合，納税を行う前に輸入の許可を受け，貨物を引き取ることができる。したがって，税関長は，**関税等の保全**のために**必要があると認めるとき**＊13は，特例輸入者又は特例委託輸入者に対し，**金額及び期間を指定して**＊13，関税等につき**担保の提供を命ずることができる**（関税法7条の8第1項，基本通達7の8-1，7の8-2）。

　税関長は，必要があると認めるときは，担保の**金額又は期間**を変更することができる（7条の8第2項）。

	特例輸入者の場合	特例委託輸入者の場合
担保提供命令をできる場合	関税等の保全のために必要があると認めるとき	
	過去1年間において ① 過少申告加算税又は無申告加算税を課された場合 ② 期限後特例申告を行った場合　等	輸入申告に係る貨物の価格の合計額が20万円を超える場合
担保を提供すべき期間	1年（やむを得ない理由により必要があると認めるときは，1年を超えて適当と認める期間）*14	関税等の納付の日（納期限が延長される場合，当該延長した日）まで

過去問 *14

税関長は，特例輸入者に対して関税，内国消費税及び地方消費税につき担保の提供を命ずる場合には，1年を超える期間を指定することができない。（H21）
× やむを得ない理由により必要があると認めるときは，1年を超える期間を指定できる。（スピマス類題→第2章⑦）

発展 *15

記載すべき事項の全部又は一部が特例輸入関税関係書類又は輸入の許可書に記載されている場合は，当該事項の特例輸入関税関係帳簿への記載を省略することができる（施行令4条の12第3項）。

過去問 *16

特例輸入者は，特例申告に係る貨物の輸入申告の際に仕入書を提出しなかった場合には，当該仕入書を一定期間保存しなければならない。（H22）
○（スピマス類題→第2章⑦）

(2)　帳簿等の備付け，保存

　特例輸入者は，**品名，数量及び価格**その他の必要な事項を記載した**帳簿**（特例輸入関税関係帳簿）*15 を備え付け，かつ，輸入の許可の日の属する月の翌月末日の翌日（以下，「**起算日**」という）から**7年間**保存しなければならない（7条の9第1項，施行令4条の12第1項，4項）。

　また，契約書，仕入書，運賃明細書等当該特例申告貨物に係る取引に関して作成し又は受領した書類（特例輸入関税関係書類）を，起算日から**5年間**（帳簿への記載を省略した場合には，7年間）保存しなければならない（4条の12第2項，4項）。ただし，税関長に**提出**した場合には，保存の**必要はない**（4条の12第6項）*16。

5　輸入（引取）申告

(1)　輸入（引取）申告書の提出

　特例輸入者又は特例委託輸入者は，いずれかの税関長に対して輸入申告（日本国とアメリカ合衆国との間の相互防衛援助協定 MDA 協定6条1 a に規定する輸入される資材，需品又は装備を除く。）をすることができる（関税法67条の19，施行令59

条の21）。

【輸入申告すべき官署】

　1　**原則**

　　輸入の許可を受けるためにその申告に係る貨物を入れる保税地域等の所在地を所轄する税関長に対してしなければならない。

　2　**本船扱い又はふ中扱いの承認を受けた場合**

　　外国貿易船（又は，はしけ等）に積み込んだ状態で輸入申告をすることが必要な貨物を輸入しようとする者は，税関長の承認を受けて，外国貿易船等の係留場所を所轄する税関長に対して輸入申告をすることができる。

　3　**特例輸入者又は特例委託輸入者**が行う場合

　　いずれかの税関長に対して輸入申告をすることができる（ＭＤＡ協定6条1 aに規定する輸入される資材，需品又は装備を除く）。

　関税法67条の19（輸入申告の特例）の規定の適用を受ける特例輸入者又は特例委託輸入者が行う輸入申告（輸入申告の際に提出するものとされている書類の提出を含む。）は，電気通信回線の故障その他の事由により電子情報処理組織を使用して当該申告を行うことができない場合として財務省令で定める場合[*17]を除き，電子情報処理組織を使用して行わなければならない（関税法施行令59条の20第2項）。

　特例申告貨物の輸入申告書（輸入（引取）申告書）は**貨物の引取りのための申告書**であるので，輸入（納税）申告書の記載事項のうち，納税申告に係る事項については，記載が不要となる。記号及び番号については記載する必要がないが，**数量及び価格**の記載は**必要**である（施行令59条1項1号）。

(2)　添付書類

　添付書類については，特例輸入者及び特例委託輸入者に係る特例申告貨物の輸入申告の場合も，**一般輸入貨物の場合とほぼ**

発展　＊17

　電気通信回線の故障，天災その他正当な理由により電子情報処理組織を使用して特例輸入申告又は特例委託輸入申告を行うことができないことについて税関長が認めた場合をいう（施行規則9条）。

同様である（関税法68条，基本通達67－3－4）。

　すなわち，輸入の許可の判断のために必要があるときは，税関長は仕入書，契約書等を提出させることができる。また，他法令の証明・確認に係る書類の提出も必要である。ただし，協定税率，ＥＰＡ税率の適用を受けようとする貨物の場合，原則として原産地証明書の提出は不要である（特例委託輸入者の場合には，関税の徴収の確保に支障があると認められる場合に限り，提出必要となる）。

6 　特例申告

(1)　特例申告書の提出

　特例輸入者又は特例委託輸入者は，輸入の許可を受けた特例申告貨物で申告納税方式が適用されるものについて，課税標準，税額その他必要な事項を記載した特例申告書により，納税申告（特例申告）を行うことができる（関税法７条の２第１項）。特例申告書は，輸入（納税）申告書の標題を「特例申告書」と訂正して作成する。特例申告は，輸入の許可ごとに行うこともできるし，複数の輸入の許可に係る特例申告をまとめて「一括特例申告書」により行うこともできる（基本通達７の２－1(1)，(2)）。

　特例申告書は，関税等の納付のためのものであるから，納税に関する事項について申告する。輸入（引取）申告書の記載事項と重複する一定の事項については，記載の必要がない。

(2)　期限後特例申告

　特例申告書は，**輸入の許可の日の属する月の翌月末日までに**当該許可をした税関長に提出しなければならない*18（「**期限内特例申告書**」，７条の２第２項）。ただし，提出期限後であっても，税関長から**決定***19を受けるまでは，特例申告貨物の輸入の許可をした税関長に提出することができる（関税法７条の４第１項，７条の２第２項）。これを「**期限後特例申告書**」という（７条の４第２項）。なるべく特例輸入者自らに納税義務の内容を確定させることが望ましいことから認められるものである。

*18

　特例申告を行う場合は，特例申告に係る貨物で輸入の許可を受けたものについて，特例申告書を作成し，当該許可の属する月の翌月末日までに当該許可をした税関長に提出しなければならない。(R5)○（スピマス類題→第2章⑦）

*19

決定

　納税申告が必要とされている貨物について，その輸入のとき(特例申告貨物の場合，特例申告書の提出期限)までに申告がないときは，税関長がその調査により，税額等を決定する（7条の16第2項）。第8章参照。

復習テスト

1　輸入通関手続（①から④に適切な語句を挿入）

　　貨物を輸入しようとする者は，当該貨物の品名ならびに（　①　）となるべき数量及び（　②　）その他必要な事項を税関長に（　③　）し，（　④　）を経て，その許可を受けなければならない。

2　輸入申告の手続（①，②に適切な語句を挿入）

　　輸入申告は，一定の事項を記載した（　①　）を税関に提出して，しなければならないが，貨物が旅客又は乗組員の携帯品であるときは，（　②　）で行うことができる。

3　輸入申告書の記載事項（①，②に適切な語句を挿入）

　　輸入申告すべき貨物の数量は，（　①　）が貨物の種類ごとに定める単位による当該貨物の（　②　）の数量とする。

4　輸入申告の時期（①から③に適切な語句を挿入）

　　入港手続の規定による積荷に関する事項が税関に報告等された後であって，当該貨物を保税地域等に入れないで輸入申告することにつき，税関長の（　①　）を受けた場合及び，当該特例申告貨物につき，（　②　）又は特例委託輸入者が（　③　）を使用して輸入申告を行う場合には，保税地域等に搬入せずに申告することができる。

5　仕入書及び協定税率を適用する場合の原産地証明書の有効期間

6　指定地外検査を行う場合に必要な手続は，次の①②のいずれか？

　　①税関長の許可　②税関長に届出

7　他の法令の規定により，輸入に関して

　①　許可，承認等が必要な場合

　②　検査又は条件の具備が必要な場合

　に，税関に対して行うべき手続

8　輸入許可前引取承認について

　①　承認の申請は，（　）の後に行う。（（　）内に適切な語句を挿入）

　②　承認を受けるためには，（イ必ず　ロ税関長が必要と認めるとき）担保の提供が必要である。（イ，ロのいずれかを選択）

9　税関長は，申請者が関税法その他の国税に関する法律の規定に違反して刑に

処せられ，その刑の執行を終わった日から（　　）年を経過していない者であるときには，特例輸入者の承認をしないことができる。(（　）内に適切な数字を挿入)

10　特例申告（①から③に適切な語句を挿入）

　　貨物を輸入しようとする者であって，あらかじめいずれかの税関長の（　①　）を受けた者（「特例輸入者」）又は当該貨物の輸入に係る通関手続を（　②　）に委託した者（「特例委託輸入者」）は，申告納税方式が適用される貨物について，（　③　）申告書を税関長に提出することによって，納税申告を行うことができる。

【解　答】

1　①　課税標準　　②　価格　　③　申告　　④　必要な検査
2　①　輸入申告書　　②　口頭
3　①　財務大臣　　②　正味
4　①　承認　　②　特例輸入者　　③　電子情報処理組織
5　仕入書→特に制限なし，原産地証明書→原則として１年
6　①
7　①　輸入申告の際，税関に証明
　　②　輸入の許可の検査その他輸入申告に係る税関の審査の際，税関に証明し，その確認を受ける
8　①　輸入申告　　②　イ
9　3
10　①　承認　　②　認定通関業者　　③　特例

第3章
輸出通関その他

出題傾向

項目	H28	H29	H30	R1	R2	R3	R4	R5
1 輸出通関制度の全体構造						○		
2 輸出申告	○	○	○	○	○	○	○	○
3 添付書類等			○			○		○
4 積戻し	○	○			○			
5 輸出申告の特例	○	○	○	○	○	○	○	○
6 郵便物の輸出入通関手続	○	○	○	○			○	○

本章のポイント

　輸出通関は，通関士試験において非常に重要な分野であるが，ほとんどが輸入通関と同様の手続により行われる。したがって，試験対策としては，原則的な輸入通関手続の流れと対比しつつ，これと異なる規定について注意していくことが望ましい。

　また，積戻しや郵便物の通関手続についても，本章で学習する。

1 輸出通関制度の全体構造 ☆☆

　輸出通関については，ほぼ輸入通関手続と同様に考えていけ
ばよい。ただし，次の点については注意が必要である。

① 納税に関する手続が不要
② 方向性が逆である
③ 輸出申告については保税地域等への搬入は不要[*1][*2]

【輸出通関手続の流れ】

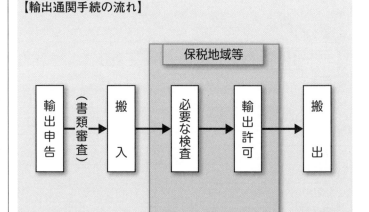

*1

　輸入通関と異なる点
であるので，注意して
おく必要がある。

*2

　輸出申告は，特定輸
出者，特定委託輸出者
又は特定製造貨物輸出
者が行うものを除き，
その申告に係る貨物を
保税地域又は税関長が
指定した場所に入れた
後にするものとされて
いる。(R3)
×　保税地域等への搬
入は不要。(スピマス
類題→第2章⑧⑨)

2 輸出申告 ☆☆☆

① 輸出申告の要否・方法・内容

　貨物を輸出しようとする者は，必要な事項を税関長に申告し，
貨物につき必要な検査を経て，その許可を受けなければならな
い（関税法67条）[*1]。

　輸出申告は，次に掲げる事項を記載した輸出申告書を税関長
に提出して，しなければならない（施行令58条）[*2]。

　ただし，**税関長**において当該貨物の種類又は**価格を勘案**し，
記載の必要がないと認める事項については，その記載を省略さ

着眼点 *1

　価格が20万円以下
の郵便物等について
は，輸入の場合と同様，
申告及び許可は不要で
ある。

着眼点 *2

　携帯品，免税コンテ
ナー等については，輸
入の場合と同様，輸出
申告書の提出は不要で
ある。

せることができる。

① 貨物の記号，番号，品名，**数量**及び**価格**

② 貨物の**仕向地**並びに**仕向人**の住所又は居所及び氏名又は名称

③ 貨物を積み込もうとする船舶又は航空機の**名称又は登録記号**

④ **輸出の許可を受けるためにその申告に係る貨物を入れる保税地域等の名称及び所在地**

輸出申告に係る貨物の価格は，当該貨物の**本邦の輸出港**における本船甲板渡し価格（FOB 価格[*3]）である（施行令59条の２第２項）[*4]。ただし，**無償**で輸出される貨物については，当該貨物が**有償**で**輸出される**ものとした場合の**FOB 価格**となる。

また，輸出の許可後に次の①から③に該当する場合には，「船名，数量等変更申請書」に輸出許可書を添付して提出することにより行う（基本通達67－１－11，12，13）。あらためて輸出申告をし，その許可を受ける必要はない。

① 貨物の積載予定船舶を変更しようとする場合

② 貨物の積込港を変更しようとする場合

③ 輸出の許可を受けた貨物の一部が積載予定船舶に積み込まれないこととなった場合又は輸出の許可を受けて積載予定船舶に積み込まれた貨物の一部がその船舶の出港前，かつ，船荷証券発行前に船卸しされた場合（数量減少の場合）

2 **輸出申告の時期と申告書の提出官署**

輸出申告は，輸出の許可を受けるためにその申告に係る貨物を入れる保税地域等の所在地を所轄する税関長に対してしなければならない[*5]（67条の２第１項）。輸入の場合と異なり，**輸出申告**については保税地域等に**搬入する**前に行うことができるが，輸出の許可を受ける前に保税地域等に**搬入する必要**がある。

なお，**外国貿易船**又は**はしけ**等に積み込んだ状態で輸出申告をすることが必要な貨物を輸出しようとする者は，税関長の**承認**を受けて，当該**外国貿易船等**の**係留場所**を所轄する税関長に

FOB 価格
　FOB とは，Free On Board の略。輸出港において外国貿易船に載せるまでの費用の合計額のことである。

　航空機によって輸出される貨物については，これに準ずる条件による価格となる。

　輸出申告の撤回は，その申告に係る輸出の許可前に限り認められる（基本通達67－１－10）。

着眼点 *6

「本船扱い」及び「ふ中扱い」の場合である。輸入申告の場合にも同様の制度がある（第2章**2**参照）。

対して輸出申告をすることができる*6（67条の2第2項，施行令59条の4）。

【輸出申告書のサンプル】

税関様式C第5010号

輸 出 申 告 書

あ　て　先 ＿＿＿＿＿＿＿＿＿＿ 長殿

輸出者住所氏名 ＿＿＿＿＿＿＿＿

代理人住所氏名 ＿＿＿＿＿＿＿＿

仕向人住所氏名 ＿＿＿＿＿＿＿＿

申告年月日
積　込　港
積載船（機）名
出港予定年月日
仕　向　地　　　　　（都市）　（国）
蔵　置　場　所

本船扱　　ふ中扱

申告番号	
積込港符号	
船（機）籍符号	
貿易形態別符号	
仕向国（地）符号	
輸出者符号	
（調査用符号）	

品　　名	統計品目番号	単位	数	量	申告価格（F.O.B）	（調査額）
(1)					円	
(2)						
(3)						

個数、記号、番号			許可印・許可年月日

「外国為替及び外国貿易法」及び「輸出貿易管理令」関係

外国為替及び外国貿易法第48条第1項に基づく輸出貿易管理令第1条第1項別表第1の　　（該当）　（非該当）

輸出貿易管理令第1条第1項第　号別表第2の　　　　項

輸出貿易管理令第4条第　項第　号の別表第　の　　項（号）

輸出貿易管理令第1条第1項別表第1の　（該当）（非該当）

輸出許可証又は輸出承認証の番号

申　告　書　　枚	
添付書類（輸出貿易管理令関係を除く）	
仕　入　書	（有）
輸出取引承認書	
その他関税法第70条関係許可・承認書等（出名分）	
関税定率法、関税暫定措置法第　条第　項第　号関係	
内国消費税輸出免税（還付金）関係	

積込年月日

認定製造者（特定製造貨物輸出申告）

保税運送　承認済
区　分　　鉄道、海路、空路
順　期　　　年　月　日から

運送者（特定委託輸出申告又は特定製造貨物輸出申告）

申受理	審査者

税関記入欄

1検査済検査
2現場検査

（注）※印の欄は記入しないでください。
「不服申立てについて」この申告に基づく処分について不服があるときは、その処分があったことを知った日の翌日から起算して3月以内に税関長に対して再調査の請求又は財務大臣に対して審査請求をすることができます。

通　関　士　記　名

（規格A4）

3　添付書類等

1 添付書類の提出

税関長は，輸出申告があった場合において輸出の許可の判断

のために必要があるときは，契約書，仕入書，運賃明細書，保険料明細書，包装明細書，価格表，製造者若しくは売渡人の作成した仕出人との間の取引についての書類その他の申告の内容を確認するために必要な書類を提出させることができる*1（関税法68条，施行令61条）。

② 帳簿等の備付け及び保存

　貨物（本邦から出国する者がその出国の際に**携帯**して輸出する貨物及び**郵便物**並びに**特定輸出貨物**（第3章5参照）を**除く**。以下「**一般輸出貨物**」という）を**業として輸出する者**（以下「保存義務者」という。）は，当該貨物の品名，数量及び価格その他の必要な事項を記載*2した**関税関係帳簿**を備え付け，かつ，当該帳簿及び当該貨物に係る取引に関して作成し又は受領した**関税関係書類**を整理し，当該貨物の輸出の許可の日の翌日から5年間*3，輸出者の本店等に保存しなければならない（関税法94条2項，施行令83条2項，8項）。

　ただし，関税法68条（輸出申告又は輸入申告に際しての提出書類）の規定により輸出申告の際に税関に**提出した書類**については，**保存する必要はない**。

　保存義務者は，関税関係帳簿及び関税関係書類の保存について，自己が一貫して電子計算機を使用して作成する場合には，電磁的記録，電子計算機出力マイクロフィルムによる保存をもって代えることができる*4（関税法94条の2，94条の3）。

4 積戻し ★★☆

① 積戻しの手続

　関税法においては，輸出と区別して積戻しを定義している。しかし，**貨物を外国に向けて送り出す**行為である点で，実質的には輸出と同一のものであるから，積戻しの手続には輸出通関の規定が準用されている（関税法75条）*1。

着眼点 *1
輸入通関の場合と同様である。

発展 *2
輸出の許可を受けた貨物の品名，数量及び価格，仕向人の氏名又は名称並びに当該許可の年月日及びその許可書の番号を記載する。

着眼点 *3
輸入の場合と異なり，帳簿の保存期間も7年間ではなく5年間となっている。

着眼点 *4
輸入の場合も同様である。

発展 *1
関税法105条（税関職員の権限）の規定については，積戻しに準用されていない。

積戻しの申告は，輸出申告書の標題を「積戻し申告書」と訂正したものにより行う（基本通達75－1－1）。

着眼点 *2

特に，⑥の証明又は確認（70条）の規定について，積戻しに準用されていることが重要である。

【積戻しについて準用される規定】*2

① 輸出又は輸入の許可（67条）

② 輸出申告又は輸入申告の時期（67条の2）

③ 輸出申告又は輸入申告に際しての提出書類（68条）

④ 貨物の検査場所（69条）

⑤ 輸出してはならない貨物，輸出してはならない貨物に係る認定手続，輸出してはならない貨物に係る申立て手続等，輸出差止申立てにおける専門委員への意見の求め，輸出差止申立てに係る供託等，輸出してはならない貨物に係る意見を聴くことの求め等，輸出してはならない貨物に係る認定手続における農林水産大臣等への意見の求め，輸出してはならない貨物に係る認定手続における専門委員への意見の求め，輸出してはならない貨物に係る認定手続を取りやめることの求め等（69条の2から69条の10まで）

⑥ 証明又は確認（70条）

2 仮に陸揚された貨物

仮に陸揚された貨物を外国に向けて積み戻す場合には，輸出通関の規定を準用しない*3。ただし，外為法48条1項（輸出の許可等）の規定により経済産業大臣の輸出の許可を受けなければならないものについては，通常の積戻しの場合と同様，輸出通関の規定を準用する。

発展 *3

この場合，仮陸揚の際に提出した「仮陸揚届」2通のうち，返付された1通を税関に提出することにより手続を行う（基本通達21－2(1)，21－5(1)）。

5 輸出申告の特例 ☆☆☆

1 輸出申告の特例の概要

(1) 輸出申告の特例

次の①から③に掲げる者は，いずれかの税関長に対して輸出申告をすることができる（**輸出申告の特例**，関税法67条の3第1項）。

① 貨物を輸出しようとする者であってあらかじめ**いずれかの税関長の承認**[*1]を受けた者（特定輸出者，**2**参照）

② 貨物を輸出しようとする者であって当該貨物の輸出に係る通関手続を**認定通関業者に委託**した者（特定委託輸出者，**3**参照）

③ 認定製造者が製造した貨物を当該認定製造者から取得して輸出しようとする特定製造貨物輸出者（**4**参照）

迅速な輸出通関を実現するための，ＡＥＯの制度のうちの一つである[*2]。

輸出申告の特例による輸出申告が行われ，輸出の許可を受けた貨物を，「特例輸出貨物」という（30条1項5号）。

関税法67条の3第1項（輸出申告の特例）の規定の適用を受ける輸出申告（**特定輸出申告，特定委託輸出申告**又は**特定製造貨物輸出申告**。輸出申告の際に提出するものとされている書類の提出を含む。）は，電気通信回線の故障その他の事由により電子情報処理組織を使用して当該申告を行うことができない場合として財務省令で定める場合[*3]を除き，電子情報処理組織を使用して行わなければならない（施行令59条の7第4項）。

外国貿易船，はしけ等に積み込んだ状態で輸出申告をすることが必要な貨物について，**特定輸出申告，特定委託輸出申告及び特定製造貨物輸出申告**（「特定輸出申告等」）を行う場合には，本船扱い及びふ中扱いの手続を要することなく特定輸出申告等を行うことができる（基本通達67の2-1）。

(2) 特例輸出貨物の亡失等の届出

保税地域以外の場所にある特例輸出貨物（外国貨物）を廃棄[*4]しようとする者は，あらかじめその旨を輸出の許可をした税関長に届け出なければならない（67条の5，34条）。

また，保税地域以外の場所にある特例輸出貨物が亡失した場合には，当該特例輸出貨物に係る**特定輸出者，特定委託輸出者**

着眼点 [*1]
「いずれかの税関長」の承認でよいので，特定輸出者は，承認を受けた税関長以外の税関長に対しても特定輸出申告を行うことができる。

着眼点 [*2]
通常の場合と異なり「輸出の許可を受けるために保税地域等に入れること」が要求されていない。

発展 [*3]
電気通信回線の故障，天災その他正当な理由により電子情報処理組織を使用して特定輸出申告，特定委託輸出申告又は特定製造貨物輸出申告を行うことができないことについて税関長が認めた場合をいう（施行規則7条の6）。

語句 [*4]
外国貨物の廃棄
腐敗，変質等により本来の用途に供されなくなった外国貨物をくずとして処分することをいう（基本通達34-1(1)）。

又は特定製造貨物輸出者は，直ちにその旨を輸出の許可をした税関長に届け出なければならない（67条の5，45条3項）。

なお，保税地域等にある外国貨物が亡失した場合には，当該保税地域等の許可を受けた者（指定保税地域の場合は，当該外国貨物を管理する者）は，直ちにその旨を税関長に届け出なければならない（45条3項，61条の4，62条の7，62条の15，36条1項）。保税地域等については，第5章で述べる。

② 特定輸出申告

(1) 制度の概要

特定輸出者が行う輸出申告を特定輸出申告という。

<img_発展> *5

特定輸出申告を行う場合には，輸出申告の特例の規定の適用を受けることを希望する旨を輸出申告書に記載しなければならない（施行令59条の5第1項）。特定委託輸出申告，特定製造貨物輸出申告についても同様である。

【特定輸出申告制度の流れ】 *5

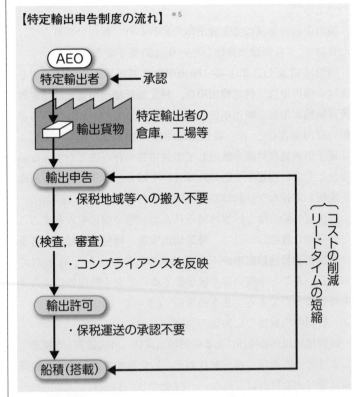

特定輸出申告を行い，輸出の許可を受けた特例輸出貨物については，その置かれている場所から外国貿易船等までの運送に

ついて，保税運送*6の承認を要しない。

(2)　特定輸出者の承認とその要件

　　特定輸出者の承認を受けようとする者（**申請者**）は，特定輸出申告をしようとする貨物の品名その他必要な事項を記載した申請書を税関長に提出しなければならない（67条の3第5項）。

　　税関長は，特定輸出者の承認をしようとするときは，次に掲げる基準に適合するかどうかを審査しなければならない（**承認の要件**，67条の6）*7。

【特定輸出者の承認の要件】

①　承認を受けようとする者（申請者）が次のいずれにも該当しないこと（申請者がコンプライアンスに優れた者であること）

イ　関税に関する法律，命令の規定に違反して刑，通告処分

　　⇨　その刑の執行を終わり，又は執行を受けることがなくなった日から**3年**を経過していない者*8

ロ　関税法70条（証明又は確認）に規定する他の法令の規定のうち，輸出に関する規定に違反して刑

　　⇨　**2年**を経過していない者

ハ　イ及びロに規定する法令以外の法令の規定に違反して禁錮以上の刑

　　⇨　**2年**を経過していない者

ニ　暴力団員による不当な行為の防止等に関する法律の規定に違反し，又は刑法204条（傷害），206条（現場助勢），208条（暴行），208条の2第1項（凶器準備集合及び結集），222条（脅迫）若しくは247条（背任）の罪若しくは暴力行為等処罰に関する法律の罪を犯し，罰金の刑

　　⇨　**2年**を経過していない者

ホ　暴力団員等

ヘ　その業務についてイからホのいずれかに該当する者

語句 *6

保税運送

　外国貨物について，本邦内の一定の場所（開港，保税地域等）相互間を，外国貨物のまま運送すること。原則として税関長の承認が必要。第6章参照。

発展 *7

　税関長は，申請につき承認をしたときはその旨を，承認をしないこととしたときはその旨及びその理由を書面により申請者に通知しなければならない（施行令59条の10第4項）。

過去問 *8

　関税法の規定に違反して刑に処せられた者であっても，その刑の執行を終わった日から2年を経過した場合には，特定輸出者の承認を受けることができる。（H18）
×　2年ではなく3年を経過する必要がある。（スピマス類題→第2章⑩）

を役員とする法人である場合又はこれらの者を代理
　　　人，支配人その他の主要な従業者として使用する者
　　ト　暴力団員等によりその事業活動を支配されている者
　　チ　特定輸出者の承認を取り消された日から3年を経過
　　　していない者
　②　申請者が，特定輸出申告を電子情報処理組織（NACCS）
　　を使用して行うことその他特定輸出申告に係る貨物の**輸
　　出に関する業務**を適正かつ確実に遂行することができる
　　能力を有していること
　③　申請者が，特定輸出申告に係る貨物の**輸出に関する業
　　務**について，**法令遵守規則を定めていること***9

(3)　輸出申告の特例の適用を受ける必要がなくなった旨の届出
　　特定輸出者は，**輸出申告の特例の規定の適用を受ける必要が
なくなったとき**は，その旨を**特定輸出者の承認をした税関長に**
届け出ることができる（67条の9）。

(4)　承認の失効と取消し
　　一定の事項に該当するに至ったときは，特定輸出者の承認は，
その効力を失い，また，税関長は特定輸出者の承認を**取り消す
ことができる**（67条の10第1項，67条の11）。
　　承認の失効事由及び取消事由を次にまとめる。

【承認の失効事由及び取消事由】

失効事由	取消事由
① 申告の特例の適用を受ける必要がなくなった旨の届出があったとき ② 特定輸出者が死亡した場合で，許可の承継の規定による相続人の申請が特定輸出者の死亡後60日以内にされなかったとき，又は承継の承認をしない旨の処分があったとき ③ 特定輸出者が解散したとき ④ 特定輸出者が破産手続開始の決定を受けたとき ⑤ 税関長が承認を取り消したとき	① 帳簿の備付け若しくは記載若しくは帳簿書類の保存が政令で定めるところに従って行われていないとき，又は帳簿書類に不実の記載があるとき ② 特定輸出者が承認の要件の①②（57〜58ページ）に適合しないこととなったとき ③ 特定輸出者が規則等に関する改善措置の規定による税関長の求めに応じなかったとき

(5)　帳簿の備付け等

　特定輸出者は，一定の事項を記載した**帳簿**（特定輸出関税関係帳簿）*10 を備え付け，かつ，当該帳簿及び特定輸出関税関係書類*11 を，その特定輸出貨物の**輸出許可の日の翌日から**5年間保存しなければならない（67条の8，施行令59条の12第4項）。

3　特定委託輸出申告

　特定委託輸出者が行う輸出申告を特定委託輸出申告という。

　特定委託輸出者は，申告に係る貨物が置かれている場所から当該貨物を外国貿易船等に積み込もうとする開港，税関空港又は不開港までの運送を特定保税運送者*12 に委託しなければならない（67条の3第1項）。この場合，**一の特定保税運送者**に一貫して運送させることとされているが，当該貨物が輸出の許可を受けた後は，他の特定保税運送者により運送させることができる（基本通達67の3−2−2）。

　特定委託輸出申告は，電子情報処理組織を使用して行わなければならない（施行令59条の5第4項，2項）。

発展 *10

特定輸出関税関係帳簿には，特定輸出貨物の品名，数量及び価格，仕向人の氏名又は名称並びに当該特定輸出貨物に係る輸出の許可の年月日及びその許可書の番号を記載しなければならない。

発展 *11

特定輸出関税関係書類は，特例輸出貨物に係る契約書，仕入書，包装明細書，価格表，製造者又は売渡人の作成した仕出人との間の取引についての書類，当該特定輸出貨物が関税法70条（証明又は確認）の許可，承認等を受けている旨を証明する書類その他特定輸出貨物の性質及び形状を明らかにする書類とされている（施行令59条の12第2項）。

語句 *12

特定保税運送者

あらかじめ税関長の承認を受けて，保税運送の承認を受けることなく外国貨物の運送を行える者。AEO業者の一つ。第6章**2**参照。

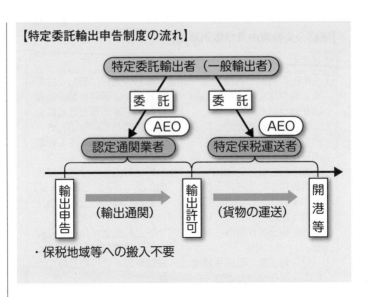

【特定委託輸出申告制度の流れ】

特定委託輸出者（一般輸出者）

委　託　　　　委　託

AEO　　　　　　AEO

認定通関業者　　特定保税運送者

輸出申告　（輸出通関）　輸出許可　（貨物の運送）　開港等

・保税地域等への搬入不要

④　特定製造貨物輸出申告（認定製造者制度）

(1)　認定製造者と特定製造貨物輸出者

　輸出する貨物を製造する者は，申請により，自ら製造した貨物（特定製造貨物）の輸出に関する業務の遂行を適正に管理することができるものと認められる旨の**税関長の認定**を受けることができる（関税法67条の13第1項）。この認定を受けた製造者を認定製造者という。

　認定を受けようとする者（**申請者**）は，必要な事項を記載した申請書（認定申請書）を，当該申請者の住所又は居所の所在地を所轄する税関長に提出しなければならない（67条の13第2項）*13。

着眼点 *13

　認定については，特定製造貨物輸出者についても審査が行われるが，認定申請書の提出は認定を受けようとする者（申請者）によって行われる。

【特定製造貨物輸出申告制度の流れ】

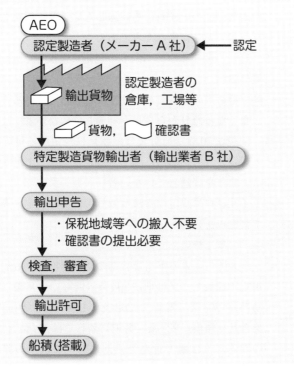

特定製造貨物を認定製造者から取得して輸出しようとする者（特定製造貨物輸出者）が行う輸出申告を特定製造貨物輸出申告という。

特定製造貨物輸出申告は，電子情報処理組織を使用して行わなければならない（施行令59条の5第4項，3項）。特定製造貨物輸出申告に際しては，認定製造者が製造した貨物であることを確かめるため，貨物確認書[*14]**を税関長に提出しなければならない**。

(2)　認定製造者の認定の基準

税関長は，認定の申請が次の基準に適合すると認めるときは，その認定をするものとされている（関税法67条の13第3項）[*15]。

語句 [*14]

貨物確認書
特定製造貨物輸出申告に係る貨物の品名，数量その他の事項を記載した書面であって認定製造者が作成したもの。

発展 [*15]

税関長は，申請につき承認をしたときはその旨を，承認をしないこととしたときはその旨及びその理由を書面により申請者に通知しなければならない（施行令59条の16第5項）。

【認定の要件】

① 申請者が次のいずれにも該当しないこと（申請者がコンプライアンスに優れた者であること）

  イ　関税に関する法律，命令の規定に違反して刑，通告処分

    ⇨　その刑の執行を終わり，又は執行を受けることがなくなった日から3年を経過していない者

  ロ　関税法70条（証明又は確認）に規定する他の法令の規定のうち，輸出に関する規定に違反して刑

    ⇨　2年を経過していない者

  ハ　イ及びロに規定する法令以外の法令の規定に違反して禁錮以上の刑

    ⇨　2年を経過していない者

  ニ　暴力団員による不当な行為の防止等に関する法律の規定に違反し，又は刑法204条（傷害），206条（現場助勢），208条（暴行），208条の2第1項（凶器準備集合及び結集），222条（脅迫）若しくは247条（背任）の罪若しくは暴力行為等処罰に関する法律の罪を犯し，罰金の刑

    ⇨　2年を経過していない者

  ホ　暴力団員等

  ヘ　その業務についてイからホのいずれかに該当する者を役員とする法人である場合又はこれらの者を代理人，支配人その他の主要な従業者として使用する者

  ト　暴力団員等によりその事業活動を支配されている者

  チ　認定を取り消された日から3年を経過していない者

② 申請者が次のいずれにも該当すること

  イ　特定製造貨物について，適正な貨物確認書の作成及びその特定製造貨物輸出者への交付その他の特定製造貨物の輸出申告が適正に行われることを確保するために必要な業務を遂行する能力を有していること

ロ　特定製造貨物が輸出のために外国貿易船等に積み込まれるまでの間の当該**特定製造貨物**の管理について，その状況を把握するとともに，当該特定製造貨物に係る輸出申告の内容に即して適正に行われることを確保するために必要な業務を遂行する能力を有していること

ハ　イ及びロに規定する業務を適正かつ確実に行うために必要な業務の実施の方法として一定の事項を規定した法令遵守規則を定めていること*16*17

③　特定製造貨物輸出者が次のいずれにも該当すること

イ　67条の6第1号イからチまで（特定輸出者の承認の要件，①**イ〜チ**，P57〜P58参照）のいずれにも該当しないこと

ロ　輸出申告を電子情報処理組織（NACCS）を使用して行う能力を有していること

⑶　認定の失効と取消し

認定の失効と取消しの事由について，以下にまとめる（67条の16，67条の17第1項）。

着眼点＊16

　法令遵守規則は申請者が定める必要があり，NACCSの能力は特定製造貨物輸出者について要求されている。

発展＊17

　税関長は，特定製造貨物輸出申告が関税法の規定に従って行われなかった場合等には，法令遵守規則の改善に必要な措置を講ずること等を求めることができる（関税法67条の14）。

【製造者の認定の失効事由と取消事由】

失効事由	取消事由
①　認定を受けている必要がなくなった旨の届出があったとき ②　死亡した場合で，認定の承継の申請が期間内にされなかったとき，承継の承認をしない旨の処分があったとき ③　解散したとき ④　破産手続開始の決定を受けたとき ⑤　税関長が認定を取り消したとき	①　認定の要件（一定のもの）を満たさないこととなったとき ②　規則等に関する改善措置の規定による税関長の求めに応じなかったとき ③　偽った貨物確認書を特定製造貨物輸出者に交付したとき ④　特定製造貨物輸出者が認定の要件の規定に該当しないこととなったとき

5 輸出申告の特例が適用できない場合

　輸出に際して厳密な審査が要求される貨物については，保税地域に搬入しない状態で輸出申告を認めることは妥当ではない。そこで，次の①から③の貨物に係る輸出申告については，輸出申告の特例は，適用することができない（関税法67条の3第1項，施行令59条の8）*18。

① 　輸出貿易管理令別表第1の一の項の中欄に掲げる貨物（銃，砲その他の兵器）
② 　輸出貿易管理令別表第4に掲げる国又は地域（イラン，イラク，北朝鮮）を仕向地として輸出される貨物であって，経済産業大臣の許可又は承認を必要とするもの
③ 　日本国とアメリカ合衆国との間の相互防衛援助協定（MDA協定）6条1aに規定する輸出される資材，需品又は装備

【輸出申告の特例における制度の比較】

	特定輸出申告	特定委託輸出申告	特定製造貨物輸出申告
申告及び許可	保税地域等への搬入不要		
申告の方法	NACCS を使用		
保税運送	承認不要	特定保税運送者に委託	承認不要

6 郵便物の輸出入通関手続 ★☆

1 郵便物の輸出入の簡易手続*1

　価格が20万円以下の郵便物の輸出入については，輸出入申告を行う旨の申出があった場合を除き，通常の通関手続に関する規定は適用されず，以下の手続により適正かつ迅速な通関の実現を図っている（関税法76条）*2。

① 　日本郵便株式会社は，信書以外の物を内容とする郵便物

を受け取ったときは，当該郵便物を輸出し，又は輸入しようとする者から輸出入申告を行う旨の申し出があった場合を除き，当該郵便物を税関長に提示しなければならない(76条3項，施行令66条の3) *³。

② 税関長は，輸出入される郵便物中にある信書以外の物について，税関職員に必要な検査をさせる(関税法76条1項)。税関長は，郵便物の検査が終了したとき又は当該検査の必要がないと認めるときは，日本郵便株式会社にその旨を通知しなければならない (76条5項)。

③ ②の検査を受ける郵便物については，他法令の証明又は確認の手続が必要である *⁴ (76条4項)。特に，他の法令の規定により許可，承認等を必要とする貨物については，②の検査その他郵便物に係る税関の審査の際 *⁵，税関に証明しなければならない。

　証明がされず，又は確認を受けられない貨物については，日本郵便株式会社は，その郵便物を発送し，又は名あて人に交付しない。

【郵便物の輸入通関手続の流れ】

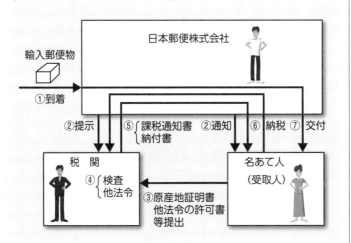

価格が20万円を超える郵便物の場合，通常の通関手続が必要である。具体的には，輸出又は輸入しようとする者は，輸出

第1編　関税法

発展 *³

　輸出入しようとする者から当該郵便物につき輸出入申告を行う旨の申し出があった場合には，提示は不要である。

過去問 *⁴

　貨物を郵便により外国に向け送る場合には，輸出申告を要しないので，当該貨物については，関税法第70条（証明又は確認）の規定は適用されない。(H14)
　× 証明又は確認の規定は適用される。(スピマス類題→第2章⑫)

着眼点 *⁵

　「輸出入申告の際」ではない。

入申告を行う旨を申し出て，輸出入申告を行う。ただし，次の
①，②のような場合には，20万円以下の場合と同様の**簡易手
続**により通関が行われる（輸出入申告等は不要）（76条1項，
施行令66条，3条3項，2条5項）。

① 寄贈物品である郵便物[*6]
② 無償で貸与されることその他の事由により，名あて人に
おいて課税価格を把握し，又は所属区分を判断することが
困難であると認められる郵便物（輸入の場合）

 *6

輸入の場合に限る。
輸出の場合，寄贈物品
であっても，価格が
20万円を超える場合
には，通常の通関手続
が必要。

2 郵便物の関税の納付

郵便物についての審査，検査の結果，関税を納付すべきこと
が判明した場合，名あて人（輸入者）は関税を納付した上で，
郵便物の交付を受ける（77条）。この際，**日本郵便株式会社を
経由**して税関長から**通知**が行われ，名あて人は，直接納付する
ほかに，日本郵便株式会社に**納付の委託**をすることができる（77
条の2）。

3 関税納付前の郵便物の受取り

発展 *7

税関長は，承認をす
る場合において，必要
があると認めるとき
は，関税額に相当する
担保を提供させること
ができる（77条7項）。

着眼点 *8

この規定は，通常の
輸入貨物についての輸
入許可前引取承認制度
に相当するものである。

輸入される郵便物についても，早急な引取りを要する場合が
ある。そこで，名あて人は，あらかじめ税関長の承認[*7]を受け
た場合には，当該郵便物に係る関税の課税標準及び税額につい
ての決定がされる前（関税納付前）に当該郵便物を受け取るこ
とができる（77条6項）[*8]。

承認を受けて受け取られた郵便物は，関税法の適用について
は，4条（課税物件の確定の時期）及び5条（適用法令）を除
くほか，内国貨物とみなす（77条8項）。

1 　輸出申告価格（①，②に適切な語句を挿入）

　　輸出申告に係る貨物の価格は，当該貨物の（　①　）における（　②　）価格とされている。

2 　輸出の許可後に貨物の積載予定船舶を変更しようとする場合，あらためて輸出申告をし，その許可を受けることが必要か？

3 　外国貨物の積戻しに際して，

　①　関税法第70条（証明又は確認）の規定は適用されるか？

　②　仮陸揚貨物を外国に向けて送り出す場合には，輸出通関の規定は準用されるか？

4 　輸出申告の特例（①から③に適切な語句を挿入）

　　次に掲げる者は，いずれかの税関長に対して輸出申告をすることができる。

　一　（　①　）

　二　貨物を輸出しようとする者であって当該貨物の輸出に係る通関手続を認定通関業者に委託した者（　②　）

　三　（　③　）が製造した貨物を当該（　③　）から取得して輸出しようとする特定製造貨物輸出者

5 　郵便物の輸出入通関手続（①から④に適切な語句を挿入）

　　（　①　）は，信書以外の郵便物（価格が（　②　）以下のもの）を受け取ったときは，税関長に（　③　）しなければならない。また，他の法令の規定により許可，承認等を必要とする郵便物については，（　④　）の際，税関に証明しなければならない。

【解 答】

1 ① 本邦の輸出港　② 本船甲板渡し（FOB）

2 不要

3 ① 適用される　② 準用されない

4 ① 特定輸出者　② 特定委託輸出者　③ 認定製造者

5 ① 日本郵便株式会社　② 20万円　③ 提示

　　④ 検査その他郵便物に係る税関の審査

第4章

輸出又は輸入してはならない貨物

出題傾向

項目	H28	H29	H30	R1	R2	R3	R4	R5
1 輸出してはならない貨物	○	○	○	○	○	○		
2 輸入してはならない貨物	○	○	○	○	○	○	○	○

本章のポイント

　社会秩序を維持し，公共の利益を保護するため，一定の貨物の輸出入に関しては，非常に厳しい取締りが行われている。これが「輸出又は輸入してはならない貨物」である。

　実務における関心の高さを反映して，本試験でもコンスタントに出題されている。規制の対象となる貨物をしっかりと押さえた上で，特に認定手続についてその概要を把握しておくことが重要である。

1 輸出してはならない貨物

■ 対象となる貨物

次に掲げる貨物は，輸出してはならない（関税法69条の2第1項）。麻薬取締法等の法令によっても規制されているが，**水際取締りの強化**のため，関税法において特に列挙しているのである。

① 麻薬及び向精神薬，大麻，あへん及びけしがら並びに覚醒剤（覚醒剤原料を含む）（1号）[*1]

② 児童ポルノ（2号）

③ 特許権，実用新案権，意匠権，商標権，著作権，著作隣接権又は育成者権[*2]を侵害する物品(知的財産権侵害物品)（3号）[*3]

④ 不正競争防止法2条1項1号から3号まで，10号から12号までに掲げる行為※（一定のものを除く）を組成する物品（4号）

※ 具体的には，次のようなものをいう。

① 需要者の間に広く認識されている他人の商品等表示を使用等して，他人の商品又は営業と混同を生じさせる行為（不正競争防止法2条1項1号）

② 自己の商品等表示として他人の著名な商品等表示と同一若しくは類似のものを使用し，又はその商品等表示を使用した商品を譲渡し，引き渡し，譲渡若しくは引渡しのために展示し，輸出し，輸入し，若しくは電気通信回線を通じて提供する行為（2号）

③ 他人の商品の形態を模倣した商品を譲渡,輸入出等する行為（3号）

④ 不正使用行為（営業秘密のうち，技術上の情報であるものを使用する行為）により生じた物を譲渡し，引き渡し，譲渡若しくは引渡しのために展示し，輸出し，輸入し，又は電気通信回線を通じて提供する行為（10号）

⑤ 営業上用いられている技術的制限手段により制限されている影像，音の視聴又はプログラムの実行等を当該技術的制限手段の効果を妨げることにより可能とする機能のみを有する装置等を譲渡,輸入出等する行為（17号）

⑥ 他人が特定の者以外の者に影像，音の視聴又はプログラムの実

 *1
政府が輸出するもの及び他の法令の規定により輸出することができることとされている者が当該法令の定めるところにより輸出するものは除かれている。

 *2
育成者権
種苗法に基づき植物の新品種とその育成者を保護する権利。新品種を開発した者は，登録により，一定期間その権利を保護される。

 *3
輸入の場合と異なり，「回路配置利用権を侵害する物品」は対象貨物とはなっていない。

行等をさせないために営業上用いている技術的制限手段により制限されている影像，音の視聴又はプログラムの実行等を当該技術的制限手段の効果を妨げることにより可能とする機能のみを有する装置等を当該特定の者以外の者に譲渡，輸出入等する行為（18号）

② 対象貨物に対する措置

【輸出してはならない貨物に対する措置】

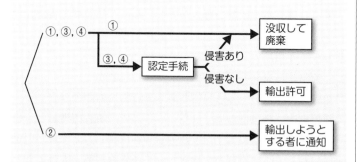

税関長は，**1**の①③④に掲げる貨物で輸出されようとするものを，**没収して廃棄**することができる*4（69条の2第2項）。ただし，③④の貨物（以下，「**知的財産権侵害貨物等**」という）については，**認定手続**（**3**で後述）が必要である。

②の貨物（児童ポルノ）については，憲法で保障されている**表現の自由への配慮**から，**没収，廃棄が認められていない***5。児童ポルノに該当すると認めるのに相当の理由があるときは，**輸出しようとする者に対し，その旨を通知**しなければならないとされている（69条の2第3項）。

③ 知的財産権侵害貨物等に対する認定手続

（1）認定手続の開始

水際取締りの重要性及び輸出者への配慮のバランスを考え，税関長は，輸出されようとする貨物のうちに**1**の③④に**該当する貨物があると思料するとき**（疑義貨物を発見したとき）は，当該貨物が知的財産権侵害貨物等に該当するか否かを認定する

語句 *6

特許権者等

特許権者, 実用新案権者, 意匠権者, 商標権者, 著作権者, 著作隣接権者若しくは育成者権者又は不正競争差止請求権者をいう。

 発展 *7

特許権者等に対しては当該貨物を輸出しようとする者及び当該貨物の仕向人の氏名又は名称及び住所を, 輸出しようとする者に対しては当該特許権者等の氏名又は名称及び住所を, 併せて通知する(69条の3第2項)。

発展 *8

不正競争差止請求権者は, 自己の「営業上の利益」を侵害すると認める貨物について, 輸出差止申立てを行うことができる。

語句 *9

不正使用行為

営業秘密のうち, 技術上の情報であるもの(技術上の秘密)を使用する行為。譲受人が譲り受けた時に当該物が不正使用行為により生じた物であることを知らず, かつ, 知らないことにつき重大な過失がない場合には, 「不正使用行為」に該当しない。なお,「営業秘密」とは, 秘密として管理されている生産方法, 販売方法その他の事業活動に有効な技術又は営業上の情報であって, 公然と知られていないものをいう。

ための手続(**認定手続**)を執らなければならないこととなっている(69条の3第1項)。

この場合において, 税関長は, **特許権者等**[*6]及び当該貨物を**輸出しようとする者**に対し,

① **認定手続を執る旨**

② 当該貨物が知的財産権侵害貨物等に該当するか否かについて**証拠**を提出し, 及び**意見**を述べることができる旨

その他の一定の事項を**通知**しなければならない[*7]。

税関長は, 認定手続を経た後でなければ, 知的財産権侵害貨物等について没収して廃棄する措置をとることができない(69条の3第4項)。

(2) 輸出差止申立て

知的財産権等の内容は複雑であり, 貨物の外観のみによっては疑義貨物の発見は容易ではない。そこで, **特許権者等**は, 自己の特許権等[*8]を侵害すると認める貨物に関し, いずれかの税関長に対して必要な**証拠**を提出し, 当該貨物が**輸出されようとする場合は認定手続を執るべきこと**を申し立てることができる(輸出差止め申立て, 69条の4第1項)。

申立てをしようとする者は, 当該申立てが効力を有する期間として希望する期間(4年以内に限る)その他必要な事項を記載した**申立書**に, 必要な**証拠**を添えて, 税関長に提出しなければならない(施行令62条の3)。

この場合において, 不正競争差止請求権者は, 当該貨物が不正競争防止法2条1項10号に係るもの(**不正使用行為**[*9]により生じた物を譲渡し, 引き渡し, 譲渡若しくは引渡しのために展示し, 輸出し, 輸入し, 又は電気通信回線を通じて提供する行為を組成する物品)である場合には, 当該貨物が**不正使用行為により生じた物であること**及び当該貨物を輸出するおそれのある者が当該貨物を譲り受けた時に当該貨物が当該不正使用行為により生じた物であることを**知らず, かつ, 知らないことにつき重大な過失がない者でないこと**(善意かつ無重過失の者ではないこと)についての認定を経済産業大臣に求め, その認定

の内容が記載された書面を申立先税関長に提出しなければならない。

　また，不正競争差止請求権者は当該貨物が不正競争防止法2条1項10号に係るもの**以外**である場合にあっては同法2条1項1号に規定する商品等表示であって当該不正競争差止請求権者に係るものが**需要者の間に広く認識**されているものであることその他の経済産業省令で定める事項について，経済産業大臣の意見を求め，その意見が記載された書面を申立先税関長に提出しなければならない。

【不正競争差止請求権者に係る輸出（輸入）差止申立て】

不正競争防止法2条1項10号（**不正使用行為**により生じた物）

⇒経済産業大臣に**認定**を求め，その**認定の内容**が記載された書面を申立先税関長に提出

不正競争防止法2条1項**10号以外**に係るもの

⇒経済産業大臣の**意見**を求め，その**意見**が記載された書面を申立先税関長に提出

　税関長は，申立てがあった場合において**必要があると認めるとき**は，知的財産権に関し学識経験を有する者であってその申立てに係る事案の当事者と**特別の利害関係を有しない**ものを**専門委員**として委嘱し，提出された証拠が当該申立てに係る侵害の事実を疎明するに足りると認められるか否かについて，意見を求めることができる（不正競争差止請求権者が経済産業大臣の意見又は認定を求めるべき事項を除く，関税法69条の5）。

　税関長は，当該申立てを**受理**したときはその旨及び当該申立てが効力を有する**期間**[*10]を，当該申立てを**受理しなかった**ときはその旨及びその**理由**を当該申立てをした者に**通知**しなければならない（69条の4第3項）。

　税関長は，申立てを受理した場合，当該申立てに係る貨物について認定手続を執ったときは，当該申立てをした者又は当該貨物を輸出しようとする者に対し，それぞれその**申請**により，

発展　*10

　期間中，輸出されようとする貨物のうちに申立てに係る貨物があると税関長が認めるときは，その都度，当該申立てに基づき認定手続を執ることとなる。

当該貨物を点検する機会を与えなければならない（69条の4第4項）。

(3) 申立てに係る担保の提供（申立て担保）

輸出差止めの申立てが受理された場合，認定手続が終了するまでの間当該貨物は輸出されないことになり，たとえ認定手続の結果として輸出が許可されたとしても，**輸出者は損害を被るおそれがある**。そこで，税関長は，この損害の賠償を担保するため必要があると認めるときは，当該申立てをした者（申立人）に対し，期限を定めて，相当と認める額の金銭*11をその指定する供託所に供託すべき旨を命ずることができる（69条の6第1項）。

税関長は，申立人が，定められた期限までにその供託を命じられた金銭の全部について，**供託をせず**，かつ，銀行等との支払保証委託契約*12の締結の届出をしないときは，その供託の原因となった貨物について認定手続を取りやめることができる（69条の6第10項）。

税関長は，認定手続を取りやめたときは，申立人及び輸出しようとする者に対し，その旨を通知しなければならない（69条の6第11項）。

(4) 認定手続における意見照会制度

認定手続において認定を行う場合には，専門的な知識や技術的範囲についての深い理解が必要となる。そこで，**税関長は**，当該認定手続に係る貨物が特許権等を侵害する貨物に該当するか否かに関し，内容に応じて専門的な知識を有する一定の者に対して，意見を聴くことができることとされている（69条の7，69条の8，69条の9）。

【意見照会制度】

①特許権，実用新案権，意匠権侵害物品	技術的範囲	特許庁長官
	技術的範囲以外	専門委員*13
②商標権，著作権，著作隣接権侵害物品		専門委員*13
③育成者権侵害物品		農林水産大臣*14
④不正競争防止法違反物品		経済産業大臣

　特許庁長官，農林水産大臣及び経済産業大臣は，税関長から意見を求められたときは，その求めがあった日から起算して30日以内に，書面により意見を述べなければならない（69条の7第4項，69条の8第2項）。

【認定手続の流れ】 *15

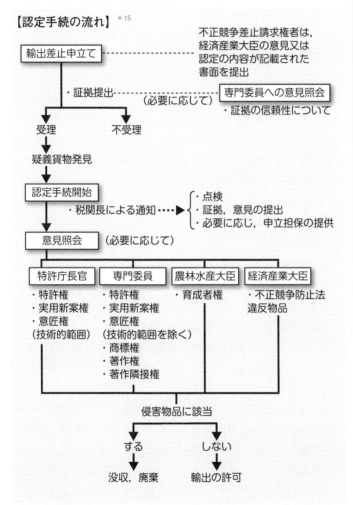

不正競争差止請求権者は，経済産業大臣の意見又は認定の内容が記載された書面を提出

輸出差止申立て

・証拠提出 （必要に応じて）　専門委員への意見照会
・証拠の信頼性について

受理　　　　　不受理

疑義貨物発見

認定手続開始
　　　　　・税関長による通知 ····▷ ・点検
　　　　　　　　　　　　　　　　　・証拠，意見の提出
　　　　　　　　　　　　　　　　　・必要に応じ，申立担保の提供

意見照会　（必要に応じて）

特許庁長官　　専門委員　　農林水産大臣　経済産業大臣
・特許権　　　・特許権　　　・育成者権　　・不正競争防止法
・実用新案権　・実用新案権　　　　　　　　　違反物品
・意匠権　　　・意匠権
（技術的範囲）（技術的範囲を除く）
　　　　　　　・商標権
　　　　　　　・著作権
　　　　　　　・著作隣接権

侵害物品に該当

する　　　　　しない

没収，廃棄　　輸出の許可

👁着眼点 ＊15

　この頁の図は，輸出差止申立てから認定手続終了までの概略を示したものである。輸入してはならない貨物についても，ほとんどこれと同じ流れで進む。

2 輸入してはならない貨物

1 対象となる貨物

　輸入してはならない貨物は，次の①から⑫までのものである（69条の11第1項）[*1]。対象貨物に違いはあるが，制度趣旨や内容は輸出してはならない貨物とほぼ同様であるので，相違点に注意して進めていけばよい[*2]。

① 麻薬及び向精神薬，大麻，あへん及びけしがら並びに覚醒剤（覚醒剤原料を含む。）並びにあへん吸煙具（1号）

② 医薬品，医療機器等の品質，有効性及び安全性の確保等に関する法律2条15項に規定する指定薬物（同法に規定する医療等の用途に供するために輸入するものを除く。）（1号の2）

③ 拳銃，小銃，機関銃及び砲並びにこれらの銃砲弾並びに拳銃部品（2号）[*3]

④ 爆発物（爆発物取締罰則1条に規定するもの）（3号）

⑤ 火薬類（火薬類取締法に規定するもの）（4号）

⑥ 化学兵器の禁止及び特定物質の規制等に関する法律2条3項に規定する特定物質（5号）

⑦ 感染症の予防及び感染症の患者に対する医療に関する法律6条19項に規定する一種病原体等及び20項に規定する二種病原体等（5号の2）

⑧ 貨幣，紙幣若しくは銀行券，印紙若しくは郵便切手（郵便切手以外の郵便に関する料金を表す証票を含む。以下「郵便切手等」という。）又は有価証券の偽造品，変造品及び模造品[*4]並びに不正に作られた代金若しくは料金の支払用又は預貯金の引出用のカードを構成する電磁的記録をその構成部分とするカード（その原料となるべきカードを含む）（6号）

⑨ 公安又は風俗を害すべき書籍，図画，彫刻物その他の物品（7号）

⑩ 児童ポルノ（8号）

⑪ 特許権，実用新案権，意匠権，商標権，著作権，著作隣接権，回路配置利用権[*5]又は育成者権を侵害する物品（9号）

⑫ 不正競争防止法2条1項1号から3号まで，10号，17号及び18号までに掲げる行為（一定のものを除く）を組成する物品（10号）

② 対象貨物に対する措置

【輸入してはならない貨物に対する措置】

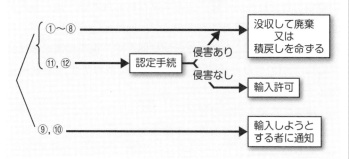

輸入してはならない貨物のうち，⑨⑩以外の貨物で輸入されようとするものについては，税関長は没収して廃棄し，又は輸入しようとする者にその積戻しを命ずることができる（69条の11第2項）[*6]。

⑪⑫の貨物については，認定手続を経た後でなければ，知的財産権侵害貨物等について没収して廃棄し，又は積戻しを命ずる措置をとることができない（69条の12第4項）。

⑨⑩の貨物については，該当すると認めるのに**相当の理由**があるときは，**輸入しようとする者に対し，その旨を**通知しなければならない（69条の11第3項）[*7]。これらは表現の自由に関わるものであるから，輸出の場合と同様に，強硬な手段を避ける意味である。

語句 *5

回路配置利用権
半導体集積回路（IC）における回路素子およびそれらの回路素子を接続する導線の空間的配置，すなわちレイアウトを保護しようとするもの。「半導体集積回路の回路配置に関する法律」により，回路配置を指定登録機関に登録することにより，登録から一定期間保護される。

着眼点 *6
輸出の場合と比べて，「積戻しを命ずる」措置が加わっていることに注意。

過去問 *7
税関長は，公安又は風俗を害すべき書籍に該当する貨物で輸入されようとするものについて，没収して廃棄することができる。（R5）
× 輸入しようとする者に対して通知しなければならない。没収・廃棄や積戻しを命ずることはできない。（スピマス類題→第2章⑭）

過去問 *8

回路配置利用権者
は,税関長に対して,自
己の回路配置利用権を
侵害すると認める貨物
に関し認定手続を執る
べきことを申し立てる
ことができない。(H21)
○ （スピマス類題→
第2章⑭）

着眼点 *9

見本の検査は,輸入
の場合にのみ規定され
ている。輸入貨物につい
ては,特許権者等が
その実態を把握するこ
とが困難なためである。

発展 *10

次のすべてが認めら
れる場合に,見本の検
査を承認する。
① 検査が必要
② 輸入しようとする
者の利益が不当に侵
害されるおそれがな
い
③ 見本が不当な目的
に用いられるおそれ
がない
④ 申請者が見本の運
搬,保管又は検査等
の取扱いを適正に行
う能力及び資力を有
している

過去問 *11

輸入差止申立てが受
理された特許権者が,
当該申立てに係る貨物
についての認定手続中
に当該貨物の見本の検
査をすることの承認を
申請した場合は,税関
長はこれを承認しなけ
ればならない。(H22)
× 必ず承認しなけれ
ばならないわけではな
い。（スピマス類題→
第2章⑭）

③ 知的財産権侵害貨物等に対する認定手続

輸入の場合にも,知的財産権侵害貨物等について認定手続の
制度が設けられている。内容については,ほぼ輸出の場合と同
様であるから,輸出において学習した事項について,「輸出」
を「輸入」と読み替えていけば,試験対策として十分である。

(1) 認定手続の開始

1③参照。

(2) 輸入差止申立て

輸出の場合と同様である（**1③**参照）。ただし,回路配置利
用権侵害貨物については,認定手続は行われるが,輸入差止申
立ての対象からは除外されている[8]。回路配置利用権者は,自
己の権利を侵害すると認める貨物に関して,税関に情報を提供
することができるためである（輸入差止情報提供,基本通達
69の13－12)。

(3) 申立てに係る担保の提供

輸出の場合と同様である（**1③**参照）。

(4) 意見照会制度

輸出の場合と同様である（**1③**参照）。

(5) 特許権者等による見本の検査

輸入差止申立てが受理された特許権者等（回路配置利用権者
を除く）は,当該申立てに係る貨物について**認定手続が執られ
ている間**に限り,税関長に対し,疑義貨物について,**見本の検
査をすることを承認するよう申請**することができる[9]。この場
合において,当該申請を受けた**税関長**は,その旨を**輸入しよう
とする者に通知**しなければならない（69条の16第1項）。

税関長は,一定の要件に該当するとき[10]は,見本の検査を
することを承認する（69条の16第2項）。ただし,当該申請に
係る貨物が知的財産権侵害貨物等に該当するか否かが明らかで
あるとき,その他必要がないと認めるときは,承認しない[11]。

承認を受けた申請者が見本の検査をする場合には,税関職員
が立ち会うものとされている（69条の16第6項）。この場合に

おいて，当該見本に係る疑義貨物を**輸入しようとする者**は，税
関長に申請し，これに**立ち会う**ことができる。

【語呂合わせ】
「○○権を侵害する物品」
　輸出又は輸入してはならない貨物のうち，知的財産権侵害貨物（「○○権を
侵害する物品」）について，本試験ではよく出題されている。中には，限定
列挙されているこれらの全てを正確に覚えていないと解答できない問題もあ
る。
　そこで・・・

（輸入してはならない知的財産権侵害貨物）

実は，　　**隣の**　　　**長さん**と　　**一緒**に
実用新案権　著作隣接権　　著作権　　　　意匠権

東京から　**カイロ**まで　**ショー**に　**行くゼイ**！
特許権　　　回路配置利用権　商標権　　　育成者権

　　を侵害する貨物は，輸入してはならない

なお，上記の権利者のうち，**「回路配置利用権者」**は**輸入差止申立て**をするこ
とが**できないこと**，**輸出**の場合には**「回路配置利用権」**侵害貨物が**含まれな
い**ことも合わせて覚えておこう。

復習テスト

1 次に掲げる貨物のうち，関税法第69条の2に規定する輸出してはならない貨物に該当するものを一つ選びなさい。

① 回路配置利用権を侵害する物品

② 拳銃

③ 児童ポルノ

④ 有価証券の偽造品

⑤ 郵便切手の偽造品

2 知的財産権侵害貨物に対する認定手続（輸出）（①から③に適切な語句を挿入）

税関長は，輸出されようとする貨物のうちに特許権，実用新案権，意匠権，商標権，著作権，著作隣接権，（ ① ）を侵害する物品又は不正競争防止法違反の物品に該当する貨物があると思料するときは，認定手続を執らなければならない。また，特許権者等は，自己の特許権，実用新案権，意匠権，商標権，著作権，著作隣接権若しくは（ ① ）又は（ ② ）を侵害すると認める貨物に関し，税関長に対し，その侵害の事実を疎明するために必要な（ ③ ）を提出し，当該貨物が輸出されようとする場合は当該貨物について認定手続を執るべきことを申し立てることができる。

3 次の貨物のうち，関税法第69条の11第1項（輸入してはならない貨物）に該当する貨物をすべて選びなさい。

① 機関銃

② 刃渡り20cm以上のナイフ

③ 郵便切手の偽造品

④ 絶滅のおそれのある野生動植物の種の国際取引に関する条約に規定する貨物

⑤ 公安又は風俗を害すべき彫刻物

4 知的財産権侵害貨物に対する認定手続（輸入）（①から③について，正しい語句を選択）

税関長は，輸入されようとする貨物のうちに回路配置利用権を侵害する物品に該当する貨物があると思料するときは，認定手続を①（執らなければならない，執る必要はない）。回路配置利用権者は，輸入差止申立てをすることが②（で

きる，できない）。

　特許権に関する輸入差止申立てが受理された場合，当該貨物の③（特許権者，輸入しようとする者）は，見本の検査をすることを承認するよう申請することができる。

【解　答】

1　③

2　①　育成者権　　②　営業上の利益　　③　証拠

3　①，③，⑤

4　①　執らなければならない　　②　できない　　③　特許権者

第5章

保税地域

出題傾向

項目	H28	H29	H30	R1	R2	R3	R4	R5
1 保税地域総論					○		○	
2 保税地域各論	○	○	○	○	○	○		○
3 保税蔵置場等の許可の特例			○					
4 保税地域等における貨物の取締り	○	○	○	○		○	○	○
5 貨物の収容	○							

本章のポイント

　本章では，通関手続において重要な役割を担う保税地域について学習する。他の分野を理解するための前提としても重要なところである。種類が多いので，各保税地域のイメージをつかんだ上で，成立の態様，機能，貨物を置ける期間を中心に押さえていくことが重要である。AEO制度の一つである特定保税承認制度については，あまり出題されていないが，概要は把握しておくべきである。

　本試験においては，択一式，複数選択式で1問の出題，語群選択式でも出題可能性が高い。

　本章の知識が他の分野で必要となることが多いので，基本をしっかりとマスターすべきである。

1　保税地域の種類

　輸出入の手続を適正に行い，関税の徴収の確保を図るために，貨物を置く場所として設けられているのが保税地域[*1]である。指定保税地域，保税蔵置場，保税工場，保税展示場及び総合保税地域の５種が定められている（29条）。保税地域においては，その種類によって，外国貨物について加工や展示等の行為を行うことが可能であり，**貿易振興**の機能も果たしている。

着眼点 [*1]

　「保税」とは，関税の徴収を留保した状態のことである。よって，保税地域とは，関税を留保した貨物，すなわち外国貨物を置くことができる場所ということである。

発展 [*2]

　10年以内の期間を定めて更新することができる（関税法42条2項，61条の4，62条の15）。

過去問 [*3]

　外国貨物は，難破貨物，郵便物及び信書便物を除き，保税地域以外の場所に置くことができない。（H18）
×　他所蔵置許可貨物や特例輸出貨物についても可能である。（スピマス類題→第2章⑮）

着眼点 [*4]

　特に②の貨物を置く場所は，「他所蔵置許可場所」として，保税地域に準じた取扱いがされている。前述の通り，関税法では保税地域と他所蔵置許可場所とを併せて，「保税地域等」と表現している。

【保税地域の種類】

種類	設置の態様	主要機能	許可期間
①指定保税地域	財務大臣の指定	一時蔵置（1月以内）	
②保税蔵置場	税関長の許可※	長期蔵置（2年以内）	**10年**以内[*2]
③保税工場	税関長の許可※	加工，製造	**10年**以内[*2]
④保税展示場	税関長の許可	展示，使用	税関長が定める
⑤総合保税地域	税関長の許可	長期蔵置（2年以内）加工，製造，展示，使用	**10年**以内[*2]

※　承認取得者の場合，届出の受理

2　外国貨物を置く場所の制限

　外国貨物は，保税地域以外の場所に置くことができない（30条）。ただし，次のものは，例外として保税地域に置かなくてもよい[*3]。

①　難破貨物
②　保税地域に置くことが困難又は著しく不適当であると認め税関長が期間及び場所を指定して許可した貨物[*4]
③　郵便物，刑事訴訟法の規定により押収された物件等

④　信書便物のうち税関長が取締り上支障がないと認めるもの

⑤　特例輸出貨物

③　税関職員の派出

税関長は，保税地域に税関職員を派出して，当該保税地域に搬出入される貨物に係る許可，承認及び届出の受理等に関する事務を処理させることができる（36条，基本通達35 - 1）。

2　保税地域各論　

①　指定保税地域

⑴　意義・蔵置期間

指定保税地域とは，国，地方公共団体等[*1]が**所有**し，又は**管理**する土地又は建設物その他の施設で，開港又は税関空港における税関手続の簡易かつ迅速な処理を図るため，**外国貨物**の積卸し若しくは運搬をし，又はこれを一時置くことができる場所として**財務大臣が指定**[*2]したものをいう（関税法37条1項）。他の保税地域と異なり，公共の施設であることから，次のような規定が設けられている。

①　指定保税地域の所有者又は管理者は，**正当な事由**がなければ，外国貨物又は輸出しようとする貨物の積卸し若しくは運搬をし，又はこれを**置くことを拒むことができない**（38条4項）。

②　**税関長**は，指定保税地域の目的を達成するため必要があると認めるときは，入れることができる**貨物の種類**を定めることができる（39条）。

また，多くの者が利用できるように，「一時蔵置」のみが認められ，蔵置期間は入れた日から1月以内と設定されている（80条1項1号）[*3]。1月を経過した外国貨物について，税関長は収容することができる。収容については**5**参照。

発展 *1

このほか，港湾施設，空港施設の建設・管理を行う一定の法人が所有・管理する施設の場合がある。

着眼点 *2

「税関長が許可したもの」ではないことに注意。

着眼点 *3

蔵置期間については，「3月以内」なら一時（短期）蔵置，「3月超」なら長期蔵置と捉えておくとよい。

(2) 外国貨物の搬入停止

税関長は，指定保税地域において貨物を管理する者*4が指定保税地域の業務について関税法の規定に違反したときは，期間を指定して，当該貨物管理者の管理に係る外国貨物又は輸出しようとする貨物を当該指定保税地域に入れることを停止させることができる（41条の2）。

(3) 指定の取消し

財務大臣は，指定保税地域を利用して行われる**外国貿易の減少**その他の理由によりその全部又は一部を存置する必要がないと認めるときは，これについて指定保税地域の指定を取り消すことができる。

2 保税蔵置場

(1) 定義

保税蔵置場とは，外国貨物の積卸し若しくは運搬をし，又はこれを置くことができる場所として，税関長が許可したものをいう（42条1項）。最も代表的な保税地域であり，外国貨物を長期間蔵置することができる。

(2) 保税蔵置場の許可の要件　㊂㊣㊙*5

税関長は，保税蔵置場の許可を受けようとする者（申請者）が次の①から⑩のいずれかに該当する場合においては，保税蔵置場の許可をしないことができる（43条）。

【保税蔵置場の許可の要件】

① 保税地域の許可を取り消された日から3年を経過していない場合

② 関税法の規定に違反して刑，通告処分
⇨ 3年を経過していない場合

③ 関税法以外の法令の規定に違反して禁錮以上の刑
⇨ 2年を経過していない場合

④ 暴力団員による不当な行為の防止等に関する法律の規定に違反し，又は刑法204条（傷害），206条（現場助勢），

第
1
編

関
税
法

208条（暴行），208条の2第1項（凶器準備集合及び結集），
222条（脅迫）若しくは247条（背任）の罪若しくは暴
力行為等処罰に関する法律の罪を犯し，罰金の刑

⇨ 2年を経過していない者

⑤ 暴力団員等

⑥ その業務について①から⑤のいずれかに該当する者を
役員とする法人である場合又はこれらの者を代理人，支
配人その他の主要な従業者として使用する者

⑦ 暴力団員等によりその事業活動を支配されている者

⑧ 資力が薄弱であるため関税法の規定により課される負
担に耐えないと認められる場合その他保税蔵置場の業務
を遂行するのに十分な能力がないと認められる場合*6

⑨ 保税蔵置場の許可を受けようとする場所の位置又は設
備が保税蔵置場として不適当であると認められる場合

⑩ 保税蔵置場の許可を受けようとする場所について保税
蔵置場としての利用の見込み又は価値が少ないと認めら
れる場合

(3) 許可の失効　　㊛㊒㉇㊰

保税蔵置場の許可は，次のいずれかに該当するに至ったとき
は，その効力を失う（47条1項）。

① 許可を受けた者が当該保税蔵置場の業務を廃止*7したとき

② 許可を受けた者が死亡した場合で，許可の承継の規定に
よる申請が期間内にされなかったとき又は承継の承認をし
ない旨の処分があったとき

③ 許可を受けた者が解散したとき

④ 許可を受けた者が破産手続開始の決定を受けたとき

⑤ 許可の期間が満了したとき

⑥ 税関長が許可を取り消したとき

保税蔵置場の許可が失効した場合において，その失効の際，
当該保税蔵置場に外国貨物があるときは，当該貨物については，
税関長が指定する期間，その許可が失効した場所を保税蔵置場

 *6

税関長は，保税蔵置
場の許可を受けようと
する者が，保税蔵置場
の業務を遂行するのに
十分な能力がないと認
められる場合において
は，その許可をしない
ことができる。（H25）
○ （スピマス類題→
第2章⑯）

 *7

保税蔵置場の業務を
「休止」しても，許可
は失効しない。

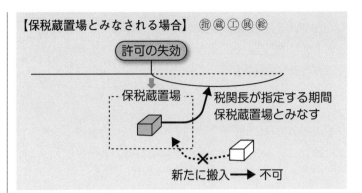

【保税蔵置場とみなされる場合】 指蔵工展総

許可の失効

保税蔵置場

税関長が指定する期間
保税蔵置場とみなす

新たに搬入 ━━━ 不可

とみなす（47条3項）*8。保税蔵置場業者に外国貨物を預けた者に不測の損害を与えないためである。

(4) 許可の承継（48条の2） 蔵工展 （合併又は分割につき総）

保税蔵置場の許可を受けた者について相続があったときは，その相続人は，被相続人の当該許可に基づく地位を承継する（1項）。保税蔵置場の許可に基づく地位を承継した者（承継人）は，被相続人の死亡後60日以内に，その承継について税関長に承認の申請をすることができる（2項）*9。

保税蔵置場の許可を受けた者について合併又は分割（当該保税蔵置場の業務を承継させるもの）があった場合又は保税蔵置場の許可を受けた者がその業務を譲り渡した場合において，あらかじめ税関長の承認を受けたときは，合併後の法人等は，当該保税蔵置場の許可に基づく地位を承継することができる（4項）*9。

(5) 許可の取消しと搬入停止 蔵工展

税関長は，次の①②のいずれかに該当する場合においては，期間を指定して外国貨物又は輸出しようとする貨物を保税蔵置場に入れることを停止させ，又は保税蔵置場の許可を取り消すことができる（48条）。

① 許可を受けた者（役員を含む）又はその代理人，支配人その他の従業者が保税蔵置場の業務について関税法の規定に違反したとき

② 許可を受けた者について保税蔵置場の許可をしないこと

ができる場合（**許可の要件**）の②から⑧のいずれかに該当
することとなったとき

(6)　蔵入承認と蔵置期間

保税蔵置場に外国貨物を入れる者は，当該貨物をその入れた
日から３月[*10]を超えて当該保税蔵置場に置こうとする場合に
は，その超えることとなる日前に税関長に**申請**し，その**承認（蔵
入承認）**を受けなければならない（43条の３第１項）[*11]。

保税蔵置場に外国貨物を置くことができる期間は，当該貨物
を最初に保税蔵置場に**置くことが承認（蔵入承認）された日か
ら２年**[*12][*13]である（43条の２第１項）。２年の期間の計算に
当たっては，他の保税蔵置場に置かれていた期間も通算される
ことに注意が必要である。

【保税蔵置場における蔵置期間】

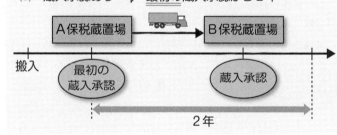

(1)　蔵入承認なし ⇨ 入れた日から３月
(2)　蔵入承認あり ⇨ 最初の蔵入承認から２年

(7)　収容能力の増減等の届出　㊛㊢㊥㊝

保税蔵置場の許可を受けた者は，当該保税蔵置場の貨物の収
容能力を増加，減少し，又は**改築，移転**その他の工事をし
ようとするときは，あらかじめその旨を税関に届け出なければ
ならない（関税法44条1項）[*14]。

(8)　休業又は廃業の届出　㊛㊢㊥㊝

保税蔵置場の**許可を受けた者**は，許可の期間内に当該保税蔵
置場の業務を休止し，又は**廃止**しようとするときは，あらかじ
めその旨を税関に届け出なければならない（46条）。

第1編　関税法

発展 *11

蔵入承認申請に際し
ては，次の手続が必要
である。
① 税関長は税関職員
に必要な検査をさせ
る（43条の4）。
② 仕入書，原産地証
明書等を添付（施行
令36条の3）。
③ 必要な場合，他法
令の許可，承認等に
ついて税関に証明
（36条の3第7項）。

発展 *12

税関長は，特別の事
由があると認めるとき
は，申請により，必要
な期間を指定して期間
を延長することができ
る（43条の2第2項）。

過去問 *13

税関長が特別の事由
があると認めるときを
除き，保税蔵置場に外
国貨物を置くことがで
きる期間は，当該外国
貨物を最初に保税蔵置
場に置くことが承認さ
れた日から2年であ
る。（H26）
○　（スピマス類題→
第2章⑯）

過去問 *14

保税蔵置場の許可を
受けた者は，当該保税
蔵置場の貨物の収容能
力を増加しようとする
ときは，あらかじめ税
関長の承認を受けなけ
ればならない。（H30）
×　承認ではなく届出
が必要。（スピマス類
題→第2章⑯）

③ 保税工場

(1) 定義

　保税工場とは，保税作業をすることができる場所として，税関長が許可したものをいう（56条1項）。保税作業とは，外国貨物についての加工若しくはこれを原料とする製造（混合を含む）又は外国貨物に係る改装，仕分その他の手入をいう。

　外国貨物のまま，関税を納付することなく製品化したものを外国に向けて送り出せば，**本邦の加工貿易に大きく貢献**することになる[*15]。

(2) みなし保税蔵置場

　保税工場において使用する**輸入貨物**（当該保税工場において外国貨物のままで又は輸入の許可を受けて使用されることが見込まれる原料品等）については，搬入後3月までの期間に限り，当該保税工場について保税蔵置場の許可**を併せて受けているものとみなす**（保税蔵置場として使用できる。56条2項）[*16]。

(3) 移入承認と蔵置期間

　保税工場に搬入された外国貨物については，保税作業に入る前に税関長に**申請**し，その**承認**（移入承認）を受けなければならない（61条の4，43条の3）。移入承認を受けるべき時期は，次の①②のようになる[*17]。

　① 入れた日から3月を超えて当該保税工場に保税作業のため置こうとする場合
　　⇨ その超えることとなる日前

　② 入れた日から3月以内に保税作業に使用しようとする場合
　　⇨ 保税作業に使用する日前

　保税作業において使用する外国貨物を保税工場に**置くことができる期間**は，当該保税工場についての移入承認の日から**2年**である（57条）[*18]。

着眼点 [*15]

　保税作業による製品は，関税を納付した上で輸入することもできる。

発展 [*16]

　保税工場の許可を受けた者は，当該保税工場の一部の場所につき保税蔵置場の許可を併せて受けることができる（併設保税蔵置場，56条3項）。

着眼点 [*17]

　保税工場に搬入された外国貨物は，保税作業を行うことを前提としているのであるから，いずれにしても移入承認を受ける必要がある。

着眼点 [*18]

　保税蔵置場の場合と異なり，「通算」ではなく，それぞれの保税工場についての移入承認から2年の蔵置期間が与えられている。

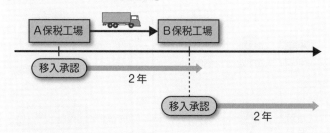

【保税工場における蔵置期間】

(4)　保税作業の届出

移入承認とは別に，保税工場において**保税作業**をしようとする者は，その開始及び終了の際，その旨を**税関**に**届け出**なければならない（58条）[19]。ただし，税関長が取締り上支障がないと認めてその旨を通知した場合には，保税作業の開始の届出は不要である。

(5)　内外貨混合使用　　Ⓛ㊞

保税工場における**保税作業**（改装，仕分その他の手入を除く）に外国貨物と内国貨物とを使用したときは，これによってできた製品は，**外国貨物とみなされる**（59条1項）。原料として内国貨物をどのくらい使用したかが確認できないからである。

ただし，**税関長の承認**[20]を受けて，外国貨物と内国貨物とを混じて使用したときは，事前に確認ができているので，これによってできた製品のうち当該**外国貨物の数量に対応するもの**だけを**外国貨物とみなす**（59条2項）[21]。

過去問 [19]

保税工場において，外国貨物について加工又はこれを原料とする製造をしようとする者は，その開始の際，税関長の許可を受けなければならない。（H17）
×　許可ではなく届出が必要。（スピマス類題→第2章⑰）

着眼点 [20]

混合使用の承認を受けない場合であっても，保税作業に内国貨物を使用することはできる。この場合，製品がすべて外国貨物とみなされるだけである。

過去問 [21]

保税工場において，税関長の承認を受けて，外国貨物と内国貨物とを混じて使用したときは，これによってできた製品は，すべて外国から本邦へ到着した外国貨物とみなす。（H28）
×　原料である外国貨物の数量に対応するもののみ，外国貨物とみなす。（スピマス類題→第2章⑰）

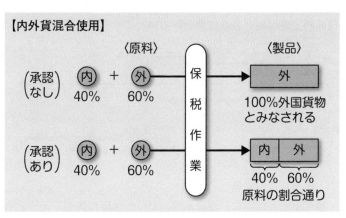

【内外貨混合使用】

〈原料〉 〈製品〉

（承認なし） 内 40% ＋ 外 60% → 保税作業 → 外
100%外国貨物とみなされる

（承認あり） 内 40% ＋ 外 60% → 保税作業 → 内 外
40% 60%
原料の割合通り

(6) 保税工場外における保税作業 ㊒ ㊖

　保税作業は，本来は保税工場の中においてのみ行わなければならないはずである。しかし，**税関長は，貿易の振興**に資し，かつ，**関税法の実施を確保**する上に支障がないと認めるときは，**期間及び場所を指定**し，保税工場にある外国貨物について保税作業をするため，これを当該保税工場以外の場所に出すことを許可することができる（**場外作業の許可，関税法61条1項**）*22。

　場外作業の許可を受けて指定された場所に出されている外国貨物は，指定された期間が満了するまでは，その出された保税工場にあるものとみなされる（61条4項）。これにより，関税を徴収されることなく，保税工場外において保税作業を行うことができることになる。

　なお，指定された期間が経過した場合において，指定された場所に場外作業の許可を受けた外国貨物又はその製品があるときは，保税工場の**許可を受けた者から，直ちにその関税を徴収する**（61条5項）*23。

*22
　税関長は，場外作業の許可を受けて保税工場から出される外国貨物について，当該貨物が出される際，税関職員に必要な検査をさせる（61条3項）。

*23
　税関長は，場外作業の許可をする場合において，必要があると認めるときは，関税額に相当する担保を提供させることができる（61条2項）。

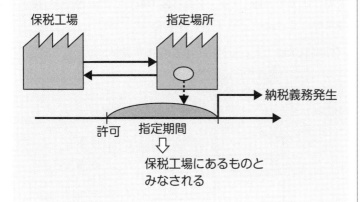

【保税工場外における保税作業】

保税工場　　　　　指定場所

納税義務発生

許可　指定期間

⇩

保税工場にあるものと
みなされる

4　保税展示場

(1)　定義

　保税展示場とは，博覧会，見本市その他これらに類するもの（博覧会等*24）で，**外国貨物を**展示するものの会場に使用する場所として，税関長が許可したものをいう（62条の2第1項）。

(2)　許可の期間

　保税展示場の許可の期間は，博覧会等の会期を勘案して税関長が必要と認める期間となっている（62条の2第2項）*25。蔵置期間は定められていないが，原則としてこの許可の期間内に限り，外国貨物を蔵置することができる。

(3)　保税展示場に入れる外国貨物に係る手続等

　保税展示場においては，**外国貨物**について，次の行為をすることができる（62条の2第3項)。

　①　積卸，運搬又は蔵置

　②　内容の点検又は改装，仕分けその他の手入れ

　③　展示又は使用

　④　①②③に掲げる行為に類する行為

　外国貨物を保税展示場に入れる者は，税関長に申告し，上記①から④の行為をすることにつき，その承認*26を受けなければならない（展示等の承認，62条の3第1項)*27。

語句 *24

博覧会等
　名称のいかんは問わないが，展示物品の販売を主たる目的とするものは除かれている（基本通達62の2-1(1))。

着眼点 *25

　会期に合わせて具体的に決定されるのであり，「搬入から○年」のように一律に定められてはいない。

発展 *26

　税関長は，展示等の承認をする場合には，税関職員に必要な検査をさせる（62条の3第2項)。

発展 *27

　展示等の承認をしない場合においては，税関長は，申告をした者に対し承認ができない旨を通知するとともに，期間を定めて当該外国貨物の搬出その他の処置を求める（62条の3第3項)。

保税展示場に入れられた外国貨物については，展示等の承認を受けるまでの間，上記①②の行為のみ行うことができ，展示，使用等はできない（62条の3第4項）。

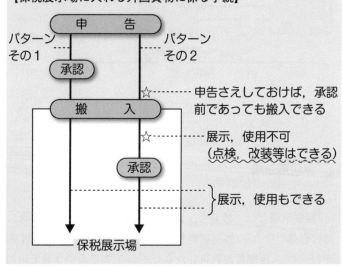

【保税展示場に入れる外国貨物に係る手続】

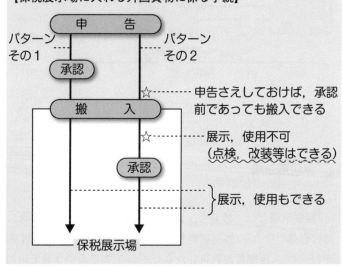

発展 *28

実費を超えない対価を徴収して観覧又は使用に供される貨物を除く。

着眼点 *29

これらの貨物につき展示又は使用を行うためには，あらかじめ輸入の許可を受けておく必要がある。

過去問 *30

税関長は，保税展示場に入れられた外国貨物のうち，販売され，使用され，若しくは消費される貨物又は性質若しくは形状に変更が加えられる貨物につき，その使用状況の報告を求めることができる。（H15）
× 販売，使用，消費される貨物については，できない。（スピマス類題→第2章⑱）

発展 *31

税関長は，必要があると認めるときは，あらかじめ，販売される見込みがある貨物につき，その関税の額に相当する金額の範囲内で担保の提供を求めることができる。

(4) 保税展示場において販売等される貨物

　保税展示場において販売され，消費され，又は有償で観覧若しくは使用に供される貨物[*28]については，(3)①②の行為のみ行うことができ，展示，使用等はできない（施行令51条の3第2項1号）[*29]。

　保税展示場に入れられた外国貨物のうち，販売，使用，消費される貨物又はこれらの見込みがある貨物について，税関長は，関税法の実施確保のため必要があると認めるときは，保税展示場内で当該貨物を蔵置する場所を制限することができる（関税法62条の4第1項）。また，性質若しくは形状に変更が加えられるものについては，使用状況の報告を求めることができる[*30]。

　保税展示場に入れられた外国貨物が保税展示場内で販売される場合（販売により外国に向けて積み戻される場合を除く）には，その販売を輸入とみなして，関税法の規定を適用する（62条の4第2項）[*31]。ただし，販売により外国に向けて積み戻さ

れる場合は，輸入とはみなされない（施行令51条の5第2項）^{*32}。

（5）保税展示場外における使用　展　総

　保税展示場においても，保税工場の場合と同様，「場外使用」が認められている。**税関長**は，保税展示場に入れられた外国貨物で，保税展示場以外の場所において使用する**必要があるもの**につき，**関税法の実施を確保**する上に支障がないと認めるときは，期間及び場所を指定し，保税展示場以外の場所で当該外国貨物を使用することを許可することができる（関税法62条の5）。

（6）許可失効後の措置

　税関長は，保税展示場の許可の失効（許可の期間の満了等）の際，当該保税展示場にある外国貨物については，当該保税展示場の許可を受けた者に対し，期間を定めて当該外国貨物の搬出その他の処置を求めることができる（62条の6）。当該期間内に当該**処置がされない**ときは，その者から，直ちにその関税を徴収する。

⑤　総合保税地域

（1）定義

　総合保税地域とは，**一団の土地**及びその土地に存する**建設物**その他の施設で，次に掲げる行為をすることができる場所として，税関長が許可したものをいう（62条の8第1項）^{*33}。

　　①　外国貨物の積卸し，運搬若しくは蔵置又は内容の点検若しくは改装，仕分その他の手入れ

　　②　外国貨物の加工又はこれを原料とする製造（混合を含む）

　　③　外国貨物の展示又はこれに関連する使用

（2）販売用貨物等を入れることの届出

　外国貨物のうち，総合保税地域において販売，消費される貨物，有償で観覧又は使用に供される貨物等は，外国貨物のまま展示，使用を行うことはできず，関税を納付して輸入することになる。そこで，これらの貨物を当該総合保税地域に入れようとする者は，あらかじめ税関に届け出なければならないことになっている（62条の11，施行令51条の13）。

過去問　*32

　保税展示場に入れられた外国貨物の保税展示場内での販売は，その販売により当該貨物が外国に向けて積み戻される場合を除き，輸入とみなされる。（H11）（H15）
○　（スピマス類題→第2章⑱）

着眼点　*33

　保税蔵置場，保税工場，保税展示場の機能を総合的に果たすことができる保税地域であり，一定の設備等が要求されることから，個人には許可が与えられず，法人のみが対象となる。保税蔵置場等の規定をほぼ準用しているので，試験対策としては(2)(3)に注意しておけばよい。

(3) 総保入承認と蔵置期間

　総合保税地域に外国貨物を入れる者は，入れた日から3月を超えて当該総合保税地域に置こうとする場合又は入れた日から3月以内に(1)②③の行為をしようとする場合には，その超えることとなる日前又は当該行為をする日前に税関長に**申請**し，その**承認**を受けなければならない（総保入承認，62条の10）。

　総合保税地域に**外国貨物を置くことができる**期間は，当該総合保税地域において当該貨物につき**総保入承認された日から2年**である（62条の9）[*34]。

3　保税蔵置場等の許可の特例　☆

1　制度の目的と概要

　保税蔵置場（又は保税工場）の許可の特例（特定保税承認制度）は，法令遵守（コンプライアンス）に優れた保税蔵置場及び保税工場の被許可者（倉庫業者等）に対する AEO 制度である[*1]。

　保税蔵置場の許可を受けている者で**あらかじめ税関長の承認**（特定保税承認）を受けた者（承認取得者）は，位置又は設備が所定の基準に適合する場所において外国貨物の蔵置等を行おうとする場合には，その場所を所轄する税関長に，その旨の届出をすることができる（関税法50条1項）。

　届出に係る場所については，当該届出が受理された時において，保税蔵置場の許可を受けたものとみなして，関税法の規定を適用する（50条2項）。

　このように，特定保税承認制度を利用した場合には，**許可を受けることなく，届出によって実質的に保税蔵置場を設置**することが可能となる。

　許可を受けたものとみなされる場所（届出蔵置場）に係る当該許可の期間は，**特定保税承認が効力を有する期間**である。

　承認は，**8年ごとに更新を受けなければ，その期間の経過に**

よって，効力を失う（50条4項）[2]。すなわち，承認の有効期間は8年である。

2　特定保税承認

(1)　承認の申請

承認を受けようとする者（申請者）は，所定の事項を記載した申請書を，その**住所又は居所の所在地を所轄**する税関長に提出しなければならない（50条3項，施行令42条2項，3項）。

(2)　承認の要件

税関長は，特定保税承認をしようとするときは，次に掲げる基準に適合するかどうかを**審査**しなければならない（関税法51条）[3]。

 ①　申請者が次のいずれにも該当しないこと（申請者がコンプライアンスに優れた者であること）

  イ　承認を取り消された日から3年を経過していない者

  ロ　現に受けている保税蔵置場の許可について，その許可の日（二以上の許可を受けている場合，最初に受けた許可の日）から3年を**経過していない者**

  ハ　保税蔵置場の許可の要件（P86～P87，**2 2**(2)参照）のうち，一定のもの（②から⑦まで）に該当している者

 ②　申請者が，**外国貨物の蔵置等に関する業務**を電子情報処理組織（NACCS）を使用して行うことその他当該業務を適正かつ確実に遂行することができる能力を有していること

 ③　申請者が，**外国貨物の蔵置等に関する業務**について，法令遵守規則を定めていること[4]

(3)　特定保税承認を受ける必要がなくなった旨の届出

承認取得者は，**保税蔵置場の許可の特例の規定の適用を受ける必要がなくなったとき**は，その旨を**特定保税承認をした税関長**に届け出ることができる（52条の2）。

3　承認の失効と取消し

一定の事項に該当するに至ったときは，特定保税承認は，そ

第1編　関税法

の効力を失い，また，税関長は承認を取り消すことができる（53条，54条）[5]。

承認の失効事由及び取消事由を次にまとめる。

発展 [5]

税関長は，承認を取り消す場合には，その旨及びその理由を記載した書面により承認取得者に通知しなければならない（施行令44条）。

【承認の失効事由及び取消事由】

失効事由	取消事由
① 承認を受ける必要がなくなった旨の届出があったとき ② 承認取得者に係る保税蔵置場の全部について，保税蔵置場の許可が失効したとき ③ 承認取得者が死亡した場合で，許可の承継の規定による相続人の申請が死亡後60日以内にされなかったとき，又は承継の承認をしない旨の処分があったとき ④ 承認の期間が満了したとき ⑤ 税関長が承認を取り消したとき	① 承認取得者が承認の要件の①ハ，②に適合しないこととなったとき ② 承認取得者が規則等に関する改善措置の規定による税関長の求めに応じなかったとき

4 保税地域等における貨物の取締り ☆☆☆

保税地域等に入れられた外国貨物については，不正な輸出入を防ぎ，関税の徴収を確保するため，**搬出入や取扱いについて一定の規制**を行う必要がある。

1 貨物の取扱い ㉑㉓㉙

(1) 指定保税地域，保税蔵置場の場合[1]

① 内容の**点検，改装，仕分け**その他の手入れ

当然に行うことができる（許可，届出等は不要）（関税法40条1項，49条）

着眼点 [1]

保税地域本来の機能から考えると理解しやすい。指定保税地域，保税蔵置場の場合は「蔵置」であるが，①はこれに関連して当然必要な行為であるのに対し，②は本来の機能とは異なる行為であるため，厳しく規制する必要があると考える。

②　見本の展示，簡単な加工*2その他これに類する行為
　　税関長の許可が必要（40条2項，49条）

(2)　他所蔵置許可場所の場合

①　内容の**点検**，**改装**，**仕分け**その他の手入れ
　　あらかじめ税関に**届出**が必要（36条2項）*3

②　見本の展示，簡単な加工その他これに類する行為
　　不可（申請しても許可を受けることはできない）

2　見本の一時持出し ㊵㊕㊒㊓㊖㊗

注文の取集め，成分の分析等，商取引の利便を図るために，**すべての保税地域等**に入れられた外国貨物について，**見本として一時持ち出すことが認められている**が，これには**税関長の許可が必要**である（32条）*4。

持ち出された貨物は，税関長の指定する期間内に元の保税地域等へ戻し入れる必要がある。

3　廃棄，滅却 ㊵㊕㊒㊓㊖㊗

(1)　外国貨物の廃棄

保税地域等にある外国貨物を**廃棄**しようとする者は，あらかじめその旨を税関に**届け出**なければならない（関税法34条，36条）。廃棄が，次に述べる「滅却」以外のものである場合，廃棄後の現況により輸入手続を要する（**関税等も徴収**される）こととなるため，届出の手続が要求されている。

(2)　外国貨物の滅却*5

保税地域等にある外国貨物を**滅却***5しようとする者は，あらかじめ税関長の**承認**を受けなければならない。滅却について承認を受けた場合は，**関税等は免除**される（関税法45条1項ただし書）。このため，廃棄の届出は不要とされている（34条ただし書）。

簡単な加工
　単純な工程によるもので，加工後において加工前の状態が判明できる程度のものをいう（基本通達40-1(6)）。例えば，食料品を加熱すること等である。

*3
　保税地域以外の場所に置くことを税関長が許可した外国貨物について改装をしようとするときは，あらかじめその旨を税関に届け出なければならない。（H26）
　〇　（スピマス類題→第2章⑯）

*4
　見本の一時持出しは，課税上問題がなく，かつ，少量のものに限り認められる（基本通達32-1(1)）。輸入とは異なるものであるので，「輸入の許可」は不要である。

滅却
　焼却等により貨物の形態をとどめなくすることをいう（基本通達23-9(4)）。

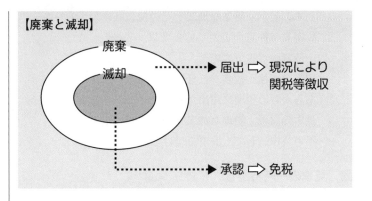

【廃棄と滅却】

廃棄
滅却 ------▶ 届出 ⇨ 現況により
関税等徴収

------▶ 承認 ⇨ 免税

4　帳簿への記載（記帳義務）　指 蔵 工 展 総

　保税地域において，貨物を管理する者やその保税地域の許可を受けた者には，帳簿を設けて一定の事項を記載する義務が課せられている（34条の2）。

　他所蔵置許可場所については，記帳義務がない。

　帳簿の**記載事項**については，細かく規定されているが，次の2点について押さえておくことが大切である。

　① 　保税地域において，**外国貨物**について搬出入，貨物の取扱い，見本の一時持出し等を行った場合，ほぼ全て記帳義務の対象となる

　② 　廃棄については，記帳は不要

5　貨物の収容　☆☆

1　貨物の収容とその方法

(1)　貨物の収容

　外国貨物は，本来の目的の場所へ移動することを前提に，保税地域にしばらくの間蔵置される。無制限に蔵置することを認めれば，保税地域の利用を妨げる上，関税の徴収が難しくなる。

　そこで，税関長は，**保税地域の利用についてその障害を除き，又は関税の徴収を確保**するため，蔵置期間を経過した**外国貨物**

について収容することができる（関税法80条1項）*1。

　ただし，貨物が生活力を有する動植物であるとき，腐敗し，若しくは変質したとき，腐敗若しくは変質のおそれがあるとき，又は他の外国貨物を害するおそれがあるときは，蔵置期間は，短縮することができるため，蔵置期間を経過していなくても収容される場合がある（80条2項）。

⑵　収容の方法

　収容は，税関が貨物を占有*2して行う（80条の2第1項）。

　また，収容される貨物の**質権者又は留置権者**は，その貨物を**税関に引き渡さなければならない**（80条の2第2項）。質権も留置権も他人の物を占有することができる権利だが，公共の利益のために行われる収容の方が優先するためである。

2　収容の効力

　収容の効力は，収容された貨物から生ずる**天然の果実に及ぶ**（81条1項）。例えば，元物である馬を収容しようとする場合，その馬が産んだ子馬（天然の果実）についても収容することができるということである。

3　収容の解除

　収容された貨物であっても，輸入や積戻しの許可等がされて**引取が確実**である場合には，その貨物の所有者等に**返還される**べきである。これを収容の解除という。収容の解除を受けようとする者は，税関長に申請し，収容に要した**費用及び収容課金***3を税関に納付して税関長の**承認**を受けなければならない（83条1項）。

　収容の解除の申請を行う際には，収容された貨物の引取が確実であることを証する書類*4を添付することとされている（施行令71条2項）。

　税関長は，収容された貨物の引取が確実であると認められるときは，承認をしなければならない（関税法83条2項）。

発展 *1

税関長は，貨物を収容したときは，直ちにその旨を公告しなければならない（80条3項）。

着眼点 *2

税関が「所有権」を取得するのではないことに注意。

語句 *3

収容課金

　貨物の種類，容積又は重量及び収容期間を基準として定める課徴金である（例：収容期間1日につき，容積1m³までごとに130円）。収容課金の計算の基礎となる期間は，貨物を収容した日から起算し，収容の解除の日又は公売若しくは随意契約による売却の日の前日までである（施行令70条の2第1項，3項）。

発展 *4

　輸入許可書，輸入許可前引取承認申請書，輸出許可書，積戻し許可書，蔵入承認書等をいう（基本通達83-3）。

第1編　関税法

4 収容貨物の公売等

(1) 公売，随意契約

　収容の解除がされない場合，収容貨物をいつまでも税関が保管しておくのは，関税の徴収確保の観点から望ましくない。そこで，収容された貨物が**最初に収容された日から4月を経過し**てなお収容されているときは，税関長は，公告した後当該貨物を公売[*5]に付することができる（関税法84条1項）。

　収容貨物が公売に付することができないものであるとき[*6]，又は公売に付された場合において買受人がないときは，税関長は，特定の買受希望者と契約して売却することができる（随意契約，関税法84条3項）。

(2) 公売代金等の充当

　本来，**公売又は随意契約による売却代金**は，売却の時点における当該貨物の所有者に交付されるべきである。一方で，当該貨物の所有者は関税等を負担すべきであり，また売却までには諸々の費用がかかっている。そこで，収容貨物の売却にあたっては，関税その他の国税を直ちに徴収する（関税法85条1項）。売却代金は，諸費用や関税等に充当[*7]した上で，なお残金があるときは，売却の際における当該貨物の所有者に交付する。

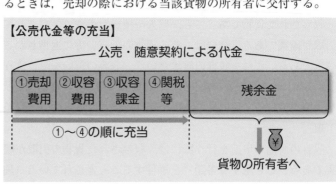

【公売代金等の充当】

公売・随意契約による代金

①売却費用	②収容費用	③収容課金	④関税等	残余金

①〜④の順に充当

貨物の所有者へ

復習テスト

1　指定保税地域（①から③に適切な語句を挿入）

　指定保税地域とは，国等が所有し，又は管理する施設で，外国貨物の積卸し若しくは運搬をし，又はこれを（　①　）ことができる場所として（　②　）が指定したものをいう。指定保税地域に外国貨物を置くことができる期間は，原則として当該貨物を指定保税地域に入れた日から（　③　）以内とされている。

2　保税蔵置場（①から④に適切な語句を挿入）

　保税蔵置場に外国貨物を入れる者は，当該貨物をその入れた日から（　①　）を超えて当該保税蔵置場に置こうとする場合には，その超えることとなる日前に税関長に申請し，その（　②　）を受けなければならない。保税蔵置場に外国貨物を置くことができる期間は，当該貨物を（　③　）に保税蔵置場に置くことが（　②　）された日から（　④　）とする。

3　保税工場の定義（①から③に適切な語句を挿入）

　保税工場とは，外国貨物についての（　①　）若しくはこれを原料とする製造（混合を含む）又は外国貨物に係る（　②　），仕分その他の手入（保税作業）をすることができる場所として，（　③　）が許可したものをいう。

4　保税工場外における保税作業（イ，ロのいずれかを選択）

　保税工場外における保税作業をしようとする場合，税関長の（イ許可　ロ承認）が必要

5　保税展示場の定義と許可期間（①から③に適切な語句を挿入）

　保税展示場とは，博覧会等で，外国貨物を（　①　）するものの会場に使用する場所として，（　②　）が許可したものをいう。保税展示場の許可の期間は，博覧会等の（　③　）を勘案して（　②　）が必要と認める期間とされている。

6　保税展示場に入れられた外国貨物につき，税関長の承認を受けるまでの間，点検又は改装をすることはできるか？

7　総合保税地域（イ，ロのいずれかを選択）

　総合保税地域に販売用の外国貨物を入れようとする場合，あらかじめ（イ税関長の許可，ロ税関に届出）が必要

8　特定保税承認制度の概要（①から③に適切な語句を挿入）

保税蔵置場の許可を受けている者であらかじめ税関長の（　①　）を受けた者は，位置又は（　②　）が財務省令で定める基準に適合する場所において外国貨物の積卸し若しくは運搬をし，又はこれを置く行為（外国貨物の蔵置等）を行おうとする場合には，その場所を所轄する税関長に，その旨の（　③　）をすることができる。この（　③　）に係る場所については，当該（　③　）が受理された時において，保税蔵置場の許可を受けたものとみなして，関税法の規定を適用する。

9 外国貨物につき，①指定保税地域・保税蔵置場，②他所蔵置許可場所において，内容の点検，改装，仕分けその他の手入れ及び見本の展示，簡単な加工を行う場合に必要となる手続

10 保税地域に入れられた外国貨物につき，①見本の一時持出し，②廃棄又は滅却を行う場合に必要となる手続

11 外国貨物の収容（①から④に適切な語句を挿入）

　　収容の効力は，収容された貨物から生じる天然の果実に（　①　）。収容された貨物についてその解除を受けようとする者は，収容に要した費用及び（　②　）を税関に納付して税関長の（　③　）を受けなければならない。収容された貨物が最初に収容された日から（　④　）を経過してなお収容されているときは，税関長は当該貨物を公売に付すことができる。

【解　答】

1　①　一時置く　　②　財務大臣　　③　1月

2　①　3月　　②　承認　　③　最初　　④　2年

3　①　加工　　②　改装　　③　税関長

4　イ

5　①　展示　　②　税関長　　③　会期

6　できる（税関長の承認を受けるまでの間であっても，点検又は改装，仕分け等の準備行為をすることはできる）

7　ロ

8　①　承認　　②　設備　　③　届出

9　①　点検，改装，仕分けその他の手入れ→当然に行うことができる（許可，届出等は不要）
　　　　見本の展示，簡単な加工→税関長の許可
　　②　点検，改装，仕分けその他の手入れ→あらかじめ税関長に届出
　　　　見本の展示，簡単な加工→不可（行うことができない）

10　①　税関長の許可
　　②　廃棄→あらかじめ税関に届出，滅却→税関長の承認

11　①　及ぶ　　②　収容課金　　③　承認　　④　4月

第6章
外国貨物等の運送

出題傾向

項目	H28	H29	H30	R1	R2	R3	R4	R5
1 保税運送等	○	○	○	○	○	○	○	
2 保税運送の特例（特定保税運送制度）		○						

本章のポイント

　外国貨物については，輸出入通関手続に先行，後続して，国内を運送する必要がある（保税運送）。本章においては，主にこの保税運送制度について学習する。

　本試験においては，運送の承認の要否がよく問われており，これを押さえた上で，手続の概略をつかんでおくことが大切である。

　また，AEO の制度である特定保税運送についても，ひと通り準備しておく必要がある。

1　保税運送等

① 保税運送の承認

　外国貨物は，税関長に**申告**し，その承認を受けて，開港，税関空港，保税地域，税関官署及び他所蔵置許可場所**相互間に限り**，外国貨物のまま運送することができる（保税運送*1，関税法63条1項）。

着眼点 *1

　外国貨物のまま，関税を留保して運送することから，保税運送と呼んでいる。

② 保税運送の手続を要しない外国貨物

　次の貨物については，保税運送の承認を要しない（63条1項，施行令52条）。

　①　郵便物

　②　特例輸出貨物*2

　③　本邦に到着した**外国貿易船等**に積まれていた外国貨物で，引き続き当該外国貿易船等により，又は他の外国貿易船等に積み替えられて運送されるもの

　④　輸出の許可を受けて**外国貿易船等**に積み込まれた外国貨物で，当該外国貿易船等により，又は他の外国貿易船等に積み替えられて運送されるもの

発展 *2

　ただし，特定委託輸出者については，貨物の運送について特定保税運送者に委託する必要がある（第3章参照）。

着眼点 *3

　この図は，②③の場合を示したものである。矢印の方向を逆にして見ることで，④の場合についても同様に理解することができる。

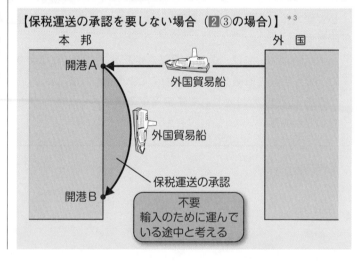

【保税運送の承認を要しない場合（②③の場合）】*3

不要
輸入のために運んでいる途中と考える

③　保税運送の手続

⑴　保税運送の承認の際の手続

税関長は，保税運送の承認をする場合においては，相当と認められる**運送の期間を指定**しなければならない（関税法63条4項）。災害その他やむを得ない事由が生じたため必要があると認めるときは，税関長は，指定した期間を**延長**することができる[*4]。

必要があると認めるときは，税関職員に貨物の**検査**をさせ，また，関税額に相当する**担保**を提供させることができる（63条2項）。

⑵　発送，到着の際の確認

保税運送に際しては，**運送目録を税関に提示**し，その確認を受けなければならない（**発送時**の確認，関税法63条3項）。

外国貨物が運送先に**到着**したときは，保税運送の承認を受けた者は，確認を受けた**運送目録**を，**直ちに**到着地の税関に**提示**し，その確認を受けなければならない（63条5項）。

到着の際に確認を受けた運送目録は，**保税運送の承認をした税関長に提出**しなければならない（関税法63条6項）[*5]。

発展 ＊4

　期間の延長に際しては，所定の事項を記載した申請書を，当該承認をした税関長又は当該貨物のある場所を所轄する税関長に提出しなければならない（施行令55条）。

発展 ＊5

　税関長は，取締り上支障がないと認めるときは，「1年」の範囲内で指定する期間内に発送される外国貨物の運送について一括して承認することができる（包括保税運送，63条1項，施行令53条の2第1項）。

　この場合，期間内に発送し又は到着した外国貨物に係る運送目録について，運送の都度ではなく「1月」ごとに，一括して確認を受けることができる。

【保税運送の手続の流れ】

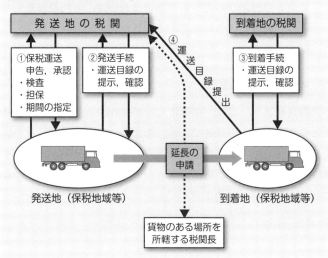

④ 運送の期間の経過による関税の徴収

　運送の承認を受けて運送された**外国貨物**（**輸出の許可を受けた貨物を除く**）がその指定された運送の期間内に運送先に到着しないときは，運送の承認を受けた者から，**直ちにその関税を徴収する**（関税法65条1項）。ただし，

① 　当該貨物が災害その他やむを得ない事情により亡失した場合

② 　あらかじめ税関長の承認を受けて滅却された場合

には，関税は徴収されない。

⑤ 難破貨物等の運送

　次に掲げる外国貨物についても，開港，税関空港，保税地域又は税関官署に外国貨物のまま運送することができるが，税関長（税関が設置されていない場所においては税関職員）の承認を受けなければならない（64条1項）[6]。

① 　難破貨物

② 　運航の自由を失った船舶又は航空機に積まれていた貨物

③ 　仮に陸揚された貨物

　これらの貨物を税関が設置されていない場所から運送をすることについて緊急な必要がある場合において，税関職員がいないときは，警察官にあらかじめその旨を届け出なければならい（64条1項）。

⑥ 内国貨物の運送

　内国貨物については，原則として関税法による規制を受けることなく，本邦内を運送できる。ただし，外国貿易船又は外国貿易機に積んで本邦内を運送しようとする場合，積まれたまま**無許可輸出されることを防止**するため，税関長の承認を受けなければならない（66条1項）[7]。

過去問 *6

　外国貨物である難破貨物をそのある場所から保税地域まで運送する場合には，あらかじめ税関長に届け出なければならない。(H28)
× 原則として税関長の承認を受けなければならない。(スピマス類題→第2章⑳)

発展 *7

　貨物が運送先に到着したときは，その承認を受けた者は，当該承認を証する書類を，直ちに到着地の税関に提出しなければならない（66条2項）。

2　保税運送の特例（特定保税運送制度）★★

■　保税運送の特例

特定保税運送制度（AEO運送者制度）は，貨物のセキュリティ管理とコンプライアンスの体制が整備された運送者のための制度である。

認定通関業者又は国際運送貨物取扱業者[*1]であって，あらかじめいずれかの税関長の承認を受けた者（特定保税運送者）[*2]が特定区間であって政令で定める区間[*3]において行う外国貨物の運送（特定保税運送）については，保税運送の承認を受けることを要しない（関税法63条の2第1項）。

特定保税運送に際しては，運送目録を税関に提示し，その確認を受けなければならない（発送の確認，63条の2第2項）[*4]。

特定保税運送に係る外国貨物が運送先に到着したときは，特定保税運送者は，前項の確認を受けた運送目録を，遅滞なく到着地の税関に提示し，その確認を受けなければならない（63条の2第3項）。

特定保税運送者は，到着の確認を受けた運送目録を，発送の確認をした税関の税関長に提出しなければならない（63条の2第4項）。

■　特定保税運送者の承認

（1）承認の申請

特定保税運送者の承認を受けようとする者は，その住所又は居所及び氏名又は名称その他必要な事項を記載した申請書を税関長に提出しなければならない（63条の3第1項）[*5]。

（2）承認の要件

税関長は，特定保税運送者の承認をしようとするときは，次に掲げる基準に適合するかどうかを審査しなければならない（63条の4）。

①　承認を受けようとする者（申請者）が次のいずれにも該

語句 *1
国際運送貨物取扱業者
特定保税承認を受けた者その他の国際運送貨物の運送又は管理に関する業務を行う者として一定の要件に該当する者をいう。

過去問 *2
関税法第50条第1項（保税蔵置場の許可の特例）の承認を受けている者でなければ，特定保税運送者の承認を受けることはできない。（H20）
×　認定通関業者等も承認を受けることができる。（スピマス類題→第2章㉑）

発展 *3
保税運送の承認を受けることを要しない区間は，外国貨物の管理が電子情報処理組織によって行われている保税地域相互間である（施行令55条の3）。

過去問 *4
特定保税運送者は，特定保税運送に際しては，船荷証券を税関に提示しその確認を受けなければならない。（H21）
×　船荷証券ではなく運送目録を税関に提示する。（スピマス類題→第2章㉑）

発展 *5
税関長は，承認をしたときは，直ちにその旨を公告しなければならない（63条の3第2項）。

111

当しないこと（申請者がコンプライアンスに優れた者であること）

イ　関税に関する法律，命令の規定に違反して刑，通告処分
　　⇨　3年を経過していない者

ロ　国際運送貨物取扱業者の区分に応じ，政令で定める法律に違反して刑
　　⇨　3年を経過していない者

ハ　イ及びロに規定する法令以外の法令の規定に違反して禁錮以上の刑
　　⇨　2年を経過していない者

ニ　暴力団員による不当な行為の防止等に関する法律の規定に違反し，又は刑法204条（傷害），206条（現場助勢），208条（暴行），208条の2第1項（凶器準備集合及び結集），222条（脅迫）若しくは247条（背任）の罪若しくは暴力行為等処罰に関する法律の罪を犯し，罰金の刑
　　⇨　2年を経過していない者

ホ　暴力団員等

ヘ　その業務についてイからホのいずれかに該当する者を役員とする法人である場合又はこれらの者を代理人，支配人その他の主要な従業者として使用する者

ト　暴力団員等によりその事業活動を支配されている者

チ　特定保税運送者の承認を取り消された日から3年を経過していない者

② 承認を受けようとする者が，**特定保税運送に関する業務を電子情報処理組織（NACCS）を使用して行うことその他当該業務を適正かつ確実に遂行することができる能力を有していること**

③ 承認を受けようとする者が，**特定保税運送に関する業務について，法令遵守規則を定めていること**[*6]

発 展 *6

　税関長は，特定保税運送者が関税法の規定に従って特定保税運送を行わなかったことその他の事由により，関税法の実施を確保するため必要があると認めるときは，法令遵守規則等に係る業務の遂行の改善に必要な措置を講ずること又は法令遵守規則を新たに定めることを求めることができる（63条の5）。

3　**保税運送の特例の適用を受ける必要がなくなった旨の届出**

特定保税運送者は，保税運送の特例の規定の適用を受ける必

要がなくなったときは，その旨を特定保税運送者の承認をした
税関長に届け出ることができる（63条の6）。

4 承認の失効と取消し

次のいずれかに該当するに至ったときは，特定保税運送者の
承認は，その**効力を失い**，また，税関長は承認を**取り消す**こと
ができる（63条の7，63条の8）[*7]。

【承認の失効事由及び取消事由】

失効事由	取消事由
① 承認を受ける必要がなくなった旨の届出があったとき ② 次に該当するとき 　イ 認定通関業者‥通関業者の認定が失効した場合 　ロ 国際運送貨物取扱業者‥政令で定める要件を欠くに至った場合 ③ 税関長が承認を取り消したとき	① 特定保税運送者が承認の要件の①イ〜ホ，②に適合しないこととなったとき ② 特定保税運送者が規則等に関する改善措置の規定による税関長の求めに応じなかったとき ③ 特定保税運送に際し，運送目録の提示をせず，若しくはこれらの規定による確認を受けず，又は運送目録の提出をしなかったとき

発展 [*7]

税関長は，保税運送の特例の承認を取り消した場合には，その旨及びその理由を記載した書面によりその承認を受けていた者に通知しなければならない（施行令55条の8）。

5 運送の期間の経過による関税の徴収

特定保税運送に係る**外国貨物（輸出の許可を受けた貨物を除く）**が発送の日の翌日から起算して**7日以内**に**運送先に到着し
ないとき**は，**特定保税運送者から**，直ちにその**関税を徴収する**
（関税法65条2項）。

ただし，

① 当該貨物が災害その他やむを得ない事情により亡失した
場合

② あらかじめ税関長の承認を受けて滅却された場合

には，関税は徴収されない。

1 保税運送の承認が不要な外国貨物（4つ）

2 保税運送の手続（①から③に適切な語句を挿入）

　税関長は，保税運送の承認をする場合においては，相当と認められる運送の（　①　）を指定しなければならない。また，税関長は，保税運送の承認をする場合において必要があると認めるときは，税関職員に当該運送に係る貨物の（　②　）をさせ，また，関税額に相当する（　③　）を提供させることができる。

3 特定保税運送制度（①から③に適切な語句を挿入）

　特定保税運送者は，特定保税運送に際しては，（　①　）を税関に提示しその確認を受けなければならない。また，特定保税運送に係る外国貨物が運送先に到着したときは，（　①　）を遅滞なく（　②　）の税関に提示し，その確認を受けた後に当該（　①　）を当該（　①　）の発送の確認をした税関に提出しなければならない。

　特定保税運送に係る外国貨物が発送の日の翌日から起算して（　③　）以内に運送先に到着しないときは，特定保税運送者から直ちにその関税を徴収する。

【解　答】

1　①　郵便物

　　②　特例輸出貨物

　　③　本邦に到着した外国貿易船等に積まれていた外国貨物で，引き続き当該外国貿易船等により，又は他の外国貿易船等に積み替えられて運送されるもの

　　④　輸出の許可を受けて外国貿易船等に積み込まれた外国貨物で，当該外国貿易船等により，又は他の外国貿易船等に積み替えられて運送されるもの

2　①　期間　　②　検査　　③　担保

3　①　運送目録　　②　到着地　　③　7日

第7章

課税物件の確定の 時期，適用法令，納税義務者

出題傾向

項目	H28	H29	H30	R1	R2	R3	R4	R5
1 原則		○	○		○		○	
2 例外	○	○	○	○	○	○	○	○

本章のポイント

　課税物件の確定の時期，適用法令，納税義務者は，関税額の確定及び納付を考える際の基礎となるものである。それぞれ別の規定ではあるが，相互の関連性が深く，また，試験対策としても同時に考えていくほうが理解しやすい。そこで本章では，これらの原則と例外につき，まとめて整理していく。例外となるケースは数が多く，初めのうちは覚えにくいかもしれないが，「なぜ原則と異なるのか」を考えるようにしていけば，十分に対処することが可能である。

　本試験では，近年ことに出題が多く，要注意の分野である。他の分野の問題を解く上で前提となることも多いので，ポイントについてはしっかりと押さえておくべきである。

1 考え方

関税を課する場合には，

① いつの時点の貨物の性質，数量を基礎とするか（課税物件の確定の時期）

② いつの時点の法令を適用するか（適用法令）

③ 誰が納付すべきか（納税義務者）

を定めておく必要がある。①は課税標準，②は税率を決定する際に問題となる。

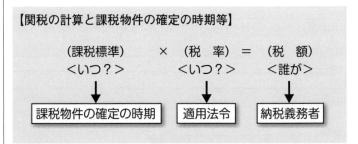

【関税の計算と課税物件の確定の時期等】

$$(課税標準) \times (税率) = (税額)$$
$$<いつ？> \quad <いつ？> \quad <誰が>$$

| 課税物件の確定の時期 | 適用法令 | 納税義務者 |

着眼点 *1

輸入申告によって，税関は貨物の性質等を把握することができるとともに，輸入者の輸入の意思が明確になるからである。

発展 *2

「貨物を輸入する者」とは，原則として仕入書（ない場合は船荷証券等）に記載されている荷受人をいうが，輸入申告者の資格が限定されているときはその限定申告者をいい，貨物が輸入の許可前に保税地域等で転売されたような場合には，その転得者をいう（基本通達6‐1(1)）。

2 原則

(1) 課税物件の確定の時期（原則）

関税を課する場合の基礎となる貨物の性質及び数量は，当該貨物の輸入申告の時における現況による（関税法4条1項）*1。

(2) 適用法令（原則）

関税を課する場合に適用する法令は，輸入申告の日（輸入申告の時の属する日）において適用される法令による（5条）。課税物件の確定の時期と同じ日の法令で税率を判断することが最も妥当だからである。

(3) 納税義務者（原則）

関税は，関税に関する法律に別段の規定がある場合を除く外，貨物を輸入する者*2が，これを納める義務がある（6条）。

2　例外　☆☆☆

1　保税蔵置場等に置かれた貨物の場合

(1)　課税物件の確定の時期

　①　蔵入承認，総保入承認を受けた貨物

　　　蔵入承認又は総保入承認の際には検査が行われ，この時点で貨物の現況が明らかになる（関税法43条の4，62条の15）。そこで，蔵入承認又は総保入承認を受けた貨物については，**原則**として，これらの承認の時を課税物件の確定の時期としている（4条1項1号）[*1]。

　　　ただし，通常保税蔵置場等に置かれる期間が長期にわたり，その間に欠減が生ずるものとして政令で定めるもの[*2]については，輸入申告の時が課税物件の確定の時期となっている。

【蔵入承認，総保入承認を受けた貨物の課税物件の確定の時期】

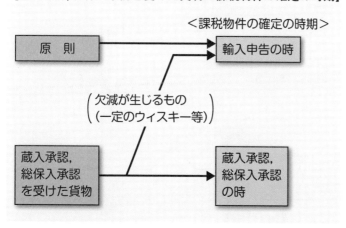

　②　保税作業による製品

　　　保税工場又は総合保税地域における保税作業による製品については，移入承認又は総保入承認の時が課税物件の確定の時期となる（関税法4条1項2号）[*3]。

【保税作業による製品の課税物件の確定の時期】

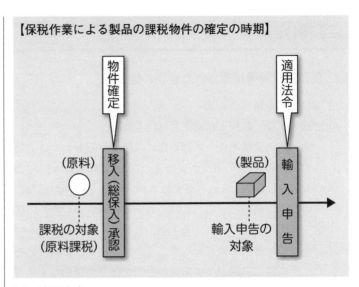

(2) 適用法令

　① 輸入の許可前に法令の改正があった場合

【申告後許可前に法改正があった場合】

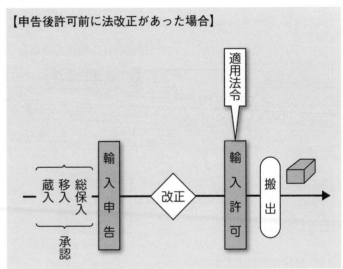

　　イ　蔵入承認若しくは総保入承認を受けて置かれた外国貨物
　　ロ　移入承認又は総保入承認を受けた保税作業による製品
　　　　である外国貨物については，本来は原則通り輸入申告の
　　　　日の法令を適用するが，輸入申告後輸入の許可前に当該

貨物に適用される法令の改正があったものについては，輸入許可の日の法令を適用する（5条2号）[*4]。

　この場合には，貨物の引取り時点の法令である輸入許可の日の法令，すなわち改正後の法令を適用するほうが，社会情勢に即応することになるためである。

②　輸入許可前引取承認の前に法令の改正があった場合

　同様に，①イロの貨物について，輸入申告がされた後輸入許可前引取承認がされる前に当該貨物に適用される法令の改正があったものについては，輸入許可前引取承認の日の法令を適用する[*5]。

2 「直ちに徴収される関税」の場合

　関税法その他関税関係法令においては，一定の者が貨物の管理義務に違反する等，一定の事実が生じた場合に，直ちに関税を徴収する旨の規定が置かれている場合がある。このような場合には，課税物件の確定の時期，適用法令，納税義務者について，原則とは異なる規定がされている[*6]。

(1)　保税地域等における亡失，滅却の場合

　保税地域等にある**外国貨物（輸出の許可を受けた貨物を除く）**が亡失し，又は滅却されたときは，当該保税地域等の許可を受けた者から，直ちにその関税を徴収する（45条，61条の4，62条の7，62条の15）。これは，**貨物の管理責任**を問うものである[*7]。

　亡失又は滅却の際に輸入されたものと同視するため，**課税物件の確定の時期**は亡失，滅却の時，**適用法令**は亡失，滅却のあった日の法令となる（4条1項4号，5条1号）。

　ただし，

①　外国貨物が災害その他やむを得ない事情により亡失した場合

②　あらかじめ税関長の承認を受けて滅却された場合

は，**納税義務は発生しない**。

　なお，蔵入（移入，総保入）承認を受けた貨物で，亡失し，

過去問 *4

　総合保税地域に置かれた外国貨物で，輸入申告がされた後輸入の許可がされる前に当該外国貨物に適用される法令の改正があったものについては，当該貨物につき当該総合保税地域に置くことが承認された日において適用される法令による。（H27）
　× 輸入許可の日の法令を適用する。（スピマス類題→第2章㉔）

着眼点 *5

　指定保税地域，保税展示場，他所蔵置許可場所については，長期間の蔵置を想定していないため，①②の規定は適用されないことに注意。

着眼点 *6

　この場合，義務違反に対する「ペナルティ」として関税が徴収されると考えるとよい。特に，(1)から(5)までの場合は，課税物件の確定の時期，適用法令，納税義務者のすべてが原則と異なっている。

発展 *7

　指定保税地域の場合は，当該外国貨物を管理する者から関税を徴収する（41条の3）。

又は滅却されたものについては，課税物件の確定の時期は蔵入（移入，総保入）承認の時となるが，適用法令は亡失，滅却のあった日の法令となる（4条1項1号，4号，5条1号）。

(2) 保税地域外における作業又は使用の許可の場合

　保税地域外における作業又は使用の許可を受け，指定された期間が経過した場合において，その指定された場所に許可を受けた外国貨物又はその製品があるときは，保税地域の許可を受けた者から，直ちにその関税を徴収する（61条5項, 62条の6, 62条の15）＊8。

　保税地域外における作業又は使用（場外作業，使用）の許可の際には検査が行われ，貨物の性質，形状等を確認できるため，**課税物件の確定の時期**は場外作業，使用の許可を受けた時，**適用法令**は場外作業，使用の許可を受けた日の法令となる（4条1項3号，5条1号）。

過去問 ＊8

　税関長が期間及び場所を指定し，保税工場にある外国貨物について保税作業をするため，これを当該保税工場以外の場所に出すことを許可した場合において，その指定された期間が経過した後，その指定された場所に当該外国貨物があるときは，当該保税作業を行う者がその関税を納める義務を負う。(R1)
× 「保税作業を行う者」ではなく「保税工場の許可を受けた者」が納税義務を負う。(スピマス類題→第2章㉕)

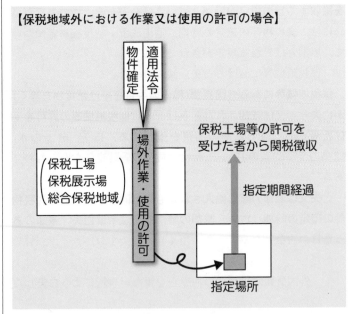

【保税地域外における作業又は使用の許可の場合】

(3) 保税展示場の許可期間満了等の場合

　保税展示場の許可期間の満了その他許可の失効の際，当該保税展示場にある外国貨物について，税関長が定める期間内に搬

出等がされないときは，当該保税展示場の許可を受けた者から，直ちにその関税を徴収する（62条の6第1項）*9。

　課税物件の確定の時期については，関税を徴収すべき事由が生じた時，すなわち搬出期間が経過した時としており，**適用法令**についても同様に規定している（4条1項3号の3，5条1号）。

【保税展示場の許可期間満了等の場合】

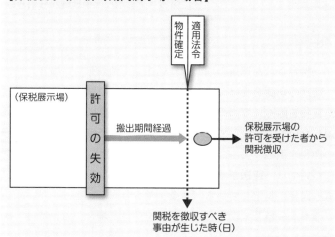

*9

　保税展示場にある外国貨物について，税関長が当該保税展示場の許可の期間の満了の際に期間を定めて当該外国貨物の搬出その他の処置を求めたにもかかわらず，当該期間内に当該処置がされない場合に課される関税については，当該保税展示場の許可を受けた者が当該関税を納める義務を負う。（H19）
○　（スピマス類題→第2章㉕）

⑷　船（機）用品が指定された期間内に積み込まれなかった場合

　外国貨物である船用品又は機用品（船（機）用品）は，税関長に**申告**し，その承認を受けて，保税地域から外国貿易船又は外国貿易機に積み込む場合に限り，外国貨物のまま積み込むことができる（23条1項）*10。

　承認に際しては，税関長が相当と認める積込みの期間が指定される（23条4項）。船（機）用品が指定された期間内に積み込まれなかったときは，当該承認を受けた者から，直ちにその関税を徴収する（23条6項）。ただし，

①　船（機）用品が保税地域に入れられた場合

②　災害その他やむを得ない事情により亡失した場合

③　あらかじめ税関長の承認を受けて滅却された場合

には，関税は徴収されない。

　課税物件の確定の時期については，積込みが承認された時と

*10

　内国貨物である船（機）用品を外国貿易船等に積み込もうとする者も，税関長に申告し，その承認を受けなければならない（関税法23条2項）。

*11

　税関長は，積み込も
うとする船舶において
使用する燃料等につい
ては，１年の範囲内で
税関長が指定する期間
内に積み込まれる船
（機）用品の積込みに
ついて一括して承認す
ることができる（23
条１項，施行令21条
の３第２項，３項）。

着眼点 *12

　船（機）用品の場合
及び保税運送の場合，
すべて「承認」を基準
として規定されている
と覚えておくとよい。

しており，**適用法令**についても同様に規定している（4条1項
5号，5条1号）。

　なお，一括して積込みの承認を受けた場合[*11]においては，
次のようになる。

課税物件の確定の時期	承認に係る外国貨物が**保税地域から引き取られた時**
適用法令	承認に係る外国貨物が**保税地域から引き取られた日**
納税義務者	積込みの承認を受けた者

(5)　指定された運送の期間内に運送先に到着しない場合

　運送の承認を受けて運送された**外国貨物（輸出の許可を受け
た貨物を除く）**で，その指定された運送の期間内に運送先に到
着しないものについては，当該承認を受けた者から，直ちにそ
の関税を徴収する（第6章1 **4** 参照）。**課税物件の確定の時期**
については，運送が承認された時としており，**適用法令**につい
ても同様に規定している（4条1項5号，5条1号）[*12]。

　なお，一括して保税運送の承認を受けた場合においては，次
のようになる。

課税物件の確定の時期	承認に係る外国貨物が**発送された時**
適用法令	承認に係る外国貨物が**発送された日**
納税義務者	承認を受けた者

　また，**特定保税運送**に係る外国貨物で，発送の日の翌日から
起算して7日以内に運送先に到着しないものについては，次の
ようになる（4条1項5号の2，5条1号）。

課税物件の確定の時期	当該外国貨物が**発送された時**
適用法令	当該外国貨物が**発送された日**
納税義務者	特定保税運送の承認を受けた者

【直ちに徴収される関税 - すべてが例外となる場合】 *13

	課税物件の確定の時期	適用法令	納税義務者
原則	輸入申告の時	輸入申告の日	輸入者
(1)保税地域等で亡失，滅却	亡失，滅却の時	亡失，滅却の日	保税地域等の許可を受けた者
(2)場外作業，使用の許可	当該許可がされた時	当該許可がされた日	保税地域の許可を受けた者
(3)保税展示場搬出期間満了	関税を徴収すべき事由が生じた時	関税を徴収すべき事由が生じた日	保税展示場の許可を受けた者
(4)船（機）用品積込承認	承認がされた時	承認がされた日	承認を受けた者
(5)保税運送承認	承認がされた時	承認がされた日	承認を受けた者

着眼点 *13

　この表の内容は頻出事項であり重要である。ただし，無理に暗記するのではなく，「なぜ原則と異なるのか」ということを意識するようにするとよい。

第1編

関税法

(6)　条件付減免税等の場合 - 納税義務者の例外

　関税定率法や関税暫定措置法の規定 *14 により，輸入後**特定の用途に使用する**ことを**条件**に，**関税の減免**を受けた場合において，輸入貨物をその特定の用途以外の用途に供し，又は特定の用途以外の用途に供するため譲渡した場合には，その供した者又は譲渡した者から，直ちに関税を徴収する。なお，**再輸出免税**（定率法17条）の場合の用途外使用等については，貨物を輸入した者から関税を徴収することとなっている。

発展 *14

　特定用途免税（定率法15条），軽減税率（定率法20条の2，暫定措置法10条）等の場合がある。

③　輸入申告がされない場合

　法令の規定その他の理由により，輸入申告されることなく輸入される貨物については，**課税物件の確定の時期及び適用法令**が原則とは異なる形で定められている。

(1)　郵便物

　日本郵便株式会社は，輸入される郵便物で輸入申告が行われ

ないもの（**信書以外**）を受け取ったときは，当該郵便物を**税関長に提示**しなければならない（76条1項，3項）。

郵便物については，この提示がされた時が課税物件の確定の時期となり，提示がされた日の法令を適用する（4条1項6号，5条1号）。

(2)　収容貨物等の公売，随意契約の場合

収容され，若しくは留置された貨物，差押物件又は領置物件で，公売に付され，又は随意契約により売却されるものについては，公売又は売却の時に輸入されたものとみなされるため，**課税物件の確定の時期は公売又は売却の時**とし，**公売又は売却の日の法令を適用**する（4条1項7号，5条1号）[*15]。

(3)　輸入の許可を受けないで輸入された貨物の場合

密輸を企図したが発覚したような場合において，貨物を没収しない場合には，関税を徴収して引取りを認めることがある。このような場合，当然に輸入申告はされていない。そこで，**課税物件の確定の時期は輸入の時**とし，**輸入の日の法令を適用**する（4条1項8号，5条1号）。

過去問 [*15]

　留置された貨物で，公売に付されるものに対し関税を課する場合の基礎となる当該貨物の性質及び数量は，その公売の時における現況による。（R5）
○（スピマス類題→第2章㉓）

発展 [*16]

　税関長から検査終了又は検査不要の旨の通知を受けた郵便物が，名あて人に交付される前に亡失し，又は滅却されたときは，日本郵便株式会社から，直ちにその関税を徴収する（76条の2第1項）。

【輸入申告がされない場合】

	課税物件の確定の時期	適用法令	納税義務者
原則	輸入申告の時	輸入申告の日	輸入者
①輸入申告が不要な郵便物（信書以外）	税関に提示がされた時	税関に提示がされた日	輸入者[*16]
②公売・随意契約により売却された貨物	公売又は売却の時	公売又は売却の日	貨物の所有者
③輸入許可を受けずに輸入された貨物	輸入の時	輸入の日	輸入者

4　その他の例外

(1)　保税展示場又は総合保税地域における販売用貨物等の場合

保税展示場又は総合保税地域に入れられた外国貨物のうち，

①　保税展示場又は総合保税地域における販売又は消費を目的とするもの

②　保税展示場において外国貨物に加工し，又はこれを原料として製造して得た製品（一定の製品を除く*17）

等については，

　イ　保税展示場に入れる外国貨物に係る承認，又は

　ロ　総合保税地域における販売用貨物等を入れることの届出

がされた時が，**課税物件の確定の時期**となる（4条1項3号の2）*18。

(2)　保税地域に入れずに輸入申告される特例申告貨物の場合

電子情報処理組織を使用して，保税地域に入れずに輸入申告を行った特例申告貨物であって，輸入の許可を受けたものについては，輸入申告の時ではなく，輸入の許可の時が課税物件の確定の時期となる（4条1項5号の3，67条の2第2項2号，施行令59条の4第1項3号）。

(3)　通関業者の補完的納税義務

貨物の輸入者から通関業務の委託を受けた通関業者は，輸入者の代理人であるにすぎず，保証人ではないから，本来は関税の納付義務を負わない。しかし，次の①から④を**すべて**満たす場合には，**輸入者と連帯して当該関税を納める義務を負う**（関税法13条の3）*19。

①　輸入の許可又は輸入の許可前における貨物の引取りの規定による税関長の承認を受けて引き取られた貨物について，

②　納付された関税に不足額があった場合において，

③　当該許可又は承認の際当該貨物の**輸入者とされた者の住所及び居所**が**明らかでなく**，又はその者が当該貨物の輸入者でないことを申し立てた場合であって，かつ，

④　当該貨物の輸入に際してその通関業務を取り扱った**通関業者が**，その通関業務の委託をした者を明らかにすることができなかったとき

(4)　総合保税地域における貨物の管理者の連帯納税義務

発展 *17

展示，使用その他の理由により価値の減少があった製品で税関長の承認を受けたものについては，原則通り，輸入申告の時が課税物件の確定の時期となる（施行令2条3項）。

過去問 *18

総合保税地域に入れられた外国貨物のうち，総合保税地域における販売又は消費を目的とするものに対し関税を課する場合の基礎となる当該貨物の性質又は数量は，総合保税地域に置くことが承認された時における現況による。（H26）

× 販売用貨物等を入れることの届出がされた時である。（スピマス類題→第2章㉓）

過去問 *19

輸入の許可前における貨物の引取りの承認を受けて引き取られた貨物について，納付された関税に不足額があった場合において，当該承認の際当該貨物の輸入者とされた者の住所及び居所が明らかでなく，かつ，当該貨物の輸入に際してその通関業務を取り扱った通関業者が，その通関業務の委託をした者を明らかにすることができなかったときは，当該通関業者は，当該貨物の輸入者と連携して納税義務を負う。（H29）

○ （スピマス類題→第2章㉕）

総合保税地域は、施設の集積度が高く、複合的な機能を有することから、その管理、運営に関して他の者に委託しているのが通常である。一定の場合には、許可を受けた法人とともにこれらの**管理者に対しても責任を問うべきである。**

そこで、関税法では、次のように規定している。

① 総合保税地域にある外国貨物が**亡失**し、又は滅却された場合

② 総合保税地域外における保税作業の許可を受け、指定された期間が経過した場合において、その指定された場所に許可を受けた外国貨物又はその製品があるとき

であって、総合保税地域の許可を受けた法人が外国貨物に係る関税を納める義務を負うこととなった場合において、当該貨物が亡失し、若しくは滅却された時又は当該貨物が当該総合保税地域から出された時に当該総合保税地域において当該貨物を管理していた者が当該法人以外の者であるときは、当該管理していた者は、当該**法人と連帯して当該関税を納める義務**を負う（62条の13）。

(5) 納付の委託を受けた関税に係る日本郵便株式会社の納税義務

日本郵便株式会社が**郵便物**に係る関税を納付しようとする者の**委託**に基づき当該関税の額に相当する金銭の交付を受けた場合において、政令で定める日[20]までにその関税を完納しないときは、税関長は、国税の保証人に関する徴収の例によりその関税を日本郵便株式会社から徴収する（77条の3第3項、国税通則法52条）。

*20

当該関税の額に相当する金銭の交付を受けた日の翌日から起算して11取引日を経過した最初の取引日（災害その他やむを得ない理由によりその日までに納付することができないと税関長が認める場合には、その承認する日）とされている（施行令68条の2）。

復習テスト

1　課税物件の確定の時期，適用法令，納税義務者の原則

2　課税物件の確定の時期の例外（①から⑤に適切な語句を挿入）

　イ　保税蔵置場にある外国貨物で減却されたものについては，（　①　）の現況による。

　ロ　一括して保税運送の承認を受けて運送された外国貨物で，その指定された運送の期間内に運送先に到着しないものについては，（　②　）の現況による。

　ハ　留置された外国貨物で随意契約により売却されるものについては，（　③　）の現況による。

　ニ　保税蔵置場に入れられた外国貨物で，必要な輸入（納税）申告を行うことなく輸入されたものについては，（　④　）の現況による。

　ホ　保税展示場に入れることの承認を受けた外国貨物で，当該保税展示場において有償で観覧又は使用に供されるものについては，（　⑤　）の現況による。

3　適用法令の例外（①，②に適切な語句を挿入）

　保税蔵置場に置かれた外国貨物で，

　イ　輸入申告がされた後輸入の許可がされる前に当該貨物に適用される法令の改正があったものについては，当該（　①　）の法令を適用する。

　ロ　輸入申告がされた後輸入許可前引取承認がされる前に当該貨物に適用される法令の改正があったものについては，当該（　②　）の法令を適用する。

4　納税義務者の例外（①から③に適切な語句を挿入）

　イ　保税蔵置場にある外国貨物で，あらかじめ税関長の承認を受けることなく減却されたものの関税については，（　①　）がその納税義務を負う。

　ロ　船用品として外国貿易船に積み込むことにつき承認を受けた外国貨物で，指定された期間内に当該外国貿易船に積み込まれなかったものの関税については，（　②　）がその納税義務を負う。

　ハ　保税工場外における保税作業の許可を受けて保税工場から指定された場所に出されている外国貨物で，指定された期間を経過してもなおその指定された場所に置かれているものの関税については，（　③　）がその納税義務を負う。

5　通関業者の補完的納税義務（①から⑤に適切な語句を挿入）

　輸入の許可又は輸入の許可前における貨物の引取りの規定による税関長の承

認を受けて（　①　）貨物について，納付された関税に（　②　）があった場合において，当該許可又は承認の際当該貨物の輸入者とされた者の（　③　）が明らかでなく，又はその者が当該貨物の輸入者でないことを申し立てた場合であって，かつ，当該貨物の輸入に際してその通関業務を取り扱った通関業者が，その通関業務の（　④　）をした者を明らかにすることができなかったときは，当該通関業者は，当該貨物の（　⑤　）して当該関税を納める義務を負う。

【解　答】

1 ① 課税物件の確定の時期→輸入申告の時
　　② 適用法令→輸入申告の日
　　③ 納税義務者→貨物を輸入する者

2 ① 滅却の時　　② 発送された時　　③ 売却の時　　④ 輸入の時
　　⑤ 保税展示場に入れることが承認された時

3 ① 許可の日　　② 承認の日

4 ① 保税蔵置場の許可を受けた者　　② 積込みの承認を受けた者
　　③ 保税工場の許可を受けた者

5 ① 引き取られた　　② 不足額　　③ 住所及び居所　　④ 委託
　　⑤ 輸入者と連帯

第8章

関税額の確定方式，関税額の訂正

出題傾向

項目	H28	H29	H30	R1	R2	R3	R4	R5
1 関税額の確定方式	○	○	○	○	○	○	○	○
2 関税額の訂正	○	○	○	○	○	○	○	○

本章のポイント

　関税額の確定方式では，関税額を確定させる主体とその方法を学習する。関税額の訂正においては，確定した関税に誤りがあった場合に，訂正する方法を学習する。主体のほかに，訂正ができる場合，いつまで訂正をできるかについて押さえていくことが大切である。

　非常によく出題されている分野であり，正確な知識を要求されるが，基本的事項が問われることも多いので，得点源にしてほしい。択一式，複数選択式のみならず語群選択式においても頻出の項目である。

1 関税額の確定方法

関税額を確定する方法には，申告納税方式と賦課課税方式とがある。前者が原則的な方法であり，後者は例外的なケースで適用される[*1]。

【申告納税方式と賦課課税方式】

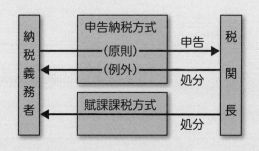

関税額は，申告納税方式又は賦課課税方式により確定するが，延滞税（第10章参照）については，特別の手続を要しないで，関税法の規定により納付すべき税額が確定する（関税法6条の2第2項）[*2]。

2 申告納税方式

申告納税方式とは，納付すべき税額**又は当該税額がないこと**が納税義務者のする申告により確定することを**原則**とし，その申告がない場合又はその申告に係る税額の計算が**関税に関する法律の規定に従っていなかった場合**その他当該税額が税関長の調査したところと異なる場合に限り，税関長の処分により確定する方式をいう（6条の2第1項1号）[*3]。

3 申告納税方式による関税の確定

申告納税方式が適用される貨物を輸入しようとする者は，関税の納付に関する申告（納税申告）をしなければならないが，

着眼点 [*1]

試験対策として，申告納税方式の定義と賦課課税方式が適用される場合を正確に覚えておくことが大切である。

着眼点 [*2]

延滞税は申告納税方式でも賦課課税方式でもないということである。

着眼点 [*3]

「納税申告義務がある場合」と理解しておくとよい。税関の負担を軽減し，迅速な通関を実現するため，大部分の関税の確定において，申告納税方式が適用されている。

この納税申告は，特例申告貨物を除き，輸入申告書に必要な事項を記載して，これを税関長に提出することによって行う（7条1項，2項）。

納税義務者その他の関係者は，輸入貨物に係る関税率表の適用上の所属，税率等，納税申告について必要な事項の教示を税関に求めることができ，税関は，適切な教示に努めることとされている（7条3項）*4。

発展 *4

教示の求めは，貨物が本邦に到着する前であっても，行うことができることに注意。

4　賦課課税方式

賦課課税方式とは，納付すべき税額が専ら税関長の処分により確定する方式をいう（6条の2第1項2号）。

次に掲げる関税については，**納税申告を行うことが困難**であり，賦課課税方式が適用される（6条の2第1項2号）。

① 入国者の携帯品，別送品*5その他これに類する貨物*に対する関税

② 郵便物（価格が20万円以下のもの，寄贈物品等。輸入申告を行う旨の**申し出**があったものを**除く**。）に対する関税

③ 関税定率法7条**3項**若しくは**8条2項**の規定により課する関税又は同条**16項**の規定により変更され，若しくは継続される同条1項の規定により課する関税（同条15項に規定する調査期間内に輸入されたものに課するものに限る。）（相殺関税の**遡及課税**，不当廉売関税の**遡及課税**の規定により課する関税）

遡及課税とは，輸入の後，**輸入時に遡って**関税が課されることである。相殺関税，不当廉売関税については，第2編第2章を参照。

④ 関税に関する法律の規定により**一定の事実**が生じた場合に直ちに徴収するものとされている関税*6

一定の**義務違反に対するペナルティ**として徴収されるものなので，税関長の処分により確定することが望ましく，賦課課税方式とされている。

⑤ **関税法及び関税定率法**以外の関税に関する法律の規定に

語句 *5

別送品

本邦に入国する者が，その入国の際に，所定の事項を記載した申告書を税関に提出して税関の確認を受け，入国後6月以内に輸入する貨物で商業量に達しないものをいう（施行令3条1項）。

過去問 *6

保税運送の承認を受けて運送された外国貨物で，その承認の際に指定された運送の期間内に運送先に到着しないものに対し関税を課する場合における当該関税額の確定については，賦課課税方式が適用される。（H26）
○ 「直ちに徴収」される関税であり，賦課課税方式が適用される。（スピマス類題→第2章㉖）

より税額の確定が賦課課税方式によるものとされている関税

⑥　過少申告加算税，無申告加算税及び重加算税

これらは，**納税申告を適正に行わなかった場合**において本来の関税とは別に徴収されるものであるので，税関長の処分により確定することが望ましく，賦課課税方式とされている。

※　次に掲げる貨物に対する関税についても，賦課課税方式が適用される（施行令3条2項）。

①　本邦と外国との間を往来する船舶又は航空機の船長又は機長その他本邦に入国する者に託して輸入される貨物で，その受取人の個人的な使用に供されるものその他これに類するもの（託送品）

②　本邦に到着した外国貿易船又は外国貿易機に積まれていた外国貨物である穀物，砂糖，石炭その他これらに類する貨物の陸揚げ又は取卸しに伴い生じた荷粉

③　本邦と外国との間を往来する船舶又は航空機に積まれていた外国貨物である船（機）用品又はこれらに類する貨物で，当該船舶又は航空機で外国貨物として使用しないこととなったもの

④　外交官用貨物等の免税の規定に掲げる貨物

⑤　コンテナーに関する通関条約の規定により関税の免除を受けて輸入されるコンテナー

⑥　物品の一時輸入のための通関手帳に関する通関条約の実施に伴う関税法等の特例に関する法律（ATA条約特例法）の規定に基づき通関手帳により輸入される物品

5　賦課課税方式による関税の確定及び徴収

賦課課税方式が適用される関税については，原則として，税関長から納税義務者に対して，**賦課決定**及び**納税の告知**が行われる（8条1項，9条の3第1項）[*7]。**賦課決定**の通知は，課税標準，納付税額等を記載した**賦課決定通知書**を送達して行う（8条4項）。**納税の告知**は，納税告知書を送達して行う（9条の3第2項）。

*7

賦課決定の通知は，税額の確定段階のものであり，納税の告知は，関税の納付を命じるもので，税額の徴収段階のものである。

【賦課課税方式が適用される場合の関税の徴収】

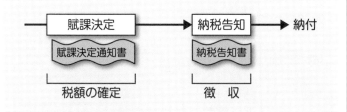

① 郵便物に対する関税

② 公売等による代金をもって充てる関税

③ 加算税

については，納税の告知は不要である（9条の3第1項1号，2号，3号）。

　また，携帯品等に対する関税について，税関長は，賦課決定通知書，納税告知書の送達を行わず，税関職員に口頭で通知させることができる（8条4項，9条の3第2項）。

【納税の告知の要否と方法】

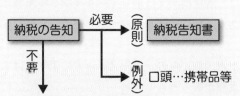

①郵便物（20万円以下のもの，寄贈物品等）

②公売，売却による代金を
　もって充てる関税

③加算税

2　関税額の訂正　

◼ 関税額の訂正

　申告納税方式が適用される貨物について，納税申告に誤りがあったときは，関税額等を正しく訂正する必要がある。訂正は，

着眼点 *1

納税義務者自ら訂正を行う，修正申告及び更正の請求の場合が，試験対策として重要である。

納税義務者自ら行う場合と税関長が行う場合とがある*1。

【関税額の訂正の方法】

	税額が過少→増額修正	税額が過大→減額修正
納税義務者から	修正申告（補正）	更正の請求
税関長から	増額更正	減額更正（是正）
	決定（納税申告がないとき）	

2 修正申告

(1) 修正申告をできる者

修正申告は，納税義務者から行うものであり，**納税申告をした者**のみならず，決定（**2 4**参照）を受けた者もすることができる（7条の14第1項）。

(2) 修正申告をできる場合

着眼点 *2

税額について「増額修正」する申告であるので，税額に不足額がない場合，課税標準が過少であっても，修正申告はできない。

過去問 *3

修正申告とは，先にした納税申告に係る税額が過大又は過少である場合に当該税額の変更を行うための申告である。（H21）
× 税額が「過大」である場合には，できない。（スピマス類題→第2章㉗）

過去問 *4

納税申告後，更正があった場合でも，更正後の税額に不足額があるときは，修正申告をすることができる。（H15）
○ （スピマス類題→第2章㉗）

修正申告は，課税標準又は納付すべき税額（税額等）を修正する申告であり，**納付税額を増額すべき次の場合に行うことができる*2*3。

① 納税申告，修正申告，更正又は決定により**納付すべき税額に不足額があるとき**

（例）30万円と納税申告→50万円に修正

② 納税申告，修正申告，更正又は決定により**納付すべき税額がないこととされた場合において，その納付すべき税額があるとき**

（例）税関長の更正により，税額なし→20万円に修正

(3) 修正申告をできる期間

修正申告は，税関長による更正があるまで，することができる。

「○○から1年」のように，具体的な期間は定められていない。また，更正後の税額につき，**なお不足額**がある場合は，行うことができる*4。

(4) 手続

　修正申告をしようとする者は，修正申告書を税関長に提出しなければならない（施行令4条の16第1項）。

　ただし，輸入の許可前かつ関税の納付前にする修正申告は，先の納税申告に係る書面に記載した課税標準又は納付すべき税額を補正することにより行うことができる（関税法7条の14第2項，基本通達7の14-2(1)）[*5]。補正により修正申告をしようとする者は，税関長にその旨を申し出て当該納税申告に係る書面の交付を受け，当該書面に記載した課税標準及び税額その他関係事項の補正をし，その補正をした箇所に押印をして，これを税関長に提出しなければならない（施行令4条の16第2項）。

(5) 効力

　修正申告書の提出は，既に確定した納付すべき税額についての納税義務に影響を及ぼさない（関税法7条の14第3項，国税通則法20条）。すなわち，修正申告により増額された税額にのみ，修正申告の効力が生じる。

③　更正の請求

(1) 更正の請求をできる者

　更正の請求をできるのは，納税申告をした者のみである（7条の15第1項）[*6]。修正申告の場合とは異なり，決定を受けた者は，することができない。

(2) 更正の請求をできる場合

　更正の請求は，納税申告に係る税額等の減額を求める手続である。次の①又は②により，納付すべき税額（更正があった場合には，更正後の税額）が過大である場合に行うことができる[*7]。

　　①　税額等の計算が関税に関する法律の規定に従っていなかったこと

　　②　税額等の計算に誤りがあったこと

着眼点 [*5]

補正の場合には，修正申告書の提出は不要ということである。

過去問 [*6]

　納税申告をした者から当該申告に係る貨物を買い受けた者は，当該貨物に係る関税について更正の請求をすることができない。（H21）

○　（スピマス類題→第2章㉗）

過去問 [*7]

　納税申告により納付すべき税額が過大又は過少であった場合においては，当該納税申告をした者は，税関長に対し，当該納税申告に係る税額等につき更正をすべき旨の請求をすることができる。（H17）

×　税額が「過少」であった場合には，できない。（スピマス類題→第2章㉗）

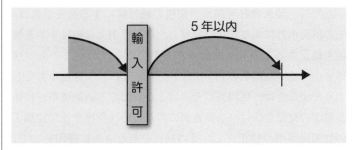

発展 *8

　特例申告貨物については，特例申告書の提出期限から5年以内まで，することができる。

(3)　更正の請求をできる期間

次のように定められている。

①　輸入の許可があるまで又は当該許可の日から5年以内*8

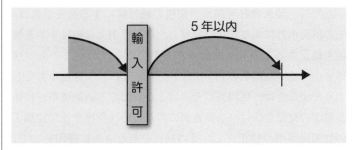

②　輸入許可前引取承認を受けた場合，当該承認の日の翌日から起算して5年を経過する日と輸入の許可の日とのいずれか遅い日まで

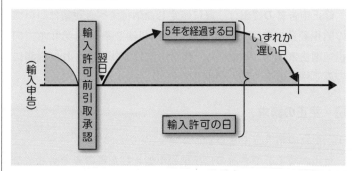

(4)　手続

　所定の事項を記載した更正請求書を税関長に提出しなければならない（施行令4条の17第1項）。

(5)　効力

　更正の請求は，税関長の減額更正を求める手続である。したがって，**更正の請求によっては，納付すべき税額は確定しない**。税関長は，更正の請求があった場合には，税額等について調査し，更正をするか，又は更正をすべき理由がない旨を請求者に通知する（7条の15第2項）。

【更正の請求後の流れ】

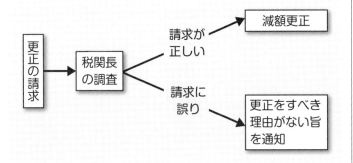

4 更正及び決定

(1) 更正

税関長は，**納税申告に係る税額等の計算が関税に関する法律の規定に従っていなかったとき**，その他当該税額等がその調査したところと異なるときは，その調査により，当該申告に係る税額等を更正する（7条の16第1項）*9 *10。

(2) 決定

税関長は，納税申告が必要とされている貨物についてその輸入の時（特例申告貨物については，特例申告書の提出期限）までに当該申告がないときは，その調査により，当該貨物に係る税額等を決定する（7条の16第2項）*10。

(3) 更正又は決定の手続，是正

更正又は決定は，税関長が所定の事項を記載した更正通知書又は決定通知書を送達して行う（7条の16第4項）。ただし，納税申告に係る貨物の輸入の許可前かつ関税の納付前にする減額更正*11は，納税申告をした者に税額等を是正させ，又はこれを是正してその旨を当該納税申告をした者に通知することによってすることができる。

(4) 更正の効力

更正で既に確定した納付すべき税額を増加させるものは，**既に確定した納付すべき税額**に係る部分の関税についての納税義

着眼点 *9

更正は，納税申告をした者からの更正の請求がない場合であっても，税関長の判断により行うことができる。

発展 *10

税関長は，更正又は決定をした後，税額等が過大又は過少であることを知ったときは，調査により，当該更正又は決定に係る税額等を更正する（7条の16第3項）。

着眼点 *11

是正は，減額更正についてのみ行うことができる。増額更正については，原則通り更正通知書を送達する必要がある。

137

着眼点 *12

　それぞれ, 増額部分, 減額部分についてのみ, 効力が及ぶということである。

務に影響を及ぼさない（国税通則法29条1項）*12。

　既に確定した納付すべき税額を減少させる**更正**は, その更正により減少した税額に係る部分以外の部分の関税についての納税義務に影響を及ぼさない*12。

138

復習テスト

1　申告納税方式の定義（①から⑤に適切な語句を挿入）

　　申告納税方式とは，納付すべき税額又は当該税額が（　①　）が（　②　）のする申告により確定することを原則とし，その申告がない場合又はその申告に係る（　③　）が関税に関する法律の規定に従っていなかった場合その他当該税額が税関長の（　④　）したところと異なる場合に限り，税関長の（　⑤　）により確定する方式をいう。

2　賦課課税方式（賦課課税方式が適用されるものをすべて選択）

　①　保税運送の承認を受けて運送された外国貨物であって，当該承認の際に指定された運送の期間内に運送先に到着しなかったものに係る関税

　②　輸入の許可前引取りの承認を受けて国内に引き取る貨物に係る関税

　③　過少申告加算税及び無申告加算税

　④　課税価格が20万円以下の郵便物に対する関税

　⑤　関税定率法第17条第1項（再輸出免税）の規定の適用を受けて輸入された貨物が，同項に定める再輸出すべき期間内に輸出されないこととなったことにより徴収する関税

　⑥　修正申告により納付することとなった関税に併せて納付する延滞税

3　修正申告（①から④に適切な語句を挿入）

　　納税申告をした者又は（　①　）を受けた者は，次のいずれかに該当する場合には，当該申告等について（　②　）があるまでは，当該申告等に係る税額等を修正する申告をすることができる。

　一　先にした納税申告等により納付すべき税額に不足額があるとき

　二　先の納税申告等により納付すべき税額が（　③　）こととされた場合において，その納付すべき税額があるとき

　　また，納税申告に係る貨物の輸入の許可前にする修正申告は，先の納税申告に係る書面に記載した税額等を（　④　）することにより行うことができる。

4　更正の請求（①から③に適切な語句を挿入）

　　更正の請求は，納税申告に係る貨物の輸入の許可があるまで又は当該許可の日（特例申告貨物については，（　①　））から（　②　）以内（輸入許可前引取承認を受けた者に係る場合にあっては，当該承認の日の翌日から起算して

（　②　）を経過する日と輸入の許可の日とのいずれか（　③　）日までの間）に限り，行うことができる。

5　更正及び決定（①から④に適切な語句を挿入）

　　更正又は決定は，更正通知書又は決定通知書を送達して行う。ただし，納税申告に係る貨物の（　①　）前にする更正（当該貨物に係る関税の納付前にするもので税額等を（　②　）するものに限る）は，これらの手続に代えて，納税申告をした者に当該納税申告に係る書面に記載した税額等を（　③　）させ，又はこれを（　③　）してその旨を当該納税申告をした者に（　④　）することとによってすることができる。

【解　答】

1　①　ないこと　　②　納税義務者　　③　税額の計算　　④　調査
　　⑤　処分
2　①，③，④，⑤
3　①　決定　　②　更正　　③　ない　　④　補正
4　①　特例申告書の提出期限　　②　5年　　③　遅い
5　①　輸入の許可　　②　減額　　③　是正　　④　通知

第**9**章
関税の納付と徴収

項目	H28	H29	H30	R1	R2	R3	R4	R5
1 関税の納付	○	○	○		○	○	○	○
2 納期限と法定納期限	○	○	○	○	○	○		○
3 担保	○	○						○
4 還付及び充当, 期間制限等		○			○			○

 本章のポイント

　本章では, 関税の納付の方法と納付する期限等について学習する。納期限については, 法定納期限と混同しやすいので, 両者の違いを明確にしておく必要がある。特に法定納期限は, 次章で学習する延滞税を計算するための基礎となるものであるから, 避けては通れない。

　関税の納付及び納期限, 法定納期限については, 択一式, 複数選択式のみならず, 語群選択式でも出題されている。期間制限, 担保については, 以前と比較してよく出題されるようになってきているため, 少なくとも基本的な事項は押さえる必要がある。

1 原則

(1) 納付の方法

　関税（**賦課課税方式が適用される郵便物に係る関税を除く**）を納付しようとする者は、その税額に相当する金銭（強制通用力を有する本邦の通貨をいい、ドルその他の**外国通貨を含まない。**）に納付書[*1]（納税告知書の送達を受けた場合には、**納税告知書**）を添えて、これを日本銀行（国税の収納を行う**代理店を含む**）又はその関税の収納を行う税関職員に納付しなければならない（関税法9条の4本文）。

　この場合、金銭のみならず、以下の証券で納付することが認められている（9条の4ただし書き、基本通達9の4-2、証券をもってする歳入納付に関する法律1条1項、勅令「歳入納付に使用する証券に関する件」1条）[*2]。

① 　**納付すべき金額を超過しない持参人払式小切手又は記名式持参人払式小切手**

② 　**納付すべき金額を超過しない**国債証券の利札（記名式のものを除く）で、**支払期の到達したもの**

　また、電子情報処理組織（NACCS）を使用して輸入（納税）申告又は特例申告をした関税については、所定の手続によりあらかじめ税関長に届け出た上で、電子納付の方法が認められている（税関関係法令に係る行政手続等における情報通信の技術の利用に関する省令5条、6条、NACCS法4条1項、NACCS法施行令5条）[*3]。

(2) 納付の委託

　関税を納付しようとする者は、次のいずれにも該当する場合には、クレジット会社等の**納付受託者に納付を委託**することができる（関税法9条の5第1項）。

① 　当該関税の税額が**財務省令で定める金額以下**[*4]である場合

発展 *1

　一品目で関税及び内国消費税が課されるものについては、納付書はそれぞれ別に作成する必要がある。また、「納付書は税関職員が作成したものでなければならない」旨の規定はないので、注意。

過去問 *2

　関税は、納付すべき金額を超過しない記名式持参人払式小切手をもって納付することができる。（H15）
〇（スピマス類題→第2章㉙）

発展 *3

　納付指図による方法（インターネットバンキング等）と、関税等納付専用口座からの振替納付の方法とがある。

発展 *4

　例えば、クレジットカードを使用する方法により納付する場合には、関税、消費税及び地方消費税の税額の合計額が1,000万円未満であり、かつ、当該クレジットカードによって決済することができる金額以下である場合をいう（関税法施行規則1条の8第1項1号）。

② インターネットその他の高度情報通信ネットワークを使用して行う納付受託者に対する通知に基づき納付しようとする場合

　納付受託者は，一定の要件に該当する者として**財務大臣**から**指定**され，関税を納付しようとする者の委託を受けて，関税の納付に関する事務を行うことができる（9条の6第1項）。

　納付受託者が関税の納付の委託を受けた後であれば，当該納付受託者が当該**関税を納付する前**であっても，納税者（納付委託者）は**輸入の許可を受けることができる**（72条）。また，納付受託者が関税を納付しようとする者の委託を受けたときは，当該委託を受けた日に当該関税の納付があったものとみなして，**附帯税**に関する規定を適用する（9条の5第2項）。

② 郵便物の場合

　賦課課税方式が適用される郵便物について関税を納付する場合，その税額に相当する金銭に納付書を添えて，これを日本銀行（国税の収納を行う**代理店を含む**）に納付しなければならない（77条4項本文）。通常の場合と異なり，税関職員への納付が規定されていない。なお，通常の場合と同様，上記 ① ①②の証券で納付することができる（77条4項ただし書，証券をもってする歳入納付に関する法律1条1項）。

　また，郵便物の関税を納付しようとする者は，税額に相当する金銭に納付書を添えて，これを日本郵便株式会社に交付し，その納付を委託することができる（関税法77条の2第1項）[*5]。委託を受けた**日本郵便株式会社**は，当該関税の額に相当する金銭の交付を受けた日の翌日から起算して11取引日を経過した最初の取引日までに，当該委託を受けた関税の額に相当する金銭に納付書を添えて，これを日本銀行（国税の収納を行う**代理店を含む**）に納付しなければならない（77条の3，施行令68条の2）。ただし，証券をもってする歳入納付に関する法律の定めるところにより，証券で納付することができる。

*5
交付が行われたときは，当該交付した日に当該関税の納付があったものとみなす（77条の2第2項）。

2 納期限と法定納期限

1 原則

　納税申告をした者は，その申告に係る書面又は更正通知書に記載された納付すべき税額に相当する関税を，貨物を輸入する日までに納付しなければならない（関税法9条1項）。「輸入する日」とは，通常は輸入の許可の日をいう。すなわち，関税の納期限は，**原則**として輸入の許可の日である。納期限を経過した場合には，滞納処分*1の対象となる。

　関税法では，納期限とは別に，**延滞税の計算を行う際の起算日**として，**法定納期限**を定めている。法定納期限も，**原則**として**輸入する日（輸入の許可の日）**である*2。

滞納処分

　貨物の差押え等の手続により，実質的に関税を強制徴収する処分をいう（国税通則法40条）。

　例外的に両期限の日が異なる場合には，必ず法定納期限が先に到来する。

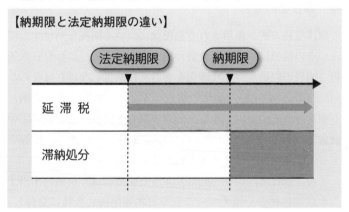

【納期限と法定納期限の違い】

2 例外

　納期限，法定納期限については，次のように定められている（9条2項，12条8項）。

【法定納期限と納期限】 *3

		法定納期限	納期限
申告納税方式	①原則	輸入する日 （輸入許可の日）	輸入する日 （輸入許可の日）
	②期限内特例申告書に係る関税	特例申告書の提出期限	特例申告書の提出期限
	③期限後特例申告書に係る関税	特例申告書の提出期限	当該期限後特例申告書を提出した日
	④輸入許可前引取承認を受けた貨物の関税	関税の納付通知書又は更正通知書又は納税告知書が発せられた日	関税の納付通知書又は更正通知書が発せられた日の翌日から起算して1月を経過する日
	⑤輸入許可後の修正申告	輸入許可の日	修正申告をした日
	⑥輸入許可後の更正	輸入許可の日	更正通知書が発せられた日の翌日から起算して1月を経過する日
	⑦決定	輸入する日	決定通知書が発せられた日の翌日から起算して1月を経過する日
賦課課税方式	⑧納期限の延長	当該延長された期限	当該延長された期限
	⑨相殺関税等の遡及課税	納税告知書に記載された納期限	納税告知書を発する日の翌日から起算して1月を経過する日
	⑩直ちに徴収する関税	当該事実が生じた日	納税告知書の送達に要すると見込まれる期間を経過した日
	⑪関税納付前受取りの承認を受けた郵便物	納税告知書が発せられた日	納税告知書を発する日の翌日から起算して1月を経過する日

3　納期限の延長

　納期限が延長される場合について，次のように規定されている（9条の2）*4。

(1)　個別延長方式

発展 *3

　関税の納期限については，以下の場合についても押さえておこう。
① 賦課課税方式が適用される郵便物の関税
　郵便物の交付の日（77条3項）
② 過少申告加算税又はこれに代えて課される重加算税
　賦課決定通知書が発せられた日の翌日から起算して1月を経過する日と当該加算税の納付の起因となった関税に係る貨物の輸入の許可の日とのいずれか遅い日（9条3項）
③ 無申告加算税又はこれに代えて課される重加算税
　賦課決定通知書が発せられた日の翌日から起算して1月を経過する日（9条4項）

発展 *4

　納期限の延長は，申告納税方式が適用される貨物に限り認められる。また，納期限が延長される場合には，法定納期限についても同様に延長される。

申告納税方式が適用される貨物を輸入しようとする者が，輸入（納税）申告書を提出した場合において，納期限に関し，その延長を受けたい旨の申請書を税関長（当該輸入申告書を提出した税関長）に提出し，かつ，**関税額の全部又は一部に相当する額の担保**を当該税関長に提供したときは，当該税関長は，当該関税額が当該提供された**担保の額を超えない範囲内**において，その納期限を**3月以内に限り延長**することができる。[*5]

(2) 包括延長方式

申告納税方式が適用される貨物（**特例申告貨物を除く**）を輸入しようとする者が，その月（以下「**特定月**」という）において輸入しようとする貨物に課されるべき関税の納期限に関し，特定月の**前月末日**までにその延長を受けたい旨の申請書をその納税申告をする税関長に提出し，かつ，特定月において輸入しようとする貨物に係る**関税額の合計額に相当する額の担保**を当該税関長に提供したときは，当該税関長は，特定月における**関税額の累計額が当該提供された担保の額を超えない範囲内**において，その**納期限を特定月の末日の翌日から3月以内に限り延長**することができる。

(3) 特例申告貨物の場合

特例輸入者又は特例委託輸人者が，期限内特例申告書を提出した場合において，納期限に関し，**特例申告書の提出期限まで**にその延長を受けたい旨の申請書を特例申告を行う税関長に提出し，かつ，**関税額の全部又は一部に相当する額の担保**を当該税関長に提供したときは，当該税関長は，当該関税額が当該提供された**担保の額を超えない範囲内**において，**納期限を2月以内に限り延長**することができる。

3 担保

1 担保の種類等

担保の種類，提供の手続，評価額は，次のようになる（関税

過去問 [*5]

申告納税方式が適用される貨物を輸入しようとする者が，関税の納付に関する申告をした場合において，当該関税の納期限に関し，その延長を受けようとするときは，当該申告をした税関長に対して当該申告に係る関税額に相当する額の担保を提供しなければならない。(H26)
○（スピマス類題→第2章㉚㉛）

法9条の6，施行令8条，国税通則法50条）。

【担保の種類，提供の手続，評価額】

担保の種類[*1]	提供の手続	評価額
金銭	供託してその供託書の正本を税関長に提出	
国債及び地方債		債権金額
社債その他の有価証券で税関長が確実と認めるもの		税関長が定める
土地	・抵当権を設定するために必要な書類を税関長に提出 ・提出を受けた税関長は，抵当権の設定の登記又は登録を関係機関に嘱託	税関長が定める
建物[*2]，立木及び登記される船舶並びに登録を受けた飛行機等		
鉄道財団，工場財団等		
税関長が確実と認める保証人の保証	保証人の保証を証する書面を税関長に提出	

2　増担保，保証人の変更

　税関長は，関税の**担保物の価額が減少したとき**，又は**保証人の資力が納税を担保するのに不充分**となったと認めるときは，その担保を提供した者に対し，期限を定めて，**増担保の提供又は保証人の変更その他担保の変更を命ずることができる**（関税法施行令8条の3第1項）。

　担保を提供した者は，税関長の承認を受けた場合に限り，担保物又は保証人を変更することができる（8条の3第3項）。

3　担保を提供した場合の充当又は徴収

　関税の担保として金銭を提供した納税義務者は，担保として提供した金銭をもって関税の納付に充てることができる（関税法10条1項）[*3]。

過去問 *1

　金地金その他の貴金属であって換価の容易なものは，担保として提供することが認められている。(R5)
×　認められていない。(スピマス類題→第2章㉜)

過去問 *2

　関税法の規定により関税の担保を提供しようとする者は，建物を当該担保として提供することができる。(H25)
○　(スピマス類題→第2章㉜)

着眼点 *3

　金銭以外のものを担保として提供した者は，その担保をもって関税の納付に充てることはできない。

4 還付及び充当，期間制限等 ☆☆

1 過誤納金の還付及び充当

税関長は，関税に過誤納金があるとき（本来納付すべき額を超えて関税が納付されている場合）は，**遅滞なく**，**金銭**で還付しなければならない（関税法13条1項）。この場合において，その還付を受けるべき者につき納付すべきこととなった関税があるときは，その還付すべき金額をその関税に充当する（13条7項）[*1]。

2 更正，決定等の期間制限

税関長による更正，決定等は，関税の「法定納期限等」から一定の期間を経過した日以後においては，することができないとされている（関税法14条1項～3項）。起算日となる「法定納期限等」とは，原則として法定納期限となる日と同じである[*2]が，次の関税については，注意しておく必要がある（14条5項）。

① **輸入許可前引取承認を受けて引き取られた貨物につき納付すべき関税**
　⇨　当該承認の日
② 郵便物の関税納付前受取りの規定により税関長の承認を受けて受け取られた郵便物につき納付すべき関税
　⇨　当該承認の日
③ 相殺関税，不当廉売関税の規定により課する関税等
　⇨　当該関税を課することができることとなった日
④ 納期限が延長された関税
　⇨　輸入の許可の日

3 徴収権の時効

関税の徴収を目的とする国の権利（関税の徴収権）についても，同様に期間制限が設けられている（14条の2第1項）。

過去問 [*1]

関税に過誤納金があるときは，過誤納金の還付を受ける者に他に納付すべき関税があったとしても，その還付を受けるべき金額をその関税に充当することはできない。(H17)
× 認められている。（スピマス類題→第2章㉞）

着眼点 [*2]

原則として，輸入する日（輸入の許可を受ける貨物については，輸入の許可の日），ということである。

関税の**徴収権の時効**については，援用を要せず，また，その利益を放棄することができない（14条の２第２項，国税通則法72条２項）。

関税の徴収権の時効は，次の処分に係る部分の関税については，**完成せず**（時効の**完成猶予**），それぞれに掲げる**期間を経過した時から新たにその進行を始める**（時効の**更新**，関税法14条の２第２項，国税通則法73条１項）。

① **更正又は決定**
　→更正又は決定により納付すべき関税の**納期限**までの期限

② 過少申告加算税，無申告加算税又は重加算税に係る賦課決定
　→賦課決定により納付すべきこれらの関税の**納期限**までの期間

③ **納税に関する告知**
　→告知に指定された**納付に関する期限**までの期間

④ **督促**
　→督促状又は督促のための納付催告書を発した日から起算して**10日**を経過した日（同日前に差押えがされた場合には，そのされた日）までの期間

⑤ 交付要求
　→交付要求がされている期間[*3]

また，関税の徴収権の時効については，**民法の規定が準用**され，次のような場合に時効の完成猶予，更新が行われる（関税法14条の２第３項）。

① **裁判上の請求**等
　裁判上の請求，支払督促，和解，調停，破産手続参加又は更生手続参加がある場合には，これらの事由が終了するまで[*4]の間は，時効は完成しない（民法147条１項）。また，**確定判決**等によって権利が確定したときは，時効は，これらの**事由が終了した時から新たにその進行を始める**（147条２項）。

② 強制執行等
　強制執行，担保権の実行，財産開示手続等がある場合には，

原則として，その事由が終了するまでの間は，時効は完成せず，これらの**事由が終了した時**から新たにその進行を始める（148条1項，2項）。

③　権利の**承認**

権利の承認があったときは，時効は**その時**から新たにその進行を始める（152条1項）。

【更正等の期間制限と徴収権の時効】

				期間制限	消滅時効
1	更正（②⑤⑥以外の場合）				
2 賦課決定	①	**郵便物**に対する関税		5年	5年
	②	**相殺関税，不当廉売関税の遡及課税**			
	③	一定の事実が生じた場合に**直ちに徴収す**るものとされている関税			
	④	**過少申告加算税**又はこれに代えて課される重加算税			
	⑤ **携帯品等**に対する関税 ⑥ 関税法，定率法**以外の関税関係法令**により賦課課税方式とされる関税		**課税標準の申告あり**	3年	3年
			課税標準の申告なし		
	無申告加算税又はこれに代えて課される重加算税			5年	5年 *5
3	**決定**又は決定についての更正				
4	**不正の行為により関税を免れた**場合等における更正，決定又は賦課決定			7年 *5	

着眼点 ＊5

不正の行為により免れた関税等については，その決定等の期間制限は7年だが，徴収権の時効は5年で成立することとなっており，2年間のズレが生じている。これを考慮して，この場合の徴収権の時効は，2年間は進行しないこととされている（国税通則法73条3項）。

関税の徴収権で，**偽りその他不正の行為**によりその全部若しくは一部の税額を免れ，又は関税を納付すべき貨物について関税を納付しないで輸入した場合における当該貨物に係る関税に係るものの時効は，当該関税の法定納期限等から**2年間は，進行しない**＊5（関税法14条の2第2項，国税通則法73条3項）。

4　関税の徴収の順位

　関税は，国税徴収法，地方税法その他の法令の規定にかかわらず，当該関税を徴収すべき外国貨物について，他の公課及び債権に先だって徴収する（関税法9条の5第1項）。

　ただし，**次の場合**における当該関税の徴収については，**国税徴収の例により徴収する**（11条，国税通則法38条1項）。この場合における関税及びその滞納処分費の徴収の順位は，それぞれ国税徴収法に規定する国税及びその滞納処分費と同順位となる[*6]（関税法9条の5第2項）。

① 　関税が**納期限までに完納されない場合**（**担保の提供がある場合を除く**）

② 　国税通則法38条1項各号（繰上請求）に掲げる場合に該当し，納付すべき税額の確定した関税がその納期限までに完納されないと認められる場合（例：納税者が偽りその他不正の行為により国税を免れ，若しくは免れようとしたと認められるとき）

③ 　**特例申告貨物**につき納付すべき関税でその確定後においては当該関税の徴収を**確保することができない**と認められるものがある場合[*7]

5　関税の徴収の引継ぎ

　関税の徴収は，本来貨物の輸入地を管轄する税関長によって行われる。しかし，複数の税関にわたり同一の納税義務者による滞納が発生した場合等において，効率的に徴収を行うため，税関長は，**必要があると認めるときは**，その徴収する関税について，他の税関長に徴収の**引継ぎ**をすることができる（関税法10条の2第1項，基本通達10の2-1）。

　徴収の引継ぎがあったときは，その引継ぎを受けた税関長は，遅滞なく，その旨をその関税の**納税義務者に通知**する[*8]（関税法10条の2第2項）。

第1編

関税法

発展 *6

　この場合，差押先着手による国税の優先が図られている。すなわち，納税者の財産につき滞納処分による差押が行われた国税又は地方税は，当該財産の換価（売却）代金につき，他の国税又は地方税に先だって徴収される（国税徴収法12条1項）。

過去問 *7

　特例申告貨物につき納付すべき関税でその確定後においては当該関税の徴収を確保することができないと認められるものがある場合における当該関税の徴収については，国税徴収の例による。（H25）
○

過去問 *8

　関税の徴収について税関長の引継ぎがあったときは，当該関税に係る輸入貨物の輸入地を所轄する税関長は，遅滞なく，その旨を当該貨物の関税の納税義務者に通知する。（H25）
× 　輸入地を所轄する税関長ではなく引継ぎを受けた税関長が通知を行う。

復習テスト

1 関税の納付の手続（①から④に適切な語句を挿入）

　関税（郵便物に係る関税を除く）を納付しようとする者は，その税額に相当する金銭に（　①　）（納税告知書の送達を受けた場合には，納税告知書）を添えて，これを（　②　）（国税の収納を行う代理店を含む）又はその関税の収納を行う（　③　）に納付しなければならない。ただし（　④　）をもってする歳入納付に関する法律の定めるところにより（　④　）で納付することができる。

2 関税の納期限（誤っているものを一つ選択）

① 　輸入の時までに納税申告がなかった貨物について発せられた決定通知書に記載された関税の納期限は，当該決定通知書が発せられた日の翌日から起算して7日を経過する日である。

② 　入国者の携帯品に係る関税の納期限は，当該携帯品の輸入の日である。

③ 　賦課課税方式が適用される郵便物に係る関税の納期限は，当該郵便物の交付の日である。

④ 　特例輸入者が期限後特例申告書により納税申告をした場合の関税の納期限は，当該期限後特例申告書を提出した日である。

⑤ 　輸入の許可後にした修正申告に係る関税の納期限は，当該修正申告をした日である。

3 納期限の延長（①から③に適切な語句を挿入）

　（　①　）方式が適用される貨物を輸入しようとする者が，輸入申告書を提出した場合において，納期限に関し，その延長を受けたい旨の申請書を税関長に提出し，かつ，当該輸入申告書に記載した関税額の（　②　）に相当する額の担保を当該税関長に提供したときは，当該税関長は，当該関税額が当該提供された担保の額を超えない範囲内において，その納期限を（　③　）以内に限り延長することができる。

【解 答】

1 　①　納付書　　②　日本銀行　　③　税関職員　　④　証券

2 　①　（「7日」ではなく「1月」を経過する日）

3 　①　申告納税　　②　全部又は一部　　③　3月

第10章

付帯税

 出題傾向

項目	H28	H29	H30	R1	R2	R3	R4	R5
1 延滞税	○	○	○	○	○	○	○	○
2 加算税	○	○	○	○	○			○

 本章のポイント

　付帯税とは，関税のうち，延滞税，過少申告加算税，無申告加算税及び重加算税のことである。これらに関しては，知識問題としての出題とともに，「通関実務」において計算問題として出題されることもあり，計算の手順を身に付けることが最も重要である。本章では，付帯税の計算方法を中心に学習する。

1 延滞税の税率と計算方法

　納税義務者が**法定納期限**までに附帯税を除く関税を完納しない場合には，当該納税義務者は，**延滞税**を併せて納付しなければならない（関税法12条1項）。延滞税の税率については，次のようになっている（附則（昭29・4法61）第3項，租税特別措置法94条1項）。

① 　納期限の翌日から2月を経過する日まで
　　年7.3％又は「延滞税特例基準割合[*1]＋1％」のうちいずれか低い割合（令和5年1月1日～12月31日については，2.4％）

② 　納期限の翌日から2月を経過した日以降
　　年14.6％又は「延滞税特例基準割合＋7.3％」のうちいずれか低い割合（令和5年1月1日～12月31日については，8.7％）

 *1

延滞税特例基準割合
　各年の前々年の9月から前年の8月までの各月における銀行の新規の短期貸出約定金利の合計を12で除して得た割合として各年の前年の11月30日までに財務大臣が告示する割合に，年1％の割合を加算した割合をいう。0.1％未満の端数があるときは，これを切り捨てる。

【延滞税の計算】

（ 納期限 の翌日から2月以内の場合）

$$\langle 延滞税額 \rangle = \langle 関税額 \rangle \times 2.4\% \times \frac{延滞に係る\ 延滞日数}{365}$$

☆延滞日数＝ 法定 納期限の翌日から
　　　　　　　未納の関税額を納付する日までの日数

2 延滞税の非課税，非徴収と端数処理

　延滞税の額がごく少額となるような場合の非課税と，計算における端数処理は，次のようになる（12条3項，4項）。

【延滞税の非課税，非徴収と端数処理】*2

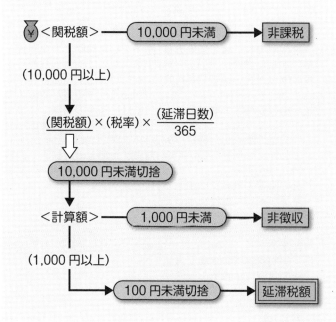

発展 *2

　関税に過誤納金がある場合の還付，充当について，「還付加算金」が加算されることがある。この場合の端数処理等についても，延滞税と同様の計算が行われる（関税法13条2項，4項，5項）。

第1編

関税法

3　延滞税の免除

　次に該当するときは，その関税に係る延滞税については，次の金額を**免除する**。

	免除される場合	免除される延滞税額
①	納税義務者が納付した税額が**やむを得ない理由**により税額等に誤りがあったため法定納期限後に未納に係る関税額が確定し，かつ，その事情につき税関長の**確認**があったとき	法定納期限の翌日から当該関税につき**修正申告をした日**又は更正通知書若しくは賦課決定通知書が発せられた日までの日数に対応する部分の金額（12条6項，施行令9条）
②	関税法2条の3第1項，3項又は4項（**災害による期限の延長**）の規定により関税を納付すべき期限を延長した場合	その関税に係る延滞税のうち，その**延長した期間に対応する**部分の金額（12条7項2号）

155

次の場合に該当するとき，税関長は，その関税に係る延滞税につき，次に定める金額を限度として，**免除することができる。**

	免除の対象となる延滞税	免除できる延滞税額
①	国税徴収の例による**換価の猶予**[*3]をした場合において，納税義務者が次のいずれかに該当するとき イ　納税義務者の財産の状況が著しく不良で，納期又は弁済期の到来した関税以外の公課又は債務について軽減又は免除をしなければ，その事業の継続又は生活の維持が著しく困難になると認められる場合において，その軽減又は免除がされたとき ロ　納税義務者の事業又は生活の状況によりその延滞税の納付を困難とする**やむを得ない理由**があると認められるとき	**猶予をした期間**（当該関税を当該期間内に納付しなかったことについてやむを得ない理由があると税関長が認める場合には，猶予の期限の翌日から当該やむを得ない理由がやんだ日までの期間を含む。）に**対応**する部分の金額でその**納付が困難**と認められる金額（12条8項1号）
②	国税徴収の例により滞納に係る関税の全額を徴収するために必要な財産につき**差押え**をし，又は納付すべき税額に相当する担保の提供を受けた場合に，その差押え又は**担保の提供**に係る関税を計算の基礎とする延滞税	その差押え又は担保の提供がされている期間に対応する部分の金額のうち**特例延滞税額**[*4]を**超える部分**の金額に相当する金額（12条8項2号，附則（昭和29.4法61号）4項）
③	**震災，風水害，火災**その他これらに類する災害により，関税を納付することができない事由が生じた場合に，その関税に係る延滞税	その事由が生じた日からその事由が消滅した日以後**7日を経過した日**までの期間に対応する部分の金額（12条8項3号ロ）

 *3

換価の猶予
　納付すべき国税につき，滞納処分による財産の換価を猶予すること（国税徴収法151条1項，151条の2第1項）。

 *4

特例延滞税額
　延滞税の割合が特例基準割合であるとした場合における当該延滞税の額をいう。

4　延滞税の計算問題

【問】　下表の経緯で，輸入の許可前における貨物の引取りの承認後になされた税関長の更正に基づき，関税額987,600円を納付することとなった。この場合に当該関税額に併せ

156

て納付すべき延滞税の額を計算しなさい（延滞税の税率は，
年2.4％，１年は365日とする）。（H22改）

令和５年４月１日　輸入（納税）申告の日

令和５年４月２日　輸入許可前引取承認申請及びその承
　　　　　　　　　認の日

令和５年８月２日　更正通知書が発せられた日

令和５年９月７日　全額一括納付する日

【解答】

1　問題文の指示により，税率は，年2.4％として計算する。

2　法定納期限は，更正通知書が発せられた日である８月２日

3　延滞日数は，８月３日から９月７日まで

　→（31－2）＋7＝36日間となる。

　980,000円（一万円未満切捨て）×2.4％×36／365

　＝2,319（.78‥）円

　よって，納付すべき延滞税の額は2,300円となる（百円未
満切捨て）。

⑤　還付加算金

　過誤納金を還付し，又は還付すべき金額を他の関税に充当す
る場合には，還付のため支払決定をする日又は充当をする日ま
での期間の日数に応じ，その金額に年7.3％（特例基準割合を
適用すべき場合には特例基準割合）の割合を乗じて計算した金
額（還付加算金）をその還付し，又は充当すべき金額に加算す
る（14条２項，７項）。

　還付加算金の計算の基礎となる過誤納金の額が10,000円未満
である場合には，還付加算金は加算せず，当該過誤納金の額に
10,000円未満の端数がある場合においては，その端数を切り捨
てる（14条３項）。

　還付加算金の額が千円未満である場合においては，還付加算
金は加算せず，還付加算金の額に百円未満の端数がある場合に
おいては，その端数を切り捨てる[5]（14条４項）。

 ＊5

　還付加算金の計算及
び端数処理について
は，延滞税の規定と同
様であると考えておけ
ばよい。

2　加算税　★★☆

1　過少申告加算税

(1)　過少申告加算税の税率と計算

　納税申告（「当初申告」）があった場合（期限後特例申告書が提出された場合にあっては，正当な理由があると認められる場合に限る）において，修正申告又は更正がされたときは，当該納税義務者に対し，原則として10％の過少申告加算税を課する（12条の2第1項）。

　ただし，**修正申告**がされた場合において，その修正申告が，その申告に係る関税についての調査があったことにより当該関税について更正があるべきことを予知してされたものでないときは，5％の過少申告加算税を課する*1（12条の2第1項）。

　過少申告加算税の計算方法は，以下のようになる。

(2)　過少申告加算税の控除

　修正申告又は更正により納付すべき税額（**増差税額**）の計算の基礎となった事実のうちにその修正申告又は更正前の税額の計算の基礎とされていなかったことについて正当な理由があると認められるものがある場合*2には，納付すべき税額からその**正当な理由があると認められる事実に基づく税額***2を控除して，過少申告加算税額の規定を適用する（12条の2第3項1号）。

※正当な理由があると認められるものがある場合

　納税申告が過少であったことについて，**真にやむを得ない事由**があると認められる事実に基づく税額で，当該税額に過少申

---

*1

158

告加算税を賦課することが不当又は著しく過重な負担を課すこととなる場合をいい，例えば，次に掲げる事実がある場合がこれに当たる。ただし，輸入者等の関税法その他関税に関する**法律等の不知又は誤解**に基づくものはこれに**当たらない**（基本通達12の2－1）。

① 納税申告に関して必要な輸入貨物に係る適用税番等（関税率表の適用上の所属，税率及び課税標準等）について，輸入者等から十分な資料の提出等があったにもかかわらず税関職員が輸入者等に対して**誤った教示**等を行い，その教示等に従っていたもので，輸入者等がその教示等を信じたことについて，やむを得ないと認められる事情があるもの

② 申告貨物と同一種の貨物について，過去**同じ適用税番**等で通関が認められた事実が確認できるもの[*3]

③ 次に掲げる場合

　i **新規**に輸入される貨物（所属区分等の決定が容易なものを除く。）

　ii 所属区分等につき，従来の取扱いを変更しようとする貨物（明白な誤りを訂正する場合等を除く。）

　iii その他税関において本関に協議することを指定した貨物

④ 物資所管官庁が分析結果に信頼があると認める輸出国の公的機関等が作成した証明書に基づき，輸入者が納税申告をしたと認められるもの

⑤ 輸入者に課税標準の確定に日時を要する事情があり，関税法73条1項（**輸入の許可前における貨物の引取り**）に規定する税関長の承認を受けて貨物が引き取られた場合で，輸入の許可前に輸入者からの申し出に基づいて課税標準を確定したことによるもの

修正申告又は更正前に当該修正申告又は更正に係る関税について**減額更正**（更正の請求に基づく更正を除く）があった場合には，増差税額から，当該当初申告に係る税額に達するまでの

発展 ＊3

＊3
当該同種貨物について税関が現物検査を行った場合又は税関に対し，見本等分類決定に要する資料等が提出された場合に限る。

語句 *4

当初申告に係る税額に達するまでの税額

次に掲げる税額のうちいずれか少ない税額とする（施行令9条の2第1項2号）。

イ　修正申告又は更正により納付すべき税額

ロ　当初申告により納付すべき税額から修正申告又は更正前の税額を控除した税額

税額*4を控除して，過少申告加算税の規定を適用する（12条の2第3項2号）。

【減額更正があった場合の控除】

（例）当初申告額80万円→50万円に減額する旨の更正→120万円に修正申告

　　増差税額は，120万円−50万円＝70万円

となるが，当初申告に係る税額（80万円）に達するまでの税額として，

　　80万円−50万円＝30万円

を控除して計算する。

　　すなわち，70万円−30万円＝40万円

を増差税額として，過少申告加算税額を計算する。

⑶　**非課税となる場合**

　修正申告が，その申告に係る関税についての調査があったことにより当該関税について**更正があるべきことを予知してされたものでない場合**において，その申告に係る関税についての調査に係る税関による通知（関税法105条の2において準用する国税通則法74条の9第1項4号 及び5号に掲げる事項その他の事項の通知。以下「**調査通知**」という。）がある前に行われたものであるときは，過少申告加算税は**課されない***5（過少申告加算税の規定を適用しない）（関税法12条の2第4項）。

過去問 *5

修正申告が，その申告に係る関税についての調査があったことにより当該関税について更正があるべきことを予知してされたものでない場合において，その申告に係る関税についての調査に係る税関による事前通知がある前に行われたものであるときは，過少申告加算税は課されない。(H30)

○　(スピマス類題→第2章㉝)

2　**無申告加算税**

⑴　**無申告加算税の税率と計算**

　次の①②のいずれかに該当する場合には，当該納税義務者に対し，①，②に規定する申告、決定又は更正に基づき納付すべき税額に15％の割合を乗じて計算した金額に相当する無申告加算税を課する（12条の3第1項）。

①　**期限後特例申告書の提出又は決定がされた場合**

②　**期限後特例申告書の提出又は決定がされた後に修正申告又は更正がされた場合**

　ただし，期限後特例申告書の提出又は②の修正申告が，その申告に係る関税についての調査があったことにより当該関税について更正又は7条の16第2項の規定による決定（以下「更正決定」という。）があるべきことを予知してされたものでないときは，無申告加算税の税率は10％となる。

　無申告加算税の計算方法は，以下のようになる。

【無申告加算税の計算】

［無申告加算税額］＝［納付税額］×［15％］

※納付税額が，50万円を超える場合，［50万円を超える部分に相当する税額］×5％をさらに加算する（12条の3第2項）

　また，期限後特例申告書の提出又は修正申告が，その申告に係る関税についての調査があったことにより当該関税について更正決定があるべきことを予知してされたものでない場合において，その申告に係る関税についての調査通知がある前に行われたものであるときは，無申告加算税の税率は5％となる[*6]（12条の3第5項）。

(2)　過去に無申告加算税又は重加算税を課された場合の加重

　無申告加算税が課される場合[*7]において，その期限後特例申告書の提出若しくは修正申告又は更正決定があった日の前日から起算して5年前の日までの間に，関税について，無申告加算税（期限後特例申告書の提出又は修正申告が，その申告に係る関税についての調査があったことにより当該関税について更正決定があるべきことを予知してされたものでない場合において課されたものを除く）又は重加算税（以下「無申告加算税等」という。）を課されたことがあるときは，無申告加算税の額について，納付すべき税額に10％の割合を乗じて計算した金額が加算される（12条の3第5項）。

(3)　非課税となる場合

着眼点 ＊6

　この場合には，納付すべき税額が50万円を超える場合であっても，50万円を超える部分に相当する税額に対する5％の加算は行わない。

着眼点 ＊7

　税率が10％又は5％（軽減税率）となる場合及び非課税となる場合を除く。つまり，基本税率である15％の税率が適用される場合のみの加重規定であり，15％＋10％＝25％を基礎として無申告加算税を計算する。

無申告加算税は，当初申告が必要とされている貨物につきその**輸入の時**（特例申告にあっては，**特例申告書の提出期限**）までに当該申告がなかったことについて**正当な理由**があると認められる場合※は，**課されない**（12条の3第1項ただし書）。

※　正当な理由があると認められる場合（基本通達12の3－1）

　例えば，次のような事実がある場合をいう。

①　納税申告（特例申告を除く）前の貨物が保税蔵置場等から搬出された場合で，当該搬出が災害等のやむを得ない事情によって行われたと認められる場合

②　提出期限内に特例申告書が提出されなかった場合で，当該提出がなかったことについて，災害等のやむを得ない事情に起因するものであると認められる場合

③　①又は②に掲げる場合のほか，無申告となったことについて真にやむを得ない理由があると認められる場合

　また，期限後特例申告書の提出が，その申告に係る関税についての調査があったことにより当該関税について更正又は決定があるべきことを予知してされたものでない場合において，期限内特例申告書を提出する意思があったと認められる場合に該当してされたものであり，かつ，当該期限後特例申告書の提出がその提出期限から1月を経過する日までに行われたものであるときは，無申告加算税は**課されない**（無申告加算税の規定を適用しない）（12条の3第6項）。

　期限内特例申告書を提出する意思があったと認められる場合は，次の①及び②のいずれにも該当する場合である（施行令9条の3）。

①　期限後特例申告書の提出があった日の前日から起算して1年前の日までの間に，期限後特例申告書を提出したことにより無申告加算税又は重加算税を課されたことがない場合

②　期限後特例申告書に係る納付すべき税額の全額が関税法12条9項1号（延滞税）に掲げる提出期限までに納付されていた場合

③　重加算税

　事実の隠蔽や仮装による過少申告や無申告に対しては，過少申告加算税又は無申告加算税に代えて[*8]，重加算税が課される（12条の4第1項，2項）。

【重加算税の計算】

①　隠蔽，仮装による過少申告

　　［重加算税額］＝［増差税額］×35%

②　隠蔽，仮装による無申告

　　［重加算税額］＝［納付税額］×40%

　過少申告加算税又は無申告加算税に代えて重加算税が課される場合において，当該過少申告加算税又は無申告加算税の税額の計算の基礎となるべき事実で隠蔽し，又は仮装されたものに基づき期限後特例申告書の提出若しくは修正申告又は更正決定があった日の前日から起算して5年前の日までの間に，関税について，無申告加算税又は重加算税（無申告加算税等）を課されたことがあるときは，重加算税の額について，計算の基礎となるべき税額に10%の割合を乗じて計算した金額が加算される[*9]（12条の4第3項）。

着眼点 *8

　過少申告加算税又は無申告加算税に「加えて」ではないことに注意しておく。

着眼点 *9

　この結果，実質的には，35% → 45%，40%→50%ということになる。

【過少申告加算税，無申告加算税の税率のまとめ】

	更正又は決定を予知してされたものでないとき		原則（基本税率）
	調査通知前	調査通知後	
過少申告加算税	課されない	100分の5	100分の10
無申告加算税	100分の5	100分の10	100分の15※

※　期限後特例申告書の提出若しくは修正申告又は更正決定があった日の前日から起算して5年前の日までの間に，関税について，無申告加算税等を課されたことがあるときは，税額の計算の基礎となるべき税額に100分の10の割合を乗じて計算した金額を加算

過去問 *10

無申告加算税の計算の基礎となる関税額が1万円未満である場合には，無申告加算税は課されない。(H26)
○　（スピマス類題→第2章㉝）

【加算税の非課税，非徴収と端数処理】 *10

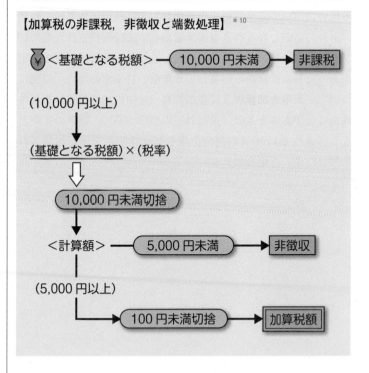

４　過少申告加算税の計算問題

【問】次の記述は，いずれも関税についての過少申告加算税が
　　課される事例であるが，その加算税額を計算し，その額を
　　マークしなさい。

　　当初の申告に係る納付すべき税額が250,000円であった
　が，その後，修正申告（その申告に係る関税についての調
　査があったことにより当該関税について更正があるべきこ
　とを予知してされたもの）により納付すべき税額（増差税
　額）として758,000円が発生した。（H10改）

【解答】

　750,000円（一万円未満切捨て）× 10％ = 75,000円……①

　基準額（当初申告額と50万円のうちいずれか大きい額）は
50万円

　増差税額が，基準額を超えるので，（［増差税額］ー［基準額］）
× 5 ％をさらに加算する。

　758,000円 ー 50万円 = 258,000円

　250,000円（一万円未満切捨て）× 5 ％ = 12,500円……②

　①＋② = 87,500円が，過少申告加算税額となる。

 復習テスト

1 延滞税の計算と端数処理等 （①から④に適切な語句を挿入）

　イ　納税義務者が（　①　）までに関税を完納しない場合には，当該納税義務者は，その未納に係る関税額に対し，（　①　）の翌日から当該関税額を納付する日までの日数に応じ，年7.3パーセント又は特例基準割合に年１％の割合を加算した割当のいずれか低い割合を乗じて計算した金額に相当する延滞税を併せて納付しなければならない。

　ロ　延滞税の額の計算の基礎となる関税額が（　②　）未満である場合においては，上記イを適用せず，当該関税額に（　②　）未満の端数がある場合においては，これを切り捨てて計算する。

　ハ　延滞税の額が（　③　）未満である場合においては，これを徴収せず，当該延滞税の額に（　④　）未満の端数がある場合においては，これを切り捨てる。

2 過少申告加算税 （①から⑤に適切な語句を挿入）

　イ　納税申告（「当初申告」）があった場合において，（　①　）又は（　②　）がされたときは，当該納税義務者に対し，当該（　①　）又は（　②　）に基づき納付すべき税額に100分の（　③　）の割合を乗じて計算した金額に相当する過少申告加算税を課する。

　ロ　（　①　）が，その申告に係る関税についての調査があったことにより当該関税について（　②　）があるべきことを（　④　）してされたものでない場合において，その申告に係る関税についての調査に係る税関による（　⑤　）がある前に行われたものであるときは，過少申告加算税は課されない。

【解　答】

1　①　法定納期限　　②　１万円　　③　千円　　④　百円

2　①　修正申告　　②　更正　　③　10　　④　予知　　⑤　通知

第11章

不服申立て

出題傾向

項目	H28	H29	H30	R1	R2	R3	R4	R5
1 不服申立て制度の流れ	○	○	○	○	○	○	○	○
2 関税等不服審査会への諮問等	○	○	○	○	○	○	○	○

本章のポイント

　不服申立ての制度は，税関長により不当な処分を受けた者に対して，訴訟によるものとは別に救済を図るものである。

　本試験では，基本的な知識で対処できることが多い。ただし，関税等不服審査会への諮問については，やや難しいので，しっかりと理解しておく必要がある。

過去問 *1

　関税法又は他の関税
に関する法律の規定に
よる税関長の処分に不
服がある者は，再調査
の請求をすることがで
きる。(R1)
○ （スピマス類題→
第2章㉟）

発展 *2

　ただし，次のいずれ
かに該当する場合に
は，決定を経ることな
く審査請求をすること
ができる（5条2項1
号，2号）。
① 当該処分につき再
　調査の請求をした日
　の翌日から起算して
　3月を経過しても，
　処分庁（税関長）が
　決定をしない場合
② 決定を経ないこと
　につき正当な理由が
　ある場合

1　不服申立て制度の流れ　★★★

1　不服申立て制度の全体構造と期間制限

　関税法又は他の関税に関する法律の規定による税関長の処分
に**不服**がある者は，**財務大臣**に対して**審査請求**をすることがで
きる（行政不服審査法2条，4条3号，5条2項）。

　また，当該税関長の処分に不服がある者は，処分庁である**税
関長**に対して**再調査の請求**をすることができる*1（関税法89条
1項，行政不服審査法5条1項）。再調査の請求をしたときは，
原則として当該再調査の請求についての**決定を経た後**でなけれ
ば，審査請求をすることができない*2（5条2項）。

　再調査の請求をしない場合の審査請求は，**正当な理由があ
るときを除き**，処分があったことを知った日の翌日から起算して
3月（処分があった日の翌日から起算して**1年**）を経過したと
きは，することができない（18条1項，2項）。

　再調査の請求をした場合の審査請求は，**正当な理由があると
きを除き**，当該再調査の請求についての決定があったことを知
った日の翌日から起算して**1月**（処分があった日の翌日から起
算して**1年**）を経過したときは，することができない（18条
1項，2項）。

　また，再調査の請求は，**正当な理由があるときを除き**，処分
があったことを知った日の翌日から起算して**3月**（処分があっ
た日の翌日から起算して**1年**）を経過したときは，することが
できない（54条1項，2項）。

【不服申立て制度の流れ】

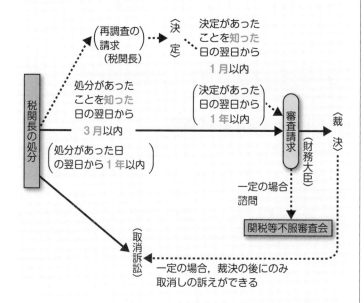

②　対象となる処分

　関税法又は他の関税に関する法律の規定による税関職員の処分は，審査請求及び再調査の請求の規定の適用に関しては，当該職員の属する税関の税関長がした処分とみなす*3（89条2項）。

　審査請求及び再調査の請求をすることができる「税関長の処分」には，次の行為が含まれる（基本通達89-1）。

①　税関長が**税関の名において**する処分

②　**収容及び留置**

③　関税法118条5項本文（**犯罪貨物を没収しない場合の関税の徴収**）及び134条4項ないし6項（領置物件又は差押物件の返還等に際しての関税の徴収）の規定により徴収する関税の賦課若しくは徴収又は滞納処分

④　関税法69条の2第3項（**輸出してはならない貨物に該当する旨の通知***4）及び69条の11第3項（**輸入してはな**

*3
　税関職員の処分に対しても不服申し立てができるということである。

*4
　児童ポルノに該当する旨の通知の場合である。

らない貨物に該当する旨の通知[*5]）の規定による通知

なお，関税法第11章（犯則事件の調査及び処分）の規定に係る処分は含まれない（行政不服審査法7条1項7号参照）。

2 関税等不服審査会への諮問等

1 関税等不服審査会への諮問

　裁決の適正を期すために，財務大臣は，次のいずれかに該当する場合を除き，専門的知識を有する諮問機関である関税等不服審議会に諮問しなければならない（関税法91条）。

① 審査請求人から，その諮問を希望しない旨の申出がされている場合（参加人（＝利害関係者）から，当該諮問をしないことについて反対する旨の申出がされている場合を除く。）[*1]

② 審査請求が不適法であり，却下する場合

③ 審査請求に係る処分の全部を取り消し，又は審査請求に係る事実上の行為の全部を撤廃すべき旨を命じ，若しくは撤廃することとする場合[*2]（反対する旨の意見書が提出されている場合及び口頭意見陳述においてその旨の意見が述べられている場合を除く。）

④ 法令に基づく申請の全部を認容すべき旨を命じ，又は認容する措置をとることとする場合[*2]（反対する旨の意見書が提出されている場合及び口頭意見陳述においてその旨の意見が述べられている場合を除く。）

2 取消し訴訟との関係

　不服申立て手続は行政上の救済手続である。これに対し，裁判所に対し処分の取消し訴訟を提起して，司法上の救済を求めることは当然可能である。しかし，下記の①又は②についての取消しの訴えは，当該処分又は通知についての審査請求に対する裁決を経た後でなければ，提起することができない（93条）[*3]。

過去問 *1

関税法の規定による税関長の処分について審査請求があった場合には，財務大臣は，その審査請求人から関税等不服審査会への諮問を希望しない旨の申出がされており，当該審査請求に参加する者から当該諮問をしないことについて反対する旨の申出がされていないときであっても，当該諮問をしなければならない。（H30）

× 諮問は不要。（スピマス類題→第2章㊱）

着眼点 *2

③及び④の場合は，審査請求人の言い分をすべて認める場合であるので，反対意見がない限り諮問を要しないということである。

着眼点 *3

専門性，技術性等の高い一定の分野に関しては，行政機関である税関長，財務大臣の方がより迅速かつ適正に対処しやすいと考えられることから，不服申立て手続を先に要求したものである。

① 関税の確定若しくは徴収に関する処分又は滞納処分
② 69条の２第３項（輸出してはならない貨物）又は69条の11第３項（輸入してはならない貨物）の規定による通知

1 再調査の請求と審査請求（①から④に適切な語句を挿入）

　関税法又は他の関税に関する法律の規定による（　①　）の処分に不服がある者は，再調査の請求をすることができる。再調査の請求ができる期間は，正当な理由がある場合を除き，当該処分があったことを知った日の翌日から起算して（　②　）以内である。関税法又は他の関税に関する法律の規定による税関職員の処分は，再調査の請求の規定の適用に関しては，当該職員の属する税関の（　①　）がした処分とみなす。

　（　①　）の処分について再調査の請求をしなかった場合における当該処分についての審査請求をすることができる期間は，正当な理由がある場合を除き，当該処分があったことを知った日の翌日から起算して（　②　）以内である。

　（　①　）の処分について再調査の請求をした場合における当該処分についての審査請求をすることができる期間は，正当な理由がある場合を除き，当該再調査の請求についての（　③　）があったことを知った日の翌日から起算して（　④　）以内である。

2 関税等不服審査会への諮問（①，②に適切な語句を挿入）

　財務大臣は，審査請求が（　①　）であり，（　②　）する場合には，関税等不服審査会への諮問を要しない。

3 取消しの訴えにつき，審査請求に対する裁決を経た後でなければ提起できない場合（2つ）

【解　答】

1 ①　税関長　　②　3月　　③　決定　　④　1月

2 ①　不適法　　②　却下

3 ①　関税の確定若しくは徴収に関する処分又は滞納処分

　　②　輸出してはならない貨物又は輸入してはならない貨物の規定による通知

第2編

関税定率法等

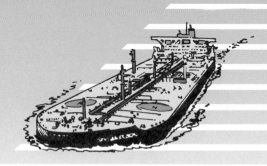

第1章
課税価格の決定

 出題傾向

項目	H28	H29	H30	R1	R2	R3	R4	R5
1 課税価格とは								
2 原則的決定方法	○	○	○	○	○	○	○	○
3 原則的決定方法を適用できない場合	○					○	○	○
4 例外的決定方法	○			○	○			
5 課税価格の決定の特例	○			○	○	○	○	○

本章のポイント

　ここから，関税定率法の学習に入る。関税定率法は，関税法の規定を受けて，各種の関税制度について，より具体的に定めているものである。本章ではその最初の項目として，課税価格の決定について見ていく。課税価格は，一言で言えば，「CIF価格」のことであるのだが，正確に算出するためには様々なことを判断していく必要がある。

　本試験では，複数選択式又は択一式として，「関税法等」及び「通関実務」の両方において出題されるほか，計算式としても例年3問出題されており，語群選択式で出題される場合もある。合否を分ける最重要分野といえるので，しっかりと身につけてほしい。やや難しい箇所もあるが，最初は細部にはこだわらずに，考え方を理解することが重要である。

1 課税価格とは

関税は，輸入貨物の価格又は数量を課税標準として課する（定率法3条）。課税標準となる価格のことを課税価格という[*1]。

本邦において，課税価格はCIF価格とされるが，その具体的な決定方法については，恣意的な価格や架空の価格とならないように，WTO（世界貿易機関）の「関税評価協定」[*2]に準拠して関税定率法に規定している（定率法4条〜4条の8）。

すなわち，貨物が輸入取引（輸入売買契約）により輸入されることを想定して，「現実にいくらで取引されたか（**現実支払価格**）」に基づいて決定する（**原則的決定方法**）。

そして，原則的決定方法が適用できない場合の決定方法についても，規定を行っている（**例外的決定方法**）。

定率法4条から4条の7までの規定により課税価格を計算する場合において，**当該計算の基礎となる額**その他の事項は，**合理的な根拠を示す資料により証明**されるものでなければならず，かつ，一般に**公正妥当と認められる会計の慣行**に従って算定されたものでなければならない（4条の8）。

2 原則的決定方法

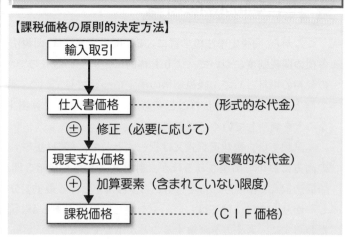

【課税価格の原則的決定方法】

輸入取引

↓

仕入書価格 ‥‥‥‥‥‥‥（形式的な代金）

⊕ 修正（必要に応じて）

現実支払価格 ‥‥‥‥‥‥‥（実質的な代金）

⊕ 加算要素（含まれていない限度）

課税価格 ‥‥‥‥‥‥‥（CIF価格）

着眼点 [*1]

輸入貨物の輸入申告価格は，従価税品，従量税品を問わず，「課税価格に相当する価格」である（関税法67条，施行令59条の2第2項）。すなわち，課税価格を決定することにより，輸入申告価格も決定されることになる。

語句 [*2]

WTO関税評価協定

WTOは，1995年1月1日に設立され，現在の加盟国は，本邦を含めて153ヶ国（地域）である。

WTOにおいて定める関税評価協定においては，可能な限り「輸入貨物の取引価額」により課税価格を決定することとしている。また，これが困難な場合の他の評価方法等も併せて規定している。

176

1　現実支払価格

⑴　原則的決定方法の概要と現実支払価格の意義

　原則的決定方法は，輸入貨物の現実の取引価格（契約価格）に基づいて，課税価格を算出する方法である。

　契約価格は，通常仕入書に表記されるので，当該仕入書に記載された価格（仕入書価格[*1]）を基礎とする。仕入書価格は，「形式的な代金」というべきものであるが，必要な場合にはこれに修正を加えた上で，より「実質的な代金」というべき現実支払価格を求める。

　現実支払価格とは，買手が売手に対して又は売手のために，輸入貨物に係る取引の状況その他の事情からみて当該輸入貨物の輸入取引をするために現実に支払った又は支払うべき総額をいう[*2]（定率法4条1項，基本通達4－2⑴）。当該支払は，必ずしも金銭の移転によるものであることを要しない。また，「輸入貨物に係る取引の状況その他の事情」とは，輸入貨物の生産及び当該輸入貨物に係る取引（当該輸入取引以外の取引を含む）に関する契約の内容及び実態，当該輸入貨物に係る取引に関与する者が当該取引に関して果たす役割，当該取引に関与する者の間の関係その他の当該取引に関する事情をいう（4－2⑴）。

「輸入取引」とは，本邦に拠点（住所，居所，本店，支店，事務所，事業所その他これらに準ずるもの）を有する者（個人，法人を問わない）が買手として貨物を本邦に到着させることを目的として売手との間で行った売買であって，現実に当該貨物が本邦に到着することとなったものをいう（4－1⑴）。通常，現実に貨物を輸入することとなる売買がこれに該当する。

　輸入取引における「買手」については，個人であるか法人であるかは問わないが，本邦に拠点を有する者に限定されている点に注意すべきである。

　現実支払価格は，売手と買手との自由な契約における実質的な支払の額であるので，輸入取引に係る契約の条件によっては，

第2編

関税定率法等

発展 ＊1

厳密には，輸入貨物の輸入取引に係る仕入書又はこれに代わる書類であって，当該取引の価格その他の条件を正当に表示するものがある場合に，これらに表示された金額をいう（基本通達4－2⑶）。

着眼点 ＊2

現実支払価格には，「売手のために」間接的に支払われる額も含まれる。また，輸出国において輸出の際に軽減又は払戻しを受けるべき関税その他の公課は除かれる（定率法4条1項，施行令1条の4）。

着眼点 *3

例えば，輸入取引が FOB条件による場合，現実支払価格に輸入港までの運賃等の費用が含まれていないので，これを加算する必要がある。

語句 *4

延払条件付取引
輸入貨物又は船積書類の受領後に代金を支払う条件が付された取引をいう（基本通達4－4(3)）。よって，「延払金利」とは，簡単に言えば「後払い」をする場合の金利のことである。

着眼点 *5

例えば，輸入貨物の輸入取引の条件として，売手の本邦支社が購入した事務機器の代金を買手が支払う場合等である。

課税価格の内容とすべき費用が含まれないことがある[*3]。このような場合には，その**含まれていない限度**において，現実支払価格に加算を行う（加算要素）。加算要素の内容については，**2**において述べる。

(2) 現実支払価格に含めない費用（控除費用）

現実支払価格には，次に掲げる費用等の額は**含まない**（含まれている場合には，控除する。施行令1条の4）。

① 当該輸入貨物の**輸入申告の時**（課税物件確定の時）の属する日**以後**に行われる当該輸入貨物に係る**据付け，組立て，整備又は技術指導**に要する**役務**の費用

② 当該輸入貨物の**輸入港到着後**の運送に要する**運賃，保険料**その他当該運送に関連する費用

③ **本邦**において当該輸入貨物に課される**関税**その他の公課

④ 当該輸入貨物に係る輸入取引が延払条件付取引[*4]である場合における**延払金利**

ただし，これらの費用等の額を明らかにすることができない場合においては，当該費用等の額を含んだ当該支払の総額が現実支払価格となる。

課税価格は，輸入貨物が本邦の輸入港に到着するまでの価格（CIF価格）である。上記の①から③までの費用は，**輸入港到着後**のものであるので，現実支払価格を算出する段階で控除することとしているのである。

また，④については，**支払条件の問題**であって輸入貨物そのものの客観的価値とは関係がないものであるから，現実支払価格から控除するのである。

(3) 仕入書価格と現実支払価格との不一致

仕入書価格と現実支払価格とが一致しない場合，次のような調整が行われる（基本通達4－2(3)，4－2の2）。

① 輸入貨物に係る**取引の状況**その他の事情からみて当該輸入貨物の**輸入取引**をするために支払われる**割増金，契約料，別払金等**がある場合[*5]

→ （現実支払価格）＝（仕入書価格）＋（割増金，契約料，別

178

払金等）

② 肩代わり弁済が行われる場合

【肩代わり弁済】

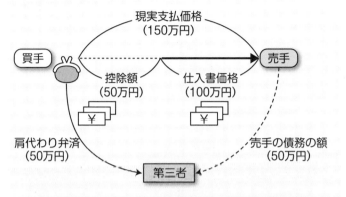

→（現実支払価格）＝（仕入書価格）＋（肩代わり弁済額）

③ 相殺額がある場合

売手が買手に対して何らかの債務を負っており，当該債務の全部又は一部を当該輸入貨物に係る価格の一部と相殺するため，当該債務の額を控除した残額を当該輸入貨物の仕入書価格とした場合[*6]

【相殺による控除額がある場合】 [*7]

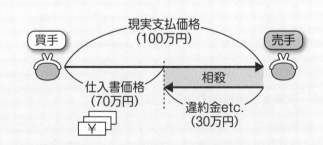

→（現実支払価格）＝（仕入書価格）＋（相殺額）

④ 輸入貨物の輸入取引に付されている価格調整条項の適用により当該輸入物に係る仕入書価格について調整が行わ

着眼点 *6

例えば，売手が買手に対し過去の輸入取引に係る違約金を支払うべき場合である。

過去問 *7

輸入貨物の仕入書価格が，売手と買手との間で合意された当該輸入貨物に係る売買価格から売手が買手に対して負っている債務の額を控除した額となっている場合には，当該仕入書価格を現実支払価格として課税価格を計算することはできない。（H20）
○ 債務の額を加算したものが現実支払価格となる。（スピマス類題→第3章①）

着眼点 *8

例えば，輸入取引に為替変動調整金の取り決めがある場合である。

発展 *9

このほか，現金値引き，在庫整理値引き，製作遅延値引き，流行遅れ値引き等の場合がある。

着眼点 *10

相殺値引きの場合は，値引き前の価格を現実支払価格とすることに注意。売手及び買手の債務の決済を簡潔にするためのものであり，代金そのものについての値引きではないからである。

発展 *11

具体的には以下のようなものがある。
① 広告宣伝費用
② 販売促進活動の費用
③ アフターサービスの費用
④ 銀行保証料
⑤ フランチャイズ料（買手が自己のために行ったものに限る）

れる場合*8

→ （現実支払価格）＝（仕入書価格）±（調整に係る金額）

(4) 値引きの取扱い

輸入取引において，数量値引き，前払値引き等の輸入貨物の代金についての値引き*9が行われたときは，値引き後の価格が現実支払価格となる（基本通達4－3，4－4(2)）。契約当事者である売手と買手との交渉により，輸入貨物の代金そのものを値引き後の価格に変更するものだからである*10。

(5) 検査費用の取扱い

輸出国において，輸入貨物が売買契約（輸入取引）に定める品質，規格，純度，数量等に合致しているか否かを確認するための**検査**又は**分析**が行われる場合の費用については，次のように定められている（4－2の3）。

① 売手（売手の依頼を受けた検査機関等の第三者を含む）が自己のために行った検査に要した費用で**買手が負担**する場合は，現実支払価格に算入する。

② 買手（買手の依頼を受けた検査機関等の第三者を含む）が自己のために行った検査に要した費用で**買手が負担**する場合は，現実支払価格に算入しない。

(6) 買手が自己のために行う広告宣伝等の費用の取扱い

買手が自己のために行う活動の費用のうち，加算要素の対象となる活動以外の活動に係る支払い*11については，売手の利益になると認められる活動に係るものであっても，**売手に対する間接的な支払に該当せず**，現実支払価格に含まれない（4－2(4)）。

2 **現実支払価格への加算（加算要素）**

課税価格は，現実支払価格に，その含まれていない限度において**加算要素**を加えた価格となる。現実支払価格において評価しきれない輸入貨物の実質的な価値を把握する必要があるからである。

加算要素は以下のように限定的に列挙されている（定率法4

条1項1号～5号，施行令1条の5）。

(1)　輸入貨物が輸入港に到着するまでの運送に要する運賃，保険料その他当該運送に関連する費用（輸入港までの運賃等）（定率法4条1項1号）

　この場合に加算するのは，原則として，実際に要した費用でなければならない[*12]（基本通達4－8(3)）。したがって，輸入貨物に保険が付されていない場合には，通常必要とされる保険料を見積もって加算することとはならない（4－8(4)イ）。

【「輸入港までの運賃等」に含まれるものと含まれないものの例】

含まれるもの（課税価格に算入する）	含まれないもの（課税価格に算入しない）[*14]
① 輸入貨物を運送するために要した積付資材費，船舶改装費	① 輸入港における船卸し等の費用（例：船内荷役，沿岸荷役等のための費用）
② 為替相場の変動による補填金	② 輸入港到着後に行われた船舶の復旧に係る費用
③ コンテナー賃借料	③ 国内運賃，保険料
④ 輸出国における積込み前の一時的保管料[*13]	④ 航海用船契約に基づき輸入貨物の運送をした船舶の復路の空船回漕料
⑤ 輸出の際に税関手続に要した費用	⑤ 輸入税保険（Duty Insurance）に係る保険料
⑥ 輸出国において要したコンテナー・サービス・チャージ	⑥ 着払い運賃取扱料及び立替手数料

(2)　手数料その他の費用

　輸入貨物に係る**輸入取引**に関し**買手により負担**される手数料又は費用のうち次に掲げるものは，原則として加算要素となる（4条1項2号）。

①　仲介料その他の手数料（買付手数料[*15]を除く）

　「仲介料その他の手数料」とは，**輸入取引に関して業務を行う者に対し買手が支払う手数料**をいい，このうち，「買付手数料」以外のものは，課税価格に算入する（基本通達4－9(1)）。

　仲介料その他の手数料に該当するか否かの判断は，契約書等における**名称のみによるものではなく**，手数料を受領

発展[*12]
　輸入港までの運賃等につき，「実際に要した費用」での計算を行わず，「通常必要とされる運賃等」により計算する場合がある（「航空運賃特例」等）。**5**参照。

発展[*13]
　例えば，輸出国の工場渡し価格で購入された貨物が，積載予定船舶の到着遅延により，当該船舶が到着するまでの間一時的に輸出港で保管される場合の当該保管に要する費用をいう（基本通達4－8(5)イ）。

発展[*14]
　ただし，これらの額が明らかでなく，これらを含んだものでなければ輸入港までの運賃等を把握できない場合には，これらを含んだものを輸入港までの運賃等として取り扱う（4－8(7)）。

語句[*15]
買付手数料
　買付に関し当該買手を代理する者に対し，当該買付けに係る業務の対価として支払われるものをいう。

する者が輸入取引において果たしている役割及び提供している役務の性質を考慮して行う（4−9(2)）。次のような手数料は，課税価格に算入することとなる。

【「仲介料その他の手数料」の例】

イ　売手及び買手のために**輸入取引の成立**のための仲介業務を行う者に対し買い手が支払う手数料（**仲介手数料**）

ロ　輸入貨物の売手による販売に関し当該**売手に代わり業務を行う者**に対し買い手が支払う手数料（**販売手数料**）

輸入貨物に係る「買付手数料」は加算要素とならないことに注意する必要がある。

② 当該輸入貨物の容器の費用

例えば，カメラの課税価格を算定する場合，カメラの一部であるカメラケースの価格を含めて考えるべきである。このように，輸入貨物の輸入取引に関連して買手が負担した通常の容器と同一の**種類及び価値**を有するものの費用は，加算要素となる。逆に，通常の容器と同一の種類ではなく，価格も高額である「特別の容器」については，その内容である輸入貨物とは別に，容器そのものが1個の貨物として取り扱われるので，容器の課税価格についても別個に判断することとなる（加算要素とはならない）。

③ 当該輸入貨物の包装に要する費用

容器の場合と異なり，「特殊な包装」の費用であっても，加算要素となる。また，「包装の費用」には，材料費のほか，人件費その他の費用も含まれる[*16]（4−11）。

(3) 買手により提供された物品又は役務の費用

例えば，**輸入貨物の生産のために使用される鋳型を買手が無償で提供**した場合，売手はその分だけ安価に製造できるため，現実支払価格も安く設定されることになる。しかし，当該鋳型は当該輸入貨物の生産のために必要なものであり，その費用は

本来輸入貨物の価格に反映されるべきである。よって，この場合の鋳型の費用は加算要素となる。

　このように，輸入貨物の生産及び輸入取引に関連して，買手により無償で又は値引きをして直接又は間接に提供された物品又は役務の費用のうち，次のものは，加算要素となる（定率法4条1項3号，施行令1条の5第2項，基本通達4-12）[*17]。

① 当該輸入貨物に組み込まれている材料，部分品又はこれらに類するもの
　（例）ラベル（我が国の法律等により表示が義務付けられている事項のみが表示されているものを除く）

② 当該輸入貨物の生産のために使用された工具，鋳型又はこれらに類するもの
　（例）機械，設備，金型，ダイス

③ 当該輸入貨物の生産の過程で消費された物品
　（例）燃料，触媒

④ 技術，設計その他当該輸入貨物の生産に関する役務（当該輸入貨物の生産のために必要とされた技術，設計，考案，工芸及び意匠であって本邦以外において開発されたもの[*18]）

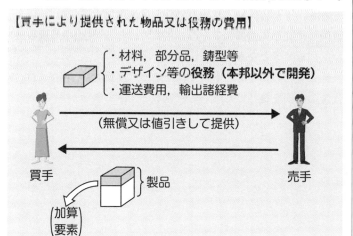

【買手により提供された物品又は役務の費用】
・材料，部分品，鋳型等
・デザイン等の役務（本邦以外で開発）
・運送費用，輸出諸経費
買手 →（無償又は値引きして提供）→ 売手
製品
加算要素

(4) 特許権等の使用に伴う対価

　輸入貨物に係る特許権，意匠権，商標権等[*19]の使用に伴う

発展 *17
　これらの物品又は技術等を提供するために買手が負担した運送費用，保険料等の額についても，加算要素として扱う（基本通達4-12(0)ニ）。

着眼点 *18
　例えば，買手により無償で提供された，輸入貨物の生産のために必要とされたデザインであって，本邦において開発されたものの購入費用は，課税価格に算入しない。

発展 *19
　このほか，実用新案権，著作権及び著作隣接権並びに特別の技術による生産方式その他のロイヤルティ又はライセンス料の支払の対象となるものをいう（施行令1条の5第5項）。

183

対価で，当該輸入貨物に係る**取引の状況**その他の事情からみて当該輸入貨物の**輸入取引をする**ために買手により**直接又は間接**に支払われるもの[20]は，加算要素となる（定率法４条１項４号）。

輸入貨物の客観的価値を高めるものであり，課税価格に算入すべきものであるからである。なお，本邦において複製する権利の使用の対価は，輸入後に行われる製造行為に対するものであるため，加算要素とはならない。

(5)　売手帰属収益

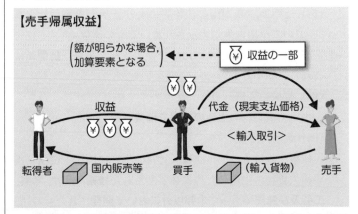

【売手帰属収益】

額が明らかな場合，加算要素となる ◀-- 収益の一部

収益 代金（現実支払価格）

＜輸入取引＞

転得者　国内販売等　買手　（輸入貨物）　売手

買手による当該輸入貨物の処分又は使用による収益で直接又は間接に売手に帰属するものとされているもの（売手帰属収益）は，加算要素となる（定率法４条１項５号）。

輸入貨物の代金そのものではないが，**実質的に**，輸入貨物の**代金の一部を後払い**していると見ることができるからである。

【加算要素のまとめ】

1　当該輸入貨物が**輸入港に到着するまで**の運送に要する運賃，保険料その他当該**運送に関連**する費用（輸入港までの運賃等）

2　当該**輸入貨物に係る輸入取引に関し買手により負担**される**手数料又は費用**のうち次に掲げるもの

　①　**仲介料**その他の手数料（**買付手数料を除く**）

　②　当該輸入貨物の**容器**（当該輸入貨物の**通常の容器**と同一の種類及び価値を有するものに限る）の費用

　③　当該輸入貨物の**包装**に要する費用

3　当該**輸入貨物**の生産及び輸入取引に関連して，**買手**により**無償で又は値引きをして直接又は間接に提供**された**物品又は役務**のうち次に掲げるものに要する費用

　①　当該輸入貨物に組み込まれている**材料，部分品**又はこれらに類するもの

　②　当該輸入貨物の生産のために使用された**工具，鋳型**又はこれらに類するもの

　③　当該輸入貨物の**生産の過程で消費**された**物品**

　④　**技術，設計**その他当該輸入貨物の生産に関する**役務**（当該輸入貨物の生産のために必要とされた**技術，設計，考案，工芸及び意匠**であって**本邦以外において開発**されたもの）

4　当該**輸入貨物に係る特許権**，意匠権，商標権その他これらに類するもの（当該輸入貨物を**本邦において複製する権利を除く**）の使用に伴う対価で，**当該輸入貨物に係る取引の状況**その他の事情からみて当該輸入貨物の**輸入取引をするために買手により直接又は間接に支払われる**もの

5　**買手**による当該輸入貨物の**処分又は使用による収益**で直接又は間接に**売手に帰属**するものとされているもの

③ 課税価格の計算問題

（平成16年度　通関実務　第5問改題）

> 次の取引内容に係る輸入貨物の課税価格を計算しなさい。
> 1　輸入者M（買手）は，A国の輸出者X（売手）から家電製品を輸入する。
> 2　仕入書価格は，Xの工場における工場渡し価格1,000,000円である。
> 3　Mは，当該家電製品を輸入するに当たり，仕入書価格とは別に，次の費用を負担している。
> 　イ　Xの工場から輸出港までの運賃…………11,000円
> 　ロ　輸出港から輸入港までの運賃………………50,000円
> 　ハ　輸入許可後における当該製品の調整費用…10,000円
> 　ニ　輸入港からMの倉庫までの国内運賃………15,000円
> 　ホ　輸出港から輸入港までの保険料…………　9,000円
> 4　MとXとの間には，特殊関係はない。

正解　1,070,000円

① 2より，工場渡し価格1,000,000円を基礎として課税価格を計算する。

② 3のイ，ロ，ホの費用については，「輸入港までの運賃等」として加算を行う（定率法4条1項1号）。

以上より，課税価格は，1,000,000円 + 11,000円 + 50,000円 + 9,000円 = **1,070,000円**となる。

【インコタームズ】

　インコタームズとは，国際商業会議所（ICC = International Chamber of Commerce）が制定した貿易取引条件とその解釈に関する国際規則のことで，貿易取引における契約の条件は，ほとんどの場合このいずれかが用いられる。

EXW（Ex Works，出荷工場渡し条件）

　売主は，売主の敷地（工場）で買主に商品を移転し，それ以降の運賃，保険料，リスクの一切は買主が負担する。

FCA（Free Carrier，運送人渡条件）

　売主は，指定された場所（積込地のコンテナ・ヤード等）で商品を運送人に渡すまでの一切の費用とリスクを負担し，それ以降の運賃，保険料，リスクは買主が負担する。輸出通関手続きは売主が行う。引渡場所が売主の施設内の場合，売主は積込みの責任を負う。引渡場所がこれ以外の場合は，売主は荷卸しの責任を負わない。買主が物品の受領のため運送人以外を指名した場合は，その者に委ねられた時点で引渡しが完了する。

CPT（Carriage Paid To，輸送費込条件）

　約定品を売主が指定した運送人に引渡した時点で売主の引渡義務が完了するが，指定仕向地までの運送費用は売主が負担する。物品が運送人に引渡された後は，買主が一切の危険と以後の追加費用を負担する。輸出通関手続きは売主が行う。

CIP（Carriage and Insurance Paid To，輸送費保険料込条件）

　売主の引渡義務は CPT と同じだが，売主は約定品の指定仕向地までの運送費用および貨物運送保険料を負担する。CIP 条件においては最小担保の保険だけを取得することを要求されているので注意が必要。輸出通関手続きは売主が行う。

DAP（Delivered At Place，仕向地持込渡し条件）

　指定された目的地までの輸送に係るコストとリスクを売主が負担する。当該仕向地での輸入通関手続き費用及び関税等は買主が負担する。引渡しは任意の場所における車上・船上であり，荷卸しは買主が行う。貨物の引渡しと同時に買手に危険が移転する。

DPU（Delivered at Place Unloaded、仕向地持込渡し・荷卸し込み条件）

　指定された目的地までの輸送と荷卸し（Unloaded）に係るすべてのリスクを売

主が負担する。当該仕向地での輸入通関手続き費用及び関税等は買主が負担する。

DDP (Delivered Duty Paid，仕向地持ち込み渡し・関税込み条件)

　売主は，指定された目的地まで商品を送り届けるまでのすべてのコスト（貨物代金のほか，輸出地から輸入港までの運賃及び保険料等，輸入港から買手が指定した貨物の引渡し場所までの運賃及び保険料等，関税その他の費用）とリスクを負担する。

FAS (Free Alongside Ship，船側渡し条件)

　売主は，積み地の港で本船の横に荷物を着けるまでの費用を負担し，それ以降の費用及びリスクは買主が負担する（売主は船にまで積み込む必要はない）。輸出通関手続きは売主が行う。

FOB (Free On Board，本船甲板渡し条件)

　売主は，積み地の港で本船に荷物を積み込むまでの費用を負担し，それ以降の費用及びリスクは買主が負担する。

CFR (C&F Cost and Freight，運賃込み条件)

　売主は，積み地の港で本船に荷物を積み込むまでの費用及び海上運賃を負担し，それ以降の保険料及びリスクは買主が負担する。C&F と呼ばれることがある。

CIF (Cost, Insurance and Freight，運賃・保険料込み条件)

　売主は，積み地の港で本船に荷物を積み込むまでの費用，海上運賃及び保険料を負担し，それ以降のリスクは買主が負担する。

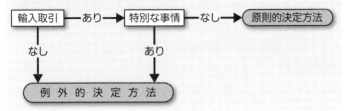

3 原則的決定方法を適用できない場合 ★★☆

【原則的決定方法の適用の可否】

輸入取引 ─あり→ 特別な事情 ─なし→ 原則的決定方法

なし　　　　　　　あり

例外的決定方法

◾ 輸入取引によらない輸入貨物

　原則的決定方法は，輸入取引による輸入であることを前提に，現実支払価格を基礎として課税価格を決定するものである。輸入取引によらないで輸入される貨物については，**現実支払価格を想定することができないため**，原則的決定方法により課税価格を決定することはできない（基本通達4－1の2）。例として，以下のような場合がある。

① 　無償貨物（例：寄贈品，見本，宣伝用物品）

② 　**委託販売**のために輸入される貨物（例：本邦において開催されるオークションで販売するために，受託者により輸入される貨物）

③ 　**売手の代理人**によって輸入され，その後売手の計算と危険負担によって輸入国で販売される貨物[*1]

④ 　賃貸借契約（買取権付であるか否かを問わない）に基づき輸入される貨物

⑤ 　送り人の所有権が存続する貸与貨物（例：外国の発注者から本邦の製造者に貸与される注文品生産のための特殊機械）

⑥ 　同一の法人格を有する本支店間の取引により輸入される貨物

⑦ 　本邦で滅却するために，輸出者が輸入者に滅却費用を支払うことにより輸入される貨物（例：廃棄物，スクラップ）

発展 *1

　売手の代理人により輸入される貨物であっても，売手と買手との間で締結された売買契約を履行するために輸入される貨物は輸入取引による輸入貨物に該当することとなる。

2 輸入取引に特別な事情がある場合

輸入貨物に係る輸入取引に関し，次に掲げる事情（特別な事情）がある場合には，原則的決定方法により課税価格を計算することができない（定率法4条2項）。現実支払価格は存在するが，**輸入貨物の客観的な価値を正当に評価することが難しい**からである。

(1) 買手による当該輸入貨物の処分又は使用につき制限がある場合

次のような場合，特別な事情に該当し，原則的決定方法を適用できない（基本通達4-16）。

① 輸入貨物を売手の指示に従って展示用又は慈善用としてのみ使用させることを条件としてその**価格を実質的に引き下げて**輸入取引をした場合

② 特殊関係にある者のみに再販売させることを条件として**実質的に価格を引き下げて**輸入取引をした場合

逆に，以下のような制限が輸入取引に付されていても，**特別な事情とはならず**，原則的決定方法を使用することができる（施行令1条の7，基本通達4-16）。

① 買手による輸入貨物の販売が認められる**地域についての制限**[*2]

② 買手による輸入貨物の処分又は使用についての制限で法令により又は国若しくは地方公共団体により課され又は要求されるもの

（例：輸入医薬品について医薬品，医療機器等の品質，有効性及び安全性の確保等に関する法律に基づく使用方法の制限があるとき）

③ その他買手による輸入貨物の処分又は使用についての制限で当該輸入貨物の**取引価格に実質的な影響を与えていない**と認められるもの

（例：輸入自動車のモデルイヤーの初日に先立って国内でこれを販売し又は展示することを禁止すること）

過去問 [*2]

輸入貨物に係る輸入取引において，買手による当該輸入貨物の販売が認められる地域についての制限が付されている場合には，関税定率法第4条第1項（課税価格の決定の原則）の規定により課税価格を計算することができない。（H22）
× 特別な事情には該当せず，原則が適用できる。（スピマス類題→第3章②）

(2)　課税価格の決定を困難とする条件が付されている場合

　輸入貨物の取引価格が，売手と買手との間で取引される当該輸入貨物以外の貨物の取引数量又は取引価格に依存して決定されるべき旨の条件その他当該輸入貨物の課税価格の決定を困難とする条件が当該輸入貨物の輸入取引に付されている場合，特別な事情に該当し，原則的決定方法を適用できない。次のような場合はこれに該当する（4−17(1)）[*3]。

　　①　輸入貨物の買手が特定の数量の他の貨物をも購入することを条件として，売手が当該輸入貨物の価格を設定する場合（抱合せ販売）

発展　[*3]

　条件に係る額が明らかであるときは，課税価格の決定を困難とする条件に該当しない（4−17(2)）。①の場合，乙の貨物に係る額が明らかであれば，甲の貨物の課税価格は原則的決定方法により計算できる。

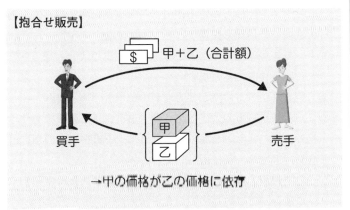

【抱合せ販売】

甲＋乙（合計額）

買手　　　　　　　　売手

→甲の価格が乙の価格に依存

　　②　輸入貨物の買手が売手に販売する他の貨物の価格に，当該輸入貨物の価格が依存している場合（交換取引）

　　③　輸入貨物の売手が，特定の数量の完成品を受け取ることを条件として，その半製品である当該輸入貨物を買手に提供する形態その他これに類する特殊な支払の形態を基礎として，輸入貨物の価格が設定される場合

(3)　売手帰属収益の額が明らかでない場合

　売手帰属収益は，その額が明らかであれば，原則的決定方法を適用した上で加算要素となる（定率法4条1項5号）。しかし，その額が不明である場合，特別な事情に該当し，原則的決定方法を適用できない[*4]。

着眼点　[*4]

　額が不明であれば，加算を行うことができないためである。

【売手帰属収益】
◆ 額が明らか → 原則的決定方法 → 加算要素
◆ 額が不明 → 特別な事情 → 例外的決定方法

(4) 売手と買手との間に特殊関係がある場合

　売手と買手との間に特殊関係があり，輸入貨物の取引価格に影響を与えていると認められるとき[*5]は，特別な事情に該当し，原則的決定方法を適用できない。特殊関係にあたるのは，売手及び買手の一方の者と他方の者との関係が次に掲げる場合のいずれかに該当する場合である（定率法4条2項4号，施行令1条の8）[*6]。

① 　一方の者と他方の者とがその行う事業に関し相互に事業の取締役その他の役員となっている場合

② 　一方の者と他方の者とがその行う事業の法令上認められた共同経営者である場合

③ 　いずれか一方の者が他方の者の使用者である場合

④ 　いずれか一方の者が他方の者の事業に係る議決権を伴う社外株式の総数の5％以上の社外株式を直接又は間接に所有し，管理し，又は所持している場合

⑤ 　いずれか一方の者が他方の者を直接又は間接に支配している場合（④に該当する場合を除く）

⑥ 　一方の者と他方の者との事業に係る議決権を伴う社外株式の総数のそれぞれ5％以上の社外株式が同一の第三者によって直接又は間接に所有され，管理され，又は所持されている場合

⑦ 　一方の者と他方の者とが同一の第三者によって直接又は間接に支配されている場合（⑥に該当する場合を除く）

⑧ 　一方の者と他方の者とが共同して同一の第三者を直接又は間接に支配している場合

⑨ 　一方の者と他方の者とが親族関係にある場合

着眼点 *5

　売手と買手との間に特殊関係があっても，輸入貨物の取引価格に影響を与えていないときには，特別な事情には該当しない。

着眼点 *6

　「特殊関係」は，ここに掲げた場合のみである。まずは①，④，⑥を覚えていくようにしよう。

4　例外的決定方法　★★★

1　総論

　原則的決定方法により輸入貨物の課税価格を求めることができない場合には，例外的決定方法が適用される。その内容と適用上の優先順位[*1]は，以下のようになる。

【例外的決定方法と適用優先順位】

① **同種の貨物に係る取引価格**による課税価格の決定方法

↓

② **類似の貨物に係る取引価格**による課税価格の決定方法

↓

③ **国内販売価格**に基づく課税価格の決定方法

↓

④ **製造原価**に基づく課税価格の決定方法

↓

⑤ 特殊な輸入貨物に係る課税価格の決定方法

◆ ①から⑤の順に適用（④は③に優先して適用される場合あり）

2　同種又は類似の貨物に係る取引価格による課税価格の決定方法

　原則的決定方法により輸入貨物の課税価格を計算することができない場合において，当該輸入貨物と同種又は類似の貨物に係る取引価格があるときは，当該輸入貨物の課税価格は，当該同種又は類似の貨物に係る取引価格とされる（定率法4条の2第1項）。

着眼点　*1

　例外的決定方法については，適用上の優先順位を問う問題が多い。細部にはあまりこだわらず，概要と適用優先順位を押さえておこう。

第2編
関税定率法等

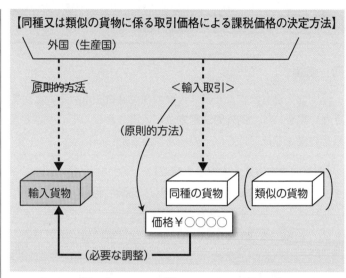

【同種又は類似の貨物に係る取引価格による課税価格の決定方法】
外国（生産国）

原則的方法　　　　　　　＜輸入取引＞

（原則的方法）

輸入貨物　　　　　　同種の貨物　）（類似の貨物

価格￥○○○○

（必要な調整）

　同種の貨物[※1]，類似の貨物[※2]とは，①及び②を満たすものに限る。

① 　当該輸入貨物の本邦への**輸出の日**又はこれに**近接する日**[※2]に本邦へ輸出されたもの

② 　当該輸入貨物の**生産国**で生産されたもの

※1 　「同種の貨物」とは，形状，品質及び社会的評価を含むすべての点で輸入貨物と同一である貨物をいう（基本通達４の２−１(1)）。外見上微細な差異があっても他の点で同一であるものを含む。

※2 　「類似の貨物」とは，輸入貨物とすべての点で同一ではないが，同様の形状及び材質の貨物であって，当該輸入貨物と同一の機能を有し，かつ，当該輸入貨物との商業上の交換が可能である貨物をいう（４の２−１(2)）。品質，社会的評価及び商標は，類似の貨物であるか否かの認定上考慮する。

 *2

近接する日
　おおむね，輸出の日の前後１月以内の日をいう（基本通達４の２−１(4)）。

194

その他のポイントについて，次にまとめる。

【価格差の調整】

当該輸入貨物と当該同種又は類似の貨物との間において，

① **取引段階**

② **取引数量**

③ **輸入港までの運賃等**

　に相当の差異 → 差異により生じた **価格差につき，必要な調整**

【複数の取引価格がある場合の適用優先順位】(4の2 - 1(5))*3

① **同種** が類似に優先

↓

② **生産者が同一** のものが優先

↓

③ **価格が最小** のものが優先

3　国内販売価格に基づく課税価格の決定方法

(1)　国内販売価格に基づく決定方法

同種又は類似の貨物に係る取引価格により輸入貨物の課税価格を計算することができない場合は，当該輸入貨物又は当該輸入貨物と同種若しくは類似の貨物*4に係る国内販売価格に基づいて，課税価格を決定する（定率法4条の3第1項）。これは，国内販売価格から，本邦到着後に要する費用等を控除することによって，課税価格（CIF価格）を求めていく方法である。

(2)　二つの方法の適用優先順位

国内販売価格に基づく課税価格の決定方法には，次の二つのものがある。

① 課税物件確定の時（原則として輸入申告の時）における **性質及び形状** により販売された **当該輸入貨物又はこれと同種若しくは類似の貨物** に係る国内販売価格から逆算する方法（加工なしの場合）

右段：

過去問 *3

関税定率法4条の2の規定により輸入貨物の課税価格を決定する場合において，当該輸入貨物と同種の貨物に係る取引価格及び当該輸入貨物と類似の貨物に係る取引価格の双方があるときは，これらの取引価格のうち低いものに基づき課税価格を計算することとされている。(R2)

×　同種の貨物に係る取引価格を用いる。(上記マス問題・第3章③)

発展 *4

この場合の「同種又は類似の貨物」は，「本邦において生産」されたものではなく，当該輸入貨物の生産国で生産されたものに限られている。

② 課税物件確定の時の属する日後加工の上販売された**当該輸入貨物**の国内販売価格から逆算する方法

上記②の方法は，①の方法を適用することができない場合で，かつ，当該輸入貨物を輸入しようとする者が②の方法の適用を希望する旨を税関長に申し出た場合に限り，行うことができる。

①は，具体的には，課税物件確定の時の属する日又はこれに近接する期間内*5に国内における売手と特殊関係のない買手に対し国内において販売された価格から次のイ〜ハに掲げる手数料等の額を控除して得られる価格を課税価格とする方法である。

イ　当該輸入貨物と同類の貨物*6で輸入されたものの国内における販売に係る通常の手数料又は利潤及び一般経費

ロ　当該国内において販売された輸入貨物又はこれと同種若しくは類似の貨物に係る輸入港到着後国内において販売するまでの運送に要する通常の運賃，保険料その他当該運送に関連する費用

ハ　当該国内において販売された輸入貨物又はこれと同種若しくは類似の貨物に係る本邦において課された関税その他の課徴金

②の方法においては，加工により付加された価額及び①のイからハまでに掲げる手数料等の額を控除して得られる価格を課税価格とする。

 *5

「近接する日」とは，おおむね，課税物件確定の時の属する日の前後１月以内の日をいう。これらの国内販売価格がないときは，当該課税物件確定の時の属する日後90日以内の最も早い日におけるこれらの貨物に係る国内販売価格による（施行令１条の11第１項，基本通達４の３−１(3)）。

 *6

同類の貨物

輸入貨物と同一の産業部門において生産された当該輸入貨物と同一の範疇に属する貨物をいい，当該輸入貨物と同一の国以外の国から輸入された貨物を含む（定率法４条の３第１項１号イ，４の３−１(4)）。

【国内販売価格による課税価格の決定方法】

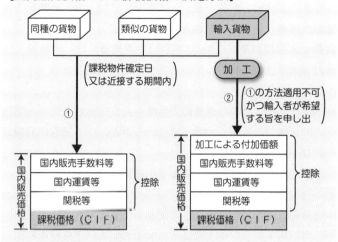

(3) 複数の国内販売価格が存在する場合

　国内販売価格とは，国内における最初の取引段階における販売に係る単価に基づいて計算された価格をいう。

　この場合において，国内販売が2以上あり，その単価が異なるときは，当該異なる単価ごとの販売に係る数量が最大である販売に係る単価に基づいて計算された額による（基本通達4の3－1(1)）。

【単価が異なる国内販売が2以上ある場合】

単価	販売数量
1000円	160単位
950円	180単位
900円	150単位

上記の例においては，単価950円に基づく価格が「国内販売価格」となる。

4　製造原価に基づく課税価格の決定方法

(1) 製造原価に基づく決定方法

　国内販売価格に基づく課税価格の決定方法が適用できない場

着眼点 *7

「同種又は類似の貨物」の製造原価に基づいて課税価格を計算することはできない。

合において，当該輸入貨物の製造原価*7を確認することができるとき（当該輸入貨物を輸入しようとする輸入者と当該輸入貨物の生産者との間の当該輸入貨物に係る取引に基づき当該輸入貨物が本邦に到着する場合に限る），課税価格は，当該輸入貨物の製造原価に，以下の①②の額を加えた価格となる（定率法4条の3第2項）。

① 当該輸入貨物の**生産国で生産**された当該輸入貨物と**同類の貨物***8の本邦への輸出のための販売に係る通常の利潤及び一般経費

② 当該輸入貨物の輸入港までの運賃等の額

発展 *8

この場合の「同類の貨物」は，国内販売価格の場合と異なり，輸入貨物の場合と同一の国から輸入される貨物に限られる（基本通達4の3−2(3)）。

(2) 適用優先順位の例外

当該輸入貨物の製造原価を確認することができる場合において，当該輸入貨物を輸入しようとする者が希望する旨を税関長に申し出たときは，国内販売価格に基づく課税価格の決定方法に先立って製造原価に基づく課税価格の決定方法により当該輸入貨物の課税価格を計算する（4条の3第3項）。

5 特殊な輸入貨物に係る課税価格の決定方法

上記の2から4までの方法により課税価格を計算することができない輸入貨物の課税価格は，これらにより計算される課税価格に準ずるものとして一定の方法により計算される価格とされている（定率法4条の4）。

5 課税価格の決定の特例 ☆☆

1 航空運送貨物等に係る課税価格の決定の特例（航空運賃特例）

課税価格を計算する場合において，当該輸入貨物が航空機により運送された一定の貨物に係る輸入港に到着するまでの運送に要する運賃及び保険料は，航空機による運送方法以外の通常の運送方法による運賃及び保険料によるものとされている*1（定率法4条の6第1項，施行令1条の13）。以下に対象となる

着眼点 *1

高い航空便ではなく，船便計算をするということである。運賃及び保険料が「課税価格に含まれない（0円となる）」のではないことに注意。

貨物を示す*2。

① 無償の見本（航空機による運賃及び保険料により計算した場合の課税価格が20万円を超えないものに限る）

② 災害の救助，公衆の衛生の保持その他これらに準ずる目的のため緊急に輸入する必要があると認められる貨物

③ 外国に住所を有する者（外国に本店又は主たる事務所を有する法人を含む）から本邦に住所を有する者（法人を含まない）にその個人的な使用に供するため寄贈された物品で，航空機による運賃及び保険料に基づいて算出した課税価格の総額が10万円以下のもの

④ ニュース写真，ニュースフィルム又はニューステープで，時事に関する記事を掲載する一般的日刊新聞の掲載用，ニュース映画の上映用又はラジオ若しくはテレビジョンの放送用に供するもの及び新聞の紙型

⑤ 本邦において航空運送事業を営む者が当該事業に使用するため輸入する航空機用品，航空機整備用品及び事務用品で，その者の当該事業に使用する航空機によって運送されたもの

⑥ 本邦に住所を移転するため以外の目的で本邦に入国する者がその入国の際に携帯して輸入し，又は所定の手続を経て別送して輸入する物品（自動車，船舶及び航空機を除く）のうち，その個人的な使用に供するもの及び職業上必要な器具*3で，航空機による運賃及び保険料に基づいて算出した課税価格の総額が20万円以下のもの

⑦ 本邦に住所を移転するため本邦に入国する者がその入国の際に輸入し，又は所定の手続を経て別送して輸入する物品（自動車，船舶及び航空機を除く）のうち，その者又はその家族の個人的な使用に供するもの及び職業上必要な器具*3で，航空機による運賃及び保険料に基づいて算出した課税価格の総額が20万円以下のもの

⑧ 輸入取引に係る契約において航空機による運送以外の運送方法により運送されることとされていた貨物で，当該貨

着眼点　*2

　価格の制限のある①，③，⑥，⑦を優先して覚えてしまうとよい。

第2編

関税定率法等

発展　*3

　定率法14条7号（携帯品の無条件免税）の規定により関税の免除を受けることができるものを除く。

物の製作の遅延その他その**輸入者の責めに帰することができない理由**により当該貨物の本邦への到着が遅延し又は遅延するおそれが生じたため，その輸入者以外の者が運送方法の変更に伴う費用を負担することにより航空機によって運送されたもの

⑨ 修繕又は取替えのため無償で輸入される物品[*4]

② 災害等運賃特例

輸入貨物の運送が特殊な事情の下において行われたことにより，当該輸入貨物について，実際に要した輸入港までの運賃等の額が通常必要とされる当該輸入港までの運賃等の額を著しく超えるものである場合には，当該通常必要とされる運賃等の額についてのみ，課税価格に算入する（施行令1条の5第1項）[*5]。

例えば，天災，戦争，動乱，港湾ストライキ等の**輸出者又は輸入者の責めに帰し難い理由**により，契約に基づく運送方法及び運送経路により運送できなかった場合は，上記に該当する（基本通達4－8(8)イ）。

③ 個人的な使用に供される輸入貨物に係る特例

課税価格を計算する場合，**通常は卸取引の段階の価格**（卸価格）を基準として判断されている。しかし，一般消費者が通信販売により貨物を輸入するような場合には，その価格は小売価格であり，卸価格と比較して割高となり，これを基準として課税価格及び関税額を計算するのは，公平を欠くこととなってしまう。

そこで，課税価格を計算する場合において，当該輸入貨物が，本邦に入国する者により携帯して輸入される貨物その他その輸入取引が小売取引の段階によるものと認められる貨物で，当該貨物の輸入者の個人的な使用に供されると認められるものであるときは，当該輸入貨物の課税価格は，当該貨物の輸入が通常の卸取引の段階でされたとした場合の価格とされている（定率法4条の6第2項）。

過去問 [*4]

取替えのため無償で輸入される貨物が航空機により本邦まで運送された場合は，当該航空機による運送に要した運賃の額が20万円を超えるときであっても，航空機による運送方法以外の通常の運送方法による運賃及び保険料の額に基づいて当該貨物の課税価格を計算する。(H19)
○ (スピマス類題→第3章④)

過去問 [*5]

輸入貨物の海上運送契約の成立の時以後に，港湾ストライキにより，当該海上運送契約に基づく運送ができなかったため航空運送に変更され，実際に要した運賃の額が通常必要とされる運賃の額を著しく超えた場合には，当該海上運送契約が前提としていた運送方法及び運送経路により運送されたものとした場合の通常の運賃の額が，当該輸入貨物が輸入港に到着するまでの運送に要する運賃となる。(H22)
○ (スピマス類題→第3章④)

　なお，当該輸入貨物が，本邦に居住する者に**寄贈**される貨物
で，当該寄贈を受ける者の**個人的な使用**に供されると認められ
るものであるときも，同様の扱いがされている。

④　変質又は損傷に係る輸入貨物の課税価格の決定

　輸入貨物の課税価格を計算する場合において，その輸入取引
の条件からみて輸入申告の時（課税物件の確定の時期）までに
輸入貨物に変質又は損傷があったと認められるときは，当該輸
入貨物の課税価格は，当該変質又は損傷がなかったものとした
場合に計算される課税価格からその変質又は損傷があったこと
による減価に相当する額を控除して得られる価格となる（定率
法4条の5）。

　輸入申告の時以後の変質，損傷又は滅失については，減税や
戻し税により処理されることとなる（第3章参照）。

 復習テスト

1　現実支払価格（①から③に適切な語句を挿入）

　現実支払価格とは，輸入貨物に係る（　①　）がされた時に買手により売手に対し又は（　②　）に，当該輸入貨物につき現実に支払われた又は（　③　）価格をいう。

2　控除費用（①から⑤に適切な語句を挿入）

　現実支払価格には，次に掲げる費用等の額は含まない。

Ⅰ　輸入申告の日以後に行われる据付け，組立て，整備又は技術指導に要する（　①　）の費用

Ⅱ　輸入港到着後の（　②　）に要する（　②　）に関連する費用

Ⅲ　本邦において課される（　③　）その他の課徴金

Ⅳ　輸入取引が（　④　）条件付取引である場合における（　④　）金利

　ただし，これらの費用等の額を明らかにすることが（　⑤　）場合においては，当該費用等の額を含んだ当該支払の総額が現実支払価格となる。

3　値引きの取扱い（正しいものを選択）

　輸入取引において，数量値引き，前払い値引き等の「当該輸入貨物の代金についての値引き」が行われたときは，（値引き前，値引き後）の価格が現実支払価格となる。

4　次の費用は，課税価格に含まれるか？

①　輸入貨物について買手により負担される買付手数料

②　輸入取引に関し買手により負担された，輸入貨物に係る通常とは異なる特別な容器の費用

③　買手が仕入書価格とは別に支払った輸入貨物の包装に要する費用

④　当該輸入貨物の生産のために必要とされた技術であって本邦において開発されたものの費用で，買手により負担されたもの

⑤　輸入貨物を本邦において複製する権利の使用に伴う対価で，買手により負担されたもの

⑥　買手が自己のために実施する広告宣伝活動の費用のうち，その効果が売手に帰すると認められるもの

5　買手による輸入貨物の販売が認められる地域についての制限がある場合に

202

は，課税価格の原則的決定方法により課税価格を計算することが（できる，できない）。（正しいものを選択）

6　売手と買手との間に特殊関係がある場合において，当該特殊関係のあることが当該輸入貨物の取引価格に影響を与えていない場合には，課税価格の原則的決定方法により課税価格を計算することが（できる，できない）。（正しいものを選択）

7　同種又は類似の貨物に係る取引価格による課税価格の決定方法を適用する場合において，

①　輸入貨物と同種又は類似の貨物は，当該輸入貨物の生産国で生産されたものに（限る，限らない）。（正しいものを選択）

②　同種又は類似の貨物に係る複数の取引価格がある場合の適用優先順位

8　（①，②に適切な語句を挿入）

国内販売価格に基づく課税価格の決定方法には，

Ⅰ　当該輸入貨物又はこれと同種若しくは類似の貨物に係る国内販売価格から逆算する方法

Ⅱ　加工の上販売された当該輸入貨物の国内販売価格から逆算する方法

があるが，上記Ⅱの方法は，Ⅰの方法を適用することが（　①　）場合で，かつ，当該輸入貨物を輸入しようとする者がⅡの方法の適用を（　②　）場合に限り，行うことができる。

9　当該輸入貨物と同種の貨物の製造原価が確認できるときは，当該同種の貨物の製造原価に基づいて課税価格を決定することが（できる，できない）。（正しいものを選択）

10　航空運賃特例（①～③に適切な語句を挿入）

無償の見本で，航空機による運賃及び保険料により計算した場合の課税価格が（　①　）円を超えないものは，航空運賃特例を適用できる。

また，輸入取引に係る契約において航空機による運送以外の運送方法により運送されることとされていた貨物で，その（　②　）の責めに帰することができない理由により当該貨物の本邦への到着が遅延したため，その（　③　）が運送方法の変更に伴う費用を負担することにより航空機によって運送されたものは，航空運賃特例を適用することができる。

【解答】

1　① 輸入取引　② 売手のため　③ 支払われるべき

2　① 役務　② 運送　③ 関税　④ 延払　⑤ できない

3　値引き後

4　① 含まれない　② 含まれない　③ 含まれる　④ 含まれない
　　⑤ 含まれない　⑥ 含まれない

5　できる

6　できる

7　① 限る
　　② 同種 が類似に優先 → 生産者が同一 のものが優先 → 価格が最小) の
　　ものが優先

8　① できない　② 要請する

9　できない

10　① 20万　② 輸入者　③ 輸入者以外の者

第2章

特殊関税，
関税割当制度

 出題傾向

項目	H28	H29	H30	R1	R2	R3	R4	R5
1 総論								
2 特殊関税			○	○	○	○	○	○
3 関税割当制度								

 本章のポイント

　特殊関税は，政策的な観点から，政令により，通常課される関税のほかに課されるものである。通常とは異なる国際情勢の変化等に対応するために認められているものである。また，関税割当制度は，特殊関税とは異なるが，通常とは異なる形で税率を定めているものなので，ともに本章で学習する。

　本試験においては，最近は出題が減っているが，相殺関税，不当廉売関税，緊急関税については十分に出題される可能性がある。ごく基本的な事項に関する問題と，非常に細かい内容を問う問題の両者が出題されているが，前者については答えられるように準備をしておきたいところである。

1 総論

【別表の税率による関税と特殊関税】

別表の税率による関税　　　特殊関税
（通常の関税）

⇨ 以下のいずれかの税　　　⇨ 左記の他に課される
　　率による関税　　　　　　　割増関税

① 基本税率　　　　　　　① 報復関税
② 協定税率　　　　　　　② **相殺関税**
　　（便益関税の税率）　　　③ **不当廉売関税**
③ 特恵税率　　　　　　　④ **緊急関税**
④ 暫定税率　　　　　　　⑤ 対抗関税

　輸入貨物に対する関税は，貨物ごとにあらかじめ**法律**に定められた税率により徴収されている（（関税定率法）別表の税率による関税）。しかし，本邦の産業に重大な影響を与える特殊な状況の下で輸入される貨物に対しては，専門的かつ迅速な対応を行うため，政府の判断により特別な関税を徴収する必要が生じる。これが**特殊関税**であり，政令により，一定の条件の下に別表の税率による関税のほかに[*1]徴収できることとされている。試験対策上重要なものは，上記の特殊関税のうち②から④までである。

　また，関税割当制度は，特に政策的な配慮が必要な一定の貨物について，二段階の税率を設けて輸入を規制するものである。特殊関税ではないが，関税に関する特殊な制度であるので，併せて本章で学習する。

着眼点 [*1]

　別表の税率による関税に「代えて」ではないことに気をつける必要がある。

2 特殊関税

1 報復関税

　報復関税は，本邦がWTO（世界貿易機関）協定により与え

られた利益を侵害する国や**本邦の貨物に対し不利益な取扱い**を行う国等に対し，その対抗措置として課される割増関税である（定率法6条）。国及び貨物を指定し，別表の税率による関税のほか，当該貨物の課税価格と同額以下の関税を課することができる。

② 相殺関税

(1)　制度趣旨

　外国において生産又は輸出について補助金の交付を受けた貨物が輸入される場合，**本来の価格よりも低い価格で輸入される**こととなる。そこで，このような場合において，一定の要件を満たすときは，通常の関税のほかに相殺関税を課すことができることとして，本邦の産業の保護を図っている（定率法7条）。

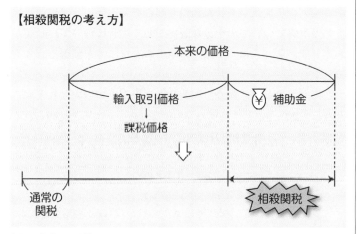

【相殺関税の考え方】

(2)　発動の要件

　外国において**生産又は輸出**について**直接又は間接**に補助金の交付を受けた貨物の輸入が本邦の産業*¹に実質的な損害を与え，若しくは与える**おそれ**があり，又は本邦の産業の確立を実質的に妨げる事実がある場合において，当該本邦の産業を保護するため必要があると認められるとき

(3)　内容

　貨物，当該貨物の輸出者若しくは生産者（**供給者**）又は輸出

*¹

当該補助金の交付を受けた輸入貨物と同種の貨物を生産している本邦の産業に限る。

発展 ＊2

再発のおそれがある場合等には，指定された期間の延長（5年以内）が認められているため，相殺関税は，5年を超えて課されることがある（定率法7条17項，22項，27項）。

発展 ＊3

納付した相殺関税の額が現実の補助金の額を超える場合には，輸入者は，当該超える部分の額に相当する相殺関税の還付の請求をすることができる（7条29項）。

語句 ＊4

本邦の産業に利害関係を有する者

当該輸入貨物と同種の貨物の本邦の生産者又はその団体のほか，関係労働組合も含まれる（相殺関税に関する政令3条）。

着眼点 ＊5

求めがないときであっても，調査を行うことがある。

国若しくは原産国（これらの国の一部である地域を含む。以下**供給国**という）及び期間（5年以内＊2）を指定し，当該指定された供給者又は供給国に係る当該指定された貨物で当該指定された期間内に輸入されるものにつき，別表の税率による関税のほか，当該補助金の額と同額以下の関税を課することができる＊3。

(4)　相殺関税を課すことの求め

本邦の産業に利害関係を有する者＊4は，政令で定めるところにより，政府に対し，補助金の交付を受けた貨物の輸入の事実及び当該輸入の本邦の産業に与える実質的な損害等の事実についての**十分な証拠**を提出し，当該貨物に対し相殺関税を課することを求めることができる。

(5)　調査

政府は，求めがあった場合その他＊5補助金の交付を受けた貨物の輸入の事実及び当該輸入の本邦の産業に与える実質的な損害等の事実についての**十分な証拠**がある場合において，必要があると認めるときは，これらの事実の有無につき調査を行うものとする。

この調査は，当該調査を開始した日から**1年以内**に終了するものとする。ただし，特別の理由により必要があると認められる場合には，その期間を**6月以内**に限り延長することができる。※

※　調査が開始された場合において，次の者は，政府に対し，約束の申出をすることができる（定率法7条8項）。

①　当該調査に係る貨物の供給国の当局

当該貨物に係る補助金を撤廃，削減し，又は当該補助金の本邦の産業に及ぼす影響を除去するための適当と認められる措置をとる旨の約束

②　当該調査に係る貨物の輸出者

当該貨物に係る補助金の本邦の産業に及ぼす有害な影響が除去されると認められる価格に当該貨物の価格を修正する旨の約束（供給国の当局が同意している場合に限る）

(6)　暫定措置

政府は，その調査の完了前においても，**十分な証拠**により，補助金の交付を受けた貨物の輸入の事実及び当該輸入の本邦の

産業に与える実質的な損害等の事実を推定することができ，当該**本邦の産業を保護するため必要**があると認められるときは，課されるべき相殺関税を保全するため，調査開始日から60日を経過する日以後において，4月以内に限り，輸入しようとする者に対し，当該**補助金の額に相当**すると推定される額の担保の提供を命ずることができる。

③　不当廉売関税

(1)　制度趣旨

　不当廉売（ダンピング）とは，貨物を，輸出国における消費に向けられる当該貨物と**同種の貨物の通常の商取引**における価格その他これに準ずるもの（**正常価格**）より低い価格で**輸出のために販売**することをいう（8条1項）。不当廉売により貨物が輸入される場合において，一定の要件を満たすときは，通常の関税のほかに不当廉売関税を課すことができることとして，**本邦の産業の保護**を図っている[*6]。

(2)　発動要件

　不当廉売された貨物の輸入が本邦の産業（不当廉売された貨物と同種の貨物を生産している産業に限る。）に実質的な損害を与え，若しくは与えるおそれがあり，又は本邦の産業の確立を実質的に妨げる事実がある場合において，当該本邦の産業を保護するため必要があると認められるとき

(3)　内容

　貨物，当該貨物の輸出者若しくは生産者（**供給者**）又は輸出国若しくは原産国（これらの国の一部である地域を含む。以下**供給国**という）及び期間（**5年以内**[*7]）を指定し，当該指定された供給者又は供給国に係る当該指定された貨物で当該指定された期間内に輸入されるものにつき，別表の税率による関税のほか[*8]，当該貨物の正常価格と不当廉売価格との差額に相当する額（不当廉売差額）と同額以下の関税を課することができる。不当廉売関税は，当該不当廉売関税を課されることとなる貨物の輸入者が納める義務がある（8条3項）。

🎯 **着眼点**　*6

　不当廉売関税は，相殺関税と制度趣旨及び手続の概要は同様である。相違点に注意しつつ，相殺関税で学習したことを応用すればよい。

✉ **発展**　*7

　相殺関税と同様に，指定期間の延長（5年以内）が認められている（定率法8条20項，25項，30項）。

📖 **過去問**　*8

　不当廉売関税は，関税定率法別表の税率による関税に代えて課される。（H19）
　×　別表の税率による関税の「ほかに」課される。（スピマス類題→第3章⑥）

(4) 不当廉売関税を課すことの求め

　本邦の産業に利害関係を有する者は，相殺関税の場合と同様，**十分な証拠**を提出し，当該貨物に対し**不当廉売関税を課する**ことを求めることができる。

(5) 調査

　相殺関税の場合と同様，不当廉売関税に関する調査は，当該調査を開始した日から**1年以内**に終了するものとされるが，特別の理由により必要があると認められる場合には，その期間を**6月以内**に限り延長することができる。

(6) 暫定措置

　政府は，その調査の完了前においても，**十分な証拠**により，不当廉売された貨物の輸入の事実及び当該輸入の本邦の産業に与える実質的な損害等の事実を推定することができ，当該**本邦の産業を保護するため必要**があると認められるときは，調査開始日から**60日**を経過する日以後において，原則として**4月以内**（特定の場合には**9月以内**）に限り，次の措置を命ずることができる。

　① 当該貨物の正常価格と推定される価格と不当廉売価格と推定される価格との差額に相当する額と同額以下の**暫定的な関税を課すること**

　② 不当廉売関税を保全するため，暫定的な関税の額に相当する額を保証する担保の提供を命ずること

4 **緊急関税**

(1) 制度趣旨

　補助金の交付，不当廉売等の原因によらずに安価な貨物の輸入が増加しているような場合，緊急措置により**内外価格差を埋め，本邦の産業の保護**を図る制度である（緊急関税，9条1項）。

(2) 発動要件*9

　外国における価格の低落その他予想されなかった事情の変化による特定の種類の貨物の輸入の増加の事実があり，当該貨物の輸入が，これと**同種**の貨物その他**用途が直接競合**する貨物の

発展 *9
　WTO に加盟する開発途上国を原産地とし，その輸入量が本邦の当該貨物の総輸入量に占める比率が小さいものについては，緊急関税を適用しない（定率法9条1項ただし書）。

生産に関する本邦の産業に重大な損害を与え，又は与える**おそれ**がある事実がある場合において，国民経済上緊急に必要があると認められるとき

(3)　内容

　貨物及び**期間**（暫定措置の期間と通算して**４年以内**[*10]）を**指定**し，次の措置をとることができる。

　　① 　別表の税率による関税のほか，当該貨物の課税価格と同種又は類似の貨物の本邦における適正と認められる卸売価格との**差額**（**内外価格差**）から別表の税率による関税の額を**控除した額以下の関税を課すること**[*11]

　　② 　WTOにおける関税の譲許（協定税率）を撤回し，又は修正し，別表の税率又は修正後の税率による関税を課すること

　上記の緊急関税措置をとったときは，**内閣**は，**遅滞なく**，その内容を国会に報告しなければならない（9条14項）。

(4)　調査

　政府は，特定貨物の輸入増加の事実及びこれによる本邦の産業に与える重大な損害等の事実についての**十分な証拠**がある場合において，必要があると認めるときは，これらの事実の有無につき**調査**を行う。

　調査は，開始した日から**１年以内**に終了するものとされるが，特別の理由により必要があると認められる期間に限り，**延長**することができる[*12]。

(5)　暫定措置

　政府は，(4)の調査が開始された場合において，その調査の完了前においても，**十分な証拠**により，特定貨物の輸入増加の事実及びこれによる本邦の産業に与える重大な損害等の事実を推定することができ，国民経済上特に緊急に必要があると認められるときは，政令で定めるところにより，貨物及び期間（**200日以内**に限る）を指定し，**暫定的な緊急関税**を課することができる（9条8項）。

第2編　関税定率法等

発展 [*10]

　一定の場合，暫定措置の期間と通算して8年以内に限り延長することができる（定率法9条10項）。

着眼点 [*11]

　内外価格差の一部は通常の関税により埋められているため，当該関税の額を控除した額となる。

過去問 [*12]

　関税定率法第9条第0項の税率に基づく緊急関税に関する調査は，1年以内に終了しなければならない。（H18）
　× 延長できる。（スピマス類題→第3章⑥）

　対抗関税

　WTO加盟国である外国において特定の貨物に係る譲許の撤
回，修正その他の措置（**外国の緊急措置**）がとられた場合，次
の対抗措置をとることができる（対抗関税，9条4項）。
　① 　別表の税率による関税のほか，課税価格と同額以下の関
　　　税を課すること
　② 　譲許の適用を停止し，別表の税率の範囲内の税率による
　　　関税を課すること
　WTO加盟国が緊急措置をとる場合には，原則として，事前
に関係国との協議を行う必要がある。ただし，この協議が調わ
ない場合又は急迫した事態において事前協議が行われない場合
であっても，緊急措置をとることはできるため，本邦の産業に
重大な損害を与える可能性がある。このようなケースにおいて，
対抗関税を課すことができるとしているのである。

3　関税割当制度　

1　**意義**

　関税割当制度は，特定の輸入貨物について，安価に入手した
いという**需要者の要請**と，輸入を抑制して国内市場を確保した
いという**国内生産者の要請**を調整するために，二重の税率を設
けるものである（定率法9条の2，暫定措置法8条の5第2項）。
すなわち，あらかじめ割当てを受けた一定の数量の貨物につい
ては無税又は低税率（**一次税率**），一定数量を超える貨物につ
いては高税率（二次税率）を適用することとして，両者の利害
のバランスを保つことにしているのである。

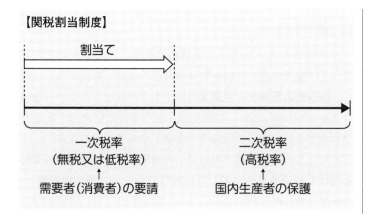

【関税割当制度】

2 対象貨物

　関税暫定措置法別表第一において税率が一定の数量を限度として定められている物品のうち，関税割当制度に関する政令（割当令）により定められている貨物について適用される。具体的には，以下のようなものがある。

　　・ミルク及びクリーム　・とうもろこし　・麦芽
　　・落花生　・革製の履物　・チーズ（プロセスチーズの原料として使用するもの）　等

3 割当ての手続

　割当てを受けようとする者は，**農林水産大臣又は経済産業大臣**（所管大臣）に関税割当**申請書**を提出し，割当数量を記載した関税割当**証明書**の発給を受ける必要がある（割当令2条1項，3項）。

　農林水産大臣又は経済産業大臣は，次の事項を考慮して割当てを行う。

　① その使用及び輸入の実績
　② その使用に関する計画
　③ その輸入が国民経済上有効であり，かつ，適切であること
　④ その割当てが不当に差別的でないこと

第2編 関税定率法等

4 通関手続

　一次税率の適用を受けて当該物品を輸入しようとするとき
は，その輸入申告（特例申告貨物にあっては，特例申告）に際
し，**関税割当証明書を税関長に提出しなければならない**（割当
令3条1項）。ただし，税関長は，やむを得ない理由があると
認めるときは，相当の期間提出を猶予することができる[*1]。

　また，この場合の輸入申告は，当該申告に係る**証明書の交付
を受けた者の名をもってしなければならない**（限定申告者[*2]，
割当令3条2項）。

発展 *1

　農林水産大臣又は経
済産業大臣は，税関長
に対し，証明書に係る
物品の輸入について必
要な事項の報告を求め
ることができる（割当
令3条3項）。

着眼点 *2

　輸入申告を特定の者
の名をもって行う「限
定申告者」となる場合
は，常に注意して覚え
ておくようにしよう。
この後の第3章でも頻
出する。

復習テスト

1　（正しいものを選択）

　報復関税が課される場合には，定率法別表の税率による関税（のほか，に代えて）当該貨物の課税価格と同額以下の関税が課される。

2　相殺関税（①～③に適切な語句を挿入）

　外国において生産又は輸出について直接又は間接に（　①　）の交付を受けた貨物の輸入が（　②　）に実質的な損害を与え，若しくは与えるおそれがあり，又は（　②　）の確立を実質的に妨げる事実がある場合において，当該（　②　）を保護するため必要があると認められるときは，貨物，供給者又は供給国及び（　③　）を指定し，当該指定された供給者又は供給国に係る当該指定された貨物で当該指定された（　③　）内に輸入されるものにつき，関税定率法別表の税率による関税のほか，当該（　①　）の額と同額以下の関税を課すことができる。

3　不当廉売関税（①～④に適切な語句を挿入）

　不当廉売とは，貨物を，正常価格より（　①　）価格で（　②　）のために販売することをいう。ここで，正常価格とは，（　②　）国における消費に向けられる当該貨物と（　③　）の貨物の（　④　）における価格その他これに準ずるものとして政令で定める価格をいう。

4　緊急関税（①～⑤に適切な語句を挿入）

　外国における価格の低落により特定の種類の貨物の輸入が増加し，これと同種の貨物の生産に関する本邦の産業に（　①　）を与える事実があり，（　②　）上緊急に必要があると認められるときは，緊急関税が課されることがある。また，調査の完了前においても，（　②　）上特に緊急に必要があると認められるときは，（　③　）以内の期間，暫定的な緊急関税（暫定措置）が課されることがある。期間は，暫定措置の期間と通算して（　④　）以内であるが，延長されることが（　⑤　）。

5　関税割当制度（①～④に適切な語句を挿入）

　Ⅰ　割当てを受けようとする者は，（　①　）に関税割当申請書を提出しなければならない。

　Ⅱ　割当ては，割当（　②　）を記載した関税割当証明書を発給して行う。

Ⅲ　関税割当証明書の交付を受けた者は，当該証明書に係る物品につき一次税率の適用を受けて輸入しようとするときは，その輸入申告に際し，当該証明書を（　③　）に提出しなければならない。また，この場合の輸入申告は，当該申告に係る（　④　）の名をもってしなければならない。

【解　答】

1　のほか

2　①　補助金　　②　本邦の産業　　③　期間

3　①　低い　　②　輸出　　③　同種　　④　通常の商取引

4　①　重大な損害　　②　国民経済　　③　200日　　④　4年　　⑤　ある

5　①　農林水産大臣又は経済産業大臣　　②　数量　　③　税関長
　　④　証明書の交付を受けた者

第3章

減免税，戻し税

出題傾向

項目	H28	H29	H30	R1	R2	R3	R4	R5
1 再輸出に係る減免，戻し税	○	○	○	○	○	○	○	○
2 再輸入に係る減免，戻し税	○	○	○	○	○	○	○	○
3 その他の減免，戻し税	○	○	○	○		○	○	○

本章のポイント

　輸入貨物が一定の条件に該当する場合に，納付すべき関税額の免除（免税），減額（減税），払戻し（戻し税）が行われることがある。これらの減免，戻し税には様々なものがあり，最初は混乱しがちであるが，各制度の趣旨を理解した上で，要件，効果，手続を押さえていけば，十分に対処することができる。

　本試験では通常，択一式，複数選択式で2問ほど出題される場合が多いが，語群選択式での出題もある分野である。頻出のものとほとんど出題されないものがあるので，メリハリを付けて，重要なものについては深く学習すべきである。

1 再輸出に係る減免, 戻し税 ☆☆☆

① 再輸出の場合の考え方

　関税を徴収する目的は**本邦の産業を保護**することであり, 対象は**外国貨物の価値を本邦で消費**することである。

　いったん輸入した貨物を輸出（再輸出）する場合, 当該貨物は本邦を通過しただけであると見ることができるから, 本邦の産業に与える影響はない（又は少ない）と考えられ, また, 実質的に見て本邦における当該輸入貨物の消費はない（又は少ない）と考えられるため, 一定の要件の下に減免戻し税を認めている[*1]。

着眼点 [*1]

　再輸出で注意すべきなのは, 次の2点である。
① 再輸出期間の制限があるか
② 貨物の性質及び形状に変更があっても適用されるか

② 再輸出免税（定率法17条）

(1) 趣旨

　貿易及び国際交流, 文化及び学術の振興等に貢献する輸入貨物で, 本邦の産業に影響を及ぼさない一定の貨物について, 一定期間内に再輸出することを条件として, 関税の免除を認める制度である（定率法17条）。

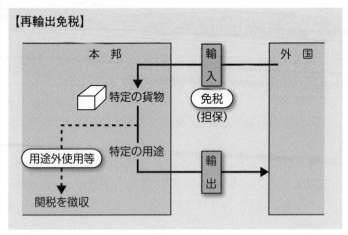

【再輸出免税】

(2) 要件

　① 特定の貨物を輸入する場合であること

　② 輸入の許可の日から1年以内に輸出されるものであるこ

と*2

【再輸出免税の対象貨物】*3

① 加工される貨物又は加工材料となる貨物で，政令で定めるもの

② 輸入貨物の容器で，政令で定めるもの*1

③ 輸出貨物の容器として使用される貨物で，政令で定めるもの*2

④ 修繕される貨物

⑤ 学術研究用品

⑥ 試験品

⑦ 貨物を輸出し，又は輸入する者が当該輸出又は輸入に係る貨物の性能を試験し，又は当該貨物の品質を検査するため使用する物品

⑧ 注文の取集め若しくは製作のための見本又はこれに代わる用途のみを有する写真，フィルム，模型その他これらに類するもの

⑨ 国際的な運動競技会，国際会議その他これらに類するものにおいて使用される物品

⑩ 本邦に入国する巡回興行者の興行用物品並びに本邦に入国する映画製作者の映画撮影用の機械及び器具

⑪ 博覧会，展覧会，共進会，品評会その他これらに類するものに出品するための物品

⑫ 本邦に住所を移転するため以外の目的で本邦に入国する者がその個人的な使用に供するためその入国の際に携帯して輸入し，又は政令で定めるところにより別送して輸入する自動車，船舶，航空機その他政令で指定する物品

⑬ 条約の規定により輸入の後一定の期間内*4に輸出されることを条件として関税を免除することとされている貨物で，政令で定めるもの

※1　②に規定する政令で定める容器は，次に掲げるものとする（施行令32条）。

発展 *2

やむを得ない理由があり，税関長の承認を受けた貨物については，期間延長が認められる。なお，延長の申請書は，当該貨物の輸入を許可した税関長に提出する（施行令37条の2）。

着眼点 *3

試験対策として⑤，⑧及び⑫が特に大切であるので，優先して覚えていこう。

第2編　関税定率法等

発展 *4

⑬の貨物の再輸出期間も，原則として1年以内であるが，「船員の厚生用物品」については6月以内に再輸出する必要がある（施行令33条の3）。

イ　シリンダー，コンテナーその他これらに類する容器で貨物の
　　　　運送のために反覆して使用されるもの
　　　ロ　貨物の輸入の際にその容器として使用されている糸巻
　　　ハ　イ及びロのほか，輸入の際に容器として使用されている物品
　　　　で財務大臣が指定したもの
　※2　③に規定する政令で定める容器は，次に掲げるものとする（33
　　　条）。
　　　イ　貨物の輸出の際にその容器として使用されるかん，びん，たる，
　　　　つぼ，箱，袋又は糸巻
　　　ロ　シリンダー，コンテナーその他これらに類する容器で貨物の
　　　　運送のために反覆して使用されるもの
　　　ハ　イ及びロに掲げるもののほか，輸出の際に容器として使用さ
　　　　れる物品で財務大臣が指定したもの

(3)　効果

　　関税が免除される。

　　ただし，関税の免除を受けた貨物が

　①　**再輸出期間内に輸出されない**こととなった場合，又は

　②　関税の免除を受けた用途**以外の用途**に供された場合

においては，免除を受けた関税を，**輸入者から直ちに徴収する**
（定率法17条4項，基本通達17-4(1)）。※

　※　ただし，当該貨物が災害その他やむを得ない理由により亡失した
　　場合又は税関長の承認を受けて滅却された場合には，その関税を徴
　　収しないこととし，当該貨物につき変質，損傷その他やむを得ない
　　理由による価値の減少があった場合には，関税定率法10条1項の規
　　定に準じてその関税を軽減することができる（17条5項，13条7項
　　ただし書）。

(4)　免税及び輸入の手続（輸入時）

　①　関税の免除を受けようとする貨物の輸入申告の際に，所
　　定の事項[*5]を記載した**書面**（再輸出貨物減免税明細書）を
　　税関長に提出（施行令34条，基本通達17-2）

　②　**輸入申告書**にその輸入の目的及び輸出の予定地を**付記**
　　（施行令36条）

　③　税関長は，その軽減又は免除に係る関税の額に相当する

　*5
　品名，数量及び輸入
の目的，輸出の予定時
期及び予定地並びに使
用の場所を記載する。

担保を提供させることができる[*6]（定率法17条2項，13条3項）。

(5)　輸出の手続（輸出時）

　①　輸出申告の際に，関税の免除を受けた貨物の輸入の許可書又はこれに代わる税関の証明書（以下「輸入の許可書等」という）を税関長に提出（施行令39条1項）

　②　税関長は，当該貨物が輸出されたときは，輸入の許可書等に**輸出済みの旨を記載**して輸出申告をした者に**交付**（39条2項）

(6)　輸出後の手続

　①　所定の事項を記載した**届出書**を，輸出済みの旨を記載した輸入の許可書等の交付がされた日から1月以内に，当該輸出された貨物の輸入を許可した税関長に提出[*7]（定率法17条3項，施行令39条4項）

　②　届出に際し，交付された輸入の許可書等を提出

(7)　用途外使用等の届出

　関税の免除を受けた者は，その免除を受けた貨物を再輸出期間内に関税の免除を受けた用途**以外の用途に供する**場合には，あらかじめ，所定の事項を記載した**届出書**をその置かれている場所を所轄[*8]する税関長に提出しなければならない（施行令37条1項）。

3　輸入時と同一状態で再輸出される場合の戻し税等（定率法19条の3）

(1)　趣旨

　新規開発の商品の輸入や委託販売契約による輸入等が行われる場合，売れ残る可能性も高いため，再輸出の際に関税の払戻しを認めることにより，輸入者の負担を軽減し，国際貿易の振興を図るものである。

　この制度の特徴は，輸入者が輸入時に再輸出を予測していることである[*9]。

着眼点　*6

用途外使用等の場合の関税徴収に備えるためである。

過去問　*7

関税の免除を受けて輸入した貨物を，再輸出すべき所定の期間内に輸出した場合には，当該貨物の輸入を許可した税関長にその旨を届け出なければならない。（H16改）
○　（スピマス類題→第3章⑺⑻⑼）

着眼点　*8

「輸入地を所轄する税関長」ではないことに注意。

着眼点　*9

次に学習する定率法20条と比較しながら学習すると効率的である。

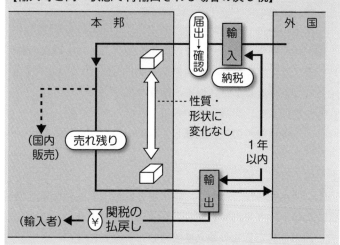

【輸入時と同一状態で再輸出される場合の戻し税】

本 邦 ／ 外 国

届出→確認

輸入

納税

性質・形状に変化なし

（国内販売）　売れ残り

1年以内

輸出

関税の払戻し

（輸入者）

(2) 要件（定率法19条の3第1項）

① 関税を納付して輸入された貨物であること

② 輸入の時の**性質及び形状が変わっていない**ものであること

③ 輸入の許可の日から**1年以内**[*10]に**輸出**[*11]されるものであること

(3) 効果

輸出をした貨物について納付した関税の全額（延滞税，過少申告加算税及び重加算税の額を除く）の払戻し[*12]（19条の3第1項，施行令54条の15）

(4) 輸入時の手続

① 関税の払戻しを受けようとする貨物の輸入申告の際に税関長に**届出**を行う。この届出は，定率法19条の3第1項の規定の適用を受けようとする旨，当該貨物の再輸出の予定時期及び予定地並びに性質及び形状その他その再輸出の確認のため必要な事項を記載した**書面**を税関長に提出することにより行う（施行令54条の13第1項）。

② 輸入しようとする者は，税関長が必要と認めて指示したときは，その輸入の際に，当該貨物につき記号の表示その

発展 *10

やむを得ない理由があり，輸入を許可した税関長の承認を受けた貨物については，期間延長が認められる（19条の3第1項，施行令54条の14）。

着眼点 *11

20条とは異なり，輸出に代え廃棄した場合には払戻しを受けられない。

過去問 *12

関税定率法第19条の3第1項（輸入時と同一状態で再輸出される場合の戻し税等）の規定による関税の払戻し額には，その払戻しに係る貨物について納付した延滞税の額が含まれる。（H26）
× 含まれない。（スピマス類題→第3章⑦⑧⑨）

他再輸出の確認のための措置をとらなければならない（54条の13第2項）。

③　**税関長**は，提出された①の書面にその確認を行った旨を記載してこれを返付する（54条の13第3項）。

(5)　払戻しの手続（輸出時）

①　貨物の**輸出申告の際**に，その品名及び数量並びに輸出の理由を記載した**申請書**を税関長に提出（施行令54条の16）

②　(4)③により返付された書面を添付

③　当該貨物の輸入の許可書又はこれに代わる税関の証明書を添付

4　違約品等の再輸出又は廃棄の場合の戻し税等（定率法20条）

(1)　趣旨

輸入貨物の品質又は数量等が契約の内容と相違していた場合等において，当該貨物を再輸出又は廃棄せざるを得ないときがある。このような場合に関税の払戻しを認めて，輸入者を救済するための制度である。

3で学習した19条の3の場合とは異なり，輸入者が輸入時に再輸出を予測していないことに注意すべきである。

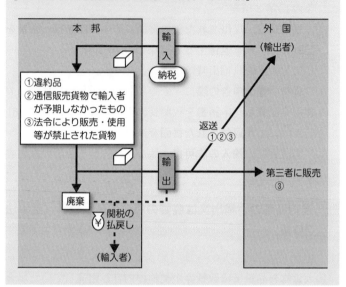

【違約品等の再輸出又は廃棄の場合の戻し税】

(2)　要件（定率法20条1項）

① 関税を納付して輸入された貨物のうち次のいずれかに該当するものを輸出すること

イ　品質又は数量等が契約の内容と相違するため返送[*13]することがやむを得ないと認められる貨物

ロ　個人的な使用に供する物品で通信販売[*14]の方法により販売されたものであって品質等が当該物品の輸入者が予期しなかったものであるため返送[*13]することがやむを得ないと認められる貨物

ハ　輸入後において法令又は法令に基づく処分によりその販売若しくは使用又はそれを用いた製品の販売若しくは使用が禁止されるに至ったため輸出することがやむを得ないと認められる貨物

② 輸入の時の性質及び形状に変更を加えないものであること

③ 輸入の許可の日から6月以内に保税地域等に入れられたものであること[*15]

着眼点 *13

イ，ロの貨物は，第三者に販売する目的で輸出される場合には，払戻しを受けることができない。

語句 *14

通信販売

不特定かつ多数の者に商品の内容，販売価格等の条件を提示し，郵便，電話等の方法により売買契約の申込みを受けて当該提示した条件に従って行う商品の販売をいう（施行令55条の2）。

着眼点 *15

再輸出期間については，制限されていない。

④　輸出に代えて廃棄することがやむを得ないと認められる場合には，①の貨物をその輸入の許可の日から**6月以内**に保税地域等に入れ，あらかじめ税関長の承認を受けて廃棄すること

上記の③④における保税地域等への搬入期間は，やむを得ない理由があり，税関長の承認を受けたときは，**6月を超え1年以内**において税関長が指定する期間となる（定率法20条1項）。

搬入期間の延長承認を受けようとする者は，必要な事項を記載した申請書を当該貨物の輸入を許可した税関長に提出しなければならない（施行令56条の2）[16]。

(3)　効果

輸出をした貨物について納付した関税の全額（附帯税の額を除く）の払戻し（20条1項，施行令55条1項）

(4)　再輸出の場合の手続

①　貨物を保税地域等に入れたとき

保税地域等に入れた旨をその**保税地域等の所在地を所轄する税関長**に届け出る（56条1項，2項）。廃棄の場合であっても同様である。

②　輸出申告の際

イ　その品名及び数量並びに輸出の事由を記載した**申請書**（「違約品等の輸出に係る関税払戻し（減額　控除）申請書」）を，輸出申告をする税関の税関長に提出（56条1項，基本通達20-4(1)）

ロ　当該貨物が違約品等に該当するものであることを**証する書類**を添付

ハ　当該貨物の輸入の許可書又はこれに代わる税関の証明書を添付

(5)　廃棄の際の手続

①　当該貨物の品名及び数量，その置かれている保税地域の名称及び所在地並びに廃棄の日時，方法及び理由を記載した申請書（「滅却（廃棄）承認申請書」）を保税地域等の所在地を所轄する税関長に提出し，承認を受けなければなら

第2編　関税定率法等

発展 [16]

ただし，搬入を予定する保税地域の所在地を所轄する税関長と当該輸入を許可した税関長とが異なるときは，当該申請書に当該貨物の輸入の許可書又はこれに代わる税関の証明書を添付して，これを当該保税地域の所在地を所轄する税関長に提出することができる。

過去問 ＊17

　輸入された貨物の品質又は数量等が契約の内容と相違して当該貨物を輸出に代えて廃棄する場合には，あらかじめ税関長にその旨を届け出ることにより，関税の払戻しを受けることができる。（H22）
× 届出ではなく承認が必要。（スピマス類題→第3章⑦⑧⑨）

ない＊17（施行令56条2項，基本通達20-10(1)）。

② 　当該貨物の廃棄がやむを得ないものであることを証する書類を添付。

③ 　当該貨物の輸入の許可書又はこれに代わる税関の証明書を添付。

(6) 　廃棄後の関税払戻し手続

　当該廃棄した貨物又は当該廃棄により生じた残存物の品名及び数量，届出に係る保税地域の名称及び所在地並びに廃棄の日時を記載した**申請書**（違約品等の廃棄に係る関税払戻し（減額・控除）申請書）をその廃棄について承認をした税関長に提出する（施行令56条3項，基本通達20-11）。

【19条の3と20条の比較】

	19条の3	20条
趣旨（前提条件）	輸入時に輸入者が再輸出を予測している	輸入時に輸入者が再輸出を予測していない
輸入時の手続き	**輸入申告の際に税関長に届出→確認**を受ける	規定なし
再輸出期間	輸入の許可の日から原則**1年以内**に輸出	規定なし（輸入の許可の日から原則**6月以内**に保税地域等に搬入）
廃棄による払戻し	規定なし	**あり**（税関長の承認が必要）

2　再輸入に係る減免，戻し税　★★☆

1　再輸入の場合の考え方

着眼点 ＊1

　再輸入で注意すべきなのは，次の3点である。
① 　再輸入期間の制限があるか
② 　貨物の性質及び形状に変更があっても適用されるか
③ 　輸出の際に確認の手続が必要か

　いったん輸出した貨物を輸入する場合（再輸入），当該貨物は元来本邦に存在していたものであるから，本邦の産業に与える影響はない（又は少ない）と考えられ，また，実質的に見て「外国貨物を消費」する行為がない（又は少ない）といえるので，一定の要件の下に減免戻し税の対象となる＊1。

② 再輸入貨物の無条件免税（再輸入免税，定率法14条10号）

(1)　趣旨

　本邦から輸出された貨物が，性質及び形状が変わっていないまま輸入される場合，もともと本邦に存在していた貨物であるから，本邦の産業に対する影響を考慮する必要がないため，関税を免除することとしている。

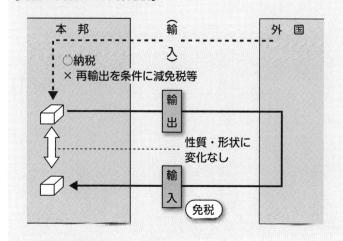

【再輸入貨物の無条件免税】

(2)　要件*2

① **本邦から輸出**された貨物でその輸出の許可の際の性質及び形状が変わっていないものであること

② 定率法17条から20条までの規定により再輸出を条件として関税の免除，軽減，払戻し又は控除を受けた貨物でないこと

(3)　輸入の際の手続*3

① **輸入申告書に関税の免除を受けようとする旨を記載**（施行令13条）

② 輸入申告の際に，当該貨物の輸出の許可書又はこれに代わる税関の証明書を税関長に提出*4（施行令16条1項）

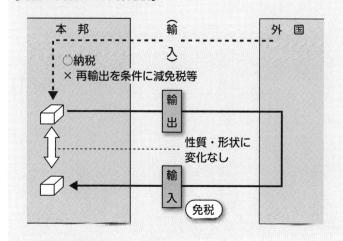

着眼点　*2

再輸入期間は特に制限されていない。

着眼点　*3

輸出の際に確認等の手続は必要ない。

発展　*4

ただし，他の資料に基づき明らかであるときは，輸出の許可書等の提出は不要である。

第2編　関税定率法等

③ 加工又は修繕のため輸出された貨物の減税（定率法11条）

(1) 趣旨

加工又は修繕の目的で輸出された貨物を再輸入する場合，貨物全体について課税を行うと，もともと本邦の貨物であった部分についても課税することとなり，公正を欠くことになる。そこで，本邦から輸出された部分に対応する関税を軽減し，外国で加工又は修繕により付加された価値に対してのみ課税を行うこととする制度である。

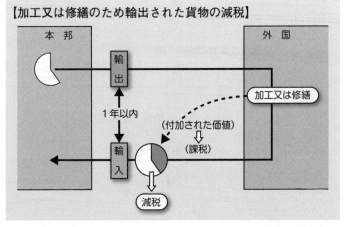

【加工又は修繕のため輸出された貨物の減税】

発展 *5

やむを得ない理由があり，税関長の承認を受けたときは，1年を超え税関長が指定する期間となる。承認申請手続は，輸出の許可の日から1年以内に，輸出を許可した税関長に対して行う（施行令5条の3）。

過去問 *6

修繕のため本邦から輸出され，その輸出の許可の日から1年以内に輸入される貨物については，本邦において修繕することができると認められるものであっても，関税定率法第11条（加工又は修繕のため輸出された貨物の減税）の規定の適用を受けることができる。（H29）
○ （スピマス類題→第3章⑩⑪）

(2) 要件

① 加工又は修繕のため本邦から**輸出**された貨物であること
② 輸出の許可の日から**1年以内**[*5]に輸入される貨物であること
③ 加工のためのものについては，本邦においてその加工をすることが**困難**であると認められること

修繕のためのものについては，本邦においてその修繕をすることが困難であると認められるものに限られない[*6]。

(3) 効果

輸入貨物の関税の額に，当該貨物が輸出の許可の際の性質及び形状により輸入されるものとした場合の課税価格の当該輸入

貨物の課税価格に対する割合を乗じて算出した額の全額を**軽減**（定率法11条，施行令4条）

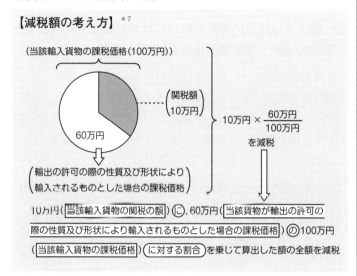

【減税額の考え方】*7

着眼点 *7

減税額は覚えにくいが，「本邦から輸出された部分に対応する関税を割合として軽減」することをしっかりと理解した上で，この図のように把握しておこう。輸出時及び輸入時の「課税価格」について比較することに注目する。

(4)　輸出の手続

輸出の際に，次の手続により，税関長の確認を受けなければならない*8（施行令5条，基本通達11－3(1)）。

① 　加工又は修繕のため輸出する旨並びにその輸入の予定時期及び予定地をその**輸出申告書に付記**

② 　必要な事項を記載した加工・修繕輸出貨物確認申告書を添付

③ 　加工又は修繕のため輸出するものであることを**証する書類**を添付

貨物を輸出しようとする者は，税関長が再輸入の確認のため必要と認めて指示したときは，その輸出の際に，記号の表示その他の再輸入の確認のための措置をとらなければならない。

(5)　減税の手続

輸入の際に，輸入申告書に次の書類を添付して，税関長に提出しなければならない（施行令5条の2，基本通達11－4(2)）。

① 　その輸出された際の**輸出の許可書**又はこれに代わる税関の証明書

発展 *8

輸出する際に確認を受けていない場合には，他の要件を満たしていても定率法11条による関税の軽減を受けられない。

② 加工又は修繕を証する書類

③ 加工・修繕・組立製品減税明細書

4 加工又は組立てのため輸出された貨物を原材料とした製品の減税（暫定措置法8条）

(1) 趣旨

3で学習した「加工又は修繕のため輸出された貨物の減税」（定率法11条）と同様に，課税の公平を図る趣旨であるが，**3**の要件を満たさない場合であっても，一定の場合に減税を認めて，貿易の振興を目指すものである[*9]。

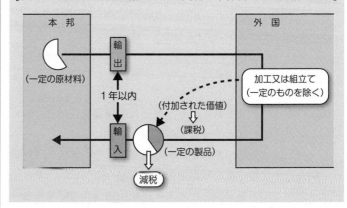

【加工又は組立てのため輸出された貨物を原材料とした製品の減税】

(2) 要件

① 加工又は組立てのため，本邦から**輸出**された**特定の貨物**を原料又は材料とした**特定の製品**[*10]を輸入すること（特定の加工，組立て方法によるものを除く）（暫定措置法8条1項）

② 輸出の許可の日から1年以内（税関長の承認を受けたときは，1年を超え税関長が指定する期間以内）に輸入されるものであること

③ 特恵関税の規定の適用を受ける物品**以外**のものであること（8条2項）

（3） 効果

当該製品の関税の額に，原材料貨物が輸出の許可の際の性質及び形状により輸入されるものとした場合の課税価格相当価格（FOB価格×1.06）の当該製品の課税価格に対する割合を乗じて算出した額の全額において，その関税を軽減する（施行令21条）。

（4） 輸出の手続

輸出の際に，次の手続により，税関長の確認を受けなければならない（施行令22条1項，基本通達8－4(1)）。

① 加工又は組立てのため輸出する旨をその**輸出申告書に付記**

② 加工又は組立ての概要その他必要な事項を記載した加工・組立輸出貨物**確認申告書を添付**

③ 加工又は組立てのため輸出するものであることを**証する書類を添付**[11]

貨物を輸出しようとする者は，税関長が**再輸入**の確認のため必要と認めて指示したときは，その輸出の際に，記号の表示その他の再輸入の確認のための措置をとらなければならない（施行令22条3項）。

（5） 減税の手続

輸入の際に，輸入申告書に次の書類を添付して，税関長に提出する（23条1項）[12]。

① **輸出の許可書**又はこれに代わる税関の証明書

② 加工又は組立てを**証する書類**

③ 加工・修繕・組立製品**減税明細書**

3 その他の減免，戻し税 ★★★

1 変質，損傷等の場合の減税又は戻し税等（定率法10条）

（1） 趣旨

輸入貨物について変質，損傷等があった場合には，関税額を

発展 *11

輸出の際に加工又は組立ての契約の全部又は一部が行われていない場合には，添付する必要がない。また，この場合の輸入申告は，貨物を輸出した者の名をもってしなければならない（22条2項ただし書，23条2項）。

発展 *12

特例申告貨物については，輸入申告書に暫定措置法8条の規定により関税の軽減を受けようとする旨を記載しなければならない（施行令23条4項）。

引き下げるための措置をとらなければ、輸入者にとって酷である。関税定率法においては、変質、損傷等の時期により、減税又は戻し税の制度を設けている。なお、輸入申告の時までに変質、損傷等があった場合には、課税価格を減額することとしている。減免、戻し税によるものではないが、ここで併せて述べる。

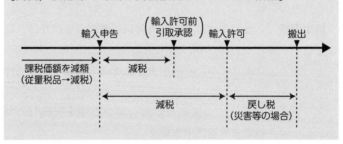

【変質、損傷等の時期と関税額引下げのための措置】

(2) 輸入申告までの変質、損傷の場合

輸入申告の時（課税物件の確定時期）までに輸入貨物に**変質又は損傷**があったと認められるときは、輸入貨物の課税価格を引き下げることにより課税の公平を図っている[*1]（定率法4条の5）。

ただし、**数量を課税標準とする関税に係る貨物（従量税品）**の場合には、課税価格を調整することによっては相当な関税額を算出することはできないから、減税の方法によることとしている（10条1項ただし書）。

(3) 輸入申告後輸入許可前の変質、損傷の場合

輸入貨物が**輸入申告後輸入の許可前**[*2]に**変質**し、又は**損傷**した場合においては、変質又は損傷による減税の規定により関税を軽減することができる[*3]（10条1項）。減税額は、次に掲げる額のうちいずれか多い額となる（施行令2条1項）。

① 輸入貨物の変質又は損傷による価値の減少に基づく価格の低下分に対応する関税の額

（例）課税価格が20%低下→関税額の20%を減税

② 輸入貨物の関税の額からその変質又は損傷後における性質及び数量により課税した場合における関税の額を控除し

*1

変質又は損傷があったことによる減価に相当する額を控除する。第1章参照。

*2

輸入許可前引取承認を受けた貨物については、輸入申告後当該承認前に変質、損傷した場合に、減税の規定を適用する。

*3

申告納税方式の貨物が輸入申告後輸入の許可前に変質、損傷した場合の減税手続は、更正の請求の手続による（施行令3条3項）。

232

た額

変質，損傷の**前後における**関税額を実際に**計算**し，その差額を減税額とする方法である。

(4) 輸入許可後の変質，損傷等の場合

輸入の許可を受けた貨物が，輸入の許可後引き続き，保税地域等に置かれている間[*4]に，災害その他**やむを得ない理由**[*5]により**滅失**し，又は**変質**し，若しくは**損傷**した場合においては，その関税の全部又は一部を**払い戻す**ことができる（定率法10条2項）。

② **無条件免税（定率法14条）**

⑴ 趣旨

国際協定の遵守，文教政策，貿易の振興等に寄与するとともに，本邦の産業に対する影響を考慮する必要がないと考えられる一定の輸入貨物について，**無条件で関税を免除する制度**である。

無条件免税の適用を受けて輸入された貨物については，**③**で述べる特定用途免税と異なり，**輸入後の事情により免除された関税が徴収されることはない**。

⑵ 要件

特定の貨物を輸入する場合であること（14条）

> 【無条件免税の対象貨物】[*6]
> ① 天皇及び皇室にある皇族の用に供される物品
> ② 本邦に来遊する外国の元首若しくはその家族（**配偶者**，直系尊属，直系卑属及びこれらに準ずる地位にあると認められる親族をいう。）又はこれらの者の随員に属する物品
> ③ 外国若しくはその行政区画である公共団体，国際機関又は財務大臣が指定する団体若しくは基金その他これらに準ずるものから本邦に居住する者に贈与される勲章，賞牌その他これらに準ずる表彰品及び記章
> ④ **国際連合又はその専門機関から寄贈された教育用又**

着眼点 [*4]

保税地域等から搬出された後は，払戻しを受けることができない。

着眼点 [*5]

例えば，盗難による場合は「やむを得ない理由」によるものとはみなされず，払戻しを受けることができない。

着眼点 [*6]

②，④，⑤，⑧，⑩，⑪，⑰及び⑲を優先的に覚えよう。定率法15条や17条の対象貨物と比較していくのがよい。

着眼点 *7

「寄贈」とは無償で贈与することである。これ以外の寄贈物品であれば，無条件免税の対象貨物ではないと思えばよい。

は**宣伝用の物品**[*7]及びこれらの機関によって製作された教育的，科学的又は文化的なフィルム，スライド，録音物その他これらに類する物品

⑤　政令で定める博覧会，見本市その他これらに類するもの（**博覧会等**）への**参加国**（博覧会等に参加する外国の地方公共団体及び国際機関を含む）が発行した当該博覧会等のための公式の**カタログ，パンフレット，ポスター**その他これらに類するもの

⑥　記録文書その他の書類

⑦　国の専売品で政府又はその委託を受けた者が輸入するもの

⑧　**注文の取集めのための見本**

⑨　本邦から輸出される貨物の品質が仕向国にある機関の定める条件に適合することを表示するために，当該貨物の製造者が当該貨物にはりつけるラベルで，当該貨物を輸出するために必要なものとして政令で定めるもの

発展 *8

別送品について関税の免除を受けようとする者は，本邦への入国の際に，輸入の予定時期等を記載した申告書を税関に提出して税関の確認を受け，原則としてその入国後6月以内に輸入しなければならない。

⑩　**本邦に住所を移転するため以外の目的**で本邦に入国する者がその入国の際に**携帯**して輸入し，又は政令で定めるところにより**別送**して輸入する物品[*8]のうちその個人的な使用に供するもの及び**職業上必要**な器具（自動車，船舶，航空機その他政令で定めるものを除く）

⑪　**本邦に住所を移転するため**本邦に入国する者がその**入国の際に輸入**し，又は政令で定めるところにより**別送**して輸入する物品[*8]のうち当該入国者又はその家族の個人的な使用に供するもの及び**職業上必要な器具**（自動車，船舶，航空機その他政令で定めるものを除く）

⑫　本邦の在外公館から送還された公用品

⑬　本邦から輸出された貨物でその輸出の許可の際の性質及び形状が変わっていないもの[*9]。ただし，再輸出を条件として関税の免除，軽減，払戻し又は控除を受け

着眼点 *9

先に学習した「再輸入免税」の場合である。

た貨物を除く。

⑭　本邦から輸出された貨物の容器のうち政令で定める
　 もので当該輸出の際に使用されたもの又は輸入の際に
　使用されているもの（上記⑬のただし書の規定を準用）

⑮　遭難した本邦の船舶又は航空機の解体材及びぎ装品

⑯　本邦から出港した船舶又は航空機によって輸出され
　た貨物で当該船舶又は航空機の事故により本邦に積み
　もどされたもの（上記⑬のただし書の規定を準用）

⑰　**身体障害者用に特に製作された器具その他これに類**
　する物品で政令で定めるもの[*10]

⑱　ニュース映画用のフィルム（撮影済みのものに限る）
　及びニュース用のテープ（録画済みのものに限る）。た
　だし，内容を同じくするものについては，そのうちの
　2本以内に限る。

⑲　課税価格の合計額が**1万円以下**の物品（本邦の産業
　に対する影響その他の事情を勘案してこの号の規定を
　適用することを適当としない物品として政令で定める
　ものを除く）

注文の取集めのための見本については，次の①又は②の要件
を満たす場合に限り対象貨物となる[*11]（14条6号，施行令13
条の3）。

①　見本用にのみ適すると認められるもの

②　次に掲げる物品（**酒類を除く**）で課税価格の総額が
　5,000円以下のもの

　イ　見本のマークを附した物品その他見本の用に供するた
　　めの処置を施した物品

　ロ　上記イに掲げるものを除き，見本に供する範囲内の量
　　に包装した物品又は1個の課税価格が1,000円以下の物
　　品（種類及び性質を同じくするものについては，そのう
　　ちの1個に限る）

発展　*10

⑰の貨物の輸入申告
は，身体障害者又は社
会福祉法に規定する事
業を経営する国，地方
公共団体若しくは社会
福祉法人の名をもって
しなければならない
（施行令16条の2第
2項）。14条の対象
貨物のうち，限定申告
者となるのは⑰の場合
のみである。

過去問　*11

注文の取集めのため
の見本は，見本用にの
み適すると認められる
ものであり，かつ，課
税価格の総額が
5,000円を超えない
ものに限り，関税定率
法第14条第6号（無
条件免税）の規定によ
り，関税が免除される。
（H22）
×　いずれかの要件を
満たせばよい。「かつ」
ではなく「又は」が正
しい。（スピマス類題
→第3章⑫）

(3) 効果

関税の免除

(4) 手続

輸入申告書に関税の免除を受けようとする旨を記載（施行令13条）

③ 特定用途免税（定率法15条）

(1) 趣旨

国際協定の遵守，文教政策，社会福祉政策等の観点から，一定の貨物の輸入について関税を免除するものである。ただし，無条件免税の場合と異なり，本邦の産業を保護するために輸入後一定期間は特定の用途に貨物を使用する必要がある。

(2) 要件

① 特定の貨物を輸入する場合であること

② 輸入の許可の日から2年以内に関税の免除を受けた用途のみに供されること

関税の免除を受けた貨物がその輸入の許可の日から2年以内に関税の免除を受けた用途以外の用途に供され，又は当該用途以外の用途に供するため譲渡された場合においては，当該用途以外の用途に供し，又は当該譲渡をした者から，免除を受けた関税を，直ちに徴収する[*12]（15条2項）。

発 展 [*12]

変質，損傷その他やむを得ない事由により用途外使用に供する場合においては，10条1項の規定に準じてその関税を軽減することができる(15条2項)。

着眼点 [*13]

①，②，⑦及び⑨が重要なので，優先的に覚えよう。

【特定用途免税の対象貨物】 [*13]

① 国若しくは地方公共団体が経営する学校，博物館，物品陳列所，研究所，試験所その他これらに類する施設又は国及び地方公共団体以外の者が経営するこれらの施設のうち政令で定めるものに陳列する標本若しくは参考品又はこれらの施設において使用する**学術研究用品**（新規の発明に係るもの又は**本邦において製作することが困難と認められるものに限る**）若しくは教育用のフィルム（撮影済みのものに限る），スライド，レコード，テープ（録音済みのものに限る）その他これ

らに類する物品

② 　**学術研究**又は教育のため上記①に掲げる施設に**寄贈**された物品[*14]

③ 　慈善又は救じゅつのために**寄贈**された**給与品**及び救護施設又は養老施設その他の社会福祉事業を行う施設に**寄贈**された物品で**給与品以外**のもののうちこれらの施設において**直接社会福祉の用に供する**ものと認められるもの

④ 　上記①から③に該当するものを除き，国際親善のため，国又は地方公共団体にその用に供するものとして**寄贈**される物品

⑤ 　儀式又は礼拝の用に直接供するため宗教団体に**寄贈**された物品で財務省令で定めるもの

⑥ 　赤十字国際機関又は外国赤十字社から日本赤十字社に**寄贈**された機械及び器具で，日本赤十字社が直接医療用に使用するものと認められるもの

⑦ 　**博覧会等**において使用するため博覧会等への**参加者**が輸入する次に掲げる物品[*15]。ただし，博覧会等の開催の期間及び規模，物品の種類及び価格その他の事情を勘案して相当と認められるものに限る。

　　イ　博覧会等への参加者が，当該博覧会等の会場において観覧者に無償で提供する**カタログ，パンフレット，ポスター**その他これらに類するもの

　　ロ　博覧会等への参加者が，当該博覧会等の会場において観覧者に無償で提供する博覧会等の記念品及び展示物品の見本品

　　ハ　博覧会等（政令で定めるものに限る。）の施設の建設，維持若しくは撤去又はその運営のために博覧会等の会場において消費される物品のうち政令で定めるもの

⑧ 　**航空機の発着又は航行**を安全にするため使用する機械及び器具並びにこれらの部分品で，政令で指定するもの

着眼点 [*14]

　寄贈された学術研究用品の場合，①と異なり，新規発明品又は本邦において製作困難なものに限られていない。

着眼点 [*15]

　博覧会用物品については，14条との比較が重要。
　14条：参加国
　16条：参加者
の表現に注目。

⑨　本邦に住所を移転するため本邦に入国する者がその**入国の際に輸入**し，又は政令で定めるところにより**別送して輸入する自動車，船舶，航空機**その他政令で指定する物品で当該入国者又はその家族の**個人的な使用**に供するもの。ただし，その入国前にこれらの者が**既に使用したもの**[16]

⑩　条約の規定により輸入の後特定の用途に供されることを条件として関税を免除することとされている貨物で政令で定めるもの

発展 [16]

　船舶及び航空機については，その入国前1年以上これらの者が使用したものに限られている。自動車の場合，使用期間は問わないことにも注意。

(3)　効果

　関税の免除

(4)　手続

　輸入申告（特例申告貨物にあっては，特例申告）の際に，一定の事項を記載した書面（免税明細書又は免税申請書）をその輸入地を所轄する税関長に提出しなければならない（施行令19条等，基本通達15-2～15-10）。

【学術研究用品及び携帯品，別送品についての適用条項】

◆　学術研究用品

	「寄贈」以外	「寄贈」
特定用途免税（15条）	新規の発明に係るもの又は本邦において製作することが困難と認められるもの	制限なし
再輸出免税（17条）	制限なし（輸入許可の日から1年以内に再輸出）	

過去問 [17]

　本邦に住所を移転するため本邦に入国する者がその入国の際に別送して輸入する自動車については，関税定率法第14条第8号（引越荷物の無条件免税）の規定の適用を受けることができる。(H17)
×　できない。15条の対象となる（スピマス類題→第3章⑫）

◆　携帯品，別送品[17]

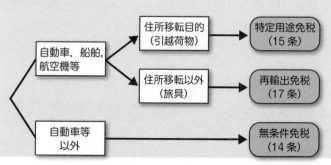

4 製造用原料品の減免税（定率法13条）

(1) 趣旨

　特定の製品を製造するために，特定の原料品を輸入する場合において，減免税を認め，畜産業等の育成と国民生活の安全を図る制度である。

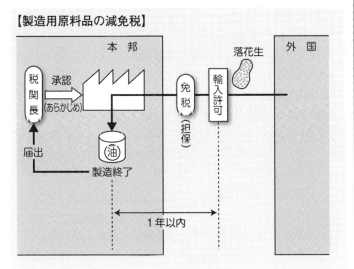

【製造用原料品の減免税】

(2) 要件，手続のポイント

　要件，手続については，以下の点を押さえておいてほしい。

① 特定の原料品を輸入し，特定の製品を製造すること（13条1項，施行令6条の2）

　　現行法では，とうもろこし → 飼料，落花生 → 落花生油等の場合の免税のみが施行されている。

② 輸入の許可の日から1年以内に製造が終了すること[*18]

③ 税関長の承認を受けた製造工場で製造が行われること

④ 税関長は，その軽減又は免除に係る関税の額に相当する担保を提供させることができる（定率法13条3項）。

⑤ 原料品の輸入申告は，製造工場の承認を受けた製造者の名をもってしなければならない（限定申告者，施行令7条2項）。

*18

　製造が終了したときは，使用した製造用原料品及びその製品の数量を税関に届け出て，そのつど又は随時，検査を受けなければならない（13条5項）。

次のいずれかに該当する場合においては，これらに該当することとなった者から，軽減又は免除を受けた関税を，直ちに徴収する。※

① 製造用原料品を13条各号に掲げる用途**以外の用途に供し**，若しくは当該用途**以外の用途に供するため譲渡**したとき，又はその輸入の許可の日から1年以内に製造終了の届出をせず，若しくはその製造を終えなかったとき

② 税関長の承認を受けた製造工場以外の場所で製造用原料品を製造に供し，又は製造用原料品にこれと同種の他の原料品を混じて使用したとき

※ 製造用原料品又はその製品が災害その他やむを得ない理由により亡失した場合又は税関長の承認を受けて滅却された場合には，その関税を徴収しない。また，承認を受けた製造用原料品につき変質，損傷その他やむを得ない理由による価値の減少があった場合には，変質又は損傷等の場合の減税（10条1項）の規定に準じてその関税を軽減することができる（13条7項）。

過去問 ＊19

単体飼料の製造に使用するとうもろこしで，その輸入の許可の日から1年以内に税関長の承認を受けた製造工場で製造が終了するものについては，関税定率法第13条第1項（製造用原料品の減税又は免除）の規定により，とうもろこしの関税の一部が軽減される。(H22)
× 一部軽減ではなく，関税が免除される。
（スピマス類題→第3章⑬⑭）

【製造用原料品の免税の対象となる輸入原料品及び製品】 ＊19

輸入原料品	製品
こうりゃんその他のグレーンソルガム，とうもろこし，ライ麦，バナナの粉，砂糖（一定のものに限る），糖みつ，カッサバ芋又は甘しょ生切干（カッサバ芋及び甘しょ生切干にあっては，粉状又はペレット状にしたものを含む）	配合飼料
こうりゃんその他のグレーンソルガム又はとうもろこし	単体飼料
落花生	落花生油

5 輸出貨物の製造用原料品の減税，免税又は戻し税（定率法19条）

特定の原料品を輸入し，税関長の**承認を受けた製造工場**において**特定の製品**を製造し，当該製品を輸出する場合に，関税の免除，軽減又は払戻しを行う制度である（19条1項）。

製造用原料品の減免税（定率法13条）の制度と同様の趣旨であり，13条の規定がほぼ準用されるが，製品を輸出する必要がある点が異なっている。試験対策としては，細部にこだわる必要はないが，以下の点には注意しておいてほしい。

【要件の注意点と対象貨物の例】

	輸入原料品	製品	適用の要件
免税	綿実油	魚介類の缶詰	輸入許可の日から2年以内に輸出
減税	でん粉	ビタミンC	輸入許可の日から2年以内に輸出
戻し税	砂糖	ジャム	製品を**輸出**[20]

⑥　外国で採捕された水産物等の減税又は免税（定率法14条の3）

(1)　免税

次の貨物で輸入されるものについては，その関税を免除する[21]（14条の3第1項）。

① 本邦から出漁した本邦の船舶によって外国で採捕された水産物

② 本邦から出漁した本邦の船舶内において当該水産物に加工し，又はこれを原料として製造して得た製品

(2)　減税

本邦から出漁した本邦の船舶内において，外国の船舶によって採捕された水産物に**加工**し，又はこれを原料として製造して得た製品のうち政令で定めるもので輸入されるものについては，その関税の額と当該水産物が加工又は製造前の性質及び数量により輸入されるものとした場合における関税の額との差額以内において，その関税を軽減することができる[21]（14条の3第2項）。

第2編　関税定率法等

着眼点[20]

戻し税の場合，再輸出期間は特に制限されていないことに注意。

着眼点[21]

本邦船舶が採捕→免税
外国船舶が採捕→減税
の対象となることに注意しておこう。

7 外交官用貨物等の免税（定率法16条）

　本邦にある外国の大使館，公使館，領事館等の機関に属する公用品やこれらの機関の職員（外交官）及びその家族に属する自用品について，国際慣行尊重の見地から関税を免除する制度である（定率法16条1項）。

　あまり細かい知識は必要ないが，試験対策として以下の点には注意しておいてほしい。

　関税の免除を受けた貨物のうち，**以下のものに限り**[*22]，その輸入の許可の日から**2年以内**に関税の免除を受けた用途以外の用途に供された場合においては，その供させた者から，免除を受けた関税を**直ちに徴収**する（16条2項，施行令28条）[*23]。

① **自動車**
② **一定のアルコール飲料等**
③ **たばこ及び製造たばこ代用品**

　また，本邦に派遣された外国の大使等又はその家族が，輸入の許可の日から2年以内に本邦においてその**職又はその地位から離れた後**，上記①から③の貨物を引き続きその**個人的な使用**に供するときは，その**関税を徴収しない**（29条）。

8 航空機部分品等の免税（暫定措置法4条）

　本邦の航空運送事業の発展及び宇宙開発事業の促進を図るために認められる制度である。次に掲げる物品のうち，**本邦において製作する**ことが**困難**と認められるもので，政令で定めるものについては，その関税を**免除**する（暫定措置法4条）。

① 航空機に使用する部分品
② 税関長の承認を受けた工場において航空機及びこれに使用する部分品の製作に使用する素材
③ **人工衛星**，人工衛星打上げ用ロケット，これらの打上げ及び追跡に使用する装置その他の宇宙開発の用に供する物品
④ 税関長の承認を受けた工場において③に掲げる物品の製作に使用する素材

着眼点 *22

　例えば，旅行バッグについて用途外使用を行っても，関税は徴収されない。

発展 *23

　使用により価値の減少があった場合においては，変質，損傷等の場合の減税（10条1項）の規定に準じてその関税を軽減することができる。

242

この場合における**輸入申告**は，当該申告に係る物品を使用する者の名をもってしなければならない（限定申告者，施行令8条2項）。

⑨　軽減税率（定率法20条の2，暫定措置法9条）

軽減税率は，特定の輸入貨物について，特定の用途に供する場合に限り，通常よりも低い税率を設定する制度である（定率法施行令57条，暫定措置法施行令32，33条）。例えば，ミルク及びクリームについて，学校給食用又は配合飼料の製造用に供する場合，軽減税率の規定の適用を受けることができる。

軽減税率の規定の適用を受ける場合の輸入申告は，当該輸入貨物を使用する者，配分する者または販売する者の名をもってしなければならない（限定申告者，定率法施行令58条3項，暫定措置法施行令33条3項）。

また，軽減税率の制度は国民経済上有用な用途に使用することを前提とするものであるから，貨物の輸入許可の日から2年以内に定められた用途以外の用途に供し，又は供するため譲渡してはならないとされている*24（定率法20条の2第2項，暫定措置法10条）。貨物をその軽減税率の適用を受けた用途以外の用途に供し，若しくはその用途以外の用途に供するため譲渡したときは，これらの場合に該当することとなった者から，関税を直ちに徴収する*25（定率法20条の2第3項，暫定措置法11条2号）。

【担保提供の規定がある減免税制度】

次に掲げる規定の適用を受けて，関税を軽減し，又は免除する場合においては，税関長はその軽減又は免除に係る関税の額に相当する担保を提供させることができる*26。

・製造用原料品の減免税（定率法13条1項）
・再輸出免税（17条1項）
・再輸出減税（18条1項）
・輸出貨物の製造用原料品の減税又は免税（19条1項）

発展 *24

航空機部分品等の免税（暫定措置法4条）についても，同様の使用制限及び関税の徴収に関する規定が設けられている（10条，11条1号）。

発展 *25

徴収額は，特定の用途に供することを要件としない税率により計算した関税の額と当該軽減税率により計算した関税の額との差額に相当する額である。

過去問 *26

関税定率法第15条第1項(特定用途免税)の規定の適用を受けて関税を免除する場合においては，税関長がその免除に係る関税の額に相当する担保を提供させることができる。（H10）
×　担保に関する規定がないため，できない。（スピマス類題→第3章⑮）

【限定申告者となる場合】

　次に掲げる関税の免税制度の適用を受けるためには，政令で特定されている者の名をもって輸入申告を行うことが要件とされている（限定申告者）。

- ・製造用原料品の減免税（13条1項）
- ・**身体障害者用に特に製作された器具等の無条件免税**（14条16号）
- ・特定用途免税（15条1項各号）
- ・輸出貨物の製造用原料品の減税，免税又は戻し税（19条1項）
- ・内貨原料品による製品の輸出に係る振替免税（19条の2第1項）
- ・**軽減税率**（20条の2，暫定措置法9条）
- ・**航空機部分品等の免税**（暫定措置法4条）

復習テスト

1　再輸出免税（定率法17条）

① 要件，効果（イ及びロに適切な語句を挿入）

　　一定の貨物で輸入され，その輸入の許可の日から原則として（　イ　）以内に輸出されるものについては，その関税を（　ロ　）する。

② 対象貨物

　　イ　学術研究用品は新規の発明に係るものである必要はあるか？

　　ロ　見本には製作のための見本は含まれるか？

③ 手続が必要となる場面は？

2　輸入時と同一状態で再輸出される場合の戻し税等（定率法19条の3）

① 輸出に代えて廃棄する場合に払戻しを受けることができるか？

② 輸入時の手続（イからニに適切な語句を挿入）

　　（　イ　）の際に，定率法19条の3第1項の規定の適用を受けようとする旨，当該貨物の再輸出の（　ロ　）及び予定地並びに（　ハ　）及び形状その他その再輸出の（　ニ　）のため必要な事項を記載した書面を税関長に提出する。

3　違約品等の再輸出又は廃棄の場合の戻し税等（関税定率法20条）

① 「返送」以外の輸出による払戻しを受けることができる貨物は？

② 輸入申告の際に届出等の手続が必要か？

4　再輸入貨物の無条件免税（関税定率法14条10号）

① 再輸入期間に制限あるか？

② 輸出の際，確認の手続が必要か？

5　加工又は修繕のため輸出された貨物の減税（関税定率法11条）

① 要件，効果（イからニに適切な語句を挿入）

　　加工又は修繕のため本邦から輸出され，その輸出の許可の日から原則として（　イ　）以内に輸入される貨物（（　ロ　）のためのものについては，本邦においてその（　ロ　）をすることが困難であると認められるものに限る）については，当該輸入貨物の関税の額に，当該貨物が輸出の許可の際の（　ハ　）により輸入されるものとした場合の（　ニ　）の当該輸入貨物の（　ニ　）に対する割合を乗じて算出した額の全額において，その関税を軽減す

ることができる。

② 手続→輸出の際，確認が必要か？

6 加工又は組立てのため輸出された貨物を原材料とした製品の減税（暫定措置法8条）（①及び②に適切な語句を挿入）

暫定措置法8条の規定により関税の軽減を受ける場合の加工又は組立ては，本邦において困難なものである必要が（　①　）。また，輸入する製品は，（　②　）の規定の適用を受ける物品以外のものである必要がある。

7 変質，損傷等の場合の減税又は戻し税等（関税定率法10条）（イからニに，A課税価格を減額する，B関税を軽減する，C関税を払い戻すのうちいずれかを挿入）

① 輸入申告までに変質，損傷があった場合は，（　イ　）。ただし，従量税品の場合には，（　ロ　）方法による。

② 輸入申告後輸入の許可前に変質，損傷があった場合は，（　ハ　）ことができる。

③ 輸入許可後引き続き，保税地域等に置かれている間に，災害等により滅失，変質又は損傷があった場合は，（　ニ　）ことができる。

8 特定用途免税（関税定率法15条）（①から③に適切な語句を挿入）

関税の免除を受けた貨物がその輸入の許可の日から（　①　）以内に関税の免除を受けた用途以外の用途に供され，又は当該用途以外の用途に供するため（　②　）された場合においては，当該用途以外の用途に供し，又は当該（　③　）者から，免除を受けた関税を，直ちに徴収する。

9 製造用原料品の減免税（関税定率法13条）（①～④に適切な語句を挿入）

飼料の製造に使用するとうもろこし，落花生油の製造に使用する落花生等の原料品で輸入され，その輸入の許可の日から（　①　）以内に，税関長の（　②　）を受けた製造工場で製造が終了するものについては，その関税を軽減し，又は免除する。

税関長は，その軽減又は免除に係る関税の額に相当する（　③　）を提供させることができる。また，当該原料品の輸入申告は，当該製造工場の（　②　）を受けた（　④　）の名をもってしなければならない。

10 外交官用貨物等の免税

用途外使用等の場合，関税を徴収されるものは？（3種類）

11 次の規定の適用を受けようとする場合において，

① 税関長が担保を提供させることができるものは，次のイ～ホのうちのどれか？

② 特定の者の名をもって輸入申告を行わなければならないものは，次のイ～ホのうちのどれか？

イ　関税定率法第10条１項（変質、損傷等の場合の減税）

ロ　関税定率法第13条１項（製造用原料品の減免税）

ハ　関税定率法第14条６号（注文の取集めのための見本の無条件免税）

ニ　関税定率法第17条１項（再輸出免税）

ホ　関税暫定措置法第９条（軽減税率）

【解 答】

1 ①イ　1年　　ロ　免除

②イ　不要　　ロ　含まれる

③　輸入申告の際，輸出申告の際，輸出後

2 ①　できない

②イ　輸入申告　　ロ　予定時期　　ハ　性質　　ニ　確認

3 ①　輸入後において法令又は法令に基づく処分によりその販売若しくは使用又はそれを用いた製品の販売若しくは使用が禁止されるに至ったため輸出することがやむを得ないと認められる貨物

②　不要（ただし，輸入の許可の日から原則として6月以内に保税地域等に搬入する必要がある。なお，再輸出期間については，規定されていない。）

4 ①　ない　　②　輸出の際，確認は不要

5 ①イ　1年　　ロ　加工　　ハ　性質及び形状　　ニ　課税価格

②　必要

6 ①　ない　　②　特恵関税

7 イ　A　　ロ　B　　ハ　B　　ニ　C

☆　**無条件免税（関税定率法14条）**

以下の点を中心に，復習しておこう。

①　注文の取集めのための見本→再輸出免税（17条）と比較

②　博覧会用パンフレット等→特定用途免税（15条）と比較

③　携帯品，別送品→15条，17条と比較

④　無条件免税の対象貨物は，身体障害者用に特に製作された器具等を除き，限定申告者とされていないこと

8 ①　2年　　②　譲渡　　③　譲渡した

☆　この他，対象貨物のうち，特に，学術研究用品（→寄贈品か否かで比較，17条と比較），自動車，船舶，航空機について，要件を確認しておこう。

9 ①　1年　　②　承認　　③　担保　　④　製造者

10 ①　自動車

②　一定のアルコール飲料等

③　たばこ及び製造たばこ代用品

11 ①ロ，ニ　　②ロ，ホ

第4章

特恵関税制度

 出題傾向

項目	H28	H29	H30	R1	R2	R3	R4	R5
1 特恵関税制度の考え方								
2 対象国，地域			○	○	○			
3 対象品目，税率	○	○						○
4 適用停止								
5 原産地	○	○	○	○	○	○	○	○
6 本邦への運送の要件	○	○	○	○	○			○

本章のポイント

　特恵関税制度は，一定の開発途上国を原産地とする貨物について，非常に有利な税率（特恵税率）を適用することにより，開発途上国を支援しようとするものである。

　その一方で，本邦の産業に対しても配慮を行う必要があり，特恵関税制度の学習は，両者のバランスを意識して進めていくのがよい。

　本試験では毎年出題されており，択一式，複数選択式はもちろん，語群選択式で出題される可能性もある。特に，原産地に関する項目は重要である。一部に難しい項目もあるが，基本的な知識を押さえれば十分解答できる場合が多い。得点源にしてほしい。

1 特恵関税制度の考え方

　特恵関税制度は，**開発途上国の輸出所得の増大**を図り，その工業化と経済発展を促進しようとするものである。そのために，開発途上国を原産地とする貨物について，通常の場合よりも低い税率（特恵税率）を適用することとしている（暫定措置法8条の2）。

　その一方で，同一分野の貨物を生産する**本邦の産業に対しても配慮**を行う必要があるため，特恵関税の対象となる地域，貨物は一定の範囲に制限されている他，特恵関税の適用が停止される場合についても定められている。

【特恵関税制度の趣旨】

開発途上国を支援	**本邦の産業を保護**
↓	↓
開発途上国からの 輸入量の増大を図る	◆対象国，地域を限定 　**→特恵受益国等**
↓	◆**対象貨物**を限定
有利な税率（**特恵税率**）を適用	◆**適用停止**制度

2 対象国，地域

1 特恵受益国等

　特恵関税制度の対象となる国，地域は，一定の要件を満たすものに限られている（特恵受益国等）（暫定措置法8条の2第1項，施行令25条1項）。特恵受益国等[*1]とは，経済が開発の途上にある国（固有の関税及び貿易に関する制度を有する地域を含む）であって，関税について特別の便益を受けることを希望するもののうち，当該便益を与えることが適当であるものとして政令で定めるものをいう。

*1

128ヶ国及び5の地域（2019年4月時点）が定められている。例として，インドネシア，アルゼンチン，エジプト等がある。

250

❷　特別特恵受益国

特別特恵受益国[*2]とは，特恵受益国等のうち，国際連合総会の決議により後発開発途上国とされている国で特恵関税について特別の便益を与えることが適当であるものとして政令で定める国をいう（暫定措置法８条の２第３項，施行令25条３項）。特に支援の必要性が高い国について，より有利な形で特恵関税による便益の適用が行われている。

発展　*2

エチオピア，アフガニスタン，バングラデシュ，モザンビーク等，46ヶ国（2019年４月時点）が指定されている。

【特恵関税の対象国，地域】

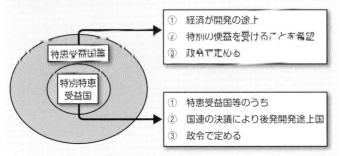

① 経済が開発の途上
② 特別の便益を受けることを希望
③ 政令で定める

① 特恵受益国等のうち
② 国連の決議により後発開発途上国
③ 政令で定める

3　対象品目，税率　★★

❶　特恵受益国等の場合（一般特恵関税）

原産地が特別特恵受益国以外の特恵受益国等である場合，特恵関税の対象となる品目及び適用される税率については，**農水産品**の場合と**鉱工業産品**の場合に区分して規定されている。

(1)　農水産品

開発途上国の工業発展に重点を置く特恵関税制度の趣旨及び国内の農水産業保護の観点から，農水産品については，国内産業に対する影響が比較的少ない**品目のみ**，暫定措置法**別表第２**にリストアップしている（２類から23類までの一部の物品）。**税率**については，別表第２において**品目ごとに定めること**としている[*1]。

発展　*1

具体的には，特恵税率以外の税率を適用した場合（以下「一般税率」という）と比較して，５％から100％引き下げたものになっている。

第２編　関税定率法等

(2) 鉱工業産品

　特恵関税制度の趣旨からは，鉱工業産品については全ての品目を対象とし，適用税率も無税とすることが望ましいが，国内産業保護の観点から，次のように規定している。

① 暫定措置法別表第4に掲げる物品

　政策的な配慮から，**別表第4**（特恵関税例外品目表）に掲げる物品は，対象品目から除外されている[*2]。

② 暫定措置法別表第5に掲げる物品

　特別特恵受益国を原産地とする場合（特別特恵関税）において，適用の対象外とされているものである。**別表第5**（特別特恵関税例外品目表）に規定するこれらの物品については，一般特恵関税の対象品目からも除外されている[*3]。

③ 暫定措置法別表第3に掲げる物品

　本邦の産業保護の観点から，**別表第3**に掲げる物品については，特恵関税の対象品目ではあるが，その税率について，全て無税とするのではなく，品目ごとに一般税率に一定の係数を乗じたものとしている。

　　例：原皮，毛皮（×0.2)，鉛の塊（×0.4)，ニッケルの
　　　　塊（×0.6)，卵白，花火（×0.8)　等

④ その他の鉱工業産品

　別表第3，第4，第5に掲げる鉱工業産品**以外**のものについては，特恵税率は全て**無税**とされている。

*2

　例として，塩，揮発油，灯油，一定の綿織物，一定の履物等がある。

*3

　例として，ぶり，海草等の水産物，米，革製の衣類及び衣類付属品，一定の履物等がある。

【特恵関税の対象品目と税率】＊4

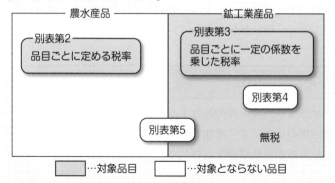

過去問 ＊4

農水産物に係る特恵関税の税率は，基本税率，協定税率及び暫定税率のうちいずれか低いものの2分の1である。（H15）
× 別表第2において品目ごとに定める税率である。（スピマス類題→第3章⑯）

農水産品	対象品目	別表第2に掲げる物品	
	適用税率	別表第2に定める税率 （一般税率を5%から100%引き下げたもの）	
鉱工業産品	対象品目	別表第4，第5以外のもの	
	適用税率	① 別表第3（特定鉱工業産品等） ：一般税率に4段階の係数を乗じた税率 ② 別表第3，第4，第5以外 ：無税	

(3) 国別品目別特恵適用除外措置（卒業条項）

　一の特恵受益国等を原産地とする物品のうち，その国際競争力の程度その他の事情を勘案して適当でないと認められるものがある場合においては，当該物品の原産地である特恵受益国等及び当該物品を指定し，当該物品について特恵関税についての便益を与えないことができる（8条の2第2項，施行令25条2項）。

② 特別特恵受益国の場合（特別特恵関税）

　原産地が特別特恵受益国である場合（特別特恵関税の場合）には，一般特恵関税の場合と比較して，より強い優遇措置が与えられている（暫定措置法8条の2第1項，3項）。

　対象となる物品は，農水産品，鉱工業産品ともに，別表第5（特別特恵関税例外品目表）に掲げる物品以外のものである。

また，対象物品について適用される税率は，全て無税である。別表第2に掲げる農水産品や別表第3に掲げる鉱工業産品についても，一律に無税とされている。

4 適用停止 ☆

特恵受益国等を原産地とする特恵関税の対象物品の**輸入が**特恵税率の適用により**増加**し，その輸入が，これと**同種**の物品その他**用途が直接競合**する物品の生産に関する本邦の産業に損害を与え，又は与えるおそれがあり，当該本邦の産業を保護するため緊急に必要があると認められるときは，物品及び期間並びに必要があるときは国又は地域を指定し，特恵関税の適用を停止することができる（**エスケープ・クローズ方式**[*1]，暫定措置法8条の3）。

現在，限度額等を設けて適用停止を行う方式は行われておらず，特恵関税及び特別特恵関税は，全てエスケープ・クローズ方式により適用停止が行われることとなっている。

5 原産地 ☆☆☆

1 原産地の認定

(1) 完全生産品

特恵関税の適用を受けることができるのは，特恵受益国等を原産地とする物品に限られているため，特恵関税制度においては，原産地を認定するための基準が設けられている。

一の国又は地域において完全に生産された物品については，これらの物品が採取，収穫等された国又は地域を原産地とする（施行令26条1項1号）。

【完全に生産された物品の指定】（施行規則8条）

①　一の国又は地域において採掘された鉱物性生産品

②　一の国又は地域において収穫された植物性生産品 *1

③　一の国又は地域において生まれ，かつ，成育した動物（生きているものに限る） *2

④　一の国又は地域において動物（生きているものに限る）から得られた物品

⑤　一の国又は地域において狩猟又は漁ろうにより得られた物品

⑥　一の国又は地域の船舶により公海並びに本邦の排他的経済水域の海域及び外国の排他的経済水域の海域で採捕された水産物

⑦　一の国又は地域の船舶において前号に掲げる物品のみを原料又は材料として生産された物品

⑧　一の国又は地域において収集された使用済みの物品で原料又は材料の回収用のみに適するもの

⑨　一の国又は地域において行なわれた製造の際に生じたくず

⑩　一の国又は地域において前各号に掲げる物品のみを原料又は材料として生産された物品

過去問 *1

一の特恵受益国において収穫された植物性生産品は，当該特恵受益国の原産品である。（H23）
○　（スピマス類題→第3章⑯）

過去問 *2

一の特恵受益国において生まれ，特恵受益国以外の国で成育した生きている牛は，当該一の特恵受益国の原産品である。（H26）
×　特恵受益国の原産品とはならない。（スピマス類題→第3章⑯）

第2編　関税定率法等

(2)　実質加工品

特恵対象物品の製造が，複数の国又は地域を通じて行われた場合には，実質的な変更の有無により原産地を認定する。すなわち，一の国又は地域において，**完全生産品以外の物品**をその原料又は材料の全部又は一部としてこれに実質的な変更を加える加工又は製造（製品の該当する関税定率法別表の項が原料又は材料の該当する同表の項と異なることとなる加工又は製造 *3）により生産された物品については，これらの物品が**生産された国又は地域を原産地**とする（施行令26条1項2号）。

発展 *3

ただし，項が異なることとなる場合であっても，輸送又は保存のための乾燥，冷凍，単なる混合等の簡単な加工のみを行った場合には，実質的な変更はないものとして扱われる（施行規則9条）。

【実質的な変更を加える加工又は製造】

注意すべきなのは，特定の物品については，**項が異なることとなるか否かではなく**，施行規則別表に定める特定の加工又は製造を行った場合に限り，「実質的な変更を加える加工」として認められるということである[*4]（原産品としての資格を与えるための条件，施行規則別表）。

着眼点 *4

例えば，特恵受益国でないA国において収穫されたこんにゃく芋（12類）を原料として特恵受益国であるB国において製造されたこんにゃく（21.06項）については，項が異なることとなるが，B国の原産品とは認定されない（施行規則別表）。

発展 *5

糸→織物類又は編物→衣類等という工程を経るので，「紡織用繊維の糸からの製造」であっても，原産品としての資格が与えられる。

【原産品としての資格を与えるための条件（例）】

物品	原産品としての資格を与えるための条件
肉，魚又は甲殻類，軟体動物若しくはその他の水棲無脊椎動物の調製品（例：魚肉ソーセージ，16類）	1類，2類，3類，5類又は16類に該当する物品**以外の**物品からの製造
ココア調製品（18類のもので，18.01項，18.02項又は18.06項以外のもの，例：ココア粉（18.05項））	**カカオ豆からの製造**
スパゲッティ，マカロニ等（19.02項）	10類，11類又は19類に該当する物品**以外の**物品からの製造
こんにゃく（21.06項）	12類又は21類に該当する物品**以外の**物品からの製造
衣類及び衣類附属品（メリヤス編み又はクロセ編みのもの，61類）	**紡織用繊維の織物類又は編物から**[*5]の製造

また，**50類から63類**までに該当する物品（紡織用繊維及びその製品）については，その生産に使用された**非原産品の総重量**が当該物品の総重量の**10％以下**の場合には，実質的な変更を加える加工又は製造に該当するか否かは考慮しない（施行規則9条2項）。すなわち，10％以下の場合には当該特恵受益国等の原産品として認める。

(3)　自国関与品

特恵対象物品が本邦から輸出された物品をその原料又は材料として生産された物品（**自国関与品**）である場合には，原則として，当該本邦から輸出された物品を完全生産品とみなして，原産地の認定を行う[*6]（施行令26条2項）。

例えば，本邦から輸出された物品をその原料の全部として，A国（特恵受益国）で生産された物品については，**実質的な変更の有無を問わず**，A国を原産地として認定することになる。

(4)　累積原産地制度

インドネシア，フィリピン，及びベトナムの3ヶ国（「東南アジア諸国」）のうちの一の国から本邦へ輸出される物品で当該物品の生産が東南アジア諸国のうち二以上の国（当該物品を本邦へ輸出する国を含む場合に限る）を通じて行われたものについては，東南アジア諸国を一の国とみなして，原産地を認定する（26条3項）。東南アジア諸国の経済発展を図るために，特に認められたものである。

この場合においては，当該物品の生産を行い，かつ**本邦へ輸出する国**が，当該物品の原産地とされる。当該本邦へ輸出する国において，実質的な変更を加える加工又は製造を行ったかどうかは問われない。

発展 *6

例外として，暫定措置法施行令別表第2に掲げる物品が生産された場合には，自国関与品の規定は適用されない。別表第2に掲げる物品には，次のようなものがある。
① 皮革（41類）
② 革製品（42類）
③ 毛皮製品（43類）
④ 46類（組物材料の製品等）の物品のうちプラスチック製のもの
⑤ 一定の履物
⑥ 一定の帽子

2 原産地証明書（特恵原産地証明書）

(1) 特恵原産地証明書の提出の要否

　特恵受益国等を原産地とする物品（以下「特恵受益国等原産品」という）について，特恵関税の規定の適用を受けようとする者は，当該物品が特恵受益国原産品であることを証明した書類（特恵原産地証明書）を税関長に提出しなければならない[*7]（施行令27条1項，4項，5項，28条，29条）。ただし，次に掲げる物品については，提出の必要はない。

　① 税関長が物品の種類又は形状によりその原産地が明らかであると認めた物品

　② 課税価格の総額が20万円以下の物品（①を除く）[*8]

　③ **特例申告貨物**である物品（特恵受益国原産品であることを確認するために提出の**必要があると税関長が認めるもの**及び①，②を除く）

(2) 発給機関，様式

着眼点 [*7]

　協定税率に係る原産地証明書の場合と混同しないよう，注意しよう。また，特恵原産地証明書についての規定は，そのほとんどが，経済連携協定の規定に基づく原産地証明書に準用されている（関税法施行令61条1項2号等）。

発展 [*8]

　②の物品の原産地は，物品の種類，商標等又は仕入書等の書類に記載されている原産地に関する事項により税関長が認定する（暫定措置法施行令27条2項）。

258

原産地証明書は，その証明に係る物品の輸出の際（税関長がやむを得ない特別の事由があると認める場合には，輸出後その事由により相当と認められる期間内）に，当該物品の輸出者の申告に基づき**原産地の税関**（税関が原産地証明書を発給することとされていない場合には，原産地証明書の発給につき権限を有するその他の官公署又は商業会議所その他これに準ずる機関で，税関長が適当と認めるもの）**が発給**したものでなければならない。

原産地証明書の様式は，**財務省令で定める**[*9]。

(3)　原産地証明書の提出時期

原産地証明書は，その証明に係る物品についての**輸入申告に際し**[*10]税関長に提出しなければならない。ただし，災害その他やむを得ない理由によりその際に提出することができないことについて税関長の承認を受けたとき，又はその際に提出することができないことについて，当該物品につき輸入許可前引取承認を受けることを条件として税関長の承認を受けたときは，この限りでない。

(4)　原産地証明書の有効期間

原産地証明書は，その証明に係る物品についての**輸入申告**[*11]**の日**において，その発給の日から1年以上を経過したものであってはならない。ただし，災害その他やむを得ない理由によりその期間を経過した場合において，税関長の承認を受けたときは，この限りでない。

③　特恵受益国等原産品であることの確認

税関長は，輸入申告がされた貨物について，暫定措置法8条の2第1項又は3項（特恵関税等）の規定による関税についての便益を適用する場合において，当該貨物が**特恵受益国等原産品であるかどうかの確認**をするために必要があるときは，次に掲げる方法によりその確認をすることができる（8条の4第1項）。

①　当該貨物を**輸入する者**に対し，当該貨物が特恵受益国等

着眼点 [*9]

各特恵受益国が定める「適宜の様式」ではないことに注意。

発展 [*10]

蔵入れ申請等がされた物品については，当該蔵入れ申請等に際して，また郵便物については検査その他郵便物に係る税関の審査の際に提出する。

発展 [*11]

蔵入れ申請等がされた物品については，当該蔵入れ申請等に際しておいて，郵便物にあっては，提示の日において1年以上を経過したものであってはならない。

原産品であることを明らかにする**資料の提供を求める**方法

②　特恵受益国等の**権限ある当局**（特恵受益国等から輸出される貨物が特恵受益国等原産品であることを証明する書類の発給に関して権限を有する機関をいう。以下同じ。）又は当該貨物の**輸出者若しくは生産者**に対し，当該貨物について**質問**し，又は当該貨物が特恵受益国等原産品であることを明らかにする**資料の提供を求める**方法

③　その職員に，当該貨物の**輸出者又は生産者**の事務所その他の必要な場所において，その者の**同意**を得て，**実地**に書類その他の物件を**調査させる**方法

④　特恵受益国等の**権限ある当局**に対し，当該特恵受益国等の権限ある当局が当該貨物の**輸出者又は生産者**の事務所その他の必要な場所において行う**検査**に，その者の**同意**を得て，**我が国の税関職員を立ち会わせ**，及び当該検査において収集した**資料を提供することを求める**方法

2　**②の質問又は求め**は，当該質問又は求めを受けた者が当該質問に対する回答又は当該求めに係る資料の提供をすべき相当の期間を定めて，書面をもってするものとする（8条の4第2項）。

3　税関長は，その職員に**③の調査**をさせようとするときは，特恵受益国等が当該調査に同意するかどうかを回答すべき相当の期間を定めて，書面によりその旨を通知するものとする（8条の4第3項）。

4　**④の求め**は，特恵受益国等の権限ある当局が当該求めに応ずるかどうかを回答すべき相当の期間を定めて，書面をもってするものとする（8条の4第4項）。

5　税関長は，次のいずれかに該当する場合においては，特恵関税についての便益の適用を受けようとする貨物について，当該便益を与えないことができる（8条の4第5項）。

一　当該貨物が当該便益の適用を受けるための要件を満たしていないとき

二　当該貨物を**輸入する者**が当該便益の適用を受けるために

必要な手続をとらないとき

三　1②の質問又は求めを行った場合において，当該質問又
　　は求めを受けた者が，2により定めた期間内に，当該質問
　　に対する回答若しくは当該求めに係る資料の提供をしない
　　とき，又は当該質問に対する回答若しくは当該求めに対し
　　提供した資料が十分でないとき

四　3の通知をした場合において，特恵受益国等又は当該通
　　知に係る貨物の輸出者若しくは生産者が1③の調査を拒ん
　　だとき，又は3の規定により定めた期間内に当該通知に対
　　する回答をしないとき

五　1④の求めを行った場合において，特恵受益国等の権限
　　ある当局が，当該求めを拒んだとき，4の規定により定め
　　た期間内に当該求めに対する回答をしないとき，当該求め
　　に係る資料の提供をしないとき，又は当該求めに対し提供
　　した資料が十分でないとき

6　税関長は，1の規定による**確認をしたとき**は，その結果の
　内容（その理由を含む。）を当該確認に係る貨物を**輸入する
　者に通知**するものとされている（8条の4第6項）。

Ｏ　本邦への運送の要件　☆☆☆

　特恵受益国等原産品が当該特恵受益国等以外の地域（非原産
国）を経由する場合には，原産地の認定が困難となってしまう
ことがある。したがって，特恵関税の規定が適用されるのは，
原則として，原産地である特恵受益国等から非原産国を経由し
ないで本邦へ向けて直接に運送される物品に限られている（施
行令31条1項1号）。

　ただし，次の物品については，例外的に特恵関税の適用を認
めている。

①　運送上の理由による積替え及び一時蔵置以外の取扱いが
　　されなかったもの

②　非原産国における一時蔵置又は博覧会等への出品のため

輸出された物品で，その**輸出をした者により**当該非原産国から本邦に輸出されるもの

上記①及び②に掲げる物品について特恵関税の規定の適用を受けようとする者は，当該物品についての**輸入申告**に際し，一定の書類（**運送要件証明書**）を提出しなければならない[*1]。ただし，課税価格の総額が20万円以下の物品又は特例申告貨物については，提出は**不要である**[*2]。

✉ 発展 [*1]

運送要件証明書として，次のいずれかの書類を提出する。
① 通し船荷証券の写し
② 非原産国の税関その他の権限を有する官公署が発給した証明書
③ これらの書類以外の書類で税関長が適当と認めるもの

✉ 発展 [*2]

運送の要件及び運送要件証明書についての規定は，経済連携協定における便益（EPA税率）を適用する場合にも準用されている。

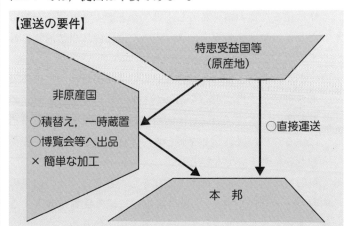

【運送の要件】

特恵受益国等
（原産地）

非原産国
○積替え，一時蔵置
○博覧会等へ出品
× 簡単な加工

○直接運送

本　邦

復習テスト

1 特恵関税が適用される国又は地域（①から④に適切な語句を挿入）

　　特恵受益国等とは，経済が（　①　）にある国等であって，関税について特別の（　②　）を受けることを希望するもののうち，当該（　②　）を与えることが適当であるものとして政令で定めるものをいう。

　　特別特恵受益国とは，（　③　）のうち，（　④　）の決議により後発開発途上国とされている国で特恵関税について特別の便益を与えることが適当であるものとして政令で定める国をいう。

2 特別特恵関税（特別特恵受益国を原産地とする場合）の

　① 対象品目

　② 税率

3 特恵関税の適用停止（エスケープ・クローズ方式）（①から⑤に適切な語句を挿入）

　　特恵受益国等を原産地とする特恵関税の対象物品の輸入が特恵税率の適用により（　①　）し，その輸入が，これと同種の物品その他（　②　）が直接競合する物品の生産に関する（　③　）に損害を与え，又は与えるおそれがあり，当該（　③　）を保護するため（　④　）必要があると認められるときは，物品及び（　⑤　）並びに必要があるときは国又は地域を指定し，特恵関税の適用を停止することができる。

4 特恵原産地証明書

　　提出不要となる場合は？（3つ）

5 特恵受益国原産品であって，非原産国を経由して本邦へ向けて運送される物品について，特恵関税の規定が適用される場合は？（2つ）

【解　答】

1　①　開発の途上　　②　便益　　③　特恵受益国等　　④　国際連合総会

2　①　農水産品，鉱工業産品ともに，別表第5に掲げる物品以外のもの

　　②　全て無税

　☆　一般特恵関税（特恵受益国等を原産地とする場合）についても見直しておこう。

3　①　増加　　②　用途　　③　本邦の産業　　④　緊急に　　⑤　期間

4　①　税関長が物品の種類又は形状によりその原産地が明らかであると認め
　　　た物品

　　②　課税価格の総額が20万円以下の物品

　　③　特例申告貨物である物品

　☆　発給機関と様式，提出時期，有効期間についても，確認しておこう。

5　①　その原産地である特恵受益国等から非原産国を経由して本邦へ向けて
　　　運送される物品で，当該非原産国において運送上の理由による積替え及
　　　び一時蔵置以外の取扱いがされなかったもの

　　②　その原産地である特恵受益国等から非原産国における一時蔵置又は博
　　　覧会，展示会その他これらに類するもの（博覧会等）への出品のため輸
　　　出された物品で，その輸出をした者により当該非原産国から本邦に輸出
　　　されるもの

　☆　原産地の認定について，以下の項目について確認しておこう。

　　①　完全生産品とは？

　　②　実質加工品の場合の原産地認定基準

　　③　自国関与品の場合の原産地認定基準

　　④　累積原産地制度の内容

第5章

電子情報処理組織による輸出入等
関連業務の処理等に関する法律（NACCS法）

出題傾向

項目	H28	H29	H30	R1	R2	R3	R4	R5
1 趣旨及び定義		○						
2 電子情報処理組織による税関手続	○	○	○	○	○	○		○
3 通関士の審査				○	○	○		○

本章のポイント

　我が国において，国際貿易の発展には目覚しいものがあり，輸出入貨物も膨大なものとなっている。さらに近年においては，国際競争力の強化のため，貿易関係省庁のシステムを統合し，一体的な運営を行うことが望ましい。そこで現在，電子情報処理組織（NACCS）を使用した輸出入等関連手続を迅速に処理するためのシステムが整備されている。これらについて規定しているのが「電子情報処理組織による輸出入等関連業務の処理等に関する法律（NACCS法）」である。

　NACCS法は，通関士試験においては，択一式又は複数選択式で1問出題されることが多く，語群選択式は出題されていない。細部にはこだわらず，基礎的な項目が出題された場合には確実に得点するようにしてほしい。

1 NACCS法の趣旨

　例えば輸入申告を行う場合，輸入申告書を書面で作成して税関窓口で提出する代わりに，コンピューター（電子計算機）入力によって行えば，より迅速に手続を進めることができる。このようなことを実現するために，整備されているのが，電子情報処理組織（NACCS[*1]）である。現在，さらなる国際化に対応するため，従来電子情報処理組織による税関手続の中核を担ってきた「独立行政法人通関情報処理センター」が廃止され，「輸出入・港湾関連情報処理センター株式会社」となり，貿易関係省庁の電子情報処理組織のシステムをさらに拡大，統合した形で業務が行われている。

　電子情報処理組織による輸出入等関連業務の処理等に関する法律（NACCS法）は，電子情報処理組織による**税関手続その他の輸出入等に関連する手続の迅速かつ的確な処理に資する事項及び輸出入・港湾関連情報処理センター株式会社**の業務の適正な運営を確保するために必要な措置を定めることにより，我が国の港湾及び空港における貨物の流通及び人の往来の円滑化を図り，もって我が国の産業の国際競争力の強化に寄与することを目的とする（NACCS法1条）。

2 定義

　NACCS法においては，重要な用語として，「電子情報処理組織」，「輸出入等関連業務」，「関税等」の定義を定めている（2条）。

　電子情報処理組織とは，輸出入・港湾関連情報処理センター株式会社の使用に係る**電子計算機（入出力装置を含む。以下同じ）**と税関その他の**関係行政機関**（港湾管理者を含む）の使用に係る電子計算機及び当該関係行政機関以外の輸出入等関連業務を行う者の使用に係る電子計算機とを**電気通信回線**で接続し

NACCS
　Nippon Automated Cargo & Port Consolidated System の略である。

た電子情報処理組織をいう。

　輸出入等関連業務とは，**国際運送貨物に係る税関手続**その他の業務で一定のものをいう*2。

　関税等とは，関税，とん税*3，特別とん税及び輸入品に対する内国消費税の徴収等に関する法律に規定する内国消費税をいう。

【電子情報処理組織】

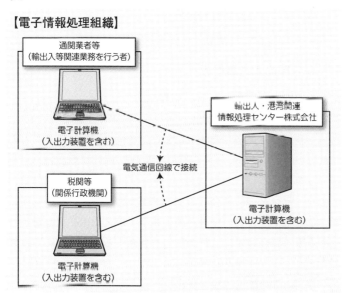

２　電子情報処理組織による税関手続　★★★

■　NACCS で行うことができる手続

　税関長は，税関手続その他の輸出入等関連業務（申請等）又は申請等に対する処分の通知については，電子情報処理組織を使用して行わせ，又は行うことができる（特例法３条，施行令２条，３条）。

　NACCS のシステムの拡大によって，輸出入に関する大部分の業務が「輸出入等関連業務」に含まれることとなり，従来はできなかった業務の多くが電子情報処理組織を使用して行うこ

過去問 ＊2

　NACCS 法に規定する輸出入等関連業務とは，税関手続及び税関手続に先行し，又は後続する業務をいう。（H19）
　×　その他一定の業務も含まれる。（スピマス類題→第３章⑱）

語句 ＊3

とん税
　外国貿易船の開港への入港に対して課税される国税の１つ。外国貿易船の純トン数が課税標準とされ，原則として船長が申告，納付する。なお，「特別とん税」は地方税であり，内容はほぼ同じである。

*1

関税法で学習した「通関」の手続は，ほぼ全て，NACCSを使用して行うことができると考えておけばよい。

とができるようになってきている*1。

近年の改正によりできることとなったものとして，次のようなものがある。

① 輸出入貨物の指定地外検査許可申請

② 滅却の承認申請

③ 関税法施行令69条1項（認定通関業者の認定の申請）の規定による申請書の提出

④ 通関業の許可申請書の提出及び書面の添付

② 申告等の入力事項等

(1) 入力による書面のみなし提出

電子情報処理組織を使用して申告，申請等の手続を行う者は，当該手続につき規定した法令において**書面に記載すべきこと**とされている事項を，入出力装置から**入力**しなければならない(施行令3条1項)。

また，センター株式会社のファイルへの記録により明らかにできる事項や，貨物の記号その他税関長が入力の必要がないと認める事項については，その入力を省略することが認められている。

(2) 仕入書等の添付書類の提出

発展 *2

例として，次の場合がある。
① 修正申告
② 蔵入・移入・総保入承認
③ 輸出入・積戻し申告

一定の申告又は申請*2について，**電子情報処理組織を使用**して行う者は，必要事項の**入力の後税関長が定める期限**までに，当該申告又は申請に際して税関に提出すべきものとされている**仕入書その他の書類**を，税関に**提出**しなければならない（施行令3条2項）。なお，電子情報処理組織を使用して仕入書等を電磁的記録（PDF）等により提出することが認められた場合には，再度書面で提出する必要はない。

【申告等の入力と添付書類の提出】

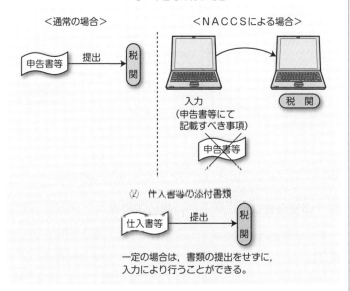

① 申告等を行う場合

＜通常の場合＞　　　　　　＜ＮＡＣＣＳによる場合＞

申告書等 → 提出 → 税関

入力
（申告書等にて
記載すべき事項）
申告書等　税関

② 仕入書等の添付書類

仕入書等 → 提出 → 税関

一定の場合は，書類の提出をせずに，
入力により行うことができる。

③　申告等又は処分の通知の到達時期

　書類の送付により行われる通常の場合と異なり，NACCSを使用して行った申告等又は税関による処分の通知については，相手方に到達した時点や発せられた時点が判断しにくい。そこで，ファイルへの記録がされた時を基準として到達時期等を判断している。

　電子情報処理組織を使用して行われた申告等は，輸出入・港湾関連情報処理センター株式会社の電子計算機に備えられた**ファイルへの記録がされた時**に税関に到達したものとみなす（NACCS法3条1項，情報通信技術利用法3条3項）。

　また，**電子情報処理組織**を使用して行われた処分通知等は，当該処分通知等を受ける者の使用に係る電子計算機に備えられた**ファイルへの記録がされた時**に処分通知等を受ける者に到達したものとみなす[3]（NACCS法3条1項，情報通信技術利用法4条3項）。

発展 *3

　電子情報処理組織を使用して行われた処分の通知のうち，関税の納税申告，修正申告等に対するものは，輸出入・港湾関連情報処理センター株式会社の使用に係る電子計算機に備えられたファイルへの記録がされた時に税関長から発せられたものとみなす（NACCS法3条2項，施行令2条）。

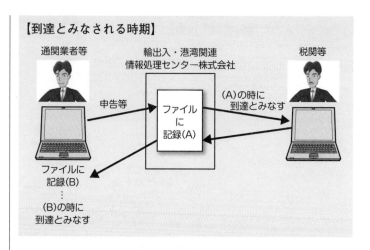

【到達とみなされる時期】

4 口座振替納付に係る納付書の送付等

　電子情報処理組織を使用して納税申告が行われた場合の関税納付については，入出力装置が設置されている金融機関の預金口座を利用した口座振替納付等の方法が可能である。税関長は，通関業者等から預金の払出しとその払い出した金銭による関税等の納付を依頼された場合には，その**納付が確実であること**[*4]が確認されたときに限り，納付に必要な納付書を当該金融機関へ送付することができる（4条1項）。

　依頼により納付書が送付された場合には，当該**納付書の送付の時**に当該納付書に係る関税等が**納付**されたものと**みなされる**（NACCS法4条2項）。

 *4

「納付が確実であること」は，関税等の納付のための損益口座の残高として金融機関が証明した額が，納付すべき税額を下らないことを電子情報処理組織を使用して確認する（施行令5条）。

3 通関士の審査 ☆☆

　詳しくは通関業法において学習するが，輸入申告書等の一定の通関書類については，通関士による内容の**審査及び記名**が必要とされている（通関業法14条）。**通関業者**は，他人の依頼により，これらの通関書類を提出することにより行うべき申告等について**電子情報処理組織**を使用して行う場合には，当該申告等の入力の内容を通関士に審査させなければならない

（NACCS法5条）。

　この場合の通関士の審査は，申告等の入力の内容を紙面又は入出力装置の表示装置に出力して行う[*1]（施行令6条）。

　また，記名に代わるものとして，通関業者は，入力の内容を審査した通関士に，通関士識別符号[*2]を使用させて当該申告等の入力をさせるものとされている（施行規則4条）。

着眼点 *1

　コンピューターの画面上において行うこともできるということである。

語句 *2

通関士識別符号
　入力をする通関士を識別するための符号で，輸出入・港湾関連情報処理センター株式会社が付与するものをいう。

第2編

関税定率法等

 復習テスト

1 NACCS法の趣旨と用語の定義（①から⑨に適切な語句を挿入）

NACCS法は，電子情報処理組織による（ ① ）その他の輸出入等に関連する手続の（ ② ）な処理に資する事項及び（ ③ ）の業務の適正な運営を確保するために必要な措置を定めることにより，我が国の港湾及び空港における（ ④ ）及び人の往来の円滑化を図り，もって我が国の産業の（ ⑤ ）に寄与することを目的とする。

「電子情報処理組織」とは，（ ③ ）の使用に係る電子計算機（入出力装置を含む。以下同じ）と税関その他の（ ⑥ ）（港湾管理者を含む）の使用に係る電子計算機及び当該関係行政機関以外の輸出入等関連業務を行う者の使用に係る電子計算機とを（ ⑦ ）で接続した電子情報処理組織をいう。

「関税等」とは，関税，（ ⑧ ），（ ⑨ ）及び輸入品に対する内国消費税の徴収等に関する法律に規定する内国消費税をいう。

2 通関士の審査（①，②に適切な語句を挿入）

電子情報処理組織を使用して他人の依頼による申告等が行われる場合における通関士の審査は，申告等の入力の内容を紙面又は（ ① ）に出力して行うものとする。

通関業者は，当該申告等の入力の内容を審査した通関士にその（ ② ）を使用させて当該申告等の入力をさせるものとする。

【解 答】

1 ① 税関手続　② 迅速かつ的確
③ 輸出入・港湾関連情報処理センター株式会社　④ 貨物の流通
⑤ 国際競争力の強化　⑥ 関係行政機関　⑦ 電気通信回線
⑧ とん税　⑨ 特別とん税
2 ① 入出力装置の表示装置　② 通関士識別符号

第6章

ATA 特例法・
コンテナー特例法

出題傾向

項目	H28	H29	H30	R1	R2	R3	R4	R5
1 ATA 特例法	○						○	
2 コンテナー特例法		○		○			○	

本章のポイント

　「物品の一時輸入のための通関手帳に関する通関条約（ATA 条約）の実施に伴う関税法等の特例に関する法律（ATA 特例法）」は，ATA 条約を実施するため，関税法等の特例を定めたものである。

　また，「コンテナーに関する通関条約（コンテナー条約）及び国際道路運送手帳による担保の下で行う貨物の国際運送に関する通関条約（TIR 条約）の実施に伴う関税法等の特例に関する法律（コンテナー特例法）」は，コンテナー条約及び TIR 条約を実施するため，関税法等の特例を定めたものである。

　通関士試験において，頻出の分野ではなく，細部を記憶する必要はないが，全体を理解した上で，いくつかの点については準備しておく必要がある。

1 ATA 特例法

1 ATA 条約，ATA 特例法

ATA 条約は，特定の物品の一時免税輸入について，通関手帳[*1]により簡易な手続によって行うことができること等を定めた条約である。昭和48年（1973年）11月に批准されている。「ATA」とは，「一時輸入」を意味する言葉で，フランス語の「Admission Temporaire」と英語の「Temporary Admission」の頭文字を組み合わせたものである。

本邦では，ATA 条約を実施するため，「物品の一時輸入のための通関手帳に関する通関条約の実施に伴う関税法等の特例に関する法律（ATA 特例法）」によって，関税法及び関税定率法の特例その他必要な事項を定めている（ATA 特例法 1 条）。ATA 特例法は，ATA 条約の内容を補うものとなっており，条約に規定されている事項については，条約の規定が直接適用される。

2 通関手帳（ATA カルネ）による輸入通関

(1) 通関手帳による輸入申告

再輸出免税（定率法17条）に規定する物品のうち，次の①②以外のものについては，通関手帳による輸入をすることができる[*2]（3 条 1 項，施行令 2 条）。

① 加工される貨物又は加工材料となる貨物（定率法17条 1 項 1 号）

② 修繕される貨物（17条 1 項 4 号）

通関手帳による輸入申告については，輸入申告書及び仕入書の提出を要しない[*3]（ATA 特例法基本通達 3 - 2(1)，(3)）。

ただし，通関手帳による輸入をする場合であっても，関税法 70 条（証明又は確認）の規定に基づく他法令の許可，承認等の証明又は確認の手続は必要である（3 - 2(4)）。

語句 [*1]

通関手帳
　ATA 条約の定めるところに従い発給されるATAカルネをいう。「カルネ」とはフランス語で手帳を意味する言葉である。

過去問 [*2]

　関税定率法第17条第 1 項第 4 号（再輸出免税）に規定する修繕される貨物については，通関手帳による輸入をすることができる。（H 23）
× できない。（スピマス類題→第 3 章㉓）

発展 [*3]

　通関手帳が提出された場合には，当該通関手帳の「輸入証書」を，輸入申告書として，「総合物品表」を仕入書として取り扱うためである。

274

(2)　保証団体による通関手帳の確認

　本邦に到着した物品について，通関手帳[*4]による**輸入又は保税運送**をしようとする者は，税関長がその必要がないと認めた場合を除き，あらかじめ当該通関手帳を保証団体[*5]に提示してその**確認**を受けなければならない（3条3項，施行令3条1項）。

　保証団体は，提示された通関手帳が，ATA条約に基づく保証のための組織（当該保証団体が加入しているものに限る）の構成員である外国の団体により発給されたものであることを確認したときは，その旨を当該通関手帳に記載し，これを提示した者に**返付**しなければならない（3条2項）。

【通関手帳による輸入（保税運送）手続】

①通関手帳を提示
②確認，返付
保証団体
運送者
③通関手帳を提出　輸入（又は保税運送）申告
④輸入の許可（又は保税運送承認）
税関長

(3)　再輸出期間

　通関手帳による輸入がされる物品についての**再輸出期間**は，輸入の許可の日から当該通関手帳の有効期限の到来する日までの期間（有効期間）である（ATA特例法4条，ATA条約5条）。

　再輸出免税の規定の適用を受ける物品の再輸出期間[*6]は，原則として輸入の許可の日から1年である（定率法17条1項）。通関手帳の有効期間は，その**発給の日**から1年であるため，通関手帳による輸入物品については，再輸出期間が通常の場合より短いこととなる（ATA条約4条1項参照）。

(4)　輸入税の徴収

　次の場合には，免除を受けた**輸入税**[*7]が直ちに**徴収**される（①の場合には通関手帳による輸入をした者から，②の場合には通関手帳による保税運送の承認を受けた者から）。

①　通関手帳により輸入された物品が**再輸出期間内に輸出**されないこととなった場合又は関税の免除を受けた用途**以外の用途に供された**場合（ATA特例法5条4項，定率法17

発展　*4

　保証団体が輸入税を保証する者として記載されているものに限る。

語句　*5

保証団体
　ATA特例法の規定により財務大臣の認可を受けた者をいう。

第2編
関税定率法等

着眼点　*6

　ATAカルネによる輸出入は，再輸出免税（定率法17条）の場合と比較してイメージしておくとよい。

語句　*7

輸入税
　関税及び輸入品に対する内国消費税の徴収等に関する法律（「輸徴法」）に規定する内国消費税をいう。

条4項，輸徴法13条5項）。

② 通関手帳により運送の承認を受けて運送された外国貨物がその指定された運送の期間内に運送先に到着しない場合（ATA特例法5条4項，関税法65条1項，輸徴法13条5項）。

上記①又は②の場合において，保証団体は，それぞれの者と連帯して当該輸入税を納付する義務を負う。

3 通関手帳による輸出通関

通関手帳により一時免税輸入された物品については，通関手帳による輸出が行われる（ATA特例法基本通達3－6）。輸入の場合と同様に，輸出申告書及び仕入書を税関に提出することを要しないが，関税法70条（証明又は確認）の規定に基づく他法令の許可，承認等の証明又は確認の手続は必要である[8]（3－6(1)，(3)，(4)）。

発展 [8]

再輸出免税の場合と異なり，再輸出を行った旨の届出を要しない（ATA特例法施行令6条）。

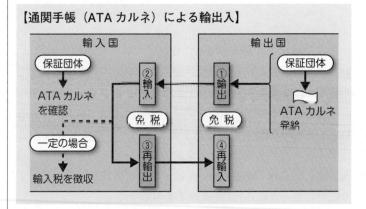

【通関手帳（ATAカルネ）による輸出入】

語句 [1]

国際運送
外国を仕向地又は仕出地とする貨物の運送であって，本邦内で当該貨物が詰め替えられることなく同一のコンテナーにより行われるもの。

2 コンテナー特例法 ☆☆

1 コンテナー条約，TIR条約，コンテナー特例法

コンテナー条約は，国際運送[1]におけるコンテナー※の使用を発展させ，容易にするために，簡易な手続や免税輸入ができ

ること等を定めた条約である。

　TIR条約は，道路走行車両による貨物の国際運送を容易にするために，封印されたコンテナー内の貨物等について，経由地税関における輸入税等の納付や検査の免除等を行う旨を定めた条約である。いずれの条約も昭和46年（1971年）5月に批准されている。

　本邦では，両条約を実施するため，「コンテナーに関する通関条約及び国際道路運送手帳[*2]による担保の下で行う貨物の国際運送に関する通関条約の実施に伴う関税法等の特例に関する法律（**コンテナー特例法**）」によって，関税法，関税定率法及び消費税法の特例その他必要な事項を定めている（コンテナー特例法1条）。

　コンテナー特例法は，両条約の内容を補うものとなっており，条約に規定されている事項については，条約の規定が直接適用される。

　※　リフトバン，可搬タンクその他これらに類する構造の輸送機器で次の条件を満たすものをいう。

　　イ　恒久的性質を有しており，反復使用に適するほど堅ろうであること

　　ロ　運送の途中の積替えなしに，又は二以上の輸送方式で行う貨物の運送を容易にするため特に設計されていること

　　ハ　迅速な取扱い，特に一の輸送方式から他の輸送方式への切替えを可能にする装置が付けられていること

　　ニ　1m³以上の内容積を有すること

2　コンテナーの輸入手続

(1)　輸入申告

　コンテナー条約2条の規定により，関税及び消費税（輸入税）の免除を受けてコンテナー（免税コンテナー）を輸入しようとする者が，輸入申告に際し積卸コンテナー一覧表※を税関長に提出した場合には，**輸入申告があったものとみなすことができる**[*3]（施行令2条）。

　なお，輸出申告を行う場合にも，同様の規定となっている。

語句　*2

国際道路運送手帳（TIRカルネ）
TIR条約の下では（保証団体）が，同条約の規定に基づき直接に又はこれと提携する団体を通じて発給する税関手続用の書類。

着眼点　*3

「輸入の許可を受けたものとみなされる」のではないことに注意。

※　積卸コンテナー一覧表には，次に掲げる事項を記載する。

　① 当該コンテナーの種類，記号及び番号

　② 当該コンテナーの積卸をする船舶又は航空機の名称又は登録記号

　③ コンテナー特例法9条の表示（国産コンテナーである旨等の表示）をしているコンテナーについては，その旨

(2) 免税及び輸入許可

　免税コンテナーについては，コンテナー条約に定める条件を満たしている場合には，輸入税の免除及び輸入の許可が認められる。

　免税コンテナーは，輸入許可の日から**1年以内**（ただし，やむを得ないと認められる理由がある場合において，税関長の承認を受けたときは，税関長が指定する期間。以下「**再輸出期間**」という）に**輸出**する必要がある[*4]（コンテナー条約3条，コンテナー特例法4条）。

> 【免税コンテナーの再輸出期間】
> （原則）輸入許可の日から**1年**以内
> （例外）税関長の**承認**→**税関長が指定**する期間

(3) コンテナー修理用部分品の輸入の手続

　免税コンテナーの修理の用に供するためコンテナー条約5条1の規定により輸入税の免除を受けてコンテナー修理用の部分品を輸入しようとする者は，その輸入申告（特例申告貨物にあっては，特例申告）に際し，一定の事項を記載した**書面を税関長に提出**しなければならない[*5]（施行令3条）。

(4) 免税コンテナー等に係る担保の提供

　コンテナー又はコンテナー修理用の部分品につき輸入税を免除する場合には，税関長は，その免除に係る輸入税の額に相当する担保を提供させることができる（コンテナー特例法3条）。

(5) 免税コンテナー等の用途外使用の制限

　免税コンテナー又はコンテナー修理用の部分品（修理により取りはずされた部分品を含む。以下「免税部分品」という）は，再輸出期間内に，貨物の運送の用（免税部分品にあっては，免

過去問 *4

　免税コンテナーの再輸出期間は，税関長に届け出ることにより延長することができる。（H20）

× 届出ではなく承認が必要。（スピマス類題→第3章㉓）

着眼点 *5

　修理用部分品については，免税輸入はできるが，積卸コンテナー一覧表による輸入申告はできないことに注意。

税コンテナーの修理の用）以外の用途に供し，又はこれに供するため譲渡してはならない（4条）。ただし，やむを得ない理由がある場合において，税関長の承認を受けたときは，この限りでない（4条ただし書）。

(6)　用途外使用等の場合の輸入税の徴収

　次に該当する場合には，それぞれに掲げる者から，その免除を受けた輸入税を直ちに徴収する（5条）。

【輸入税の徴収】

①	用途外使用の承認を受けたとき	承認を受けた者
②	承認を受けない貨物の運送の用（免税コンテナーの修理の用）以外の用途に供し，若しくはこれに供するため譲渡したとき	供した者又は譲渡した者
③	再輸出期間内に輸出しなかったとき	管理者[*6]

③　国際道路運送（TIR運送）

(1)　TIR運送

　TIR運送[*7]がされる貨物については，一定の要件の下に，経由地税関における輸入税等の納付や供託及び税関検査を免除することとなっている（TIR条約4条）。

(2)　国際道路運送手帳の確認

　国際道路運送手帳による担保の下で外国貨物の保税運送をしようとする者は，当該国際道路運送手帳につき保証団体[*8]の確認を受けなければならない（コンテナー特例法10条）。

(3)　保証団体の責任

　保証団体は，国際道路運送手帳による担保の下で外国貨物の運送をすることにつき保税運送の承認を受けた者が，輸入税を徴収されることとなったときは，その者と連帯して当該輸入税を納付する義務を負う（コンテナー特例法10条4項，関税法65条1項，徴収法11条5項）。

管理者

　免税コンテナー又は免税部分品を輸入した者，輸入後に，これらの物品の譲渡，返還又は貸与がされたときは，当該譲渡，返還又は貸与を受けた者。管理者が変わることとなったときは，変更前の管理者は，物品の引渡しの日から5日を経過する日までに，変更後の管理者に対し，再輸出期間等を通知しなければならない（コンテナー特例法7条）。

TIR運送

　TIR条約の規定に基づいて，封印された道路走行車両によって運送する貨物又は道路走行車両によって運送する封印されたコンテナー内の貨物の国際運送をいう。

保証団体

　コンテナー特例法の規定により財務大臣の認可を受けた者をいう。

復習テスト

1　ATA 特例法（①から③に適切な語句を挿入）

　再輸出免税（定率法17条）に規定する物品のうち，（　①　）される貨物又は（　①　）材料となる貨物，（　②　）される貨物以外のものについては，通関手帳による輸入をすることができる。

　通関手帳による輸入がされる物品の再輸出期間は，当該物品の輸入の許可の日から（　③　）までの期間とする。

2　コンテナー特例法（①から④に適切な語句を挿入）

　コンテナー条約の規定により，輸入税の免除を受けてコンテナーを輸入しようとする者が，輸入申告に際し積卸コンテナー一覧表を税関長に提出した場合には，（　①　）があったものとみなすことができる。

　免税コンテナーは，原則として輸入許可の日から，（　②　）以内に輸出しなければならず，また，税関長の承認を受けた場合を除き，（　③　）の用途以外の用途に供し，又はこれに供するため譲渡してはならない。

【解　答】

1　①　加工　②　修繕　③　当該通関手帳の有効期限の到来する日
2　①　輸入申告　②　1年　③　貨物の運送

第7章

外国為替及び
外国貿易法

出題傾向

項目	H28	H29	H30	R1	R2	R3	R4	R5
1 外為法の全体構造					○			
2 輸出許可制度	○	○	○	○	○	○	○	○
3 輸出承認制度	○	○	○	○	○	○	○	○
4 輸入承認制度	○	○	○	○	○	○	○	○

本章のポイント

　本章では，外国為替及び外国貿易法（以下，「外為法」という）に基づく，輸出および輸入貿易の調整システムについて学習する。ここまで学習してきた内容が財務大臣の管轄分野であったのに対し，本章は，経済産業大臣の管轄分野となるため，頭を切り替えて流れを捉えることが重要である。

　本試験においては，例年2問出題される分野である。細部についてはあまり気にしなくともよいが，基本的な事項についてはしっかりと記憶しておく必要がある。

1 外為法の全体構造

◼ 総論

外為法は，外国為替と外国貿易に関する調整目的の法律である。

外為法は他法令であり，関税関係の法令とは異なる観点から輸出入を規制している。例えば，外国貨物と内国貨物とを分けて定義していないため，「仮陸揚げ」行為も輸入として解釈し，「積戻し」行為も輸出として把握することとなる。

通関士試験では，外国為替については出題されないので，外為法は以下の①から⑤から構成されているとイメージすればよい。

【外為法の構造】＊1

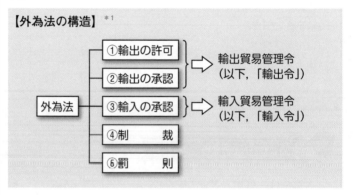

 ＊1

特に①から③に出題が集中するので，ここをしっかりと学習していけばよい。

◼ 政府機関の行為

 ＊2

経済産業大臣「以外」の政府機関が「輸出」を行う場合は，輸出令の規定は適用されるため，このことを理由として輸出の許可又は承認が不要とはならない。

経済産業大臣が＊2貨物の輸出を行う場合は，輸出貿易管理令の規定は，適用しない（輸出令13条1項）。すなわち，輸出の許可又は承認は不要ということである。

また，政府機関が経済産業大臣の定める貨物の輸入を行う場合には，輸入貿易管理令の規定は，適用しない（輸入令19条1項）。ただし，経済産業大臣以外の政府機関は，当該輸入について，あらかじめ，経済産業大臣に協議しなければならない。

2　輸出許可制度　★★★

❶　輸出許可の原則

　国際的な平和及び安全の維持を妨げることとなると認められるものとして政令で定める特定の地域を仕向地とする**特定の種類の貨物**の輸出をしようとする者は，**経済産業大臣の許可**を受けなければならない（外為法48条1項）。

　具体的には，**輸出令別表第1に掲げる貨物**[*1]を同表下欄に掲げる地域を仕向地として輸出する場合である。

　なお，許可が必要な貨物について無許可で輸出を行った場合には，経済産業大臣は，その者に対し，3年以内の期間を限り，輸出等を行うことを禁止することができる（外為法53条1項）。

⚐ 着眼点 [*1]

兵器や兵器に転用される危険がある貨物が，1の項から16の項まで列挙されている。集積回路，猟銃等の例が出題されている。

❷　輸出許可の特例

　以下の場合は，輸出許可は不要である。ただし，輸出令別表第1の1の項に掲げられている貨物（兵器）は，特例の対象から外されており，常に輸出の許可が必要である[*2]（輸出令4条1項）。

① 仮に陸揚げした貨物のうち，本邦以外の地域を仕向地とする船荷証券（航空貨物運送証その他船荷証券に準ずるものを含む）により運送されたもの（②から⑤までにおいて「外国向け仮陸揚げ貨物」という）を輸出しようとするとき[*2]

② 次に掲げる貨物を輸出しようとするとき

　イ　外国貿易船又は航空機が自己の用に供する船用品又は航空機用品

　ロ　航空機の部分品並びに航空機の発着又は航行を安全にするために使用される機上装備用の機械及び器具並びにこれらの部分品のうち，修理を要するものであって無償で輸出するもの

　ハ　国際機関が送付する貨物であって，我が国が締結した

⚐ 過去問 [*2]

仮に陸揚げした貨物のうち，本邦以外の地域を仕向地とする船荷証券により運送されたものを輸出する場合において，当該貨物が輸出貿易管理令別表第1の1の項の中欄に掲げる貨物に該当するときは，経済産業大臣の輸出の許可を受けることを要する。（R3）
○（スピマス類題→第3章⑲⑳）

第2編　関税定率法等

*3

例として，本邦で修
理されるために無償で
輸入し，修理された後
に無償で再輸出される
貨物等がある。

条約その他の国際約束により輸出に対する制限を免除さ
れているもの

ニ　本邦の大使館，公使館，領事館その他これに準ずる施
設に送付する公用の貨物

ホ　無償で輸出すべきものとして無償で輸入した貨物であ
って，経済産業大臣が告示で定めるもの*3

ヘ　無償で輸入すべきものとして無償で輸出する貨物であ
って，経済産業大臣が告示で定めるもの

③　別表第1の16の項の中欄に掲げる貨物（外国向け仮陸
揚げ貨物を除く）を別表第3に掲げる地域*4以外の地域を
仕向地として輸出しようとする場合であって，次に掲げる
いずれの場合にも該当しないとき※

語句 *4

別表第3に掲げる地域
アルゼンチン，カナ
ダ，アメリカ合衆国，
ドイツ等の輸出管理徹
底国。別表第1の16
の項の貨物について，
これらの国を仕向地と
する場合には，輸出許
可は不要である。

イ　その貨物が核兵器等の開発等のために用いられるおそ
れがある場合として経済産業省令で定めるとき

ロ　その貨物が核兵器等の開発等のために用いられるおそ
れがあるものとして経済産業大臣から許可の申請をすべ
き旨の通知を受けたとき

ハ　その貨物が別表第一の一の項の中欄に掲げる貨物（核
兵器等に該当するものを除く）の開発，製造又は使用の
ために用いられるおそれがある場合として経済産業省令
で定めるとき

ニ　その貨物が別表第一の一の項の中欄に掲げる貨物（核
兵器等に該当するものを除く）の開発，製造又は使用の
ために用いられるおそれがあるものとして経済産業大臣
から許可の申請をすべき旨の通知を受けたとき

※　別表第三の二に掲げる地域（アフガニスタン，コンゴ民主共和国，
コートジボワール，エリトリア，イラク，レバノン，リベリア，
北朝鮮，シエラレオネ，ソマリア，スーダン）以外の地域を仕向
地として輸出しようとする場合，16の項（一）に掲げる貨物はイ，
ロ及びニのいずれの場合にも該当しないとき，16の項（二）に掲
げる貨物はイ，ロのいずれの場合にも該当しないとき。

④　別表第1の5から13まで又は15の項の中欄に掲げる貨

物であって，総価額が100万円（一定の貨物にあっては，5万円）以下のもの（外国向け仮陸揚げ貨物を除く）を別表第4に掲げる地域（イラン，イラク，北朝鮮）以外の地域を仕向地として輸出しようとするとき（別表第3に掲げる地域以外の地域を仕向地として輸出しようとする場合にあっては，③のイ及びロのいずれの場合にも該当しないときに限る）[5]

⑤ 別表第1の8の項の中欄に掲げる貨物又は同表の9の項の中欄に掲げる貨物（(7)，(8)又は(10)に掲げる貨物に係る部分に限る）のうち，当該貨物の仕様及び市場における販売の態様からみて特にその輸出取引の内容を考慮する必要がないものとして経済産業大臣が告示で定めるもの（外国向け仮陸揚げ貨物を除く）を輸出しようとするとき（別表第3に掲げる地域以外の地域を仕向地として輸出しようとする場合にあっては，③のイ及びロのいずれの場合にも該当しないときに限る）

*5

100万円以下の貨物につき，「許可不要となる場合がある」と覚えておけばよい。

【別表第1の概要】

	貨物の概要	仕向地	特例の適用
1の項	兵器そのもの	全地域	なし（常に許可必要）
2の項〜15の項	兵器転用の危険が高いもの	全地域	あり
16の項	兵器転用の危険があるもの	一定の国のみ（別表第3以外）	あり

3 許可申請手続き

輸出許可を受けようとする者は，経済産業省令で定める手続に従い，当該許可の申請をしなければならない（輸出令1条2項）。経済産業大臣は，許可をしたときは当該申請書にその旨を記載した輸出許可証を交付する[6]。

輸出許可の有効期間は，その許可をした日から6月である（8条1項）。ただし，経済産業大臣は，特に必要があると認める

*6

経済産業大臣は許可をする際に，最小限の条件を付することができる。

ときは，6月と異なる有効期間を定め，又はその有効期間を延長することができる（8条2項）。

③ 輸出承認制度

1 輸出承認制度の趣旨

経済産業大臣は，**特定の種類**の若しくは特定の地域を**仕向地**とする貨物を輸出しようとする者又は**特定の取引**により貨物を輸出しようとする者に対し，国際収支の均衡の維持のため，**外国貿易及び国民経済の健全な発展のため，我が国が締結した条約その他の国際約束を誠実に履行するため，国際平和のための国際的な努力に我が国として寄与するため，又は第10条第1項の閣議決定を実施するために必要な範囲内で，承認を受ける義務を課することができる[*1]（外為法48条3項）。

輸出の**許可及び承認**を受けなければならない貨物に該当するものを輸出しようとする場合において，両者は**別の制度**であるから，輸出の許可を受けたときであっても，併せて輸出の承認を受けることを要する。

2 輸出承認が必要な場合

次のいずれかに該当する貨物の輸出をしようとする者は，**経済産業大臣の**承認を受けなければならない（輸出令2条附則3項）。

① 別表第2中欄に掲げる貨物の同表下欄に掲げる地域を仕向地とする輸出

② **北朝鮮を仕向地とする輸出**

③ 別表第2の3に掲げる貨物（核燃料物質，集積回路等。電子顕微鏡その他特定の貨物を除く。）の**ベラルーシを仕向地とする輸出**

④ 別表第2の3に掲げる貨物の**ロシアを仕向地とする輸出**

⑤ **ウクライナ**（ドネツク州及びルハンスク州の区域のうち，

経済産業大臣が告示で定める区域に限る。）**を仕向地**とする貨物の輸出

⑥　**ベラルーシを仕向地**とする貨物（特定の貨物を除く。）の輸出（経済産業大臣が告示で指定する者との直接又は間接の取引によるものに限る。）

⑦　**ロシアを仕向地**とする貨物の輸出（経済産業大臣が告示で指定する者との直接又は間接の取引によるものに限る。）

⑧　外国にある者に外国での加工を委託する**委託加工貿易契約による貨物の輸出**[*2]（総価額が100万円以下の場合には，輸出承認は**不要**（4条4項））

*2
　現在は，「皮革（原毛皮及び毛皮を含む）及び皮革製品の半製品」を加工原材料として，「革，毛皮，皮革製品（毛皮製品を含む）及びこれらの半製品」を製造する場合のみである（輸出規則3条）。

【輸出令別表第2（概要）】

1　ダイヤモンド原石

19　血液製剤

20　核原料物質及び核燃料物質（使用済燃料を含む）

33　うなぎの稚魚（総価額が5万円を超える場合）

34　冷凍のあさり，はまぐり及びいがい（米国を仕向地とし，総価額が3万円を超える場合）

35　オゾン層を破壊する物質に関するモントリオール議定書附属書A，附属書B，附属書C及び附属書Eに掲げる物質

35の2　廃棄物，特定有害廃棄物等

38　絶滅のおそれのある野生動植物の種の国際取引に関する条約（ワシントン条約）附属書Ⅰ又は附属書Ⅱに掲げる動植物

3　輸出承認の特例

以下に該当する場合には例外的に**輸出承認**が不要となる（輸出令4条2項）。

①　仮に陸揚げした貨物を輸出しようとするとき（別表第2の1[*3]，35及び35の2の項に掲げる貨物を除く）

②　別表第5に掲げる貨物を輸出しようとするとき（別表第

*3
　1の項の貨物（ダイヤモンド原石）は，経済産業大臣が告示で定めるものについては特例の対象となる。

2の1及び36の項に掲げる貨物を除く）

【輸出令別表5】

1　無償の救じゅつ品

2　総価額200万円以下[*4]の無償の商品見本又は宣伝用物品（別表第2の35及び35の2の項に掲げるもの及び北朝鮮を仕向地とするものを除く）

3　国際郵便により送付され，且つ，受取人の個人的使用に供される身廻品，家庭用品，職業用具若しくは商業用具を内容とする小型包装物若しくは小包郵便物又はその他の方法により送付される同様の小包（北朝鮮を仕向地とするものを除く）

4　外国貿易船又は航空機が自己の用に供する船用品又は航空機用品

5　航空機の部分品並びに航空機の発着又は航行を安全にするために使用される機上装備用の機械及び器具並びにこれらの部分品のうち，修理を要するものであって無償で輸出するもの

6　国立国会図書館が国際的交換の用に供する出版物

7　本邦に来遊した外国の元首及びその家族並びにその従者に属する貨物

8　本邦に派遣された外国の大使，公使その他これに準ずる使節及び本邦にある外国公館（外国の大使館，公使館，領事館その他これに準ずる施設をいう）の館員の個人的使用に供される貨物並びに外国公館が送付する貨物

9　外国にある者に贈与される勲章，賞はい，記章その他これに準ずるもの

10　本邦の公共的機関から外国の公共的機関に友好を目的として寄贈される貨物

11　本邦の大使館，公使館，領事館その他これに準ずる施設に送付する公用の貨物

発展　*4

血液製剤及び漁ろう設備を有する船舶等については，25万円以下の場合に限る。

12　本邦に輸入された後無償で輸出される貨物であって，その輸入の際の性質及び形状が変わっていないもの（経済産業大臣が告示で定めるものを除く）

13　本邦に入国した巡回興行者が輸入した興行用具

14　無償で輸出すべきものとして無償で輸入した貨物であって，経済産業大臣が告示で定めるもの

15　無償で輸入すべきものとして無償で輸出する貨物であって，経済産業大臣が告示で定めるもの[5]

③　別表第2の35の2の項（2）に掲げる貨物（一般廃棄物）であって，廃棄物の処理及び清掃に関する法律に規定する者が輸出しようとするとき

④　本邦から出国する者が出国の際，携帯し，又は税関に申告の上別送して，輸出しようとする携帯品，職業用具又は引越荷物。ただし，別表第2の1の項に掲げる貨物を輸出しようとする場合，一時的に入国して出国する者が同表の36の項に掲げる貨物（ワシントン条約動植物）を輸出しようとする場合及び船舶又は航空機の乗組員が別表第2の2に掲げる貨物を北朝鮮を仕向地として輸出しようとする場合を除く。

発展 [5]
　例として，ATA カルネにより輸入すべきものとして ATA カルネにより輸出される貨物等がある。

4　輸出承認が常に必要となる場合

特例に該当する場合であっても，以下の貨物については，常に輸出承認が必要となる（輸出令4条2項）。

【常に輸出承認が必要な場合】

35の3　特定有害化学物質等

37　絶滅のおそれのある野生動植物の種の保存に関する**法律**4条2項に規定する希少野生動植物種

38　かすみ網

39　偽造，変造又は模造の通貨，郵便切手及び収入印紙

40　反乱を主張し，又はせん動する内容を有する書籍，

図画その他の貨物

41　風俗を害するおそれがある書籍，図画，彫刻物その他の貨物

42　麻薬，向精神薬，大麻，あへん，覚せい剤及び覚せい剤原料等

43　国宝，重要文化財[*6]，重要有形民俗文化財，特別天然記念物，天然記念物及び重要美術品（特別天然記念物及び天然記念物にあっては，生きているものを除く）

44　仕向国における特許権，実用新案権，意匠権，商標権若しくは著作権を侵害すべき貨物又は原産地を誤認させるべき貨物であって，経済産業大臣が指定するもの

45　関税法69条の12第1項に規定する認定手続が執られた貨物（一定のものを除く）

*6

　重要文化財について，文化財保護法の規定による輸出の許可を得ている場合であっても，輸出承認を受ける必要がある。

5　輸出承認の手続

　輸出承認を受けようとする者は，輸出承認申請書を経済産業大臣に提出しなければならず，輸出承認証が交付された場合の有効期間は6月である[*7]（輸出令8条）。

発展 *7

　許可の場合と同様，特に必要があると認めるときは，6月と異なる有効期間を定め，又はその有効期間を延長することができる。

6　輸出に関する権限の委任

　次に掲げる経済産業大臣の権限は，税関長に委任されている[*8]（輸出令12条）。

①　別表第2の39から43までの項に掲げる貨物に係る輸出承認の権限（特定の希少野生動植物を除く）

②　次に掲げる権限であって，経済産業大臣の指示する範囲内のもの

　　イ　価額の全部につき支払手段による決済を要しない貨物に係る承認の権限

　　ロ　保税地域に搬入し，蔵入れし，又は移入された貨物であって，保税地域から積み戻す貨物に係る承認の権限

発展 *8

　輸出許可の権限については，委任されていないことに注意。

ハ　イ又はロの承認に条件を付する権限

ニ　許可又は承認の有効期間を延長する権限

4　輸入承認制度　★★★

1　輸入承認制度の趣旨

　外国貿易及び国民経済の健全な発展を図るため，我が国が締結した条約その他の国際約束を誠実に履行するため，国際平和のための国際的な努力に我が国として寄与するため，又は第10条第1項の閣議決定を実施するため，貨物を輸入しようとする者は，輸入の承認を受ける義務を課せられることがある[*1]。

2　輸入承認が必要な場合

　経済産業大臣は，輸入割当てを受けるべき貨物の品目，輸入の承認を受けるべき貨物の原産地又は船積地域その他貨物の輸入について必要な事項を定め，これを公表している（輸入公表，3条1項）。

　これに基づき，貨物を輸入しようとする者は，以下のいずれかに該当するときは　経済産業大臣の承認を受けなければならない（輸入令4条）。

①　輸入割当て品目（IQ品目）

　　輸入について輸入割当てを受けることを要するとき（4条1項1号，公表一）

②　2号承認品目，2の2号承認品目

　　特定の国又は地域を原産地又は船積地域とする特定の貨物を輸入しようとするとき（「2号承認品目」，4条1項2号，公表二）及び全地域を原産地又は船積地域とする特定の貨物を輸入しようとするとき（「2の2号承認品目」，4条1項2号，公表二の二）

着眼点　*1

　輸入承認については，輸出承認の場合と同様の規定が多い。比較しながら学習していくと効率的である。

③　その他公表品目

　　②に掲げる場合のほか，当該貨物の輸入について必要な事項が公表されているとき（4条1項3号，公表三）

　③のその他公表品目については，**手続の簡略化**を図るため，経済産業大臣等の確認（事前確認）を受けた場合又は税関に一定の書類を提出した場合には，輸入の承認を受けることを要しないこととされている（4条2項，公表三）。例えば，一定の国又は地域（ワシントン条約加盟国等）を船積み地域とする，**ワシントン条約付属書Ⅱに掲げる動植物又は派生物**（2号承認品目又は事前確認を受けるべきものを除く）を輸入しようとする場合には，その輸入申告の際，当該船積み地域に係る国又は地域の管理当局が発給した**輸出許可書又は再輸出証明書**[*2]の原本を税関に提出すれば，輸入の承認を要しない。

過去問　*2

　絶滅のおそれのある野生動植物の種の国際取引に関する条約の附属書Ⅱに掲げる種に属する動植物を輸入する場合には，その輸入申告の際，輸出国の管理当局が発給した原産地証明書を税関に提出すれば，経済産業大臣の輸入の承認を受けることを要しない。（H22）

✕　原産地証明書ではなく，輸出許可書又は再輸出証明書の原本の提出が必要。（スピマス類題→第3章㉑）

発展　*3

　特に必要があると認めるときは，これと異なる有効期間を定め，又は有効期間を延長することができる。

【対象品目の例】

①	輸入割当品目	a　非自由化品目（一定の魚介類，海草等） b　モントリオール議定書に規定するオゾン層破壊物質等（2号承認品目を除く）
②	2号承認品目 2の2号承認品目	ワシントン条約付属書Ⅰに掲げる動植物，特定有害廃棄物　等
③	その他公表品目	冷凍のくろまぐろ，めろ（2号承認品目を除く）　等

③　有効期間

　輸入承認の有効期間は，承認をした日から**6月**である[*3]（輸入令5条）。

④　輸入割当制度

(1)　輸入割当品目（IQ品目：Import Quota）

　輸入割当てを要する品目として公表されている貨物は次の通りである。

　　①　自由化されていない品目（非自由化品目）

　　②　モントリオール議定書に規定するオゾン層破壊物質等

(2)　輸入割当てと輸入承認

　輸入割当てを受けるべきものとして公表された品目の貨物を輸入しようとする者は，原則として，経済産業大臣に申請し，当該貨物の輸入に係る輸入割当てを受けた後でなければ，輸入の承認を受けることができない。ただし，輸入割当てを受けた者から輸入の委託を受けた者が当該貨物を輸入しようとする場合において，経済産業大臣が定める場合に該当するとき，又は経済産業大臣の確認を受けたときは，あらためて輸入割当てを受けることを要しない（輸入令9条1項）。

(3)　割当て

　輸入割当ては，貨物の数量により行なう。ただし，貨物の数量により輸入割当てを行なうことが困難であり又は適当でない場合には，貨物の価額により行なうことができる（輸入令9条2項）。

(4)　輸入割当証明書

　経済産業大臣は，輸入割当を行ったときには輸入割当証明書を申請者に交付する（輸入規則2条2項3号）。輸入割当証明書は，その交付の日から4月（経済産業大臣がこれと異なる期間を定めたときは，その期間）以内に当該交付に係る貨物について，輸入承認申請書の提出（又は輸入承認申請様式に記載すべき事項の入力）がなされないときは，その効力を失うものとする。ただし，経済産業大臣が特に必要があると認めてその期間を延長したときは，この限りでない（輸入規則2条4項）。

　なお，**輸入割当証明書**[*5]の交付を受けた者が，その交付に係る貨物の全部又は一部を希望しなくなったときは，遅滞なく，当該輸入割当証明書に希望しない割当数量を記入して経済産業大臣に返還しなければならない（輸入規則2条5項）。

5　輸入承認および輸入割当ての例外

　次に掲げる場合には，**承認及び割当ては不要**である（輸入令14条）。ただし，我が国が締結した条約その他の国際約束を誠実に履行するため必要がある場合として経済産業大臣が定める

過去問 [*4]

経済産業大臣の輸入割当ては，貨物の数量により行うこととされており，貨物の価額により行うことはできない。(R1)
× 価額により行うことができる場合がある。（詳しくは入門編→第3章(21)）

発展 [*5]

輸入承認証については，同様の場合に返還の義務はない。

場合には，特例に該当するケースであっても，承認及び割当てが必要となる。

① 貨物を仮に陸揚げしようとするとき

外為法において，貨物を仮に陸揚げする行為も「輸入」に該当するが，この場合には貨物の種類にかかわらず，輸入承認は不要となる（経済産業大臣告示，輸入令14条3号）。

② 本邦へ入国する者が入国の際，携帯し，又は税関に申告の上別送して，輸入しようとする携帯品，職業用具又は引越荷物

③ 別表第1に掲げる貨物を輸入しようとするとき

【別表第1】

1 輸入割当品目で，総額が**18万円以下**の貨物であって無償[*6]のもの

2 **無償の救じゅつ品**

3 無償の商品見本又は宣伝用物品であって，経済産業大臣が告示で定めるもの

4 個人的使用に供せられ，かつ，売買の対象とならない程度の量の貨物

5 遺骨

6 本邦と外国との間を往来する船舶又は航空機が自己の用に供するために輸入する船用品又は航空機用品

7 航空機の部分品並びに航空機の発着又は航行を安全にするために使用される機上装備用の機械及び器具並びにこれらの部分品であって，本邦と外国との間の航空機の運行の事業を営む者が当該事業の用に供するために無償で輸入するもの

8 天皇及び内廷にある皇族の使用に供される貨物

9 本邦に来遊する外国の元首及びその家族並びにその従者に属する貨物

10 本邦に派遣された外国の大使，公使その他これに準ずる使節及び本邦にある外国公館（外国の大使館，公

*6

総額18万円以下の貨物であっても，「有償」のものについては，特例とならない。

使館，領事館その他これに準ずる施設をいう。以下同
じ）の館員の個人的使用に供される貨物及び外国公館
の使用に供される貨物

11　本邦にある居住者に贈与される勲章，賞はい，記章
その他これに準ずるもの

11の2　外国の公共的機関から本邦の公共的機関に友好
を目的として寄贈される貨物

12　無償で送られる記録文書その他の書類（販売する目
的をもって輸入するものを除く。）

13　図書館に対し無償で，又は国際的交換の目的物とし
て送られる出版物

14　国又は地方公共団体の設置する学校，博物館，物品
陳列所，研究所その他これに準ずる施設及び関税定率
法施行令第17条に規定する私立の施設に陳列する標
本及び参考品並びにこれらの施設の用に供される試験
品であって，無償で送られるもの

14の2　国，地方公共団体又は社会福祉法人が輸入する
身体障害者用に特に製作された器具その他これに準ず
る物品

14の3　国際連合又はその専門機関から寄贈された教育
用又は宣伝用の貨物

15　宗教法人若しくは礼拝施設に対し無償で送られる式
典用具及び礼拝用具又は墓地の建設，維持，修復若し
くは装飾のために必要な貨物であって，無償で送られ
るもの（経済産業大臣が告示で定めるものに限る。）

16　本邦の大使館，公使館，領事館その他これに準ずる
施設から送還される公用の貨物

17　本邦から出漁した船舶が外国の領海において採捕し
た水産動植物及びこれを原材料として当該船舶内にお
いて製造した貨物であって，当該船舶又はこれに附属
する船舶により輸入されるもの

17の2　本邦から輸出された後無償で輸入される貨物で
　　　あって，その輸出の際の性質及び形状が変わっていな
　　　いもの

18　船舶又は航空機により輸出した貨物であって，当該
　　船舶又は航空機の事故のため積み戻したもの*7

19　本邦に入国する巡回興行者が輸入する興行用具

19の2　国際的な規模で開催される運動競技会（経済産
　　　業大臣が告示で定めるものに限る。）に参加するため
　　　に入国する選手，選手団の役員その他の当該運動競技
　　　会関係者が携帯し，又は別送して輸入する当該運動競
　　　技会の用に供される貨物

20　国際連合教育科学文化機関が発行するユネスコクー
　　ポンと取換に送付される貨物

21　無償で輸出すべきものとして無償で輸入する貨物で
　　あって，経済産業大臣が告示で定めるもの

22　無償で輸入すべきものとして無償で輸出した貨物で
　　あって，経済産業大臣が告示で定めるもの

発展　*7

この場合には，貨物
の種類にかかわらず，
輸入承認は不要となる
（経済産業大臣告示，
輸入令別表第1第18
号）。

6　輸入に関する権限の委任

次に掲げる経済産業大臣の権限は，税関長に委任される（輸
入令18条）。

① 無償の貨物に係る承認権限（**経済産業大臣の指示する範
囲内**）

② **経済産業大臣の指示する範囲内**において6月の期間と異
なる輸入の承認の有効期間を定め，又は1月以内において
輸入の承認の有効期間を延長する権限

③ ①に規定する貨物に係る輸入の承認に条件を付する権限

復習テスト

1　輸出許可制度（①～⑤に適切な語句を挿入）

　　（　①　）及び（　②　）の維持を妨げることとなると認められるものとして特定の地域を仕向地とする特定の種類の貨物の輸出をしようとする者は，（　③　）の許可を受けなければならない。輸出の許可の有効期間は，その許可をした日から原則として（　④　）とされている。

　　仮に陸揚げした貨物のうち一定のもの等については，例外的に輸出の許可は不要とされているが，輸出貿易管理令別表第1に規定する貨物のうち，（　⑤　）の項に規定する貨物については，常に輸出の許可が必要である。

2　輸出承認制度（①～④に適切な語句を挿入）

　　経済産業大臣は，特定の種類の若しくは特定の地域を仕向地とする貨物を輸出しようとする者又は特定の取引により貨物を輸出しようとする者に対し，（　①　）の維持のため，外国貿易及び（　②　）の健全な発展のため，我が国が締結した条約その他の（　③　）を誠実に履行するため，国際平和のための国際的な努力に我が国として寄与するため，又は第10条第1項の（　④　）を実施するために必要な範囲内で，承認を受ける義務を課することができる。

3　輸入承認制度（①～⑤に適切な語句を挿入）

　　外国貿易及び（　①　）の健全な発展を図るため，我が国が締結した条約その他の（　②　）を誠実に履行するため，（　③　）のための国際的な努力に我が国として寄与するため，又は輸入貿易管理令第10条第1項の（　④　）を実施するため，貨物を輸入しようとする者は，輸入の（　⑤　）を受ける義務を課せられることがある。

第2編

関税定率法等

【解 答】

1 ① 国際的な平和 ② 安全 ③ 経済産業大臣 ④ 6月
⑤ 1

2 ① 国際収支の均衡 ② 国民経済 ③ 国際約束 ④ 閣議決定
☆ 輸出承認が必要な場合（→3つ），輸出承認が常に必要となる場合についても，確認しておこう。

3 ① 国民経済 ② 国際約束 ③ 国際平和 ④ 閣議決定
⑤ 承認
☆ 輸入承認が必要な場合（3つ），輸入割当て制度についても確認しておこう。

第3編

通関業法

第1章
通関業法の目的と
定義

出題分析

項目	H28	H29	H30	R1	R2	R3	R4	R5
1 通関業法の目的		○		○				○
2 定義	○	○	○	○	○	○	○	○

本章のポイント

　本章では，通関業法の目的と用語の定義について学習する。この分野の理解は，後の学習に大きくプラスとなる。「通関業務」と「関連業務」をしっかりと区別できるようにしておく必要がある。

　通関士試験では，特に通関業務の定義について，毎年出題している。語群選択式でもよく出題されており，内容の理解とともに表現にも気を付けて進めていく必要がある。

1 通関業法の目的

　貨物の輸出入等に際して行われる貨物の通関に関する手続は専門的なものであり，知識と経験が必要であることから，輸出入者等からの**依頼**を受けた通関業者が代理，代行して行うのが一般的である[*1]。そこで，通関業法は，通関業を営む者についてその業務の規制，通関士の設置等必要な事項を定め，その業務の適正な運営を図ることにより，関税の申告納付その他貨物の通関に関する手続の適正かつ迅速な実施を確保することを目的とする旨を定めている（業法1条）。

着眼点 [*1]

　通関業法の学習には，「依頼者の利益の保護」という観点が大切。通関業者は，依頼者に代わって手続を行う者だからである。

2 定義

❶ 通関業務

【通関業務】

他人の依頼による次の事務

(1)　手続，行為の**代理又は代行**

　①　**通関手続**の代理

　②　**不服申立て**の代理

　③　**税関官署**に対してする**主張又は陳述**の代行

(2)　**通関書類**の作成

　通関業務とは，他人の依頼によってする次に掲げる事務をいう（業法2条1号）[*1]。

(1)　次の①から③に掲げる**手続又は行為**につき，その依頼をした者の**代理又は代行**をすること。

　①　通関手続

　　関税法その他関税に関する**法令**に基づき**税関官署**に対してする次に掲げる申告又は承認の申請からそれぞれの許可又は承認を得るまでの手続（関税の確定及び納付に関する手続を含む）

着眼点 [*1]

　通関業務は，財務大臣の許可を受けた者（通関業者）でなければ行えない独占的業務である。通関業者は，関連業務も行えるが，通関業法の規制対象となるのは，原則として通関業務のみ。

 イ　輸出（積戻しを含む）又は輸入の**申告**

 ロ　特例輸入者の承認の**申請**

 ハ　本邦と外国との間を往来する船舶又は航空機への船用
  品又は機用品の積込み**の申告**

 ニ　蔵入承認，移入承認，総保入承認の**申請**又は保税展示
  場に入れる外国貨物に係る**申告**

 ホ　特定輸出者の承認の**申請**[*2]

②　関税法その他関税に関する**法令**によってされた処分につ
 き，**行政不服審査法**又は**関税法**の規定に基づいて，税関長
 又は財務大臣に対してする**不服申立て**

③　通関手続，不服申立て又は関税法その他関税に関する法
 令の規定に基づく税関官署の調査，検査若しくは処分につ
 き，**税関官署**に対してする**主張又は陳述**

(2)　関税法その他関税に関する法令又は行政不服審査法の規定
 に基づき税関官署又は財務大臣に対して提出する通関手続又
 は不服申立てに係る申告書，申請書，不服申立書その他これ
 らに準ずる書類（「通関書類」。その作成に代えて電磁的記録
 を作成する場合における当該**電磁的記録**を含む）を**作成する
 こと**。

 「通関手続」の内容は上記の通り通関業法に限定列挙されてい
るが，ここに掲げられているもの以外の手続であっても，輸出入
申告等と関連して，**輸出入申告等からそれぞれの許可又は承認
を得るまでの間に行われるもの**は，**通関手続に含まれる**（基本
通達2－2(1)）。輸入許可前引取承認申請手続は，当然にこの要
件を満たすので，通関手続に含まれる。

 輸入の許可後に行われる**関税の確定及び納付**に関する手続
（例えば，修正申告，更正の請求，特例申告等）も，**通関手続
に含まれる**（2－2(2)）。[*3]

 また，輸出許可後の船名，数量等変更申請手続は，**輸出申告
の内容に変更を及ぼすこととなる**手続であるので，**通関手続に
含まれる**（2－2(2)）。

過去問 *2

他人の依頼によって
その依頼した者を代理
してする関税法第67
条の3第1項第1号に
規定する特定輸出者の
承認の申請は，通関業
務に含まれない。
(H4)
×　通関業務に含まれ
る。（スピマス類題→
第1章①）

第3編

通関業法

過去問 *3

他人の依頼によって
行う，輸入の許可後に
おける関税の額に関す
る修正申告手続は通関
業務に該当する。（H
17)
○　関税の確定及び納
付に関する手続である
ので，通関業務に該当
する。（スピマス類題
→第1章①）

【通関手続に含まれるもの，含まれないものの例】

輸出入申告 ←→ 輸出入許可
○修正申告，更正の請求
○特例申告
○船名，数量等変更申請
×関税の払戻し申請手続
×保税運送の承認申告

○輸入許可前引取承認申請
○関税の減免税関係手続
○開庁時間外の執務を
　求める届出
○指定地外貨物検査許可
　┐輸出入申告等と関連し，輸出入
　│申告等から許可までの間に行わ
　┘れるものに限る
×消費税の納税申告手続
×保税地域にある外国貨物を見本として一時持ち出すことの
　許可申請

（○…「通関手続」に該当，×…「関連業務」に該当）

② 関連業務

　通関業者は，通関業務のほか，その**関連業務**として，通関業者の名称を用いて，他人の依頼に応じ，**通関業務に先行し**，**後続し**，その他当該業務に**関連**する業務を行うことができる。ただし，他の法律においてその業務を行うことが制限されている[*4]事項については，この限りでない（業法7条）。

*4

例えば，外国貨物の船積み又は船卸しの業務を行う場合の港湾運送事業法上の制限，外国貨物の運送の業務を行う場合の貨物自動車運送事業法上の制限等をいう（基本通達7－1(2)）。

【関連業務の例】（基本通達7－1(1)）

① 　事前教示照会

② 　不開港出入許可申請

③ 　外国貨物仮陸揚届

④ 　見本一時持出許可申請

⑤ 　保税地域許可申請

⑥ 　外国貨物運送申告

⑦ 　輸出差止申立又は輸入差止申立に対する意見書提出

⑧ 　関税法その他関税に対する法令以外の法令の規定により輸出又は輸入に関して必要とする許可等の申請

> 通関業務→通関業者のみが行える
>
> 関連業務→通関業者以外の者も行える※
>
> ※　通関業者は，通関業務と併せて関連業務を行うことができる。
>
> 　また，関連業務を行わず，通関業務だけを行うことも可能である。

③　その他の定義

(1)　「通関業」とは

　通関業とは，業として通関業務を行うことをいう（業法2条2号）。なお，「業として通関業務を行う」とは，営利の目的をもって，通関業務を反復継続して行う意思をもって行う場合をいう（基本通達2-3）。この場合において営利の目的が直接的か間接的かは問わないものとし，通関業務が他の業務に付帯して無償で行われる場合もこれに該当する。

(2)　「通関業者」とは

　通関業者とは，通関業務を行うにあたり，財務大臣から通関業の許可を受けた者をいう（業法2条3号）。

(3)　「通関士」とは

　通関士とは，財務大臣の確認を受けて通関業者の通関業務に従事する者をいう（2条4号）。通関士試験に合格しても，確認を受けなければ通関士ではない。

復習テスト

1 ①から⑥に適切な語句を挿入しなさい。

　　通関業法は，通関業を営む者についてその（　①　）の規制，（　②　）等必要な事項を定め，その（　①　）の（　③　）な運営を図ることにより，（　④　）その他貨物の（　⑤　）に関する手続の（　③　）かつ（　⑥　）な実施を確保することを目的とする。

2 他人の依頼により行う次の申告又は申請等のうち，通関業務に該当するものをすべて選びなさい。

① 保税運送の承認申告
② 移入承認申請
③ 特例輸入者の承認の申請
④ 関税の払戻し申請手続
⑤ 本邦と外国との間を往来する船舶への船用品の積込みの申告
⑥ 特定輸出者の承認の申請
⑦ 輸入許可前引取承認申請

【解　答】

1　①　業務　　②　通関士の設置　　③　適正　　④　関税の申告納付
　　⑤　通関　　⑥　迅速
2　②，③，⑤，⑥，⑦
　　⑦　輸入許可前引取承認申請手続は，輸入申告と関連して，輸入申告からその許可を得るまでの間に行われるものであるので，「通関手続」に含まれる（基本通達 2 – 2(1)）。

第2章
通関業の許可

出題傾向

小目	H28	H29	H30	R1	R2	R3	R4	R5
1 通関業の許可制	○	○	○	○	○	○	○	○
2 許可申請手続		○	○				○	○
3 許可の基準と欠格事由	○	○	○	○	○	○	○	○
4 許可の消滅・取消しと許可の承継	○	○	○	○	○	○	○	○
5 変更等の届出	○	○					○	○
6 営業所の新設	○	○		○	○	○	○	○

本章のポイント

　通関業者になるためには財務大臣の許可を受けなければならず，さらに業務を行っていく上では通関業法の規定を遵守しなければならない。本章では，許可制度全般にわたり，その内容を確認していく。中でも，許可の欠格事由については，他の複数の項目に準用されており，しっかりと覚え切る必要がある。

　通関士試験においては，通関業法の出題の中核となる分野であり，複数選択式及び択一式で数問出題されるほか，語群選択式でも出題される可能性が高い。

1 通関業の許可制 ☆☆

1 通関業の許可の原則と例外

通関業を営もうとする者は，**財務大臣**[*1]**の許可**を受けなければならない（業法3条1項）。許可の申請に対する処分（許可又は不許可）は，「通関業許可申請書」が税関に到達してから20日以内にするよう努めることとされている（基本通達3 − 12(1)）。

財務大臣は，許可をしたときは，遅滞なく，その旨を公告するとともに，許可を受けた者に**許可証**を交付する（3条4項）[*2]。

公告は，許可の年月日，通関業者の**住所**，氏名又は名称及び許可に付した**条件**を税関のホームページに掲載する方法により行い，併せて，当該公告の内容を税関官署の適宜の見やすい場所に掲示するものとされている（基本通達3 − 9(1)）。この公告は，許可をしたときにのみ行われるものであり，許可をしなかったときには行われない。

通関業の許可に際しては，**登録免許税**が課される（9万円，登録免許税法2条，別表第1の64号）。通関業の許可がされたときは，納付すべき登録免許税の額，納付の期限（通関業の**許可の日から20日を経過する日**）等を記載した通知書（「通関業の許可に係る登録免許税の納付通知書」）が納付書とともに許可を受けた者に送達される（基本通達3 − 10(1)）。

許可の制度は，弁護士法の規定により弁護士が行う職務，**弁護士法人**が行う業務若しくは外国弁護士による法律事務の取扱い等に関する法律の規定により**弁護士・外国法事務弁護士共同法人**が行う業務又は弁理士法の規定により**弁理士**が行う業務若しくは**弁理士法人**が行う業務（一定の事務に係るものに限る）については，適用しない（3条5項）。例えば，弁護士が税関長又は財務大臣に対する不服申立ての代理を行うことは，通関業務に該当するが，許可を受けずに行うことができる。

② 許可の条件

　財務大臣は，許可を行う際に条件を付することができる（3条2項）。ただし，条件は，通関業法の目的を達成するために必要な最少限度のものでなければならない（3条3項）。

　具体的には，①取り扱う貨物の種類の限定，②許可の期限[*3]，に限られており，その内容は許可証に明記される（基本通達3－1）。

> **発展**　*3
>
> 　許可期限の条件は，営業の状態等について追跡又は監視を必要とする一定の場合に限り付する（3年又は2年）（基本通達3－5）。

```
【許可の条件】
    通関業法の目的を達成するために必要な最少限度
                    ↓
```

条件の種類	効果
① 貨物の種類の限定	通関士設置義務を免除
② 許可の期限	許可に期限

2　許可申請手続　★★★

① 許可申請書

　通関業の許可を受けようとする者は，一定の要件を満たさなければ許可を受けることはできない。そこで，申請者は税関長が許可を与えるか否かを審査するための資料として，一定の事項を記載した許可申請書を提出しなければならないこととされている（4条1項）。

```
【許可申請書に記載する事項】 *1
① 氏名又は名称及び住所
  （法人の場合は，役員の氏名及び住所）
② 通関業を行おうとする営業所の名称及び所在地
③ 営業所ごとの責任者の氏名及び置こうとする通関士
  の数
④ 通関業務に係る取扱貨物が一定の種類のもののみに
  限られる場合には当該貨物の種類
```

> **着眼点**　*1
>
> 　「通関士の氏名」は，記載事項とされていないことに注意。また，通関業の許可を受けるために，「通関業に関連する事業を営んでいる」必要はない。

第3編　通関業法

309

⑤　通関業以外の事業を営んでいる**ときは**，その事業の種類

2　添付書面

　許可申請書には，**申請者の資産の状況を示す書面**その他以下の①から⑦に掲げる書面を**添付**しなければならない（4条2項，施行規則1条）。

①　申請者の**住民票の写し又はこれに代わる書面及び履歴書**（法人の場合には，その**定款，登記事項証明書**並びに**役員の名簿及び履歴書**）

②　申請者（法人の場合には，当該法人及びその役員）が業法6条1号，3号から9号まで及び11号（第2章3 2（**通関業の許可の欠格事由**）の①，③から⑨及び⑪）のいずれにも**該当しない**旨のこれらの者の**宣誓書**

③　申請者（法人の場合には，その役員）が6条2号に掲げる者（**破産手続開始の決定を受けて復権を得ない者**）に**該当しない**旨の**官公署の証明書**又はこれに代わる書面

④　**通関士**となるべき者その他の通関業務の**従業者**（法人の場合，通関業務を担当する**役員を含む**）の**名簿**及びこれらの者の**履歴書**

⑤　申請者が通関業以外の事業を営んでいる場合には，その**事業の概要，規模**及び**最近における損益の状況**を示す書面

⑥　年間において取り扱う見込みの通関業務の**量**及びその**算定の基礎**を記載した書面

⑦　その他参考となるべき書面[*2]

3　許可の基準と欠格事由　★★☆

1　許可の基準[*1]

　財務大臣は，通関業の許可をしようとするときは，一定の基

📨 **発展** [*2]

　営業明細書その他許可の基準（3 1参照）に適合するかどうかの審査のために特に必要と認められる書面をいう（基本通達4-2⑻）。

👁 **着眼点** [*1]

　許可を受ける際の規定には，「許可基準」のほか，「欠格事由」が存在し，両方の要件を満たすことが必要である。

準に適合するかどうかを審査することとされている（業法5条）。判断が恣意的なものになるのを防止するためである。その基準とは次のものである。

① 許可申請に係る通関業の経営の基礎が確実であること
② 許可申請者が，その人的構成に照らして，その行おうとする通関業務を適正に遂行することができる能力を有し，かつ，十分な社会的信用を有すること
③ 許可申請に係る通関業を営む営業所につき，通関士設置の要件を備えることとなっていること*2

なお，③について，具体的には，許可申請の際，通関士試験合格者を現に雇用しているか，又は雇用することが雇用契約等により確実と認められる場合をいう*3（基本通達5-4）。単なる見通しは含まれない。

2 欠格事由

通関業法は，通関業の適正を確保し，依頼者の保護を図るため，財務大臣が通関業の許可をしてはならない場合を「欠格事由」として具体的に列挙している（業法6条，施行規則1条の2）。

【「刑」の重さ】

懲役 ＞ 禁錮 ＞ 罰金 ＞ 拘留 ＞ 科料

【3年間の欠格事由となるもの】
(1) 禁固刑以上の刑‥‥罪名問わず
(2) 罰金刑‥‥① 関税法に定める一定の違反行為
　　　　　　② 国税・地方税等の一定規定に違反した者
　　　　　　③ 通関業法違反

　例えば，港湾運送事業法に違反して罰金刑を受けても，欠格事由には該当しない。

*2 過去問

通関業の許可を受けるためには，許可申請に係る通関業を営む営業所につき，通関業法第13条第1項（通関士の設置）の要件を備えることとなっている必要がある。（H15）○（スピマス類題→第1章④⑤）

*3 着眼点

通関業の許可申請者はあるために「合格者を現に雇用していなければならない」という表現は，誤りである。現に雇用していなくとも，「雇用確実」と認められれば許可を受けることが可能だからである。

【通関業の許可の欠格事由】

期間制限	欠格事由
能力（期間制限なし）	① **心身の故障**により通関業務を適正に行うことができない者として財務省令で定めるもの（**精神の機能の障害**により通関業務を適正に行うに当たって必要な認知，判断及び意思疎通を適切に行うことができない者）
	② 破産手続開始の決定を受けて復権を得ない者
犯罪歴（3年の欠格）*4	③ 禁錮以上の刑に処せられた者
	④ 関税法に定める一定の違反行為*1 若しくは国税・地方税を免れる等の違反行為をしたことにより，罰金刑又は通告処分を受けた者*5
	⑤ 通関業法違反により罰金刑を受けた者*5
暴力関係の排除	⑥ 暴力団員による不当な行為の防止等に関する法律の規定に違反し，又は刑法204条（傷害），206条（現場助勢），208条（暴行），208条の2第1項（凶器準備集合及び結集），222条（脅迫）若しくは247条（背任）の罪若しくは暴力行為等処罰に関する法律の罪を犯し，罰金の刑に処せられ，その刑の執行を終わり，又は執行を受けることがなくなった日から2年を経過していない者*5
	⑦ 暴力団員又は暴力団員でなくなった日から5年を経過していない者（暴力団員等）
処分（2年の欠格）*6	⑧ 通関業の許可を取り消された者又は通関業務に従事することを禁止された者
	⑨ 公務員*7で懲戒免職処分を受けた者
	⑩ 法人であって，その役員*2のうちに①から⑦のいずれかに該当する者がある場合
	⑪ 暴力団員等によりその事業活動を支配されている者

※1　関税法に定める一定の違反行為とは以下のものである。

① 輸出してはならない貨物の輸出（108条の4）

② 輸入してはならない貨物の輸入（109条）

③ 輸入してはならない貨物の蔵置，運送（109条の2）

④ 偽りその他不正の行為により関税を免れる等（110条）

⑤ 無許可輸出入（111条）

⑥ ①から④に係る貨物の運搬等（112条）

※2　いかなる名称によるかを問わず，これと同等以上の職権又は支配力を有する者を含む。

発展 *4

刑の執行を終わり，若しくは執行を受けることがなくなった日又はその通告の旨を履行した日から3年を経過しない場合である。

発展 *5

両罰規定（関税法117条，業法45条）の適用により罰金の刑に処せられ，又は通告処分に付された場合は含まれない（基本通達6-2）。

発展 *6

処分を受けた日から2年を経過しない場合である。

発展 *7

「公務員」には，国家公務員及び地方公務員のほか，法令（例：日本銀行法）の規定により公務に従事する職員とみなされる者を含む（基本通達6-4）。

4　許可の消滅・取消しと許可の承継　★★★

1　許可の消滅と取消し

　通関業の許可を受けた後であっても、その後の状況によって、引き続き通関業務を行うことが不適当と判断され、許可が失効することがある。第1に、通関業者において、適正な業務の運営ができないことが明らかな一定の事由に該当することとなった場合、通関業の許可は消滅する（10条）。第2に、通関業の許可の存続を認めておくことが妥当でない一定の事由に該当することとなった場合、財務大臣は、通関業の許可を取り消すことができる（11条）。

2　許可の消滅事由と取消し事由

　許可の消滅事由及び取消し事由は以下の通りである。

【許可の消滅事由】

① **通関業を**廃止したとき

② 死亡した場合で、許可の承継についての承認の申請（11条の2第2項）が期間内にされなかったとき、又は承認をしない旨の処分があったとき

③ **法人が解散したとき**

④ 破産手続開始の決定を受けたとき[*1]

【許可の取消し事由】

① **偽りその他不正の手段により通関業の許可**を受けたことが判明したとき

② 通関業の許可の**欠格事由**のうち、一定のもの※に該当するに至ったとき

　※　一定のものとは以下のものである。

　　イ　精神の機能の障害により通関業務を適正に行うに当たって必要な認知、判断及び意思疎通を適切に行うことができない者となったとき

　　ロ　禁錮以上の刑に処せられたとき

　　ハ　関税法に定める一定の違反行為若しくは国税・地方税を免

着眼点　*1

通関業者の破産
→許可消滅事由
役員の破産
→許可の取消し事由
となることに注意

れる等の違反行為をしたことにより，罰金刑又は通告処分を
受けたとき

ニ　通関業法違反により罰金刑を受けたとき

ホ　暴力団員による不当な行為の防止等に関する法律の規定に
違反し，又は刑法204条（傷害），206条（現場助勢），
208条（暴行），208条の2第1項（凶器準備集合及び結集），
222条（脅迫）若しくは247条（背任）の罪若しくは暴力
行為等処罰に関する法律の罪を犯し，罰金の刑に処せられた
とき

ヘ　暴力団員等となったとき

ト　法人である通関業者の役員が欠格事由に該当するに至った
とき

チ　暴力団員等によりその事業活動を支配される者となったと
き

着眼点 ＊2

　許可の欠格事由（6
条）のうち，②（業者
破産）以外のものは，
取消し事由となる，と
覚えるとよい。⑧，⑨
は，事例としてほとん
ど無視してよいからで
ある。

【欠格事由と消滅事由・取消し事由との関係】＊2

欠格事由	許可の消滅事由	許可の取消し事由
①　精神の機能の障害により通関業務を適正に行うに当たって必要な認知，判断及び意思疎通を適切に行うことができない者		○
②　破産手続開始の決定を受けて復権を得ないもの	○	
③　禁錮以上の刑に処せられた者		○
④　関税法に定める一定の違反行為若しくは国税・地方税を免れる等の違反行為により，罰金刑又は通告処分を受けた者		○
⑤　通関業法違反により罰金刑を受けた者		○
⑥　暴力団員による不当な行為の防止等に関する法律の規定に違反し，又は刑法204条（傷害），206条（現場助勢），208条（暴行），208条の2第1項（凶器準備集合及び結集），222条（脅迫）若しくは247条（背任）の罪若しくは暴力行為等処罰に関する法律の罪を犯し，罰金の刑に処せられ，その刑の		○

執行を終わり，又は執行を受けることがなくなった日から2年を経過していない者であるとき	
⑦　暴力団員又は暴力団員でなくなった日から5年を経過していない者（暴力団員等）であるとき	○
⑧　通関業の許可を取り消された者又は通関業務に従事することを禁止された者	
⑨　公務員で懲戒免職処分を受けた者	
⑩　法人であって，その役員のうちに①から⑨のいずれかに該当する者がある場合	○
⑪　暴力団員等によりその事業活動を支配されている者であるとき	○

3 許可の消滅と取消しの手続き

　財務大臣は，通関業の許可が消滅したとき及び通関業の許可を取り消したときは，遅滞なくその旨を公告しなければならない（業法10条2項）。

　公告は，通関業者の住所，氏名又は名称及び消滅した日を税関のホームページに掲載する方法により行い，併せて，当該公告の内容を税関官署の適宜の見やすい場所に掲示する（基本通達10−2）。業法11条（許可の取消し）又は34条（通関業者に対する監督処分，第6章で後述）の規定により通関業の許可が取り消された場合及び許可の条件として付された期限が経過した場合にも，同様の方法により公告を行う。

　また，許可の取消しをしようとするときは，あらかじめ通関業者に通知した上で，聴聞を行う（基本通達11−2）。また，通関業務に関し学識経験のある者のうちから審査委員を委嘱して，その意見を聴かなければならないものとされている（業法11条2項，39条2項）。取り消すか否かの判断が恣意的なものにならないようにするためである。

4 みなし通関業者（許可の消滅）

通関業の許可が消滅した場合，それ以降は通関業者として通関業務を行うことはできなくなる。しかし，その時点において依頼を受けた通関手続が現に進行中であるときは，**依頼者に不測の損害を与える**ことになる。

そこで，許可が消滅した場合において，現に進行中の通関手続があるときは，当該手続については，通関業者等[*3]が引き続き当該許可を受けているものとみなし，通関業務を最後までやり遂げさせることとしている（「**みなし通関業者**」，10条3項）[*4]。残務処理として行わせるものであるので，**新規**の通関業務契約を締結することは**認められない**。

許可の取消し又は許可期限の経過の場合には，みなし通関業者の規定を適用しない。この場合，依頼者に返戻するか，又は依頼者の指示する通関業者に引き継がせることとなる（基本通達10−1）。

5 許可の承継

通関業の許可についても，許可に基づく地位の承継に関する規定が設けられている（業法11条の2）。内容は次のようになっている。

① 通関業者について相続があったときは，その相続人（相続人が2人以上ある場合において，その全員の同意により通関業の許可に基づく地位を承継すべき相続人を選定したときは，その者）は，被相続人の当該許可に基づく地位を承継する。

② ①の規定により通関業の許可に基づく地位を承継した者（**承継人**）は，被相続人の死亡後60日以内に，その承継について財務大臣に承認の申請をすることができる。[*5]

③ 財務大臣は，承継人について許可の基準（5条各号）のいずれかに適合しない場合又は許可の欠格事由（6条各号）のいずれかに該当する場合には，②の**承認をしないもの**と

する。

④　通関業者について合併若しくは分割（通関業を承継させるものに限る。）があった場合又は通関業者が通関業を譲り渡した場合において，あらかじめ財務大臣の承認を受けたときは，合併後存続する法人若しくは合併により設立された法人若しくは分割により通関業を承継した法人又は通関業を譲り受けた者（以下「**合併後の法人等**」という。）は，10条1項1号又は3号（許可の消滅）の規定にかかわらず，当該合併により消滅した法人若しくは当該分割をした法人又は当該通関業を譲り渡した者の当該通関業の許可に基づく地位を承継することができる。

⑤　財務大臣は，合併後の法人等について許可の基準（5条各号）のいずれかに適合しない場合又は許可の欠格事由（6条各号）のいずれかに該当する場合には，④の**承認をしないものとする**。

⑥　財務大臣は，②又は④の規定により承認をするに際しては，当該承認をしようとする承継に係る通関業の許可について付された**条件**（この項の規定に基づき変更され，又は新たに付された条件を含む。）を取り消し，変更し，又は新たに条件を付することができる。この場合においては，当該条件は，**通関業法の目的を達成するために必要な最少限度のものでなければならない**。

⑦　財務大臣は，②又は④の承認をしたときは，**直ちにその旨を公告**[*6]しなければならない。

通関業の許可の承継に係る承認を受けようとする者は，次に掲げる事項を記載した**申請書**を，財務大臣に提出しなければならない（施行令2条の2）。

【承継の承認申請書の記載事項】
1　相続の場合
　①　被相続人である通関業者の氏名及び住所
　②　相続があった年月日

③ その他参考となるべき事項
2 合併等の場合
① 合併若しくは分割をしようとする通関業者又は当該通関業を譲り渡そうとする通関業者の名称又は氏名及び住所
② 合併後存続する法人若しくは合併により設立される法人若しくは分割により通関業者の通関業を承継する法人又は当該通関業を譲り受ける者の名称又は氏名及び住所
③ 合併若しくは分割又は通関業者の通関業の譲渡しが予定されている年月日
④ その他参考となるべき事項

なお，承継の承認が行われた場合における登録免許税は，通関業を譲り受ける場合を除き，非課税扱いとなる（基本通達11の2－1(7)）。

5 変更等の届出

■ 変更等の届出が必要な場合

通関業者は，一定の場合，遅滞なく，財務大臣に届け出なければならない（12条）。通関業者の状況を把握して，**通関業者に対する監督を的確に行う**ためである。届出が必要となるのは，以下の場合である。

① 許可申請書記載事項のうち一定のものに変更があったとき（変更の届出）
② 許可の取消し事由としての欠格事由に該当することとなったとき*1
③ 通関業の許可が消滅したとき

*1

届出を要するのは欠格事由に該当するすべての場合ではなく，許可取消事由となる欠格事由に該当するに至った場合に限られる。

【変更の届出の対象事項】

許可申請書記載事項	変更の届出事項
① 氏名又は名称及び住所並びに法人にあってはその役員の氏名及び住所	○
② 通関業務を行おうとする営業所の名称及び所在地*²	○
③ 営業所ごとの責任者の氏名及び置こうとする通関士の数	○
④ 通関業務に係る取扱貨物が一定の種類のもののみに限られる場合には当該貨物の種類	× →許可条件変更申請が必要
⑤ 通関業以外の事業を営んでいるときはその事業の種類	○

（○…届出必要　×…届出不要）

過去問 *2

通関業務を行う営業所の所在地を変更することなくその名称のみを変更した場合は、遅滞なくその旨を財務大臣に届け出なければならない。（H20）
○（スピマス類題→第1章(7)）

第3編 通関業法

② 届出義務者

　変更等の届出を行わなければならない者は、届出の内容によって異なる（施行令3条）。まとめると以下のようになる*³。

着眼点 *3

特に、消滅の届出の場合の届出義務者に注意しておこう。

【変更等の届出と届出義務者】

届出の内容		届出義務者
① 変更の届出		通関業者
② 許可の取消し事由としての欠格事由に該当する旨の届出		通関業者
③ 消滅の届出	イ 通関業を廃止したとき	→通関業者であった者
	ロ 通関業者が死亡したとき	→相続人
	ハ 破産手続開始の決定を受けたとき	→破産管財人
	ニ 法人が合併により解散したとき	→通関業者であった法人を代表する役員であった者
	ホ 法人が合併または破産以外の理由により解散したとき	→清算人

6 営業所の新設 ★★☆

■ 原則（一般通関業者の場合）

　通関業者は，通関業務を行う営業所を新たに設けようとするときは，財務大臣の許可を受けなければならない（営業所の新設の許可，8条1項）。

　「営業所」とは，通関業務が行われる事務所をいい，**名称を問わず**，実質的に**通関書類の作成審査等が行われる**ものであれば，原則として「営業所」に該当する（基本通達8−1）。

　ただし，次の場合は，「営業所」に**該当しない**。

① 　通関業者等の施設で，**職員が常駐せず**，単に連絡（**簡単な書類の訂正を含む**），待機のために使用されるもの

② 　特定の取引先の施設等で，当該取引先の依頼により，通関業者が職員を派遣して通関書類を作成するために使用されるもの（**通関士の審査又は通関業者の押印が行われていない場合**）

　営業所の新設の許可に係る**条件**及び**許可基準**については，通関業の許可の規定が準用されている。ただし，すでに通関業の許可を受けていることから，新設営業所に関連する部分のみが準用されていることに注意すべきである[*1]。

　営業所の新設の許可を受ける際には，**許可申請書を提出する**とともに，**一定の書面を添付**※しなければならない（施行令1条）。これらについても，通関業の許可に係る規定のうち，新設営業所に関連する部分のみが準用されている。

　※ 　許可申請書には，許可を受けようとする営業所において通関業務に従事させようとする者の氏名，その通関業務の用に供される資産の明細並びに当該営業所において行われる見込みの通関業務の量及びその算出の基礎を記載した書面その他参考となるべき書面を添付しなければならない。

[*1]
通関業の許可基準のうち，「通関業の経営の基礎が確実であること」については，準用されていない。

【許可申請書の記載事項の比較】

	営業所の新設	通関業の許可
①　氏名又は名称及び住所（法人の場合は，役員の氏名及び住所）	×	○
②　通関業を行う営業所の名称及び所在地	○	○
③　営業所の責任者の氏名及び通関士の数	○	○
④　通関業務に係る取扱貨物が一定の種類のもののみに限られる場合には当該貨物の種類	○	○
⑤　通関業以外の事業を営んでいるときは，その事業の種類	×	○

○…記載必要，×…記載不要

② 認定通関業者の場合

　通関業者は，申請により，通関業務その他の輸出及び輸入に関する業務を適正かつ確実に遂行することができるものと認められる旨の税関長の認定を受けることができる[*2]（関税法79条1項）。

　認定通関業者である通関業者は，**通関業務を行う営業所を新たに設けようとするときは，財務大臣にその旨を届け出ること**ができる（業法9条1項）[*3]。

　上記の届出に係る営業所については，当該届出が受理された時において，新設の許可を受けたものと**みなす**（9条2項）。

　届出は，次の事項を記載した**届出書**を財務大臣に提出することにより行う（施行令2条1項）。

　①　当該営業所の名称及び所在地
　②　当該営業所の責任者の氏名及び置こうとする通関士の数
　③　当該営業所における通関業務に係る取扱貨物が一定の種類のもののみに限られる場合には当該貨物の種類

　届出書には，届出に係る営業所において通関業務に従事させようとする者の氏名を記載した書面その他参考となるべき書面を添付しなければならない（2条2項）。

語句 [*2]

　申請により税関長の認定を受けた通関業者をいう。通関者にはるAEOである。認定通関業者については，第8章で学習する。

過去問 [*3]

　認定通関業者である通関業者が通関業務を行う営業所を新たに設けようとする場合には，財務大臣にその旨を届け出ることにより当該営業所を新設することはできない。（R5）
　×　届出により新設できる（スピマス類題→第1章⑧）

その**通関業務の用に供される**資産の明細並びに当該営業所において行われる見込みの**通関業務の量**及びその算出の基礎を記載した書面については，提出を要しない（基本通達9－1）。

③　在宅勤務等

　近年，子育て，介護その他の事情により，自宅で勤務する形態（在宅勤務）を認める必要性が高まっている。通関業においても，これを認めており，次のように規定している。

(1)　在宅勤務における「自宅」の取扱い

　通関業者の通関業務に従事する通関士その他の通関業務従業者が情報通信機器を活用して，労働時間の全部又は一部において，自宅で業務に従事する勤務形態（「在宅勤務」）を導入する場合においては，当該勤務場所（自宅）を当該従業者の所属する**営業所の一部とみなす**ものとし，営業所の新設の許可又は届出は要しない（基本通達8－1）。

(2)　在宅勤務の開始又は終了の申出

　在宅勤務の開始又は終了に係る取扱いは，次による。

　　①　通関業者の通関業務に従事する通関士その他の通関業務の従業者が**在宅勤務を開始し，又は終了**するときは，営業所の実態等を把握する必要があることから，必要な事項[*4]を，当該営業所の所在地又は主たる営業所の所在地を管轄する税関の通関業監督官部門に「在宅勤務・サテライトオフィス勤務の開始・終了の申出書」により**申し出**させる（8－4(1)）。

　　②　開始の申出を受けた際には，申出のあった通関業者に在宅勤務に係る情報セキュリティポリシーが定められている等，在宅勤務における**情報セキュリティ対策**が講じられていることを**確認**する（8－4(2)）。

(3)　業務継続のためのサテライトオフィスにおける通関業務の実施

　災害その他やむを得ない理由により，通関業者の通関業務に従事する通関士及びその他の通関業務の従業者が業務継続のた

発展 *4

　当該在宅勤務を行う従業者の氏名，住所，通関士又はその他の通関業務従業者の別及び当該通関士又は当該従業者が所属する営業所名等を記載する。

め，当該通関業者の所有又は管理する場所であって営業所の新
設の許可を受けた**営業所以外**の場所（**サテライトオフィス**）に
おいて，通関業務に従事する必要があると認めるときは，当該
理由があると認める間に限り，これを認めて差し支えないこと
とされている。この場合において，当該場所はこれらの者が所
属する営業所の一部となる（8－5）。サテライトオフィスに
おける通関業務の開始又は終了に係る取扱いは，上記(2)①②に
準ずる（8－6）。

1 通関業の許可に付することができる条件は？（2つ）

2 許可申請書の記載事項は？（5つ）

3 許可の基準（①から④に適切な語句を挿入）

　財務大臣は，通関業の許可をしようとするときは，許可申請者が，その（　①　）に照らして，その行おうとする通関業務を（　②　）に遂行することができる（　③　）を有し，かつ，十分な（　④　）を有しているかどうかを審査しなければならない。

4 許可の欠格事由

　「罰金刑に処せられ，刑の執行を終わった日から3年を経過していない場合」に，通関業の許可を受けることができない場合を，次のうちからすべて選択

① 通関業法の規定に違反して罰金刑に処せられた場合

② 港湾運送事業法の規定に違反して罰金刑に処せられた場合

③ 関税法第108条の4（輸出してはならない貨物の輸出）の規定に違反して罰金刑に処せられた場合

④ 不正の行為により所得税を免れ，罰金刑に処せられた場合

5 許可の消滅と取消し

① 通関業者の役員が破産手続き開始の決定を受けた場合，通関業の許可は消滅するか？

② 審査委員の意見を聞かなければならないのは，許可の消滅と取消しのうちいずれの場合か？

6 変更等の届出

① 通関業務に係る取扱貨物を一定の種類のもののみに限定する条件が付されている通関業者が，当該貨物の種類を変更しようとする場合，通関業法第12条に規定する変更等の届出を要するか？

② 次の場合の届出義務者は？

　イ　通関業者が破産手続開始の決定を受けた場合

　ロ　通関業者である法人が合併により解散した場合

　ハ　通関業者である法人が合併又は破産以外の理由により解散した場合

7 営業所の新設（①から⑤に適切な語句を挿入）

通関業者は，通関業務を行う営業所を新たに設けようとするときは，財務大臣の（　①　）を受けなければならない。

（　②　）である通関業者は，通関業務を行う営業所を新たに設けようとするときは，財務大臣にその旨を（　③　）ことができる。当該（　④　）に係る営業所については，当該（　④　）が受理された時において，営業所の新設の（　①　）を受けたものとみなす。

（　②　）である通関業者については，その通関業務の用に供される資産の明細並びに当該営業所において行われる見込みの通関業務の量及びその算出の基礎を記載した書面について，提出を（　⑤　）。

【解　答】

1　①　取り扱う貨物の種類の限定
　　②　許可の期限

2　①　氏名又は名称及び住所並びに法人にあってはその役員の氏名及び住所
　　②　通関業務を行おうとする営業所の名称及び所在地
　　③　営業所ごとの責任者の氏名及び置こうとする通関士の数
　　④　通関業務に係る取扱貨物が一定の種類のもののみに限られる場合には，当該貨物の種類
　　⑤　通関業以外の事業を営んでいるときは，その事業の種類

3　①　人的構成　　②　適正　　③　能力　　④　社会的信用

4　①，③，④

5　①　消滅しない（取消し事由となる）
　　②　許可の取消しをしようとするとき

6　①　要しない（許可条件変更申請が必要となり，「変更等の届出」は不要）
　　②　イ　破産管財人　　ロ　通関業者であった法人を代表する役員
　　　　ハ　清算人

7　①　許可　　②　認定通関業者　　③　届け出る
　　④　届出　　⑤　要しない

第3章

通関業者等の義務

 出題傾向

項目	H28	H29	H30	R1	R2	R3	R4	R5
1 義務，禁止行為とその対象	○	○			○		○	
2 義務，禁止行為の内容	○	○	○	○	○	○	○	○

本章のポイント

　本章では，通関業者等に対する業務上の規制について学習する。通関業法は通関業者等の業務の規制をその目的の1つとしているから，本章で学習する義務は通関業法の主要な目的の1つといえる。それぞれの義務及び禁止行為が，通関業者，通関士，一般従業者のいずれに対して課されているかを整理した上で進めていくことが大切である。

　本試験においては，複数選択式及び択一式で例年2～3問前後の出題があり，語群選択式で出題される可能性も高いので，重要な項目である。ただし，範囲はさほど広くないので，得点源にしてほしい。

1 義務, 禁止行為とその対象 ☆☆☆

　通関業法は, 通関業務の適正かつ迅速な実施の確保や依頼者の利益の保護等の趣旨から, 通関業者, 通関士, 一般従業者に対して一定の義務を課している。

　義務又は禁止行為は, 以下に示すものである。具体的な内容は**2**で述べるが, それぞれの義務又は禁止行為が「誰に対して課されているか」について, 十分に意識しておく必要がある。

【通関業者等の義務とその主体】

	通関業者	通関士	一般の従業者
① 守秘義務	○	○	○
② 名義貸しの禁止	○	○	×
③ 信用失墜行為の禁止	○	○	×*1
④ 料金の掲示の義務	○	×	×
⑤ 通関士設置義務	○	×	×
⑥ 通関士の審査等	○	×	×
⑦ 記帳, 届出, 報告等の義務	○	×	×

○…義務が課せられている, ×…義務が課せられていない

着眼点 *1

　③が一般の従業者には課せられていない点は, 特に注意が必要である。

2 義務, 禁止行為の内容 ☆☆☆

① 秘密を守る義務（守秘義務）

　通関業務の性質上, 通関業者は, 依頼者の輸出入取引等の内容を容易に知り得る立場にある。そこで, **通関業者**（法人である場合には, その役員）は, 正当な理由※なく, **通関業務に関して知り得た**秘密を他に漏らし, 又は盗用してはならないとされている（業法19条）*1。

　「通関業務に関して知り得た秘密」とは, 通関業務を行うに当たって依頼者の陳述又は文書から知り得た事実で一般的に知

着眼点 *1

　通関士ではない従業者に対して課されているのは, 守秘義務のみである。

328

られておらず，かつ，知られないことにつき，**依頼者又はその関係者に利益がある**と**客観的**に認められるものをいう（基本通達19－1⑵）。

依頼者の利益を考慮して，**守秘義務**については，通関士その他の通関業務の従業者に対しても同様に課されている。また，通関業を廃止した後や，退職後についても，課されている。

※　正当な理由があると判断される場合（基本通達19－1⑴）
①　依頼者の許諾がある場合
②　法令に規定する証人，鑑定人等として裁判所において陳述する場合
③　その他法令に基づく求めに応じて陳述する場合

2　名義貸しの禁止

通関業者は，その名義を他人に通関業のため**使用させてはならない**（17条）。名義貸しを許すと，無許可で通関業を営むことが可能となるので，このような脱法行為を防止する趣旨である。

また，通関士も同様に，その名義を他人に通関業務のため**使用させてはならない**（33条）。通関士試験及び通関士制度の意義を失わせないためである*2。

なお，これに関連して，次の点にも注意しておこう（**名称の使用制限**，40条1項，2項）。
①　通関業者でない者は，通関業者という名称を使用してはならない。
②　通関士でない者は，通関士という名称を使用してはならない。

3　信用失墜行為の禁止

通関業者（法人である場合には，その役員）**及び通関士**は，通関業者又は通関士の信用又は品位を害するような行為をしてはならない（20条）。通関業務に関わる通関業者と通関士に対して，社会的信用，品位を保持することを要請するものである*3。

発展 *2
通関業務に従事しないこととなり通関士の資格を喪失し通関士でなくなった者であっても，異動の届出がない者は，同様の義務を負う。

着眼点 *3
通関業者と通関士のみが対象であり，一般の従業者に対しては課されていないことに注意。

④ 料金の掲示等の義務

着眼点 *4

このほか，記帳・保存義務，定期報告義務等の「料金に関連」する事項については，関連業務も含めて規制されている。

通関業者は，通関業務（関連業務を含む）の料金の額を営業所において依頼者の見やすいように掲示しなければならない（18条）。料金の額を明らかにし，不当な料金請求が行われることを防止するためである。また，通関業者の大部分は関連業務も行っているため，通関業務の料金を掲示しただけでは不十分である。そこで，関連業務の料金についても掲示義務が課されている*4。

業法18条（料金の掲示）の規定により掲示する料金の額は，**依頼者に対する透明性**を確保する観点から，依頼者にとって分かりやすいものでなければならない（基本通達18 - 1）。

また，当該料金の額については，支払額に係る予見可能性を確保するために，貨物の特性，取扱規模等の事情により**料金に割増・割引**が生じる場合等についてはその適用がある旨を，当該料金の額に含まれない**実費を別途請求**する場合についてはその旨を**記載**したものでなければならない。

なお，料金の掲示に係る**様式及び掲示場所**については，**社会通念上妥当**と考えられる方法により**各通関業者が自由に定める**こととして差し支えない。また，通関業者が当該料金の額の掲示について，営業所において料金の額を表示する方法により行わず，インターネット上で閲覧を可能とする方法により行う場合（営業所において料金の額を表示する方法により行わない場合に限る）には，当該通関業者に対し，当該料金の額を掲載したホームページのアドレス（二次元コードを含む）を**営業所**において依頼者に見やすいように**掲示**することを求めるものとされている。

⑤ 通関士の設置義務

通関業者は，通関業務を適正に行うため，その**通関業務を行う営業所ごと**に，通関業務に係る**貨物の数量及び種類**並びに通関**書類の数，種類及び内容**に応じて必要な員数の通関士を置か

なければならない^{*5}（13条1項，施行令5条）。**通関手続の適正かつ迅速な実施**という通関業法の目的を達成するために，通関業務が行われる営業所について通関書類の作成および審査を職務とする通関士の設置を義務付けるものである。

　ただし，当該営業所において取り扱う通関業務に係る貨物が**通関業の許可の条件**（又は営業所新設の許可の条件）の規定により一定の種類の貨物のみに限られている場合には，通関士の**設置を要しない**。業務が簡易であり，定型化されているので，通関士がいなくても適正な通関手続を期待できるためである。

　「一定の種類の貨物のみに限られている場合」とは，その行う通関業務に係る貨物が一定種類に限られており，通関業務の内容が簡易かつ，定型化されている場合をいう（基本通達13－1）。「簡易かつ，定型化されている」といえるためには，限定された通関手続のみを反復継続的に行い，当該手続が全体として簡易であり，貨物全般の通関に関する広い知識の有無にかかわらず適正な手続の完了が期待できるものである必要がある。

　なお，**置くべき通関士の員数**については，業務の効率化・最適化の取り組み，業務内容の難易度及び雇用する通関士の業務経験等を総合的に勘案し，当該通関業者自身が創意工夫，自己規律を発揮しつつ判断するものであるが，

　① 当該営業所において適正かつ迅速な通関手続が実施できていない場合であって，

　② 利用者保護の観点等から必要と認められる場合

には，当該通関業者に対し，通関士の**増員等**について**助言**が行われる（13－3）。

6　通関士の審査等

　重要な通関書類については，その内容が適正であることが強く求められる。そこで，通関業者は，他人の依頼に応じて税関官署に提出する**通関書類**のうち**一定のもの**については，通関士にその内容を**審査**させなければならない（業法14条，施行令

過去問　*5

通関士の設置を要することとされている営業所には，専任の通関士を1名以上置かなければならない。（H29）
× 「必要な員数」を設置する。「専任」であることは要しない。（スピマス類題→第1章⑩）

発展 ＊6

通関士の記名が求められる書類に記名がなされていなかった場合においても，書類の効力自体は有効である（21条）。

着眼点 ＊7

すべての通関書類が対象となっているわけではないことに注意。試験対策上，審査等の対象となる通関書類は，すべて覚えておく必要がある。

発展 ＊8

(1)の記帳・保存義務において，「通関業務」には，すべて関連業務を含む。

6条）＊6。

ただし，審査が必要なのは，通関士が通関業務に従事している営業所における通関業務に係るものに限られている。

通関士の審査が要求される通関書類は以下のものである＊7。

① 輸入（納税）申告書，特例申告書

② 輸出申告書，積戻し申告書

③ 特例輸入者承認申請書

④ 船（機）用品積込承認申告書

⑤ 蔵入，移入，総保入承認申請書

⑥ 保税展示場に入れる外国貨物に係る申告書（展示等申告書）

⑦ 特定輸出者承認申請書

⑧ 不服申立書（再調査の請求書，審査請求書）

⑨ 修正申告書，更正請求書

⑦ 記帳・届出・報告等の義務

通関業者に対する的確な監督を可能とするため，通関業者に対して記帳・保存義務，従業者等に関する異動の届出義務及び定期報告の義務が課せられている（22条）。

(1) 記帳義務及び保存義務

① 記帳義務

通関業者は，**通関業務**（関連業務を含む）＊8に関して帳簿を設け，その収入に関する事項を記載しなければならない（22条1項）。

記帳義務に関しては，以下の点に注意しておこう（施行令8条1項）。

イ 帳簿は，通関業務を行う営業所ごとに作成しなければならない。

ロ 取り扱った通関業務の種類に応じ，その取り扱った**件数**及び受ける**料金**を記載する（「通関業務取扱台帳」）。

ハ 一件ごとに，依頼者の氏名又は名称，貨物の品名及び数量，通関業務に係る申告書等の書類の税関官署又は財

務大臣への提出年月日，その受理番号，通関業務につき受ける料金の額等を記載しなければならない（「通関業務取扱明細簿」）[*9]※。

※　上記ハの通関業務1件ごとの明細は，当該通関業務に関して税関官署又は財務大臣に対して提出した申告書等の写しに所要の事項を追記することによってすることができる（8条4項）。

② 保存義務

帳簿は，その閉鎖の日後3年間，書類は作成の日後3年間保存しなければならない（業法22条1項，施行令8条3項）。

【保存帳簿が課される書類】（施行令8条2項）

① 通関業務（関連業務を含む。②，③も同様。）に関し，税関官署又は財務大臣に提出した申告書，申請書，不服申立書その他これらに準ずる書類の写し

② 通関業務に関し，依頼者から依頼を受けたことを証する書類

③ 通関業務に関する料金の受領を証する書類の写し

---

(2)　異動の届出義務

通関業者は，通関士その他の通関業務の従業者（当該通関業者が法人である場合には，通関業務を担当する役員及び通関士その他の通関業務の従業者）の氏名及びその異動を財務大臣に届け出なければならない（22条2項）[*10]。なお，この届出書には，その者の履歴書その他参考となるべき書面を添付しなければならない（施行令9条2項）[*11]。

(3)　定期報告義務

通関業者は，その取扱いに係る通関業務（関連業務を含む）の件数，これらについて受けた料金の額その他通関業務に係る事項を記載した報告書を毎年1回財務大臣に提出しなければならない（業法22条3項）[*12]。報告の期間は以下の通りである。

過去問 [*9]

通関業者は，通関業務に関して帳簿を設け，通関業務を行う営業所ごとに，その営業所において取り扱った通関業務の種類に応じて，その取り扱った件数及び受ける料金を記載しなければならない。(H14)
◯（スピマス類題→第1章⑩）

着眼点 [*10]

異動のつど，財務大臣に提出する。また，異動の届出書には保存義務はない。

過去問 [*11]

通関業者は，通関士以外の通関業務の従業者に異動があった場合には，その都度その異動について財務大臣に届け出なければならない。(H16改)
◯（スピマス類題→第1章⑨）

発展 [*12]

法人である通関業者が提出する前項の報告書には，報告期間に係る事業年度の貸借対照表及び損益計算書を添付しなければならない（施行令10条2項）。

【報告期間】（施行令10条1項）

法人業者の場合

　4月1日から翌年3月31日まで（事業年度）の期間に
係る報告書を作成

　⇒6月30日までに提出＊13

個人業者の場合

　1月1日から12月31日までの期間に係る報告書を作成

　⇒6月30日までに提出

復習テスト

1　通関業者等の義務

① 守秘義務，名義貸しの禁止，信用失墜行為の禁止，料金の掲示等の義務がそれぞれ課されている者は？

② 通関業を廃止した後においても，通関業者に守秘義務は課されているか？

③ 通関業者は，営業所の責任者の氏名を，当該営業所において依頼者の見やすいように掲示する必要があるか？

2　通関士設置義務

① 原則

② 設置を要しない場合

3　通関士の審査が必要とされる通関書類は？（9つに分け，すべて列挙）

4　記帳・届出・報告等の義務

① 帳簿及び帳簿書類の保存期間及びその起算日は？

② 通関業者は，通関業務の従業者等の氏名及びその異動を（毎年1回，異動のつど）財務大臣に届け出なければならない。（正しいものを選択）

1 ① 守秘義務→通関業者（法人である場合には，その役員）及び通関士その他の通関業務の従業者

名義貸しの禁止→通関業者及び通関士

信用失墜行為の禁止→通関業者及び通関士

料金の提示等の義務→通関業者

② 通関業を廃止後も，守秘義務は課されている。

③ 必要ない（掲示義務があるのは，料金のみ）。

2 ① 通関業者は，通関業務を適正に行うため，その通関業務を行う営業所ごとに，通関士を置かなければならない。

② 通関業の許可（又は営業所新設の許可）に，貨物限定条件が付されている場合

3 ① 輸入（納税）申告書，特例申告書

② 輸出申告書，積戻し申告書

③ 特例輸入者承認申請書

④ 船(機)用品積込承認申告書

⑤ 蔵入，移入，総保入承認申請書

⑥ 保税展示場に入れる外国貨物に係る申告書（展示等申告書）

⑦ 特定輸出者承認申請書

⑧ 不服申立書（再調査の請求書，審査請求書）

⑨ 修正申告書，更正請求書

4 ① 帳簿→閉鎖の日から3年間保存

書類→作成の日から3年間保存

② 異動のつど

第4章

通関業者の権利

出題傾向

項目	H28	H29	H30	R1	R2	R3	R4	R5
1更正に関する意見の聴取	○	○	○	○	○	○	○	○
2検査の通知	○	○	○	○	○	○	○	○

本章のポイント

通関業者が依頼を受けて通関手続を行った場合において，増額更正や一定の検査が行われると，依頼者にとって不利益な結果となる可能性がある。そこで，依頼者の利益を保護することを目的として，このような場合には，税関長は，通関業者に対して通知を行い，意見の聴取や検査への立会いを求める必要があることとされている。

通関士試験においては，ほぼ毎年出題されており，配点の高い語群選択式のテーマになる可能性も十分にあるので，無視できない分野である。

1 更正に関する意見の聴取 ★★★

通関業者が他人の依頼に応じて税関官署に対してした**納税の申告**について，次の場合に基因して増額更正を行う場合には，税関長は，当該通関業者に対して，当該相違に関し意見を述べる機会を与えなければならない（業法15条）。

① 当該申告に係る貨物の関税率表の適用上の所属

② 課税価格の相違

③ その他関税に関する法令の適用上の解釈の相違

増額更正は依頼者にとって**不利益**となる処分であり，また法令の適用には専門的な知識と経験が必要であることから，依頼者の利益を代表する通関業者の意見を尊重して慎重に行う必要があるからである[*1]。

ただし，以下の場合には，意見の聴取の機会は与えられない点に注意する必要がある。

【意見の聴取の機会が与えられない場合】

① 減額更正の場合

② 計算又は転記の誤りその他これに類する客観的に明らかな誤りに基因する増額更正である場合[*2]

---

①については，依頼者にとって不利益な処分とはならないから，通関業者の意見を聴く必要がない。②については，増額更正すべきことは明らかであり，意見を聴くまでもないからである。

増額更正に関する意見の聴取は，通関士が設置されている場合にあっては，原則として通関士から行い，その他の場合にあっては，**営業所の責任者**又はこれに準ずる者から行う。 なお，意見の陳述は，**文書又は**口頭のいずれによっても差し支えないものとされている（基本通達15－1）。

発展 [*1]

更正に関して意見の聴取を行うべき場合において，当該意見の聴取がされることなく行われた増額更正であっても，無効とはならない（21条）。

過去問 [*2]

税関長は，通関業者が他人の依頼に応じてした納税の申告について更正をすべき場合において，当該更正が転記の誤りに基因して納付すべき関税の額を増加するものであるときであっても，当該通関業者に対し，当該相違に関し意見を述べる機会を与えなければならない。（H29）
×与える必要はない。
（スピマス類題→第1章⑪）

2　検査の通知 ★★★

　税関長は，通関業者の行う通関手続に関し，税関職員に一定
の検査をさせるときは，当該**通関業者**又はその**従業者**の立会い
を求めるため，その旨を当該通関業者に通知しなければならな
い（業法16条，施行令7条）。依頼者の利益のため，通関業者
が税関に対して必要な主張や陳述をする機会を与える必要があ
るからである[*1]。

【通知を必要とする検査】[*2]
① 輸出又は輸入の許可に係る貨物の検査（関税法67条）
② 積戻し貨物の検査（75条において準用する67条）
③ 保税蔵置場に置く貨物の検査（43条の4第1項）
④ 保税工場に置く貨物の検査（61条の4）
⑤ 総合保税地域に置く貨物の検査（62条の15）
⑥ 保税展示場に入れられる貨物の検査（62条の3第2項）

検査の通知の運用については以下による（基本通達16-1）。
① 検査の立会いを求めるための通知は，口頭又は書面のい
　ずれでも差し支えないものとし，また，検査指定票の交付
　をもってこれに代えることができる。
② 規定に基づく通知に対し，通関業者又はその従業者が立
　ち会わないときは，立会いのない現状備考を行って差し支
　えない。

第3編　通関業法

*1
発展
　通知を行うべき場合
において，当該通知が
されることなく行われ
た検査であっても，無
効とはならない（21
条）。

*2
過去問
　税関長は，通関業者
の行う通関手続に関
し，税関職員に関税法
第43条の4第1項の
保税蔵置場に外国貨物
を置くことの承認の際
の検査をさせるとき
は，当該通関業者又は
その従業者の立会いを
求めるため，その旨を
当該通関業者に通知し
なければならない。（○
×）
○（スピマス類題→第
1章⑪）

復習テスト

1 更正に関する意見の聴取（①から③に適切な語句を挿入）

　通関業者が他人の依頼に応じて税関官署に対してした納税の申告について更正をすべき場合において，当該更正が，当該申告に係る貨物の（　①　）の適用上の所属又は（　②　）の相違その他関税に関する法令の適用上の解釈の相違に基因して，納付すべき関税の額を（　③　）するものであるときは，税関長は，当該通関業者に対し，当該相違に関し意見を述べる機会を与えなければならない。

2 検査の通知

　税関長が，通関業者の行う通関手続に関し，税関職員に検査をさせる場合に，当該通関業者又はその従業者の立会いを求めるため，その旨を通知しなければならないとされるものは？

【解 答】

1　①　関税率表　　②　課税価格　　③　増加

2　輸出貨物，輸入貨物又は積戻し貨物の検査，保税蔵置場，保税工場又は総合保税地域に置く貨物の検査，保税展示場に入れられる貨物の検査

第5章

通関士

本章のポイント

　本章では通関士の資格の得喪について学習する。通関業の許可制度との相違点に注意して，これと対比しつつ整理していくのが有効である。

　通関士試験では，語群選択式でも出題される可能性がある。「確認拒否事由」は特に重要である。

1 通関士試験

1 通関士試験の実施

　通関士になろうとする者は，通関士試験に合格しなければならない（業法23条1項）。

　通関士試験は，毎年1回以上，財務大臣が決定する問題により，**各税関長が行う**（27条）。

2 合格の取消し等

　税関長は，**不正の手段によって通関士試験を受け**，若しくは受けようとし，又は**試験科目の免除を受け**，若しくは受けようとした者に対しては，**合格の決定を取り消し，又はその試験を受けることを禁止する**ことができる。また，税関長は，当該処分を受けた者に対し，情状により2年以内の期間を定めて通関士試験を**受けることができないものとすることができる**[*1]（29条1項，2項）。

3 通関士となる資格

　通関士試験に合格した者は，どの税関の管轄区域内においても，通関士となる資格を有する（25条）。[*2]つまり，通関士試験に合格した者は，受験した税関の管轄区域内のみならず，どの税関の管轄区域内においても通関士となることができるのである。

　通関士試験に合格した場合，その合格の効力は，取り消されない限り，一生有効である。したがって，「合格後○○年以内に確認（2で後述）」を受ける必要はない。

過去問 [*1]

　税関長は，不正の手段によって通関士試験の試験科目の免除を受けようとした者に対しては，通関士試験を受けることを禁止することができ，その禁止の処分を受けた者に対し，情状により2年以内の期間を定めて通関士試験を受けることができないものとすることができる。（R4）
○（スピマス類題→第1章⑫）

過去問 [*2]

　通関士試験に合格した者は，その受験地を管轄する税関の管轄区域内においてのみ，通関士となる資格を有する。（R5）
× どの税関の管轄区域内においても通関士となる資格を有する。（スピマス類題→第1章⑫）

2　通関士の確認　★★★

① 確認

　通関業者は，通関士試験に合格した者を通関士という名称を用いて（通関士として）その通関業務に従事させようとするときは，一定の事項を財務大臣に届け出て，その者が**確認拒否事由**に該当しないことの確認を受けなければならない(31条1項)。通関士試験に合格すれば直ちに通関士となるわけではなく，財務大臣の確認を受けてはじめて通関士となるのである[*1]。

> 【確認の届出事項】
> ① 確認を受けようとする者の氏名
> ② 通関業務に従事させようとする営業所の名称
> ③ 確認を受けようとする者の通関士試験合格の年度及びその合格証書の番号
> ④ その他参考となるべき事項

　通関士確認届には，次の書面を添付しなければならない（31条1項，施行令13条）。
　① 確認の届出に係る者が一定の確認拒否事由に該当しないことを証明する書面
　② その他参考となるべき書面

　なお，届出に係る通関士が**他の通関業者の通関業務に従事**する通関士であるときは，当該**併任**について**異議がない旨**の当該通関業者の**承諾書を添付**して確認手続を行う必要がある（基本通達31－1(4)）。

着眼点 [*1]
確認の届出を行うのは合格者本人ではなく通関業者である。また，通関士という名称を用いて通関業務に従事させようとするときのみ，届出が必要となる。

第3編　通関業法

2 確認拒否事由

　下記の事項に該当する者は，通関士となることができない（31条2項）^{*2}。

着眼点 *2

①から⑨までのものは，許可の欠格事由を準用している。確認拒否事由独自のものは，⑩から⑫までである。

過去問 *3

偽りその他不正の行為により地方税を免れたことにより通告処分を受けた者であっても，その免れた日から2年を経過したときは，通関業法第31条第1項の確認を受けることができる。（H20）

× 3年を経過しなければできない。（スピマス類題→第1章⑫）

発展 *4

これらの違反行為があったことにつき，税関長が心証を得た者をいう（基本通達31－4）。違反行為があった日から2年を経過しない場合に，確認拒否事由となる。

【確認拒否事由】

能力（期間制限なし）	① 精神の機能の障害により通関業務を適正に行うに当たって必要な認知，判断及び意思疎通を適切に行うことができない者
	② 破産手続開始の決定を受けて復権を得ない者
犯罪歴（3年の欠格）	③ 禁錮刑以上の刑に処せられた者
	④ 関税法に定める一定の違反行為若しくは国税・地方税を免れる違反行為等をしたことにより，罰金刑又は通告処分を受けた者^{*3}
	⑤ 通関業法違反により罰金刑を受けた者
暴力関係の排除	⑥ 暴力団員による不当な行為の防止等に関する法律の規定に違反し，又は刑法204条（傷害），206条（現場助勢），208条（暴行），208条の2第1項（凶器準備集合及び結集），222条（脅迫）若しくは247条（背任）の罪若しくは暴力行為等処罰に関する法律の罪を犯し，罰金の刑に処せられ，その刑の執行を終わり，又は執行を受けることがなくなった日から2年を経過していない者であるとき
	⑦ 暴力団員又は暴力団員でなくなった日から5年を経過していない者（暴力団員等）であるとき
処分（2年の欠格）^{*4}	⑧ 通関業の許可を取り消された者又は通関業務に従事することを禁止された者
	⑨ 公務員で懲戒免職処分を受けた者
	⑩ 関税法に定める一定の違反行為をした者^{*4}
停止期間中	⑪ 業務停止処分を受けた者（当該処分の基因となった違反行為をした者を含む。）
	⑫ 従業停止処分を受けた者

3　通関士の資格の喪失

　通関士となった後においても，以下の一定事由に該当することとなったときは，通関士でなくなるものとする（業法32条）*5。

① 確認を受けた通関業者の通関業務に従事しないこととなったとき*6

② 通関業の許可の欠格事由と同様の事由（前記 2 の表中①〜⑨）に該当するに至ったとき

③ 不正の手段により通関士試験に合格し，後にその合格の決定が取り消されたとき

④ 偽りその他不正の手段により確認を受けたことが判明したとき

 *5

通関士という名称を用いないで通関業務に従事することまで制限されるわけではない。また，資格喪失後にあらためて確認を受けることによって再び通関士となることができる。

過去問 *6

通関士が，通関業者の通関業務に従事しないこととなった場合であっても，当該通関業者との雇用関係が継続される限り，通関士の資格を喪失しない。(H17)
× （スピマス類題→第1章⑬）

第3編

通関業法

345

【欠格事由，資格喪失事由，確認拒否事由のまとめ】

	欠格事由	資格喪失事由	確認拒否事由
① 精神の機能の障害により通関業務を適正に行うに当たって必要な認知，判断及び意思疎通を適切に行うことができない者	○	○	○
② 破産手続開始の決定を受けて復権を得ない者	○	○	○
③ 禁錮以上の刑に処せられた者	○	○	○
④ 関税法に定める一定の違反行為若しくは国税・地方税を免れる違反行為等により，罰金刑又は通告処分を受けた者	○	○	○
⑤ 通関業法違反により罰金刑を受けた者	○	○	○
⑥ 暴力団員による不当な行為の防止等に関する法律の規定に違反し，又は刑法204条（傷害），206条（現場助勢），208条（暴行），208条の2第1項（凶器準備集合及び結集），222条（脅迫）若しくは247条（背任）の罪若しくは暴力行為等処罰に関する法律の罪を犯し，罰金の刑に処せられ，その刑の執行を終わり，又は執行を受けることがなくなった日から2年を経過していない者であるとき	○	○	○
⑦ 暴力団員等であるとき	○	○	○
⑧ 通関業の許可を取り消された者又は通関業務に従事することを禁止された者	○	○	○
⑨ 公務員で懲戒免職処分を受けた者	○	○	○
⑩ 法人であって，その役員のうちに①から⑦のいずれかに該当する者がある場合	○	×	×
⑪ 暴力団員等によりその事業活動を支配されている者であるとき	○	×	×
⑫ 関税法に定める一定の違反行為をした者	×	×	○
⑬ 業務停止処分を受けた者	×	×	○
⑭ 従業停止処分を受けた者	×	×	○

復習テスト

1　通関士の確認

① 通関士確認届の記載事項は？

② 欠格事由（6条）にはなく，確認拒否事由（31条）にのみ規定されているものは？

③ 通関士の資格喪失事由は？（4つ）

【解 答】

1 ①イ　確認を受けようとする者の氏名

　　ロ　通関業務に従事させようとする営業所の名称

　　ハ　確認を受けようとする者の通関士試験合格の年度及びその合格証書の番号

　　ニ　その他参考となるべき事項

②イ　関税法に定める一定の違反行為をした者であって，当該違反行為があった日から2年を経過しないもの

　　ロ　通関業務の停止の処分を受けた者であって，その停止の期間が経過しないもの

　　ハ　通関業務に従事することを停止された者であって，その停止の期間が経過しないもの

③イ　確認を受けた通関業者の通関業務に従事しないこととなったとき

　　ロ　一定の通関業者の許可の欠格事由と同様の事由に該当するに至ったとき

　　ハ　不正の手段により通関士試験に合格し，後にその合格の決定が取り消されたとき

　　ニ　偽りその他不正の手段により確認を受けたことが判明したとき

第6章

監督処分，懲戒処分

出題傾向

項目	H28	H29	H30	R1	R2	R3	R4	R5
1 業務改善命令		○	○	○	○		○	○
2 通関業者に対する監督処分	○		○	○	○	○	○	○
3 通関士に対する懲戒処分		○	○	○	○	○	○	○
4 監督，懲戒処分に関連する手続	○			○	○	○	○	○

本章のポイント

　通関業者，通関士が通関業法等の法令に違反した場合，罰金刑等の刑罰（司法上の処分）を受ける場合があるが，通関業法においては，これとは別に，税関長による処分（行政処分）である監督処分，懲戒処分について規定している。よりきめ細かいペナルティを設けることにより，通関業務の適正を図っているのである。

　通関士試験では，1〜2問の出題であるが，語群選択式の出題確率も高く，用語を正確に覚えておきたい分野である。

1　業務改善命令　

　　財務大臣は，通関業の適正な遂行のために**必要**があると認めるときは，その**必要の限度**において，通関業者に対し[*1]，その業務の運営の改善に必要な措置をとるべきことを命ずることができる（業法33条の2）。

　　当該命令は，改善すべき事項，改善のため必要な期限を明記した**書面**をもって通関業者に通知される[※]（基本通達33の2－3）。

> ※　これとともに，「通関業者台帳」に所要の事項が記載され，当該通知書面の写しが直ちに財務省及び他の税関に送付される（基本通達33の2－3）。

2　通関業者に対する監督処分　

1　監督処分を受ける場合

　　財務大臣は，通関業者が次のいずれかに該当するときは，その通関業者に対し，監督処分をすることができる（業法34条1項）[*1]。財務大臣は，監督処分をしたときは，遅滞なくその旨を公告しなければならない（34条2項）。

【監督処分の対象となる場合】

通関業者の違反[*2]	①　通関業法等に違反
	②　関税関係の法令に違反
	③　許可に付された条件に違反
役員又は従業者の違反[*3] ＋ 通関業者の責めに帰すべき理由	①　通関業法等に違反
	②　関税関係の法令に違反
	③　通関業者の信用を害する行為

2　監督処分の内容

　　監督処分には次の2つのものがあり，情状によりいずれかの

（左段注記）

着眼点 *1

　業務改善命令は，通関士に対しては行うことができない。

発展 *1

　役員又は従業者の違反の場合においては，通関業者に選任，監督上の故意，過失（「責めに帰すべき理由」）がある時に限り，監督処分の対象となる。

発展 *2

　通関業者自ら（法人の場合は通関業者の代表者）が違反した場合のほか，従業者等が違反した場合で，その違反が通関業者の業務に関して行われ，又はその結果が通関業者に帰属するものである場合を含む（基本通達34－1⑴）。

発展 *3

　通関業者の役員又は通関士その他通関業務の従業者が，通関業者本人の業務としてではなく，専ら自己若しくは第三者のために違反を犯した場合をいう（34－1⑵）。

処分が選択される[4]。

	種類	効果
①	業務停止処分	通関業務の全部若しくは一部の停止（1年以内）。期間が経過すれば通関業を再開可能。
②	許可取消し処分	許可は失効する。欠格事由に該当し，2年間は新たに許可を受けることができない。

3　通関士に対する懲戒処分　★★★

1　懲戒処分を受ける場合

　財務大臣は，通関士が通関業法又は関税法その他関税に関する法令の規定に違反したときは，その通関士に対し，懲戒処分をすることができる（業法35条1項）。財務大臣は，懲戒処分をしたときは，遅滞なくその旨を公告しなければならない（35条2項）。

2　懲戒処分の内容

　懲戒処分には3つのものがあり，情状によりいずれかの処分が選択される。その種類と効果は次の通りである[1]。

	種類	効果
①	戒告処分	注意を与えられる。
②	従業停止処分	通関業務に従事することを停止（1年以内）。通関士の資格は喪失せず，期間が経過すれば直ちに通関業務に従事できる[2]。
③	従業禁止処分	通関業務に従事することを禁止（2年間）。通関士の資格を喪失し，期間経過後，通関士として通関業務に従事する場合，改めて確認が必要[2]。

過去問　*4

　財務大臣は，通関業者の役員について，関税法の規定に違反する行為があった場合であっても，当該通関業者の責めに帰すべき理由がないときは，当該通関業者に対し監督処分をすることはできない。（H19改）
○（スピマス類題→第1章⑭）

過去問　*1

　通関士として一定期間通関業務に従事することを停止された場合であっても，当該通関士は，その他の従業者として通関業務に従事することができる。（H20）
×（スピマス類題→第1章⑭）

発展　*2

　停止又は禁止の期間中は，通関士としてのみならず，その他の従業者として通関業務に従事することをも停止又は禁止される（基本通達35−1(1)）。

第3編

通関業法

351

4 監督，懲戒処分に関連する手続 ☆☆☆

　監督処分及び懲戒処分は，通関業者または通関士に対して重大な影響を与えるので，適正な処分がなされるよう慎重な手続が定められている。

(1) 何人も，通関業者又は通関士に違反行為等の事実があると認める場合には，財務大臣に対し，その**事実を申し出て，適当な措置をとるべきことを求める**ことができる（36条）[*1]。

(2) 処分の手続

① 財務大臣は，**監督処分**をしようとするときは，**審査委員の意見**[*2]を，**懲戒処分**をしようとするときは，**当該通関士がその業務に従事する通関業者の意見**を，それぞれ聴かなければならない[*3]。

② 財務大臣は，**監督処分又は懲戒処分**をするときは，その**理由を付記した書面**により，その旨を当該**処分を受ける者**に**通知**しなければならない。

📄 **発展** [*1]

職権で調査を行うこともできる。

📄 **発展** [*2]

審査委員は，通関業務に関し学識経験のある者のうちから3人以内を財務大臣が委嘱する（39条）。

📝 **過去問** [*3]

財務大臣は，通関士に対して懲戒処分をしようとするときは，審査委員の意見を聴くとともに，当該通関士がその業務に従事する通関業者の意見を聴かなければならない。（H18改）
× 審査委員の意見は不要。（スピマス類題→第1章⑮）

復習テスト

1 監督処分（①から④に適切な語句を挿入）

　　財務大臣は，通関業者が，（　①　），（　①　）に基づく命令若しくは通関業の許可に付された（　②　）又は関税法その他関税に関する法令の規定に違反したときは，その通関業者に対し，（　③　）以内の期間を定めて通関業務の全部若しくは一部の停止を命じ，又は（　④　）をすることができる。

2 懲戒処分（①から⑤に適切な語句を挿入）

　　財務大臣は，通関士が（　①　）又は関税法その他関税に関する法令の規定に違反したときは，その通関士に対し，（　②　）し，（　③　）以内の期間を定めてその者が通関業務に従事することを停止し，又は（　④　）間その者が通関業務に従事することを（　⑤　）することができる。

3 監督処分，懲戒処分の手続

　①　通関業者又は通関士に監督処分又は懲戒処分に該当する事実があると認めたときにおいて，財務大臣に対し，その事実を申し出て，適当な措置をとるべきことを求めること（調査の申し出）ができる者は，通関業務の依頼者に限られるか？

　②　財務大臣は，通関業者に対し監督処分をしようとするときは，（　　）の意見を，通関士に対し懲戒処分をしようとするときは，当該通関士がその業務に従事する（　　）の意見を，それぞれ聴かなければならない。（空欄に適切な語句を挿入）

【解　答】

1　①　通関業法　　②　条件　　③　1年　　④　許可の取消し

2　①　通関業法　　②　戒告　　③　1年　　④　2年　　⑤　禁止

3　①　限られない（何人も，税関長に対し，事実を申し出て，適当な措置をとるべきことを求めることができる）。

　　②　（順に）審査委員，通関業者

第7章

罰則，権限の委任

出題傾向

項目	H28	H29	H30	R1	R2	R3	R4	R5
1 罰則	○	○		○	○	○	○	○
2 権限の委任		○						

本章のポイント

　通関業法においては，各規制の実効性を高めるため，罰則も設けている。最近は，毎年のように出題されており，手は抜けない分野である。まず，「罰則の適用があるかないか」について押さえておくほうがよい。

　権限の委任については，参考程度に押さえておけばよい。

1 罰則 ☆☆☆

1 罰則の内容

　通関業法においては，この法律の適正な運用を確保するため，罰則に関する規定が設けられている。内容は以下のとおりである。

(1) **1年以下の懲役又は100万円以下の罰金**（41条）[*1]

① 偽りその他不正の手段により通関業の許可又は営業所の許可（3条1項又は8条1項）を受けた者

② 通関業の許可（3条1項）の規定に違反して通関業を営んだ者

③ 通関業の許可又は営業所新設の許可の規定（3条2項，8条2項）により付された条件の規定に違反して，当該条件により限定された種類以外の貨物につき，通関業を営んだ者

④ 秘密を守る義務（19条）の規定に違反して，通関業務に関して知り得た秘密を他に漏らし，又は盗用した者[*2]

⑤ 通関業者に対する監督処分（34条1項）の規定による通関業務の全部又は一部の停止の処分に違反して通関業務を行った者

(2) **6月以下の懲役又は50万円以下の罰金**（42条）[*3]

① 偽りその他不正の手段により通関士の確認（31条1項）を受けた者

② 通関士に対する懲戒処分（35条1項）の規定による通関業務に従事することの停止又は禁止の処分に違反して通関業務に従事した者[*4]

(3) **50万円以下の罰金**（43条）

① 業務改善命令（33条の2）の規定による命令に違反した者

② 財務大臣により求められた報告をせず，若しくは偽りの報告をし，若しくは職員の質問に答弁せず，若しくは偽り

 *1

「無許可営業に類する行為」及び「守秘義務違反」の場合と押さえておくとよい。

発展 *2

守秘義務違反については，告訴がなければ提起できない（親告罪，41条2項）。

着眼点 *3

「通関士関連」の違反の場合と押さえておくとよい。

発展 *4

通関士としてではなく，一般従業者として通関業務に従事した場合を含む。

の答弁をし，又は検査を拒み，妨げ，若しくは忌避した者
（38条1項）

(4)　**30万円以下の罰金**（44条）[*5]

①　通関業者の名義貸しの禁止（17条）の規定に違反して
その名義を他人に使用させた者

②　通関士の名義貸しの禁止（33条）の規定に違反してそ
の名義を他人に使用させた者

③　名称の使用制限（40条）の規定に違反して通関業者又
は通関士という名称を使用した者[*6]

② **両罰規定（45条）**

通関業法における規制は，主として，通関業者等の**業務主**を
対象として規定されているが，通関業務は，通関業者の**役員そ
の他の従業者**によって処理される。そこで，業務規制の実効性
を確保するため，既述の罰則のうち，特定のものについては，
その行為者を罰するほか，その法人等に対して，罰金刑を科す
ることとされている。これが両罰規定である。

両罰規定が適用されるのは，次の罪である[*7]。

①　偽りその他不正の手段により通関業の許可（3条1項）
又は営業所新設の許可（8条1項）を受けた罪（41条1
項1号）

②　通関業の許可（3条1項）の規定に違反して通関業を営
んだ罪（41条1項2号）

③　許可に付された条件（3条2項，8条2項）の規定に違
反して通関業を営んだ罪（41条1項2号）

④　業務停止の処分（34条1項）の規定に違反して通関業
務を行った罪（41条1項4号）

⑤　偽りその他不正の手段により通関士の確認（31条1項）
を受けた罪（42条1号）

⑥　業務改善命令に違反した罪（33条の2，43条1号）

⑦　報告をせず，若しくは偽りの報告をし，若しくは職員の
質問に答弁せず，若しくは偽りの答弁をし，又は検査を拒

過去問 *6

通関業法第40条第
2項の規定に違反して
通関士という名称を使
用した通関士でない者
は，同法の規定に基づ
き罰せられることはな
い。（R5）
×　30万円以下の罰
金に処せられることが
ある。（スピマス類題
→第1章⑯）

着眼点 *7

両罰規定が適用され
ない罪は，①秘密を漏
洩する等の罪，②通関
士に対する懲戒処分に
違反する罪，③通関士
の名義貸しの罪であ
る。

み，妨げ，若しくは忌避した罪（38条1項，43条2号）

⑧　通関業者の名義貸しの禁止（17条）の規定に違反して
その名義を他人に使用させた罪（44条1号）

⑨　通関業者又は通関士という名称を使用した罪（40条，
44条3号）

2　権限の委任　

通関業法上の個々の手続のすべてを財務大臣が現実に行うこ
とは，事実上不可能である。

そこで，財務大臣は，その権限のうち，次に掲げるものを税
関長に委任することができる（40条の3，施行令14条）。

① 通関業の許可（業法3条1項），許可に際しての条件の
付与（3条2項），許可の申請（4条1項），許可の基準（5
条），欠格事由（6条）に係る権限[*1]

*1

「新たに通関業の許
可を受けようとする
者」についての権限と
思えばよい。

→通関業の許可を受けようとする者が**通関業務を行おうと
する営業所**の所在地（当該営業所が二以上ある場合には，
主たるものの所在地）を**管轄**する税関長（14条1項1号）

→通関業務を行おうとする営業所が当該税関長**以外**の税関
長の所属する税関の管轄区域内にあるものに係る許可の基
準（5条）の規定による権限については，当該営業所の所
在地を管轄する税関長も行うことができる（14条2項）。

② 通関業の許可（又は営業所の新設の許可）後の条件の付
与（3条2項，8条2項），許可の公告及び許可証の交付（3
条4項，8条2項），営業所の新設の許可（8条1項），営
業所の新設の許可に係る許可基準（8条2項，5条），認
定通関業者の営業所の新設の届出（9条1項），許可の消
滅の公告（10条2項），許可の取消し（11条），変更等の
届出（12条），異動の届出（22条2項），定期報告（22条
3項），通関士の確認（31条1項），業務改善命令（33条
の2），監督処分（34条1項），監督処分及び懲戒処分の
公告（34条2項，35条2項），懲戒処分（35条1項），処

分の手続（37条），報告の聴取等（38条1項），審査委員（39条1項）に係る権限[*2]

→当該権限の行使の対象となる者が**通関業務を行う営業所**の所在地（当該営業所が2以上ある場合には，**主たるものの所在地**）を**管轄する税関長**（以下「**2号税関長**」という。）

→通関業務を行う営業所であって2号税関長**以外の税関長の所属する税関の管轄区域内**にあるものに係る営業所の新設の許可（8条1項），同条2項において準用する3条2項及び4項並びに5条の規定，認定通関業者の営業所の新設の届出（9条1項），12条の規定，22条2項の規定，31条1項の規定並びに38条1項の規定による権限については，**当該営業所の所在地を管轄する税関長**も行うことができる。

③　許可の承継（11条の2第2項から6項まで）に係る権限
→**通関業者（被相続人又は合併により消滅した法人等である通関業者）に係る2号税関長**

④　許可の承継の公告（11条の2第7項）に係る権限
→許可の承継の承認をした税関長

⑤　調査の申出（36条）に係る権限
→**申出の対象となる者に係る2号税関長**

上記の①及び②における「**主たる**」営業所とは，例えば次に該当するようなものをいう（基本通達40の3-1）。

①　通関業の許可の際又は許可後において，通関業に係る経営判断を行う機能を有する営業所

②　通関業の許可の際，取り扱う見込みの**通関業務の量の多くを占める**営業所

③　通関業者内の**通関業務の量や通関業務による収益の多くを占める**など，他の営業所に比べ定量的にその優位性が確認できる営業所

④　通関業者内の通関業務に携わる**従業者の配置の多くを占める**など，他の営業所に比べ定量的にその優位性が確認できる営業所

着眼点 *2
「すでに通関業を営んでいる者」についての権限の大部分は，「2号税関長」に委任されていると考えておけばよい。

第3編
通関業法

 復習テスト

1 通関業法上の罰則（①～⑤に適切な語句を挿入）

　通関業法第3条（通関業の許可）の規定に違反して通関業を営んだ者は，
（　①　）以下の懲役又は（　②　）以下の罰金に処せられることがある。

　通関業法第33条（名義貸しの禁止）の規定に違反してその名義を他人に使用
させた者は，（　③　）以下の罰金に処せられることがある。

　通関業法第35条第1項（通関士に対する懲戒処分）の規定による通関業務
に従事することの停止又は禁止の処分に違反して通関業務に従事した者は，
（　④　）以下の懲役又は（　⑤　）以下の罰金に処せられることがある。

2 両罰規定

　次の罪のうち，通関業法第45条の規定（罪となる行為をした者のほか，その
者が属する法人について罰金刑を科す規定）の対象とされていないものはどれ
か。

① 通関業法第17条（名義貸しの禁止）の規定に違反してその名義を他人に使
　用させる罪

② 通関業法第33条の2（業務改善命令）の規定に違反する罪

③ 通関業法第35条第1項（通関士に対する懲戒処分）の規定による通関業務
　に従事することの停止の処分に違反して通関業務に従事する罪

【解 答】

1　①　1年　　②　100万円　　③　30万円　　④　6月　　⑤　50万円

2　③

360

第**8**章

認定通関業者

出題傾向

項目	H28	H29	H30	R1	R2	R3	R4	R5
1 認定通関業者制度とは	○	○	○		○			○
2 認定通関業者の認定		○						

本章のポイント

　認定通関業者制度は，貨物のセキュリティ管理と法令遵守（コンプライアンス）の体制が整備された者として認定された事業者に対して，様々な通関手続の特例措置を認める制度（AEO制度）の一つである。関税法に規定されているものであるが，「通関業者」についての話であり，通関業法でも出題される場合があるので，本書ではこの位置に章を設けた。

　通関業法では，制度の存在さえ知っていれば解ける問題が大部分である。ただし，関税法においても出題があるので，制度の基本的な構造はしっかりと押さえておく必要がある。

1　認定通関業者制度とは

通関業者は，**申請**により，通関業務その他の**輸出及び輸入に関する業務を適正かつ確実に遂行**することができるものと認められる旨の税関長の認定を受けることができる（関税法79条1項）。すなわち，貨物のセキュリティ管理とコンプライアンスの体制が整備された通関業者は，その申請により税関長から認定を受けることにより，認定通関業者となることができる。これにより，通関手続の特例措置を受け，輸出入貨物のリードタイム短縮等を図ることが可能となる。具体的には，以下の2点が，通常の通関業者との相違点である[*1]。

① 　特例委託輸入者の依頼により行う輸入貨物の通関手続において，貨物の引取り後に納税申告を行える（特例委託輸入申告制度）。

② 　特定委託輸出者の依頼により行う輸出貨物の通関手続について，特定保税運送者による運送等を前提に，保税地域以外の場所にある貨物について輸出申告を行える（特定委託輸出申告制度）。

2　認定通関業者の認定

■　認定の要件

通関業者は，必要な事項を記載した申請書を税関長に提出して，認定通関業者の認定を受けることができる（関税法79条1項，2項）。

税関長は，認定の申請が次の(1)～(3)の基準（要件）に適合すると認めるときは，その認定をするものとされている（79条3項）。すなわち，(1)～(3)の要件に該当しない場合には，認定を受けることができないということである。

(1)　認定を受けようとする者が次のいずれにも該当しないこと。

① 認定の取消しの規定により認定を取り消された日から3年を経過していない者であること

② 現に受けている通関業の許可について、その許可を受けた日から3年を経過していない者であること

③ **通関業の許可の基準に適合していない者であること**

④ **通関業の許可の欠格事由のうち一定のもののいずれかに**該当している者であること

⑤ 暴力団員による不当な行為の防止等に関する法律の規定に違反し、又は刑法204条（傷害）、206条（現場助勢）、208条（暴行）、208条の2第1項（凶器準備集合及び結集）、222条（脅迫）若しくは247条（背任）の罪若しくは暴力行為等処罰に関する法律の罪を犯し、罰金の刑
　⇨　2年を経過していない者であること

⑥ 暴力団員等であること

⑦ その業務について⑤若しくは⑥に該当する者を役員とする法人であること又はその者を代理人、使用人その他の従業員として使用する者であること

⑧ 暴力団員等によりその事業活動を支配されている者であること

(2) 認定を受けようとする者が、通関手続を電子情報処理組織を使用して行うことその他輸出及び輸入に関する業務を財務省令で定める基準に従って遂行することができる能力を有していること。

(3) 認定を受けようとする者が、**輸出及び輸入に関する業務について**、その者（法人である場合においては、その役員を含む）又はその代理人、支配人その他の従業者が通関業法その他の法令の規定を遵守するための事項として財務省令で定める事項を規定した規則を定めていること。

② 認定の手続

(1) 認定の申請手続
認定を受けようとする者は、一定の事項を記載した**申請書**を、

通関業務を行う**営業所の所在地を所轄する税関長**（当該税関長が**二以上**ある場合には，**いずれかの税関長**）に**提出**しなければならない（関税法79条2項，施行令69条1項）。

申請書には，法令遵守規則を添付しなければならない（69条2項）。また，申請者が法人であるときは，原則として，当該法人の**登記事項証明書**を添付しなければならない（69条3項）[*1]。

【申請書の記載事項】

① 申請者の住所又は居所及び氏名又は名称

② 申請者が通関業務を行う営業所が二以上ある場合には，主たるものの所在地を所轄する税関長

③ その他財務省令（関税法施行規則）で定める事項

---

(2) 認定申請後の手続

税関長は，認定の申請につき，認定をしたときはその旨を，認定をしないこととしたときはその旨及びその理由を書面により申請者に通知しなければならない（69条4項）。また，税関長は，認定をしたときは，直ちにその旨を公告しなければならない（関税法79条4項）。

(3) 規則等に関する改善措置

認定通関業者制度は，認定を受けた者（認定通関業者）が法令を遵守することを大前提として成り立っている。そこで，税関長は，認定通関業者が関税法の規定に従って輸出及び輸入に関する業務を行わなかったこと等により，関税法の実施を確保するため必要があると認めるときは，**法令遵守規則**若しくは当該規則に定められた事項に係る業務の遂行の改善に必要な措置を講ずること又は法令遵守規則を新たに定めることを求めることができる（関税法79条の2）。

復習テスト

1　認定通関業者制度の概要（①～③に適切な語句を挿入）

　　イ　（　①　）輸入者の依頼により行う輸入貨物の通関手続において，貨物の引取り後に納税申告を行える。

　　ロ　（　②　）輸出者の依頼により行う輸出貨物の通関手続について，（　③　）による運送等を前提に，保税地域以外の場所にある貨物について輸出申告を行える。

2　認定の要件のうち，主なもの（①～③に適切な語句を挿入）

　　イ　通関業の許可の日から（　①　）を経過していること

　　ロ　認定の取消しの日から（　①　）を経過していること

　　ハ　通関手続を（　②　）を使用して行うことができること

　　ニ　法令を（　③　）するための規則を定めていること

3　認定申請後の手続（①～③に適切な語句を挿入）

　　税関長は，認定をしたときはその旨を，認定をしないこととしたときはその旨及びその（　①　）を（　②　）により申請者に通知する。また，認定をしたときは，直ちにその旨を（　③　）しなければならない。

【解答】

1　①　特例委託　　②　特定委託　　③　特定保税運送者

2　①　3年　　②　電子情報処理組織　　③　遵守

3　①　理由　　②　書面　　③　公告

第4編

通関実務

第1章
関税率表解釈通則

出題傾向

項目	H28	H29	H30	R1	R2	R3	R4	R5
1 関税率表								○
2 関税率表の解釈に関する通則	○	○	○	○	○	○	○	○

本章のポイント

　本書からは「関税率表」の学習に入る。輸入貨物を分類したいときには，「関税率表」を正確に読み取ることが必要となる。このためのルールを定めているのが，「関税率表解釈通則」である。このルールは，輸出貨物の分類においても，同様に適用される。

　本試験においては，輸出入申告書を作成するために不可欠の知識となるほか，「関税法等」においても例年1問出題されており，時に語群選択式で出題されることもある。必ず押さえておかなければならない重要な分野であるが，細かい表現にはあまりこだわらずに，イメージをもって内容を把握しておくことが重要である。

1 関税率表

1 関税率表の内容

関税定率法においては，輸入貨物の分類と税率の適用のための表（**関税定率法別表**）を掲載している。これに必要な情報を加えて編集したものが「**実行関税率表**[*1]」である。「実行関税率表」は，単に「関税率表[*2]」と呼ばれることが多い（本書においても，以降「関税率表」と表記する）。

なお，輸出貨物の分類については，「**輸出統計品目表**」が使用されるが，関税率表とほぼ同様の内容であり，その解釈についても，同様に行うことができるので，関税率表とその解釈の方法について理解しておけば十分である。

2 関税率表の構造

関税率表の構造は，次のようになっている[*3]。

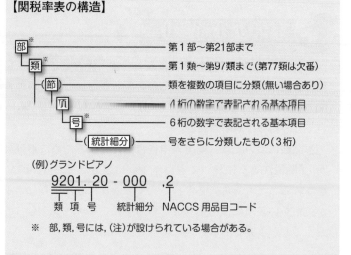

【関税率表の構造】

部[※] ——————————— 第1部～第21部まで

類[※] ——————————— 第1類～第97類まで（第77類は欠番）

（節）——————————— 類を複数の項目に分類（無い場合あり）

項 ——————————— 4桁の数字で表記される基本項目

号[※] ——————————— 6桁の数字で表記される基本項目

統計細分 ——————————— 号をさらに分類したもの（3桁）

(例)グランドピアノ

9201.20 - 000 .2

類 項 号　統計細分　NACCS 用品目コード

※　部，類，号には，(注)が設けられている場合がある。

発展 *1

関税定率法別表に掲載されているのは，「基本税率」のみであるので，その他の税率等の情報を加えて編集している。

発展 *2

関税率表は，「商品の名称及び分類についての統一システムに関する国際条約（HS条約）」に基づいて作成されている。

発展 *3

輸出入申告をNACCSを使用して行う場合，統計細分までの9桁の数字（統計品目番号）に「NACCS用品目コード」を加えた10桁の数字で申告する。

2　関税率表の解釈に関する通則　★★★

　関税率表を適用して所属の決定（貨物の分類）を行うために
は，統一的なルールが必要である。そこで，そのルールとして，
「関税率表の解釈に関する通則」が定められている。

【所属決定の流れ（通則の概要）】

1．項（4桁）の決定
　①項の規定，部や類の注の規定に従う（原則）
　　（記載通りに分類，通則1）
　②**未完成の物品の場合**
　　⇒ 内容により完成品として分類（通則2(a)）
　③**二以上の項に属するとみられる場合**
　　⇒ 内容によりいずれか一つの項に分類
　　（通則2(b)，通則3(a)～(c)）
　④**該当する項がない場合**
　　⇒ 最も類似する物品が属する項に分類（通則4）
　⑤**容器の分類**
　　⇒ 原則として物品の一部として分類（通則5(a)(b)）
2．号（6桁）の決定（通則6）
　項のうちいずれの号に属するかについて
　①号の規定，号注の規定に従う
　②通則1～5を準用，関係する部や類の規定も適用
3．統計細分の決定（備考1）
　号の確定後，各号の範囲内で統計細分を確定。

1　通則1

　通則1においては，所属決定に関する当然の基本原則を定め
るとともに，部，類又は節の表題の取扱いについて定めている。

【通則１の概要】

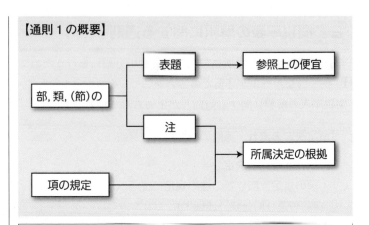

【通則１のまとめ】

　部，類及び節の表題は，単に参照上の便宜のために設けたものである*¹。関税率表の適用に当たっては，物品の所属は，項の規定及びこれに関係する部又は類の注の規定に従い，かつ，これらの項又は注に別段の定めがある場合を除くほか，通則２以下の原則に定めるところに従って決定する*²。

　項の規定や，部又は類の注の規定の方が，通則２以下の原則に優先することが示されている。

② 通則２

(1) 通則２(a)

　貨物の輸送における便宜を図り，又は製造上の都合等の理由によって，未完成の状態あるいは完成した物品を分解した状態で輸入する場合に，物品の所属を決定するための規定である。

　例えば，サドルを取り付けていない自転車や弦を張っていないバイオリンは，自転車，バイオリンとしての重要な特性を提示*³の際に有するから，それぞれ自転車，バイオリンの所属する項に分類される。

【通則2(a)の適用例】

サドルを取り付けていない自転車

⇩

自転車としての重要な特性を有する

⇩

自転車の所属する項に分類

【通則2(a)のまとめ】

　各項に記載するいずれかの物品には，未完成の物品で，完成した物品としての重要な特性を提示の際に有するものを含むものとし，また，完成した物品（通則2(a)により完成したものとみなす未完成の物品を含む。）で，提示の際に組み立ててないもの及び分解してあるものを含む[*4]。

(2)　通則2(b)

　通則2(a)とともに，項の規定の適用範囲を拡大する規定である。例えば，魚脂（15.04項）には，魚脂100％の物品のみならず，他の物質を混合した物品も含まれることを規定している。

発展　[*4]

組立て方法の複雑さは考慮しない。

【通則2(b)のまとめ】

　各項に記載するいずれかの材料又は物質には，当該材料又は物質に**他の材料又は物質を混合し又は結合した物品を含むものとし**，また，特定の材料又は物質から成る物品には，一部が当該材料又は物質から成る物品も含む。二以上の材料又は物質から成る物品の所属は，通則3の原則に従って決定する。

③　通則3

　通則3は，物品が複数の項に属するとみられる場合の所属の決定について規定している。

(1)　通則3(a)

　項の規定を比較し，その記載内容により所属決定を行う旨を定めている[*5]。

*5
　物品が二以上の項に属するとみられる場合には，最も特殊な限定をして記載をしている項がこれよりも一般的な記載をしている項に優先する。(H21)
○（スピマス類題→第3章㉒）

【通則3(a)の適用例】

「電動装置を自蔵するバリカン」の場合

①　「家庭用電気機器（電動装置を自蔵するものに限る）」（85.09項）

　　→　一般的な記載

②　「かみそり，バリカン及び脱毛器（電動装置を自蔵するものに限る）」（85.10項）

　　→　特殊な限定をして記載

⇨　最も特殊な限定をして記載している②（85.10項）に分類

(2)　通則3(b)

　混合物，小売用のセットにした物品等であって，(a)の規定により所属を決定することができないものは，当該物品に重要な特性を与えている材料又は構成要素から成るものとしてその所属を決定する。

【通則 3(b)の適用例】

「スパゲッティ料理用のセット」の場合

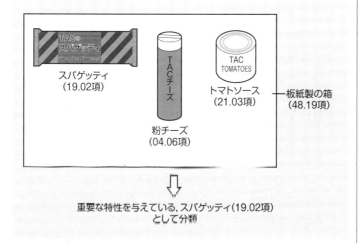

重要な特性を与えている, スパゲッティ(19.02項)
として分類

(3)　通則 3(c)

通則 3(a)及び(b)の規定により所属を決定することができない
場合のルールである。

【通則 3(C)の適用例】

「綿 (50%) と合成繊維 (50%) から成る織物」の場合

① 「綿織物」(52.11項)

② 「合成繊維の織物」(55.14項)

⇨ 物品に重要な特性を与えている材料が確定できない
ため, 数字上の配列において最後[*6]となる②（55.14
項）に属する。

着眼点 *6

「最初」ではないこ
とに注意。

第 4 編

通関実務

【通則3のまとめ】

通則2(b)の規定の適用により又は他の理由により物品が二以上の項に属するとみられる場合には，次に定めるところによりその所属を決定する[*7]。

(a) **最も特殊な限定をして記載をしている項**が，これよりも**一般的な記載**をしている項に優先する。ただし，二以上の項のそれぞれが，混合し若しくは結合した物品に含まれる材料若しくは物質の一部のみ又は小売用のセットの構成要素の一部のみについて記載をしている場合には，これらの項のうち一の項が当該物品について一層完全な又は詳細な記載をしているとしても，これらの項は，当該物品について等しく特殊な限定をしているものとみなす。

(b) **混合物**，異なる材料から成る物品，異なる構成要素で作られた物品及び**小売用のセット**にした物品であって，(a)の規定により所属を決定することができないものは，この(b)の規定を適用することができる限り，当該物品に**重要な特性**を与えている材料又は構成要素から成るものとしてその所属を決定する。

(c) (a)及び(b)の規定により所属を決定することができない物品は，等しく考慮に値する項のうち数字上の配列において最後となる項に属する。

着眼点 *7

通則3については，(a)から(c)の順に適用することが特に重要である。

4　通則4

新規発明品の場合等で，通則1から3までによりその所属を決定することができない物品について規定したものである。

【通則4のまとめ】

通則1から通則3までによりその所属を決定することができない物品は，当該物品に**最も類似する物品**が属する項に属する。

376

5　通則5

　輸入される物品の通常の容器は，内容である物品に含まれる。
(a)は写真機用ケース等の専用ケースについて，(b)は(a)に記載されるもの以外の包装材料及び包装容器について規定している。

　ただし，重要な特性を全体に与えている特別の容器については，独立性が強いため，物品とは別に所属決定を行う。

【通則5(a)の適用例】*8

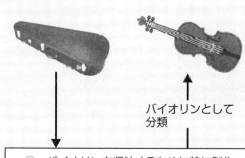

バイオリンとして
分類

① バイオリンを収納するために特に製作
② 長期間の使用に適する
③ バイオリンとともに提示
④ 通常バイオリンとともに販売

📝過去問 *8

　関税率表の解釈に関する通則5（a）の原則により，バイオリンを収納するために特に製作したケースであって，長期間の使用に適し，バイオリンとともに提示され，かつ，通常当該バイオリンとともに販売されるものは，それが重要な特性を全体に与えているケースである場合を除き，バイオリンに含まれる。(R5)
○（スピマス類題→第3章②②)

第4編

通関実務

【通則5のまとめ】

通則1から通則4までのほか，次の物品については，次の原則を適用する。

(a) **写真機用ケース**，楽器用ケース，銃用ケース，製図機器用ケース，首飾り用ケースその他これらに類する容器で特定の物品又は物品のセットを収納するために**特に製作し又は適合**させたものであって，**長期間の使用**に適し，当該容器に収納される物品とともに提示され，かつ，通常当該物品とともに販売されるものは，当該物品に含まれる。ただし，この(a)の原則は，**重要な特性**を全体に与えている容器については，適用しない[*9]。

(b) (a)の規定に従うことを条件として，物品とともに提示し，かつ，当該物品の包装に通常使用する**包装材料及び包装容器**は，当該物品に含まれる。ただし，この(b)の規定は，**反復使用**に適することが明らかな包装材料及び包装容器については，適用しない[*10]。

6 通則6

通則1から通則5までにより物品の所属する項を決定した後，その項のうちいずれの号に物品が属するかを定めたものである。

【通則6のまとめ】[*11]

関税率表の適用に当たっては，項のうちのいずれの号に物品が属するかは，**号の規定及びこれに関係する号の注の規定に従い**，かつ，**通則1から通則5までを準用**して決定するものとし，この場合において，**同一の水準にある号のみ**を比較することができる。この6の原則の適用上，文脈により別に解釈される場合を除くほか，関係する部又は類の注も適用する[*12]。

発展 *9

例えば，「茶を入れた銀製の茶筒」は，「茶」の一部とはせずに，茶筒自体が該当する項に分類する。

*10

例えば，「圧縮酸素用の鉄鋼製のボンベ」は，「圧縮酸素」の一部とはせずに，「圧縮ガス用の鉄鋼製の容器」として分類する。

着眼点 *11

通則1から5までが準用されることと，「同一の水準にある号のみ」を比較することに注意。

発展 *12

号（6桁）を決定した後の細分（統計細分）については，さらに「備考」を設けている。各号に掲げる物品について限定がある場合には，細分として掲げる物品にも同様の限定があるものと規定している。

【同一の水準にある号の比較】

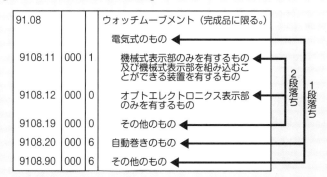

91.08			ウォッチムーブメント（完成品に限る。）
			電気式のもの
9108.11	000	1	機械式表示部のみを有するもの及び機械式表示部を組み込むことができる装置を有するもの
9108.12	000	0	オプトエレクトロニクス表示部のみを有するもの
9108.19	000	0	その他のもの
9108.20	000	6	自動巻きのもの
9108.90	000	6	その他のもの

「ウォッチムーブメント（電気式のもので，機械式表示部のみを有するもの）」の所属の決定

① 1段落ちの水準
　○　**電気式のもの**
　×　自動巻きのもの
　×　その他のもの
② 2段落ちの水準
　○　**機械式表示部のみを有するもの**及び機械式表示部を組み込むことができる装置を有するもの
　×　オプトエレクトロニクス表示部のみを有するもの
　×　その他のもの
⇨　以上より，9108.11号（統計細分000）に分類

号（6桁）を決定した後の細分（統計細分）について必要な規定等を定めたものである。1について押さえておけば十分である。

【備考のまとめ】

1　関税率表の各号に掲げる物品の細分として同表の品名の欄に掲げる物品は，当該各号に掲げる物品の範囲内のものとし，当該**物品について限定がある場合には，別段の定めがあるものを除くほか，細分として掲げる物品にも**同様の限定があるものとする。

2　関税率表の税率の欄において，割合（％）をもつて掲げる税率は価格を課税標準として適用するものとし，数量を基準として掲げる税率はその数量を課税標準として適用するものとする。この場合において，その数量は，正味の数量とする。

3　関税率表において「課税価格」とは，従量税品にあっては，関税定率法4条から4条の8までの規定に準じて算出した価格とする。

4　関税率表において「％」は，百分率を表すものとする。

5　第77類は，商品の名称及び分類についての統一システムに関する国際条約において将来使用する可能性に備えて保留されており欠番となっている。

復習テスト

1　通則1　（①から③に適切な語句を挿入）

　部，類及び節の表題は，単に（　①　）のために設けたものである。関税率表の適用に当たっては，物品の所属は，（　②　）の規定及びこれに関係する部又は類の（　③　）の規定に従う。

2　通則2

　弦を張っていないバイオリンは，バイオリンの所属する項に分類（される，されない）。（正しいものを選択）

3　通則3

(1)　「電動装置を自蔵するバリカン」については，（イ「家庭用電気機器（電動装置を自蔵するものに限る）」，ロ「かみそり，バリカン及び脱毛器（電動装置を自蔵するものに限る）」）として分類する。（イ，ロのうち正しいものを選択）

②　スパゲッティ（19.02項），粉チーズ（04.06項）及びトマトソース（21.03項）をスパゲッティ料理に使用するためにセットとして，小売用の紙箱（48.19項）に入れたものについては，（　　）項に分類する。（適切な数字を挿入）

(3)　通則3(a)及び(b)の規定により所属を決定することができない物品は，等しく考慮に値する項のうち，数字上（　　）となる項に属する。（適切な語句を挿入）

4　通則5　（①から④に適切な語句を挿入）

(a)　写真機用ケース等の容器で特定の物品又は物品のセットを収納するために特に製作し又は適合させたものであって，長期間の使用に適し，当該容器に収納される物品とともに（　①　）され，かつ，通常当該物品とともに（　②　）されるものは，当該物品に含まれる。ただし，この(a)の原則は，（　③　）を全体に与えている容器については，適用しない。

(b)　(a)の規定に従うことを条件として，物品とともに（　①　）し，かつ，当該物品の包装に通常使用する包装材料及び包装容器は，当該物品に含まれる。ただし，この(b)の規定は，（　④　）に適することが明らかな包装材料及び包装容器については，適用しない。

【解 答】

1 ① 参照上の便宜 ② 項 ③ 注

2 される

3 ① ロ ② 19.02 ③ 最後

4 ① 提示 ② 販売 ③ 重要な特性 ④ 反復使用

第2章
輸出申告書

出題傾向

項目	H28	H29	H30	R1	R2	R3	R4	R5
輸出申告書	○	○	○	○	○	○	○	○

本章のポイント

　本章では，輸出申告書の作成について学習する。これまで学習したことを思い出しつつ，正確な理解を進めていってほしい。

　本試験においては，「通関実務（45点満点）」において例年1問（5点）の出題である。「通関実務」につき一定の基準（例年6割以上）を満たすことが合格のために必要とされているので，大変重要な分野である。貨物の統計品目番号を問う問題のみの出題であり，的は絞りやすいが，ここ数年，難化傾向が見られる。繰り返し練習することが必要な分野であるので，一通り知識を身につけたら，数多くの問題を解いてほしい。

1 共通部と繰返部

　輸出申告には，書面（輸出申告書）を提出する方法と，通関情報処理システム（NACCS）を使用して必要事項を入力する方法とがあるが，通関士試験においては，後者の場合について出題される。

　NACCS画面には，「**共通部**」と「**繰返部**」とがある[*1]。

【共通部】

```
            輸出申告事項登録（大額）      入力特定番号 //////////
  ┌ 共通部  繰返部 ┐
                                              申告番号 //////////
  申告種別 E  通関種別 A  申告官署 //////  提出先 //  申告予定年月日 //////////
  輸出者   99999   AKITA TRADING CO., LTD
  住所     TOKYO TO CHIYODA KU KASUMIGASEKI 3CHOME 3-3
  電話     //////////
  申告予定者 //////
  蔵置場所  //////  //////////////

  貨物個数  90   CT      7800   KGM       //////  //////
  貨物の記号等 ////////////////////////////////////

  最終仕向地 USNYC - //////////    船(機)籍符号 ////
  積出港    JPTYO               貿易形態別符号 ////
  積載予定船舶 //// - ORIENT SHIPS  出港予定年月日 20151005

  インボイス番号 A - ATC-16092 - 20150927
  インボイス価格 CIF - USD - 53890 - A   FOB価格 USD - 48990.91
```

【繰返部】

```
輸出申告事項登録（大額）      入力特定番号 ▨▨▨▨▨
共通部 繰返部
＜1欄＞ 統計品目番号  (a)    品名 ▨▨▨▨▨▨▨▨▨▨▨▨
        数量(1) ▨▨▨▨▨       数量(2) ▨▨▨▨▨
        BPR按分係数 ▨▨▨▨▨        BPR通貨コード ▨▨ ▨▨▨
        他法令 (1) ▨▨ (2) ▨▨ (3) ▨▨ (4) ▨▨ (5) ▨▨
        輸出貿易管理令別表コード ▨▨▨ 外為法第48条コード ▨▨ 関税減免戻税コード ▨▨▨
        内国消費税免税コード ▨▨ 内国消費税免税識別 ▨▨▨
＜2欄＞ 統計品目番号  (b)    品名 ▨▨▨▨▨▨▨▨▨▨▨▨
        数量(1) ▨▨▨▨▨       数量(2) ▨▨▨▨▨
        BPR按分係数 ▨▨▨▨▨        BPR通貨コード ▨▨ ▨▨▨
        他法令 (1) ▨▨ (2) ▨▨ (3) ▨▨ (4) ▨▨ (5) ▨▨
        輸出貿易管理令別表コード ▨▨▨ 外為法第48条コード ▨▨ 関税減免戻税コード ▨▨▨
        内国消費税免税コード ▨▨ 内国消費税免税識別 ▨▨▨
＜3欄＞ 統計品目番号  (c)    品名 ▨▨▨▨▨▨▨▨▨▨▨▨
        数量(1) ▨▨▨▨▨       数量(2) ▨▨▨▨▨
        BPR按分係数 ▨▨▨▨▨        BPR通貨コード ▨▨ ▨▨▨
        他法令 (1) ▨▨ (2) ▨▨ (3) ▨▨ (4) ▨▨ (5) ▨▨
        輸出貿易管理令別表コード ▨▨▨ 外為法第48条コード ▨▨ 関税減免戻税コード ▨▨▨
        内国消費税免税コード ▨▨ 内国消費税免税識別 ▨▨▨
```

　繰返部の「統計品目番号」の欄には，統計品目番号（9桁）に，NACCS用品目コードを加えた計10桁の番号を入力する。通関士試験においては，この欄が空欄となっており，ここに入力すべき正しい品目を，輸出統計品目表を参照して，与えられた選択肢の中から選ぶ形式で出題される。

2　統計品目番号欄の特殊な処理

(1)　普通貿易統計に計上する必要がない貨物に該当する場合

　申告価格が20万円以下となる貨物について，単独で1欄に申告する場合，統計品目番号の末尾の数字（10桁目）を「E」に変更して入力する[*2]。

(2)　少額合算申告

　統計品目番号が異なり，かつ申告価格が20万円以下の貨物が複数ある場合，これらを一括して一欄で申告する（**少額合算申告**）。なお，この場合に入力すべき統計品目番号は，これら

着眼点 *2

　これについては，まだ出題されていない。次の少額合算申告については例年問われているので気をつけておこう。

*3

いくつかの方法があるが，申告価格が最も大きいもので代表させるのが一般的である。

の品目のうちいずれかのものの統計品目番号で代表させ[*3]，末尾の数字（10桁目）は「X」とする。

【少額合算申告の例】

貨物A：6105101004，19万円

貨物B：6105201104，18万円

貨物C：6105209003，17万円

↓

（申告価格が最も大きい貨物Aで代表，10桁目は「X」）

↓

610510100X

次の例題により，輸出申告書の作成における注意点をさらに見ていこう。

③ 例題

着眼点 *4

問題文本文はよく読むようにしよう。特に貨物の内容についての記載は，ヒントとなることが多い。

別紙1の仕入書及び下記事項により，「家庭用電気機器等」[*4]の輸出申告を通関情報処理システム（NACCS）を使用して行う場合，別紙2の輸出申告事項登録画面の統計品目番号欄（(a)～(e)）に入力すべき統計品目番号を，「輸出統計品目表」（抜すい）を参照して，下の選択肢の中から選びなさい。（平成19年第1問改題）

記

1　統計品目番号が同一となるものがある場合は，これらを一欄にまとめる[*5]。

着眼点 *5

同一番号の一括は，少額合算よりも先に行う。

2　統計品目番号が異なるものの申告価格が20万円以下のものについては，これらを一括して一欄にまとめる。

なお，この場合に入力すべき統計品目番号は，これらの品目のうち**申告価格が最も大きいもの**の統計品目番号とし，**10桁目は「X」とする**[*6]。

着眼点 *6

少額合算を行う旨の記載である。

3　輸出申告事項登録は，**申告価格**（上記1によりまとめられ

たものについては，その合計額）の大きいものから順に入力
されるものとし，上記2により一括して一欄にまとめるもの
については，最後の欄に入力されるものとする*7。

4　別紙1の仕入書に記載されている電気製品は，家庭用であ
り，かつ，電動装置を自蔵したもの又は電熱機器である*8。

5　別紙1の仕入書に記載されている価格には，東京港におけ
る本船甲板渡し価格（FOB価格）の10%に相当する額の海
上運賃及び保険料が加算されている*9。

6　別紙1の仕入書に記載されている米ドル建価格の本邦通貨
への換算は，別紙3の「実勢外国為替相場の週間平均値」を
参照して行う。

7　申告年月日は，令和6年10月1日とする*10。

① 8516500005	② 8509900000	③ 851631000X
④ 8510100001	⑤ 8508110004	⑥ 8508600004
⑦ 850980000X	⑧ 851020000X	⑨ 8509800003
⑩ 850940900X	⑪ 850870000X	⑫ 8510900005
⑬ 8516310003	⑭ 8509401003	⑮ 8516900000

*11

第4編

通関実務

着眼点 *7

(a)～(e)の入力順を示
している。輸出の場合，
「記」の1～3の記載
は例年ほぼ同様となっ
ている。

着眼点 *8

貨物の内容について
の記載であり，注目し
ておくべきである。

着眼点 *9

仕入書価格はFOB
価格の1.1倍（110
%）となっていること
がわかる。少額貨物の
判断のために必要とな
る情報である。

着眼点 *10

申告年月日から，為
替レートを判断する。
[週間平均表］

着眼点 *11

統計品目番号の選択
肢も参考となる。始め
に上4桁（項）を確認
しておくとよい。本問
では，8508，8509，
8510，8516のいず
れかとなることがわか
る。

別紙 1

INVOICE

Seller   Akita Trading Co., Ltd.
3-3, Kasumigaseki 3-chome,
Chiyoda-ku, Tokyo, JAPAN

Invoice No. and Date
ATC-16092 Sep. 27th, 2024

Reference No. NY–0927

Buyer		Country of Origin		Japan
KTS Inc.		L/C No.		Date
45 St, Park Ave., New York		ATCLC-0708		Sep. 10th, 2024
New York, U.S.A. 11419				

Vessel	On or about	
Orient Ships	Oct. 5th, 2024	Issuing Bank
From	Via	BOA National Bank
Tokyo, Japan		
To		
New York, U.S.A.	Other Payment Terms	

Marks and Nos.	Description of Goods	Quantity	Unit Price	Amount
		Pcs	**Per pc**	**CIF US$**
	Electrical Equipment and parts			
	Vacuum Cleaners, of power under –1500 watt, having a dust bag (2 ℓ)	55	260.00	14,300.00
KTS	Electro-thermic Hair dryers	50	33.00	1,650.00
New York	Microwave Ovens	24	830.00	19,920.00
C/T NO. 1-90	Shavers with electric motor	120	92.00	11,040.00
Made in Japan	Juicers with electric motor	30	120.00	3,600.00
	Toothbrushes with electric motor	40	45.00	1,800.00
	Parts for Vacuum cleaners	1 lot		1,580.00

Total : 90 cartons
N/W : 6,500.0 kgs.
G/W : 7,800.0 kgs.

CIF NEW YORK   US$ 53,890.00

Akita Trading Co., Ltd.

(Signature)

別紙2

輸出申告事項登録（大額）　　　入力特定番号 //////

共通部　繰返部

申告番号 //////

申告種別 E　通関種別 A　申告官署 ////　提出先 //　申告予定年月日 //////

輸出者　99999　AKITA TRADING CO., LTD
住所　　TOKYO TO CHIYODA KU KASUMIGASEKI 3CHOME 3-3
電話
申告予定者 ////
蔵置場所 ////　//////////

貨物個数　90　CT　　　7800　KGM　　//////　////
貨物の品名 //////////////////

最終仕向地 USNYC － //////////　船（機）籍符号 ///
積出港　JPTYO　　　　　　　貿易形態別符号 ////
積載予定船舶 //// － ORIENT SHIPS　出港予定年月日 20231005

インボイス番号 A － ATC-16092 － 20240927
インボイス価格 CIF － USD － 53890 － A

輸出申告事項登録（大額）　入力特定番号 ///////

| 共通部 | 繰返部 |

＜1欄＞ 統計品目番号 (a)　　品名 ///////////////////

数量(1) ///////　///////　　数量(2) ///////　///////

BPR按分係数 ///////////////　　　　BPR通貨コード ///　///////

他法令 (1) ///　(2) ///　(3) ///　(4) ///　(5) ///

輸出貿易管理令別表コード ///////　外為法第48条コード ///　関税減免戻税コード ///////

内国消費税免税コード ///　内国消費税免税識別 ///

＜2欄＞ 統計品目番号 (b)　　品名 ///////////////////

数量(1) ///////　///////　　数量(2) ///////　///////

BPR按分係数 ///////////////　　　　BPR通貨コード ///　///////

他法令 (1) ///　(2) ///　(3) ///　(4) ///　(5) ///

輸出貿易管理令別表コード ///////　外為法第48条コード ///　関税減免戻税コード ///////

内国消費税免税コード ///　内国消費税免税識別 ///

＜3欄＞ 統計品目番号 (c)　　品名 ///////////////////

数量(1) ///////　///////　　数量(2) ///////　///////

BPR按分係数 ///////////////　　　　BPR通貨コード ///　///////

他法令 (1) ///　(2) ///　(3) ///　(4) ///　(5) ///

輸出貿易管理令別表コード ///////　外為法第48条コード ///　関税減免戻税コード ///////

内国消費税免税コード ///　内国消費税免税識別 ///

＜4欄＞ 統計品目番号 (d)　　品名 ///////////////////

数量(1) ///////　///////　　数量(2) ///////　///////

BPR按分係数 ///////////////　　　　BPR通貨コード ///　///////

他法令 (1) ///　(2) ///　(3) ///　(4) ///　(5) ///

輸出貿易管理令別表コード ///////　外為法第48条コード ///　関税減免戻税コード ///////

内国消費税免税コード ///　内国消費税免税識別 ///

＜5欄＞ 統計品目番号 (e)　　品名 ///////////////////

数量(1) ///////　///////　　数量(2) ///////　///////

BPR按分係数 ///////////////　　　　BPR通貨コード ///　///////

他法令 (1) ///　(2) ///　(3) ///　(4) ///　(5) ///

輸出貿易管理令別表コード ///////　外為法第48条コード ///　関税減免戻税コード ///////

内国消費税免税コード ///　内国消費税免税識別 ///

輸出統計品目表（抜すい）

番号 NO	細分番号 sub. no	NACCS用	品　名	単位 UNIT I	単位 UNIT II	DESCRIPTION	参考
85.08			真空式掃除機			Vacuum cleaners:	
			－電動装置を自蔵するもの			－ With self-contained electric motor:	
8508.11	000	4	－－出力が1,500ワット以下のもの（ダストバッグ又はその他の容器（20リットル以下のもの）を有するものに限る。）	NO		－－ Of a power not exceeding 1,500 W and having a dust bag or other receptacle capacity not exceeding 20 l	
8508.19	000	3	－－その他のもの	NO		－－ Other	
8508.60	000	4	－その他のもの	NO		－ Other vacuum cleaners	
8508.70	000	1	－部分品	KG		－ Parts	
85.09			家庭用電気機器（電動装置を自蔵するものに限るものとし、第85.08項の真空式掃除機を除く。）			Electro-mechanical domestic appliances, with self-contained electric motor, other than vacuum cleaners of heading 85.08:	
			－食物用グラインダー、食物用ミキサー及び果汁又は野菜ジュースの搾り機			－ Food grinders and mixers; fruit or vegetable juice extractors:	
8509.40	100	3	－－ジューサー及びジュースミキサー	NO		－－ Juicers and juice mixers	
	900	5	－－その他のもの	NO		－－ Other	
8509.80	000	3	－その他の機器	NO		－ Other appliances	
8509.90	000	0	－部分品	KG		－ Parts	
85.10			かみそり、バリカン及び脱毛器（電動装置を自蔵するものに限る。）			Shavers and hair clippers, with self-contained electric motor:	
8510.10	000	1	－かみそり	NO		－ Shavers	
8510.20	000	5	－バリカン	NO		－ Hair clippers	
8510.30	000	2	－脱毛器	NO		－ Hair-removing appliances	
8510.90	000	5	－部分品	KG		－ Parts	
85.16			電気式の瞬間湯沸器、貯蔵式湯沸器、浸せき式液体加熱器、暖房機器及び土壌加熱器、電熱式の調髪用機器（例えば、ヘアドライヤー、ヘアカーラー及びカール用こて）及び手用ドライヤー、電気アイロンその他の家庭において使用する種類の電熱機器並びに電熱用抵抗体（第85.45項のものを除く。）			Electric instantaneous or storage water heaters and immersion heaters; electric space heating apparatus and soil heating apparatus; electro-thermic hair-dressing apparatus (for example, hair dryers, hair curlers, curling tong heaters) and hand dryers; electric smoothing irons; other electro-thermic appliances of a kind used for domestic purposes; electric heating resistors, other than those of heading 85.45:	

輸出統計品目表（抜すい）

番号 NO	細分 番号 sub. no	N A C C S 用	品　　名	単位 UNIT I	単位 UNIT II	DESCRIPTION	参考
8516.10	000	3	－電気式の瞬間湯沸器、貯蔵式湯沸器及び浸せき式液体加熱器 －電気式の暖房機器及び土壌加熱器		NO	－ Electric instantaneous or storage water heaters and immersion heaters － Electric space heating apparatus and electric soil heating apparatus:	質Ⅱ－ 35の3
8516.21	000	6	－－蓄熱式ラジエーター		NO	－－ Storage heating radiators	〃
8516.29	000	5	－－その他のもの －電熱式の調髪用機器及び手用ドライヤー		NO	－－ Other － Electro-thermic hair-dressing or hand-drying apparatus:	〃
8516.31	000	3	－－ヘアドライヤー		NO	－－ Hair dryers	〃
8516.32	000	2	－－その他の調髪用機器	NO	KG	－－ Other hair-dressing apparatus	〃
8516.33	000	1	－－手用ドライヤー	NO	KG	－－ Hand-drying apparatus	〃
8516.40	000	1	－電気アイロン		NO	－ Electric smoothing irons	〃
8516.50	000	5	－マイクロ波オーブン		NO	－ Microwave ovens	〃
8516.60	000	2	－その他のオーブン並びにクッカー、加熱調理板、煮沸リング、グリル及びロースター －その他の電熱機器	NO	KG	－ Other ovens; cookers, cooking plates, boiling rings, grillers and roasters － Other electro-thermic appliances:	〃
8516.71	000	5	－－コーヒーメーカー及びティーメーカー		NO	－－ Coffee or tea makers	〃
8516.72	000	4	－－トースター		NO	－－ Toasters	〃
8516.79			－－その他のもの			－－ Other:	
	100	6	－－－電気がま		NO	－－－ Electric rice cookers	〃
	900	1	－－－その他のもの	NO	KG	－－－ Other	〃
8516.80	000	3	－電熱用抵抗体	NO	KG	－ Electric heating resistors	〃
8516.90	000	0	－部分品		KG	－ Parts	〃

別紙3

実勢外国為替相場の週間平均値
（1米ドルに対する円相場）

期　　　　間		週間平均値
令和6. 9. 8 ～ 令和6. 9.14		￥97.00
令和6. 9.15 ～ 令和6. 9.21		￥95.00
令和6. 9.22 ～ 令和6. 9.28		￥98.00
令和6. 9.29 ～ 令和6.10. 5		￥100.00

〔例題解説〕

(1)　為替レート[*12]

　　為替レートは,「輸出申告の日（10月1日）の属する週の前々週」の週間平均値となる（関税法施行令59条の2第4項, 定率法4条の7第2項, 定率法施行規則1条）。よって, 9.15〜9.21までの週間平均値として, ＄1＝￥95.00となる。

(2)　統計品目番号

　　統計品目番号の決定については, 次の点に特に注意してほしい。

【統計品目番号決定のポイント】

①　インボイスの品名と輸出統計品目表の「DESCRIPTION」及び「品名」欄を照合し, 項（4桁）→号（6桁）→統計細分（9桁）・NACCS用コード（1桁）の順に大きなレベルから確定していく[*13]。

②　①の際には,「段落ち」の方法に従って, 同一の水準にあるもののみを比較する。

③　問題文本文（記）及び部, 類, 号の注の規定を読み落とさないこと。

これらを踏まえて, 問題の貨物について統計品目番号を確定する。

仕入書上の貨物には記載順に①, 便宜上(1), (2)などの番号を付する。

(1)　Vacuum Cleaners, of power under － 1500 watt, having a dust bag（2ℓ）（電動装置を自蔵する真空式掃除機で, 出力が1,500ワット以下のもの（2ℓのダストバッグを有するもの）, 家庭用）

　　　　　　　8508.11－000,4

「真空式掃除機」→85.08項

〜1段落ちレベル〜

　　○　－電動装置を自蔵するもの

　　×　－その他のもの

着眼点[*12]

仕入書価格は米ドル建であるため, 別紙3の「実勢外国為替相場の週間平均値」を参照して本邦通貨への換算を行う。

着眼点[*13]

1つずつ10桁まで確定するよりも, (1)〜(7)のすべての貨物について, 一度に「項」を確定してしまうとよい。本問では, 項が8508と8509のみであるが, これより多くの項が掲載されていても, この方法は有効である。

  × −部分品

 〜2段落ちレベル〜

  ○ −−出力が1,500ワット以下のもの（ダストバッグ
      又はその他の容器（20リットル以下のもの）
      を有するものに限る。）

  × −−その他のもの

以上より，8508.11-000, NACCS用コード4となる。

(2) Electro-thermic Hair dryers（電熱式ヘヤードライヤー，
家庭用）

$$\boxed{8516.31\text{-}000,3}$$

「電熱式ヘヤ　ドライヤー」→85.16項

 〜1段落ちレベル〜

  × −電気式の瞬間湯沸器，貯蔵式湯沸器及び浸せき式
    液体加熱器

  × −電気式の暖房機器及び土壌加熱器

  ○ −電熱式の調髪用機器及び手用ドライヤー

  × −電気アイロン

  × −マイクロ波オーブン

  × −その他のオーブン並びにクッカー，加熱調理板，
    煮沸リング，グリル及びロースター

  × −その他の電熱機器

  × −電熱用抵抗体

  × −部分品

 〜2段落ちレベル〜

  ○ −−ヘアドライヤー

  × −−その他の調髪用機器

  × −−手用ドライヤー

以上より，8516.31-000, NACCS用コード3となる。

(3) Microwave Ovens（家庭用マイクロ波オーブン）

$$\boxed{8516.50\text{-}000,5}$$

「家庭において使用する種類の電熱機器」→85.16項

 〜1段落ちレベル〜

×	－	電気式の瞬間湯沸器，貯蔵式湯沸器及び浸せき式液体加熱器
×	－	電気式の暖房機器及び土壌加熱器
×	－	電熱式の調髪用機器及び手用ドライヤー
×	－	電気アイロン
○	－	マイクロ波オーブン
×	－	その他のオーブン並びにクッカー，加熱調理板，煮沸リング，グリル及びロースター
×	－	その他の電熱機器
×	－	電熱用抵抗体
×	－	部分品

以上より，8516.50-000，NACCS用コード5となる。

(4)　Shavers with electric motor（電動装置を自蔵するかみそり，家庭用）

$\boxed{\text{8510.10-000,1}}$

「電動装置を自蔵するかみそり」→85.10項

～1段落ちレベル～

○	－	かみそり
×	－	バリカン
×	－	脱毛器
×	－	部分品

以上より，8510.10-000，NACCS用コード1となる。

(5)　Juicers with electric motor（電動装置を自蔵するジューサー，家庭用）

$\boxed{\text{8509.40-100,3}}$

「電動装置を自蔵する家庭用電気機器（真空式掃除機以外のもの）」→85.09項

～1段落ちレベル～

○	－	食物用グラインダー，食物用ミキサー及び果汁又は野菜ジュースの搾り機
×	－	その他の機器
×	－	部分品

〜2段落ちレベル〜

　　○　－－ジューサー及びジュースミキサー

　　×　－－その他のもの

以上より，8509.40-100, NACCS用コード3となる。

(6)　Toothbrushes with electric motor（電動歯ブラシ，家庭用）*14

着眼点 *14

問題文（記4）の記述より，「電動装置を自蔵したもの又は電熱機器である」とあり，(6)が「電熱機器」ではないことは明らかであるから，85.16項ではない。また「with electric motor（電動装置を自蔵）」であり，「真空式掃除機」や「かみそり，バリカン及び脱毛器」でないことも明らかなので，85.09項に分類する。

$$\boxed{8509.80\text{-}000,3}$$

「電動装置を自蔵する家庭用電気機器（真空式掃除機以外のもの）」→85.09項

　〜1段落ちレベル〜

　　×　－食物用グラインダー，食物用ミキサー及び果汁又は野菜ジュースの搾り機

　　○　－その他の機器

　　×　－部分品

以上より，8509.80-000, NACCS用コード3となる。

(7)　Parts for Vacuum Cleaners（真空式掃除機の部分品，家庭用）

$$\boxed{8508.70\text{-}000,1}$$

「真空式掃除機」（部分品）→85.08項

　〜1段落ちレベル〜

　　×　－電動装置を自蔵するもの

　　×　－その他のもの

　　○　－部分品

以上より，8508.70-000, NACCS用コード1となる。

(3)　20万円以下の貨物についての処理

　貨物(1)〜(7)までは，すべて統計品目番号が異なっており，申告価格が20万円以下のものについては一括して一欄にまとめる必要がある。

　また，仕入書価格には，FOB価格の10％に相当する額の海上運賃及び保険料が加算されているので，このことを考慮した上で，申告価格が20万円以下であるかを判断する。

　本例題においては，次のように判断する。

【申告価格20万円以下の貨物の判断】 ＊15

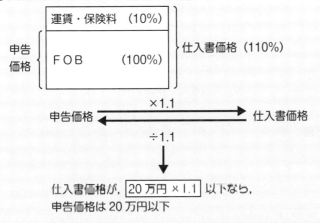

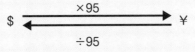

仕入書価格が，$\boxed{20\,万円 \times 1.1}$ 以下なら，
申告価格は20万円以下

◆為替レートの換算

$$\$ \xrightarrow[\div 95]{\times 95} ¥$$

20万円×1.1（110%）＝22万円
¥220,000÷95＝$2,315(.78…)
↓
仕入書価格が$2,315(.78…)以下の貨物は，20万円以下

上記のことを当てはめると，

　　　貨物(2)：$1,650 $ < $2,315(.78…)
　　　貨物(6)：$1,800 $ < $2,315(.78…)
　　　貨物(7)：$1,580 $ < $2,315(.78…)

となり，貨物(2)，(6)，(7)は20万円以下であるから，一括して一欄にまとめ，最後の欄に入力する＊16。

この場合に入力すべき統計品目番号は，これらの品目のうち申告価格が最も大きい貨物(6)の統計品目番号とし，10桁目は「X」とするから，$\boxed{8509.80-000,X}$ となる。

輸出申告事項登録は，申告価格の大きいものから順に入力され，20万円以下の貨物を一括して一欄にまとめたものについ

着眼点 ＊15

　20万円（FOB価格）が「仕入書価格（CIF価格）で何$と表記されるか」を計算する手順である。もし「FOB価格の8％に相当する額の海上運賃及び保険料が加算」されている事例なら，「20万円×1.08÷95」で計算する。

発展 ＊16

　貨物(6)の価格について検算を行うと，次のようになる。
　$1,800÷1.1×95
＝155,454.54…
（20万円以下）

ては，最後の欄に入力する。

(a)−(3) 　$ 19,920： $\boxed{8516.50-000,5}$ →①

(b)−(1) 　$ 14,300： $\boxed{8508.11-000,4}$ →⑤

(c)−(4) 　$ 11,040： $\boxed{8510.10-000,1}$ →④

(d)−(5) 　$ 3,600： $\boxed{8509.40-100,3}$ →⑭

(e)−(2),　(6),　(7)： $\boxed{8509.80-000,X}$ →⑦

正解　(a)-①　　(b)−⑤　　(c)−④　　(d)−⑭　　(e)−⑦

復習テスト

1　輸出申告を行う場合，為替レートは，輸出申告の日の属する週の（　　　）の週間平均値を適用する。（適切な語句を挿入）

2　下記事項により，ＡからＧの貨物について輸出申告を通関情報処理システムを使用して行う場合，統計品目番号欄（(a)〜(e)）に入力すべき統計品目番号を答えなさい。

①　統計品目番号が同一となるものがある場合は，これらを一欄にまとめる。

②　統計品目番号が異なるものの申告価格が20万円以下のものについては，これらを一括して一欄にまとめる。

　　なお，この場合に入力すべき統計品目番号は，これらの品目のうち申告価格が最も大きいものの統計品目番号とし，10桁目は「Ｘ」とする。

③　輸出申告事項登録は，申告価格（上記①によりまとめられたものについては，その合計額）の大きいものから順に(a)〜(e)に入力されるものとし，上記②により一括して一欄にまとめるものについては，最後の欄に入力されるものとする。

貨　物	統計品目番号	申告価格
A	1123456001	9万円
B	1123456009	55万円
C	1123000001	47万円
D	1123456000	21万円
E	1234567890	42万円
F	1234000006	15万円
G	1234100003	18万円

統計品目番号欄
(a)
(b)
(c)
(d)
(e)

1 前々週

2 (a) 1123459003

   (b) 1123000001

   (c) 1234567890

   (d) 1123456001

   (e) 123410000X

(解説)

貨物A及び貨物Dは同一番号となるので，一欄にまとめる。

また，貨物F及び貨物Gは統計品目番号が異なり，申告価格が20万円以下であるから，一括して一欄にまとめる。この場合に入力すべき統計品目番号は，申告価格が大きい貨物Gの統計品目番号とし，10桁目は「X」とするので，123410000X となる。

以上より，貨物F及び貨物Gを最下欄とした上で，価格の大きい順に整理すると，次のようになる。

(a)	貨物B	55万円	1123459003
(b)	貨物C	47万円	1123000001
(c)	貨物E	42万円	1234567890
(d)	貨物A，D	30万円	1123456001
(e)	貨物F，G	33万円	123410000X

第**3**章

税率の選択

出題傾向

項目	H28	H29	H30	R1	R2	R3	R4	R5
1 税率の選択	○	○	○	○	○	○	○	○
2 簡易税率		○	○	○				

本章のポイント

　本章では，税率の種類とその適用順位について学習する。輸入貨物については，統計品目番号を確定した上で，適用すべき税率を選択する必要がある。関税率表には貨物ごとに4つの税率が定められており，このうちの1つを選択していくことになる。このほかにも特殊な場合に適用される税率があり，これらについても見ていくこととする。

　本試験において，直接この章の内容を問われることは少ないが，輸入申告書の問題を解答する際の前提知識となる場合があるので，基本的な内容はしっかりと理解しておく必要がある。

1 税率の選択 ☆☆☆

1 関税率表に掲げる税率

関税率表に掲げられている4つの税率は，次のものである[*1]。

① 基本税率

関税定率法別表において，すべての輸入貨物について定められている最も基本的な税率である（定率法3条）。

② 協定税率

本邦と他国との間の関税に関する条約（**WTO協定**）により取り決められた税率であり，WTOの加盟国を原産地とする貨物が適用の対象となる[*2]。特定品目について一定の税率以下の関税しか課さないことを約束（譲許）したものであることから，譲許税率という場合がある。

③ 特恵税率

特恵関税の規定による税率のことである（暫定措置法8条の2）。特恵受益国等を原産地とする特定の貨物についてのみ適用される。

④ 暫定税率

関税暫定措置法別表第1及び第1の3に定められている税率である（2条）。特定の貨物につき，その時々の経済的な要請等を反映して，基本税率を修正したもので，一定期間に限り適用する。よって，常に基本税率に優先して適用される（**2**参照）。

2 適用順位

基本，協定，特恵，暫定の4つの税率についての適用優先順位は，次のようになる（定率法基本通達3-1）。

① 特恵税率が適用可能な場合（特恵受益国等を原産地とする貨物で，原産地証明書等必要な書類が提出されており，特恵関税の適用が停止されていない場合）には，特恵税率が最優先で適用される。

発展 [*1]

このほかに，輸入貨物について適用される税率は，経済連携協定の税率（EPA税率）と簡易税率とがある。EPA税率はそれぞれの締約国を原産地とする場合のみに適用されるものであり，簡易税率は特殊な場合に適用されるものである。

発展 [*2]

便益関税（定率法5条）が適用される場合においても，協定税率として定められている税率が適用される。

② **特恵税率が適用できない**場合には，国定税率（**基本税率
又は暫定税率**）と**協定税率**とを**比較**して選択する。この際，
暫定税率は常に基本税率に優先するので，暫定税率が存在
するときは暫定税率を，存在しないときは基本税率を国定
税率として選択して，協定税率と比較する。この上で，協
定税率の方が低い場合に限り，協定税率を適用する[*3]。

 発展 [*3]

同率の場合には，国
定税率が適用される。

【税率の適用順位】

① 　特恵税率が適用可能な場合
　　　　→特恵税率を適用（最優先）
② 　①以外の場合

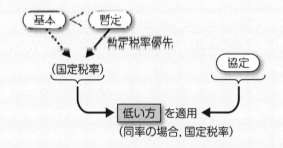

なお，経済連携協定において関税の課計が定められている物
品であって，我が国以外の締約国（例：ベトナム）を原産地と
するものについては，当該物品の当該協定に基づく関税率（E
PA税率）が暫定措置法8条の2に規定する特恵関税を超え
る場合を除き，当該特恵関税の使益を与えないこととされてい
る[*4]（暫定措置法施行令25条4項3号）。この規定は，**一般特
恵関税**の場合であり，**後発開発途上国**を原産地とする**特別特
恵関税**の場合には，特恵関税の便益を受けることができる（特恵
税率，EPA税率のいずれも適用できる）。

 着眼点 [*4]

特恵関税率≧EPA
税率となる場合には，
特恵関税率は適用せ
ず，EPA税率を適用
するということであ
る。

第4編

通関実務

2 簡易税率

1 入国者の輸入貨物に対する簡易税率

　本邦に入国する者（旅行者等）の携帯品又は別送品*に対する簡易税率である。課税の手続を簡潔にするためのものであり，関税，内国消費税及び地方消費税の率を総合したものとして定められている（定率法3条の2，別表の付表第1）*1。

　次に掲げる貨物には適用しない。

① 関税の率が**無税**とされている貨物及び関税が**免除**される貨物

② 関税法第10章（罰則）の犯罪に係る貨物

③ **本邦の産業に対する影響**等を考慮して別表の付表第1の税率を適用することを適当としない貨物*2

【付表第1　入国者の輸入貨物に対する簡易税率表】

番号	品名	税率	品名欄の物品の関税率表の番号
1	アルコール飲料 　(1)蒸留酒	300円／L	2208.90号の一の㈡のAの(b)又はBの(b)
	(2)その他のもの	200円／L	3106.00号の二の㈠のDの(h)，2203.00号，2204.10号，2204.21号，2204.29号，2205.10号，2205.90号の二，2206.00号の二の㈠若しくは㈡のA若しくはBの(b)又は2208.90号の二の㈠若しくは㈢
2	その他の物品	15%	

※　別送して輸入する貨物の簡易税率の適用の手続（定率法施行令1条）

　　イ　別送して輸入する貨物について入国者の輸入貨物に対する簡易税率の適用を受けようとする者は，本邦への入国の際に，必要事項を記載した申告書を税関に提出して税関の確認を受け，税関長がやむを得ない特別の事由があると認める場合を除くほか，その入国後6月以内に当該貨物を輸入しなければならない。

*1

　入国者が貨物の全部について適用を希望しない旨を税関に申し出たときは，この簡易税率を適用しない。

発展 *2

　例として，商業量に達する数量の貨物，1個又は1組の課税価格が10万円を超える貨物等がある。

　ロ　税関は，イの申告書の提出があったときは，当該申告書にその申
　　　告があった旨を記載してこれを還付するものとする。
　ハ　イの別送品を輸入する者は，その輸入申告の際に，ロの規定によ
　　　り還付された申告書をその輸入地を所轄する税関長に提出しなけれ
　　　ばならない。

② 少額輸入貨物に対する簡易税率

　課税価格の合計額が20万円以下[*3]の少額輸入貨物の関税に
ついて，関税率表の税率とは異なる関税率を定めたものである[*4]。
関税の税番適用を簡素化し，納付手続の効率化を図るために，
簡易税率表が設けられている（定率法3条の3，別表の付表第
2）。

　入国者の輸入貨物に対する簡易税率の場合と異なり，関税の
みについての簡易税率であって，内国消費税及び地方消費税は
含まれていないことに注意してほしい。

【付表第2　少額輸入貨物に対する簡易税率表（抜粋）】

番号	品目	税率
1	(1)　イパークリングワイン，その他一定のぶどう酒	70円／L
	(2)　一部の蒸留酒等	20円／L
	(3)　清酒及び濁酒等	30円／L
2	トマトケチャップ，アイスクリーム，毛皮製衣類等	20％
3	(1)　一定のコーヒー，茶（紅茶以外）等	
	(2)　一定のにかわ	15％
	(3)　一定の毛皮	

次に掲げる貨物には**適用しない**。

①　関税定率法その他関税に関する法律の規定により関税の
　　率が**無税**とされている貨物及び関税が**免除**される貨物

②　関税法第10章（罰則）の犯罪に係る貨物

③　**本邦の産業に対する影響**等を考慮して別表の付表第2の
　　税率を適用することを適当としない貨物[*5]

復習テスト

〔例題〕（平成13年度　通関実務第1問改題）

　関税率が下表のとおり定められているAからEまでの貨物でWTO加盟国である米国を原産地とするものが，米国から特恵受益国であるエジプトに輸出された後，何らの加工等がされず，そのままの状態でエジプトを仕出国として我が国に輸入される場合において，それぞれの貨物について適用される関税率の正しい組合せはどれか。一つを選びなさい。

	基本税率	協定税率	特恵税率	暫定税率
A	5％	10％	―	―
B	5％	4％	無税	―
C	10％	5％	―	3％
D	20％	10％	3％	15％
E	5％	―	―	7％

　1　A－5％，B－4％，C－3％，D－10％，E－5％
　2　A－5％，B－無税，C－3％，D－3％，E－7％
　3　A－10％，B－4％，C－5％，D－10％，E－7％
　4　A－5％，B－4％，C－3％，D－10％，E－7％
　5　A－5％，B－4％，C－3％，D－3％，E－5％

【解 答】

正解　4

　A～Eの貨物は，米国から特恵受益国のエジプトに輸出されている。しかし，エジプトにおいて何らの加工もされず，そのままの状態で本邦に輸入されているから，その原産地には変更がなく，依然として米国が原産地であるから，特恵税率は適用されない。よって，設問の貨物に適用される関税率は，協定税率，暫定税率，基本税率のいずれかとなる。

A　5 %　基本税率と協定税率のうち，低い方である基本税率（5 %）が適用される。

B　4 %　基本税率と協定税率のうち，低い方である協定税率（4 %）が適用される。

C　3 %　暫定税率は常に基本税率に優先するので，暫定税率が存在するときは暫定税率を選択した上で，協定税率と比較する。よって，暫定税率と協定税率のうち，低い方である暫定税率（3 %）が適用される。

D　10%　暫定税率と協定税率のうち，低い方である協定税率（10%）が適用される。

E　7 %　暫定税率が存在するときは，常に基本税率に優先する。本肢においては，協定税率が存在しないので，とりあえず暫定税率（7 %）が適用される。

　以上より，適用される関税率の正しい組合せは，A－5 %，B－4 %，C－3 %，D－10%，E－7 %となり，4が本問の正解肢となる。

第4章

輸入申告書

出題傾向

項目	H28	H29	H30	R1	R2	R3	R4	R5
輸入申告書	○	○	○	○	○	○	○	○

本章のポイント

　本章では，輸入申告書の作成について学習する。輸出申告書で学習したことを生かして，正確な理解を進めていってほしい。輸出申告書と同様に，近年はかなり難化の傾向がある。

　本試験においては，例年1問の出題であるが，「通関実務（45点満点）」において15点分の配点であり，大変重要な分野である。貨物の統計品目番号とともに，申告価格の計算についても出題されており，解釈通則や課税価格についての正確な理解が必要となっている。

1 共通部と繰返部

通関士試験では，輸出申告の場合と同様に，NACCS画面へ入力する際に必要な事項を問う形で出題されている。

NACCS画面には，「共通部」と「繰返部」とがあり，輸出の場合と同様に，共通部からは出題されていない。輸出の場合と異なるのは，貨物の統計品目番号の他に，価格が問われることである。

【共通部】

輸入申告事項登録	入力特定番号	

共通部 | 繰返部

申告番号

大額／少額 L 申告種別 C 申告官署 提出先 申告予定年月日 20151007

輸入者 99999 SHIBUYA TRADING CO., LTD
住所 TOKYO TO CHIYODA KU KASUMIGASEKI 1CHOME 3-1
電話
申告予定者
保税地域 一括申告

B/L番号 (1) (2) (3)
(4) (5)

貨物個数 100 CT 貨物重量（グロス）2800 KGM
貨物容積 貨物重量（ネット）1080 KGM
貨物の記号等 AS PER ATTACHED SHEET

最終仕向地 USNYC ‐ OCEAN MARU 入港年月日 20150930
積出港 JPTYO 船(機)籍符号
積載予定船舶 USLGB ‐ 貿易形態別符号

インボイス番号 A ‐ JJ-19417 インボイス年月日 20150906
インボイス価格 A ‐ FOB ‐ USD ‐ 74358 運賃 ‐ ‐

【繰返部】

```
            輸入申告事項登録（輸入申告）
  共通部 | 繰返部
<01欄>品目番号 [    ]   品名 [//////////]        原産地 [US] - [R]
     数量1 [///] - [///]   数量2 [///] - [///]  輸入令別表 [//]  蔵置種別等 [//]
     BPR係数 [///////]  運賃按分 [//]   課税価格 [/] - [        ]
  関税減免税コード [//]   関税減税額 [///]
     内消税等種別 減免税コード 内消税減税額   内消税等種別 減免税コード 内消税減税額
   1 [///]      [//]    [///////]     2 [///]      [//]    [///////]
   3 [///]      [//]    [///////]     4 [///]      [//]    [///////]
   5 [///]      [//]    [///////]     6 [///]      [//]    [///////]
```

```
<02欄>品目番号 [    ]   品名 [//////////]        原産地 [US] - [R]
     数量1 [///] - [///]   数量2 [///] - [///]  輸入令別表 [//]  蔵置種別等 [//]
     BPR係数 [///////]  運賃按分 [//]   課税価格 [/] - [        ]
  関税減免税コード [//]   関税減税額 [///]
     内消税等種別 減免税コード 内消税減税額   内消税等種別 減免税コード 内消税減税額
   1 [///]      [//]    [///////]     2 [///]      [//]    [///////]
   3 [///]      [//]    [///////]     4 [///]      [//]    [///////]
   5 [///]      [//]    [///////]     6 [///]      [//]    [///////]
```

繰返部の記載事項については，以下の点に注意しておこう。

① 品目番号

繰返部の「品目番号」欄には，税則上の品目番号に，
NACCS用品目コードを加えた計10桁の番号を入力する。
本試験においては，この欄が空欄となっており，ここに入
力すべき正しい番号を，関税率表を参照して与えられた選
択肢の中から選ぶ形式で出題されている[*1]。

② 課税価格

輸入申告価格である課税価格（CIF価格）を円建てで入
力する。通関士試験においては空欄となっており，ここに
入力すべき正しい価格を計算して記入する。

着眼点 *1

輸出の場合と同様で
ある。

2 申告価格の計算

(1) 原則

　仕入書に外貨建てで CIF 価格が記載されており，限定列挙加算要素や控除費用等がない場合には，仕入書価格に為替レートを乗じたものが申告価格となる。

例：＄12,000（仕入書価格），＄1＝¥85（為替レート）の場合
　　→＄12,000×85＝¥1,020,000（申告価格）

(2) 調整が必要な場合

　仕入書価格が CIF 価格以外のものである場合その他限定列挙加算要素の加算等が必要な場合には，調整を行った上で，申告価格を計算する。

着眼点 *2

　まず仕入書価格（FOB）及び申告価格（CIF）の合計額を算出した上で，AからCのすべての貨物が，合計額と同じ割合（＄26,900/＄24,500）で増加すると考えて計算していく手順である。

【申告価格の計算例（価格按分の場合）】 *2

① 仕入書価格は，FOB 価格で，

　　貨物A－＄9,000

　　貨物B－＄8,000

　　貨物C－＄7,500,

　　G／W－計2,000kg　とする。

② 為替レートは＄1＝¥80

③ 申告価格は，仕入書に記載された価格に下記の運賃，保険料を加算した額を，本邦通貨へ換算した後の価格とする。本邦到着までの運賃及び保険料は，G／W 1 kgにつき1.20米ドルが本邦で支払われる。運賃及び保険料の申告価格への振り分けは 価格按分 とする。

↓

本邦までの運賃及び保険料は，＄1.20×2,000kgs（G／W）＝＄2,400となり，価格按分して加算を行う。

仕入書価格の合計 は，＄9,000＋＄8,000＋＄7,500＝＄24,500

申告価格の合計 は，＄24,500＋＄2,400＝＄26,900

貨物A … $9,000 × $\boxed{\$26,900/ \$24,500}$ × ¥80

　　　＝¥790,530.61‥→¥790,530（円未満切捨て）

貨物B … $8,000 × $\boxed{\$26,900/ \$24,500}$ × ¥80

　　　＝¥702,693.87‥→¥702,693（円未満切捨て）

貨物C … $7,500 × $\boxed{\$26,900/ \$24,500}$ × ¥80

　　　＝¥658,775.51‥→¥658,775（円未満切捨て）

③　例題

　別紙1の仕入書及び下記事項により，米国から食料品等を輸入する場合の輸入（納税）申告を輸出入・港湾関連情報処理システム（NACCS）を使用して行う場合について，以下の問いに答えなさい。

(1)　別紙2の輸入申告事項登録画面の品目番号欄（(a)-(c)）に入力すべき品目番号を，「実行関税率表」（抜すい）を参照して，下の選択肢から選びなさい。

(2)　別紙2の輸入申告事項登録画面の課税価格の右欄（(f)～(j)）に入力すべき**申告価格**（関税定率法第4条から第4条の8まで（課税価格の計算方法）の規定により計算される課税価格に相当する価格）の額を求めなさい*3。

記

1　統計品目番号が同一となるものがある場合は，これらを一欄にまとめる。

2　品目番号が異なるものであっても，それぞれの申告価格が20万円以下である場合には，これらを一括して一欄にまとめ，この場合に入力すべき品目番号*4の10桁目は「X」とする。

3　品目番号欄（(a)～(e)）には，**申告価格**（上記1によりまとめられたものについては，その合計額）の大きいものから順に入力されるものとし，上記2により一括して一欄にまとめたものについては，最後の欄に入力するものとする。

*3

輸出の場合とは異なり，輸入の品目は件数である。

発展 *4

特に記述がなければ，「申告価格が最も大きなもの」で代表させる。ただし，輸入の場合，少額合算については，「税率の最も高いもの」で代表させる場合がある。

第4編　通関実務

4 課税価格の右欄（((f)〜(j))）には，別紙1の仕入書に記載された価格に下記6から8までの費用のうち申告価格に算入すべきものを加算した額を本邦通貨に換算した後の価格を記載することとする*5。なお，**1円未満の端数がある場合は，これを切り捨てる。**

⚠着眼点 ＊5

「記」の6の記載から，加算すべき費用を判断する。

5 米ドル建価格の本邦通貨への換算は，別紙3の「実勢外国為替相場の週間平均値」を参照して行う。

6 別紙1の仕入書に記載されたそれぞれの価格は，今後，輸入者（買手）が輸出者（売手）に対して販売する製品の価格を10％引き下げることを条件に，輸出者により10％の値引きが与えられた後の価格である。

7 輸出者はコンテナーリース会社から輸入貨物の運送に使用されるリーファーコンテナーを賃借する。輸出者と輸入者との取決めに基づき，輸入者は輸入港到着日までの賃借料2,000米ドルをコンテナーリース会社に支払う。また，輸入者は当該コンテナー使用後に当該コンテナーをクリーニングした上で返却することとされており，当該クリーニングの費用8,000円を別途負担する。

8 輸入者と輸出者は，両者間で売買される製品についてそれぞれが販売促進に努めることとしており，輸入者は広告会社に本邦における輸入貨物の販売促進を依頼し，その費用として1,000,000円を支払う。

9 上記7及び8の費用を申告価格に算入する場合の申告価格への振り分けは価格按分とする。

10 申告年月日は，令和6年10月13日とする。

①	0809300004	②	0811902405	③	1602312106
④	1602312902	⑤	1602322105	⑥	1602322901
⑦	1602392105	⑧	1602392901	⑨	1604110104
⑩	1604110900	⑪	1905901001	⑫	1905903230
⑬	190590323X	⑭	2005202205	⑮	200520220X

414

別紙1

INVOICE

Seller XYZ Corp.
161, River Avenue, Bronx
New York, U.S.A. 10451

Invoice No. and Date
XYZ-101102 Sep. 18th, 2024

Reference No. AB-10133

Buyer	Country of Origin		U.S.A
ABC Trading Co., Ltd.	**L/C No.**		**Date**
1-1, kasumigaseki 3-chome, Chiyoda-ku, Tokyo, JAPAN	AEB-015421		Sep. 11th, 2024

Vessel	On or about	
Tsukan Maru	Sep. 27th, 2024	**Issuing Bank**
From	**Via**	American Eleven Bank
New York, U.S.A		
To		**Other Payment Terms**
Tokyo, Japan		

Marks and Nos	Description of Goods	Quantity Unit kgs	Unit Price per Unit per kgs	Amount CIF US$
ABC TOKYO Made in U.S.A.	Turkey sandwich set. (Turkey sandwich (Bread 100 g, Turkey 60 g) & French fries 150g)	2,000 650	3.06 0	6,120.00
	Chicken burger set. (Chicken burger (Bread 80 g, Chicken fry 80 g, Cheese 15 g) & French fries 150 g) *Chicken is fowls of the species Gallus domesticus	4,000 1,000	3.6 0	14,400.00
	Fish burger set. (Fish burger (Bread 70 g, Salmon fry 90 g, Fresh lettuce 15 g) & French fries 150 g) *Salmon is in pieces. Not in airtight containers	3,000 1,000	3.42 0	10,260.00
	Crisp savoury food products. (made from dough based on potato powder.) (not containing added sugar)	1,000 200	1.62 0	1,620.00
	Potato chips. (Fried sliced potato, not frozen, not in airtight containers)	1,000 200	1.44 0	1,440.00
	Peaches (chilled)	0 800	0 2.7	2,160.00

Total : 1,180 Cartons
N/W : 4,200kgs
G/W : 4,350kgs

Total : CIF TOKYO　　US$ 36,000.00

XYZ Corp.

(Signature)

別紙2

輸入申告事項登録（輸入申告）

共通部　繰返部

申告番号 //////////

大額／少額 L 申告種別 C 申告先種別 ////// 貨物識別 ////// 識別番号 //////

あて先官署 ////// あて先部門 ////// 申告等予定年月日 //////////

輸入者 99999 ABC TRADING CO.,LTD.

住所 TOKYO TO CHIYODA KU KASUMIGASEKI 3-1-1

電話 //////////

申告等予定者 //////////

蔵置場所 ////// 一括申告 ////// 申告等予定者 //////////

B/L番号 1 ////////// 2 //////////
3 ////////// 4 //////////
5 //////////

貨物個数 1180 CT 貨物重量（グロス） 4350 KGM

貨物の記号等 AS PER ATTACHED SHEET

積載船（機） ////// － TSUKAN MARU 入港年月日 //////////

船（取）卸港 JPTYO 積出地 USNYC － ////// 貿易形態別符号 ////// コンテナ本数 //////

仕入書識別 ////// 電子仕入書受付番号 ////// 仕入書番号 XYZ-101102

仕入書価格 A － CIF － ////// － //////

輸入申告事項登録（輸入申告）

共通部　繰返部

＜01欄＞品目番号 (a) 品名 ////////////// 原産地 US － R

数量1 ////// － ////// 数量2 ////// － ////// 輸入令別表 ////// 蔵置種別等 //////

BPR係数 ////// 運賃按分 ////// 課税価格 ////// － (f)

関税減免税コード ////// 関税減税額 //////

内消税等種別 減免税コード 内消税減税額 内消税等種別 減免税コード 内消税減税額

1 ////// ////// ////// 2 ////// ////// //////
3 ////// ////// ////// 4 ////// ////// //////
5 ////// ////// ////// 6 ////// ////// //////

416

<02欄> 品目番号 (b)　品名 ▨▨▨▨▨▨▨▨▨▨▨　原産地 US － R

数量１ ▨ － ▨　数量２ ▨ － ▨　輸入令別表 ▨　蔵置種別等 ▨

BPR係数 ▨▨▨　運賃按分 ▨　課税価格 ▨ － (g)

関税減免税コード ▨　関税減税額 ▨▨

内消税等種別	減免税コード	内消税減税額	内消税等種別	減免税コード	内消税減税額
1 ▨▨	▨	▨▨	2 ▨▨	▨	▨▨
3 ▨▨	▨	▨▨	4 ▨▨	▨	▨▨
5 ▨▨	▨	▨▨	6 ▨▨	▨	▨▨

<03欄> 品目番号 (c)　品名 ▨▨▨▨▨▨▨▨▨▨▨　原産地 US － R

数量１ ▨ － ▨　数量２ ▨ － ▨　輸入令別表 ▨　蔵置種別等 ▨

BPR係数 ▨▨▨　運賃按分 ▨　課税価格 ▨ － (h)

関税減免税コード ▨　関税減税額 ▨▨

内消税等種別	減免税コード	内消税減税額	内消税等種別	減免税コード	内消税減税額
1 ▨▨	▨	▨▨	2 ▨▨	▨	▨▨
3 ▨▨	▨	▨▨	4 ▨▨	▨	▨▨
5 ▨▨	▨	▨▨	6 ▨▨	▨	▨▨

<04欄> 品目番号 (d)　品名 ▨▨▨▨▨▨▨▨▨▨▨　原産地 US － R

数量１ ▨ － ▨　数量２ ▨ － ▨　輸入令別表 ▨　蔵置種別等 ▨

BPR係数 ▨▨▨　運賃按分 ▨　課税価格 ▨ － (i)

関税減免税コード ▨　関税減税額 ▨▨

内消税等種別	減免税コード	内消税減税額	内消税等種別	減免税コード	内消税減税額
1 ▨▨	▨	▨▨	2 ▨▨	▨	▨▨
3 ▨▨	▨	▨▨	4 ▨▨	▨	▨▨
5 ▨▨	▨	▨▨	6 ▨▨	▨	▨▨

<05欄> 品目番号 (e)　品名 ▨▨▨▨▨▨▨▨▨▨▨　原産地 US － R

数量１ ▨ － ▨　数量２ ▨ － ▨　輸入令別表 ▨　蔵置種別等 ▨

BPR係数 ▨▨▨　運賃按分 ▨　課税価格 ▨ － (j)

関税減免税コード ▨　関税減税額 ▨▨

内消税等種別	減免税コード	内消税減税額	内消税等種別	減免税コード	内消税減税額
1 ▨▨	▨	▨▨	2 ▨▨	▨	▨▨
3 ▨▨	▨	▨▨	4 ▨▨	▨	▨▨
5 ▨▨	▨	▨▨	6 ▨▨	▨	▨▨

第４編

通関実務

第8類　食用の果実及びナット、かんきつ類の果皮並び
にメロンの皮

Chapter 8   Edible fruit and nuts; peel of citrus fruit or melons

注
1　この類には、食用でない果実及びナットを含まない。
2　冷蔵した果実及びナットは、当該果実及びナットで、
　生鮮のものと同一の項に属する。
3　この類の乾燥した果実及びナットには、少量の水分を
　添加したもの又は次の処理をしたものを含む。
　(a) 保存性又は安定性を向上させるための処理（例え
　　ば、穏やかな加熱処理、硫黄くん蒸及びソルビン酸
　　又はソルビン酸カリウムの添加）
　(b) 外観を改善し又は維持するための処理（例えば、
　　植物油又は少量のぶどう糖水の添加）

ただし、乾燥した果実又はナットの特性を有するもの
に限る。

Notes.
1.-This Chapter does not cover inedible nuts or fruits.
2.-Chilled fruits and nuts are to be classified in the same
   headings as the corresponding fresh fruits and nuts.
3.-Dried fruit or dried nuts of this Chapter may be partially
   rehydrated, or treated for the following purposes:
   (a) For additional preservation or stabilization (for example,
      by moderate heat treatment, sulphuring, the addition of
      sorbic acid or potassium sorbate),
   (b) To improve or maintain their appearance (for example,
      by the addition of vegetable oil or small quantities of
      glucose syrup),
   provided that they retain the character of dried fruit or
   dried nuts.

番号 No.	統計細分 Stat. Code No.	NACCS用	品　　名	税率 Rate of Duty 基本 General	協定 WTO	特恵 Prefer-ential	暫定 Tempo-rary	単位 Unit	Description
08.09			あんず、さくらんぼ、桃（ネクタリンを含む。）、プラム及びスロー（生鮮のものに限る。）						Apricots, cherries, peaches (including nectarines), plums and sloes, fresh:
0809.10	000	3	あんず	10%	6%	×無税 Free		KG	Apricots
0809.20	000	0	さくらんぼ	10%	8.5%	×無税 Free		KG	Cherries
0809.30	000	4	桃（ネクタリンを含む。）	10%	6%	×無税 Free		KG	Peaches, including nectarines
0809.40	000	1	プラム及びスロー	10%	6%	×無税 Free		KG	Plums and sloes
08.11			冷凍果実及び冷凍ナット（調理していないもの及び蒸気又は水煮による調理をしたものに限るものとし、砂糖その他の甘味料を加えてあるかないかを問わない。）						Fruits and nuts, uncooked or cooked by steaming or boiling in water, frozen, whether or not containing added sugar or other sweetening matter:
0811.10			ストロベリー						Strawberries:
	100	1	1　砂糖を加えたもの	16%	9.6%	×無税 Free		KG	1 Containing added sugar
	200	3	2　その他のもの	20%	12%	×無税 Free		KG	2 Other
0811.20			ラズベリー、ブラックベリー、桑の実、ローガンベリー、ブラックカーラント、ホワイトカーラント、レッドカーラント及びグースベリー						Raspberries, blackberries, mulberries, loganberries, black, white or red currants and gooseberries:

番号 No.	統計細分 Stat. Code No.	N A C C S用	品　　名	税　率　Rate of Duty				単位 Unit	Description
				基本 General	協定 WTO	特恵 Prefer- ential	暫定 Tempo- rary		
	100	5	1　砂糖を加えたもの	16%	9.6%	4.8% ×無税 Free		KG	1 Containing added sugar
	200	0	2　その他のもの	10%	6%	3% ×無税 Free		KG	2 Other
0811.90			その他のもの						Other:
			1　砂糖を加えたもの						1 Containing added sugar:
	110	1	(1) パイナップル	28%	23.8%	×無税 Free		KG	(1) Pineapples
	130	0	(2) ベリー	16%	9.6%	4.8% ×無税 Free		KG	(2) Berries
	140	3	(3) サワーチェリ	18.4%	13.8%	6.9% ×無税 Free		KG	(3) Sour cherries
	150	6	(4) 桃及び梨	10%	7%	×無税 Free		KG	(4) Peaches and pears
			(5) その他のもの	20%		×無税			(5) Other:
	120	4	－パパイヤ、ポポー、アボカドー、グアバ、ドリアン、ビリンビ、チャンペダ、ナンカ、パンの実、ランブータン、ジャンボ、レンブ、サポテ、チェリモア、サントル、シュガーアップル、マンゴー、カスターアップル、パッションフルーツ、ランソム、マンゴスチン、サワーサップ及びレイシ		12%	6%		KG	Papayas, pawpaws, avocados, guavas, durians, bilimbis, champeder, jackfruit, bread-fruit, rambutan, rose-apple jambo, jambosa diamboo-kaget, chicomamey, cherimoya, kehapi, sugar apples, mangoes, bullock's-heart, passion-fruit, dookoo kokosan, mangosteens, soursop and litchi
	100	1	－その他のもの		12%			KG	Other:
			2　その他のもの						2 Other:
	210	3	(1) パイナップル	28%	23.8%	×無税 Free		KG	(1) Pineapples
	220	6	(2) パパイヤ、ポポー、アボカドー、グアバ、ドリアン、ビリンビ、チャンペダ、ナンカ、パンの実、ランブータン、ジャンボ、レンブ、サポテ、チェリモア、サントル、シュガーアップル、マンゴー、カスターアップル、パッションフルーツ、ランソム、マンゴスチン、サワーサップ及びレイシ	12%	7.2%	3.6% ×無税 Free		KG	(2) Papayas, pawpaws, avocados, guavas, durians, bilimbis, champeder, jackfruit, bread-fruit, rambutan, rose-apple jambo, jambosa diamboo-kaget, chicomamey, cherimoya, kehapi, sugar-apples, mangoes, bullock's-heart, passion-fruit, dookoo kokosan, mangosteens, soursop and litchi

番号 No.	統計 細分 Stat. Code No.	N A C C S 用	品　　　名	税　率　Rate of Duty				単位 Unit	Description
				基　本 General	協　定 WTO	特　恵 Prefer- ential	暫　定 Tempo- rary		
			(3) 桃、なし及びベリー	10%		×無税 Free			(3) Peaches, pears and berries:
230	2		ーベリー		6%	3%		KG	Berries
240	5		ー桃及びなし		7%			KG	Peaches and pears
			(4) その他のもの	20%	12%	×無税 Free			(4) Other:
280	3		ーカムカム			2%		KG	Camucamu
290	†		ーその他のもの					KG	Other

第16類　肉、魚、甲殻類、軟体動物若しくはその他の水棲無脊椎動物又は昆虫類の調製品

注
1　この類には、第2類、第3類又は第05.04項に定める方法により調製し又は保存に適する処理をした肉、くず肉、魚並びに甲殻類、軟体動物及びその他の水棲無脊椎動物を含まない。
2　ソーセージ、肉、くず肉、血、魚又は甲殻類、軟体動物若しくはその他の水棲無脊椎動物の一以上を含有する調製食料品で、これらの物品の含有量の合計が全重量の20%を超えるものは、この類に属する。この場合において、これらの物品の二以上を含有する調製食料品については、最大の重量を占める成分が属する項に属する。前段及び中段のいずれの規定も、第19.02項の詰物をした物品及び第21.03項又は第21.04項の調製品については、適用しない。

Chapter 16　Preparations of meat, of fish, of crustaceans, molluscs or other aquatic invertebrates or of insects

Notes.
1.- This Chapter does not cover meat, meat offal, fish, crustaceans, molluscs or other aquatic invertebrates, prepared or preserved by the processes specified in Chapter 2 or 3 or heading 05.04.
2.- Food preparations fall in this Chapter provided that they contain more than 20% by weight of sausage, meat, meat offal, blood, fish or crustaceans, molluscs or other aquatic invertebrates, or any combination thereof. In cases where the preparation contains two or more of the products mentioned above, it is classified in the heading of Chapter 16 corresponding to the component or components which predominate by weight. These provisions do not apply to the stuffed products of heading 19.02. or to the preparations of heading 21.03 or 21.04.

番号 No.	統計細分 Stat. Code No.	NACCS用	品名	税率 Rate of Duty				単位 Unit	Description
				基本 General	協定 WTO	特恵 Preferential	暫定 Temporary		
16.02			その他の調製をし又は保存に適する処理をした肉、くず肉及び血						Other prepared or preserved meat, meat offal or blood:
1602.10	000	6	均質調製品	25%	21.3%	×無税 Free		KG	Homogenised preparations
1602.20			動物の肝臓のもの						Of liver of any animal:
	010	6	1 牛又は豚のもの	25%	21.3%	×無税 Free		KG	1 Of bovine animals or swine
			2 その他のもの	8%	6%	×無税 Free			2 Other
	091	3	ー気密容器入りのもの		3%			KG	In airtight containers
	099	4	ーその他のもの					KG	Other
			第01.05項の前目のもの						Of poultry of heading 01.05
1602.31			七面鳥のもの						Of turkeys:
	100	1	1 腸、ぼうこう及び胃の全形のもの及び断片（単に水煮したものに限る。）	無税 Free	(無税) (Free)			KG	1 Guts, bladders and stomachs, whole and pieces thereof, simply boiled in water
			2 その他のもの						2 Other:
	210	6	(1) 牛若しくは豚の肉又は牛若しくは豚のくず肉を含有するもの	25%	21.3%	×無税 Free		KG	(1) Containing meat or meat offal of bovine animals or swine
	290	2	(2) その他のもの	8%	6%	3% ×無税 Free		KG	(2) Other

第4編

通関実務

421

番号 No.	統計細分 Stat. Code No.	NACCS用	品 名	税 率 Rate of Duty				単位 Unit	Description
				基本 General	協定 WTO	特恵 Prefer- ential	暫定 Tempo- rary		
1602.32			鶏（ガルルス・ドメスティクス）のもの						Of fowls of the species *Gallus domesticus*:
	100	0	1 腸、ぼうこう又は胃の全形のもの及び断片（単に水煮したものに限る。）	無税 Free	（無税） (Free)			KG	1 Guts, bladders and stomachs, whole and pieces thereof, simply boiled in water
			2 その他のもの						2 Other:
	210	5	(1) 牛若しくは豚の肉又は牛若しくは豚のくず肉を含有するもの	25%	21.3%	×無税 Free		KG	(1) Containing meat or meat offal of bovine animals or swine
	290	1	(2) その他のもの	8%	6%	×無税 Free		KG	(2) Other
1602.39			その他のもの						Other:
	100	0	1 腸、ぼうこう又は胃の全形のもの及び断片（単に水煮したものに限る。）	無税 Free	（無税） (Free)			KG	1 Guts, bladders and stomachs, whole and pieces thereof, simply boiled in water
			2 その他のもの						2 Other:
	210	5	(1) 牛若しくは豚の肉又は牛若しくは豚のくず肉を含有するもの	25%	21.3%	×無税 Free		KG	(1) Containing meat or meat offal of bovine animals or swine
	290	1	(2) その他のもの	8%	6%	×無税 Free		KG	(2) Other

〜〜

番号 No.	統計細分 Stat. Code No.	NACCS用	品 名	基本 General	協定 WTO	特恵 Prefer- ential	暫定 Tempo- rary	単位 Unit	Description
16.04			魚（調整し又は保存に適する処理をしたものに限る。）キャビア及び魚卵から調整したキャビア代用物						Prepared or preserved fish; caviar and caviar substitutes prepared from fish eggs:
			魚（全形のもの及び断片状のものに限るものとし、細かく切り刻んだものを除く。）						Fish, whole or in pieces, but not minced:
1604.11			さけ	9.6%	(9.6%)	×無税 Free			Salmon:
	010	4	一気密容器入りのもの以外のもの			7.2%		KG	Other than in airtight containers
	090	0	一その他のもの					KG	Other
1604.12	000	0	にしん	9.6%	(9.6%)	7.2% ×無税 Free		KG	Herrings
1604.13			いわし	9.6%	(9.6%)	7.2% ×無税 Free			Sardines, sardinella and brisling or sprats:
	010	2	一気密容器入りのもの					KG	In airtight containers
	090	5	一その他のもの					KG	Other

番号 No.	統計 細分 Stat. Code No.	NACCS用	品　　名	税　率　Rate of Duty				単位 Unit	Description
				基本 General	協定 WTO	特恵 Prefer- ential	暫定 Tempo- rary		
1604.14			まぐろ、はがつお（サルダ属のもの）及びかつお	9.6%	(9.6%)	×無税 Free			Tunas, skipjack and bonito (*Sarda spp.*):
	010	1	－かつお（気密容器入りのものに限る。）			6.4%		KG	Skipjack and other bonito, in airtight containers
			－その他のもの			7.2%			Other:
	091	5	－－かつお節					KG	Skipjack and other bonito, boiled and dried
	092	6	－－まぐろ（気密容器入りのものに限る。）					KG	Tunas, in airtight containers
	099	6	－－その他のもの					KG	Other
1604.15	000	4	さば	9.6%	(9.6%)	7.2% ×無税 Free		KG	Mackerel
1604.16	000	3	かたくちいわし	9.6%	(9.6%)	7.2% ×無税 Free		KG	Anchovies

第19類　穀物，穀粉，でん粉又はミルクの調製品及びベーカリー製品

Chapter 19　Preparations of cereals, flour, starch or milk; pastrycooks' products

注
1　この類には、次の物品を含まない。
(a) ソーセージ、肉、くず肉、血、昆虫類、魚又は甲殻類、軟体動物若しくはその他の水棲無脊椎動物の一以上を含有する調製食料品で、これらの物品の含有量の合計が全重量の20%を超えるもの（第16類参照。第19.02項の詰物をした物品を除く。）
(b) 飼料用のビスケットその他の穀粉又はでん粉の調製飼料（第23.09項参照）

(c) 第30類の医薬品その他の物品
2　第19.01項において次の用語の意義は、それぞれ次に定めるところによる。
(a) 「ひき割り穀物」とは、第11類の「ひき割り穀物」をいう。
(b) 「穀粉」及び「ミール」とは、次の物品をいう。
　(1) 第11類の穀粉及びミール
　(2) 他の類の植物性の粉及びミール（乾燥野菜（第07.12項参照）、ばれいしよ（第11.05項参照）又は乾燥した豆（第11.06項参照）の粉及びミールを除く。）
3　第19.04項には、完全に脱脂したココアとして計算したココアの含有量が全重量の6%を超える調製品及び第18.06項のチョコレートその他のココアを含有する調製食料品で完全に覆つた調製品を含まない（第18.06項参照）。
4　第19.04項において「その他の調製をしたもの」とは、第10類又は第11類の項又は注に定める調製又は加工の程度を超えて調製又は加工をしたものをいう。

Notes.
1.- This Chapter does not cover:
(a) Except in the case of stuffed products of heading 19.02, food preparations containing more than 20% by weight of sausage, meat, meat offal, blood, insects, fish or crustaceans, molluscs or other aquatic invertebrates, or any combination thereof (Chapter 16);
(b) Biscuits or other articles made from flour or from starch, specially prepared for use in animal feeding (heading 23.09); or
(c) Medicaments or other products of Chapter 30.
2.- For the purposes of heading 19.01:

(a) The term "groats" means cereal groats of Chapter 11;

(b) The terms "flour" and "meal" mean:
　(1) Cereal flour and meal of Chapter 11, and
　(2) Flour, meal and powder of vegetable origin of any Chapter, other than flour, meal or powder of dried vegetables(heading 07.12), of potatoes(heading 11.05) or of dried leguminous vegetables (heading 11.06).
3. Heading 19.04 does not cover preparations containing more than 6% by weight of cocoa calculated on a totally defatted basis or completely coated with chocolate or other food preparations containing cocoa of heading 18.06 (heading 18.06).
4.- For the purposes of heading 19.04 the expression "otherwise prepared" means prepared or processed to an extent beyond that provided for in the headings of or Notes to Chapter 10 or 11.

番号 No.	統計細分 Stat. Code No.	N A C C S 用	品　　名	税　率　Rate of Duty				単位 Unit	Description
				基　本 General	協　定 WTO	特　恵 Prefer- ential	暫　定 Tempo- rary		
19 05			パン、ペーストリー、ケーキ、ビスケットその他のベーカリー製品（ココアを含有するかしないかを問わない。）及びせん餅用ウエハー、医療用に適するオブラート、シーリングウエハー、ライスペーパーその他これらに類する物品						Bread, pastry, cakes, biscuits and other bakers' wares, whether or not containing cocoa; communion wafers, empty cachets of a kind suitable for pharmaceutical use, sealing wafers, rice paper and similar products:
1905.10	000	2	クリスプブレッド	12%	9%	4.5% ×無税 Free		KG	Crispbread
1905.20	000	6	ジンジャーブレッドその他これに類する物品	30%	18%	9% ×無税 Free		KG	Gingerbread and the like
			スイートビスケット、ワッフル及びウエハー						Sweet biscuits; waffles and wafers:
1905.31	000	2	スイートビスケット	24%	20.4%	×無税 Free		KG	Sweet biscuits

番号 No.	統計 細分 Stat. Code No.	NACCS用	品　　名	税　率　Rate of Duty				単位 Unit	Description
				基本 General	協定 WTO	特恵 Prefer- ential	暫定 Tempo- rary		
1905.32	000	1	ワッフル及びウエハー	30%	18%	15% ×無税 Free		KG	Waffles and wafers
1905.40	000	0	ラスク、トーストパンその他これらに類する焼いた物品	12%	9%	4.5% ×無税 Free		KG	Rusks, toasted bread and similar toasted products
1905.90			その他のもの						Other:
	100	1	1　パン、乾パンその他これらに類するベーカリー製品（砂糖、はちみつ、卵、脂肪、チーズ又は果実を加えたものを除く。）	12%	9%	×無税 Free		KG	1 Bread, ship's biscuits and other ordinary bakers' wares, not containing added sugar, honey, eggs, fats, cheese or fruit
	200	3	2　聖さん用ウエハー、医療用に適するオブラート、シーリングウエハー、ライスペーパーその他これらに類する物品	6.4%	6%	×無税 Free		KG	2 Communion wafers, empty cachets of a kind suitable for pharmaceutical use, sealing wafers, rice paper and similar products
			3　その他のもの						3 Other:
			（1）砂糖を加えたもの						(1) Containing added sugar:
	311	2	A　あられ、せんべいその他これらに類する米菓	40%	34%	×無税 Free		KG	A Arare, Senbei and similar rice products
	312	3	B　ビスケット、クッキー及びクラッカー	24%	15%	×無税 Free		KG	B Biscuits, cookies and crackers
	314	5	C　主としてばれいしよの粉から成る混合物を成型した後、食用油で揚げ又は焼いたもの	9.6%	9%	×無税 Free		KG	C Crisp savoury food products, made from a dough based on potato powder
			D　その他のもの	30%		15% ×無税 Free			D Others
	318		（冷凍したものに限る。）		34%			KG	dried, salted or frozen
	319	3	―その他のもの		26.5%			KG	Other
			（2）その他のもの						(2) Other:
	321	5	A　あられ、せんべいその他これらに類する米菓	35%	29.8%	×無税 Free		KG	A Arare, Senbei and similar rice products
	322	6	B　ビスケット、クッキー及びクラッカー	20%	13%	×無税 Free		KG	B Biscuits, cookies and crackers
	323	0	C　主としてばれいしよの粉から成る混合物を成型した後、食用油で揚げ又は焼いたもの	9.6%	9%	×無税 Free		KG	C Crisp savoury food products, made from a dough based on potato powder

番号 No.	統計細分 Stat. Code No.	NACCS用	品 名	税 率 Rate of Duty				単位 Unit	Description
				基本 General	協定 WTO	特恵 Prefer- ential	暫定 Tempo- rary		
	329	6	D　その他のもの	25%	21.3%	12.5% ×無税 Free		KG	D Other

第20類　野菜、果実、ナットその他植物の部分の調製品

注
1　この類には、次の物品を含まない。
  (a) 第7類、第8類又は第11類に定める方法により調製し又は保存に適する処理をした野菜、果実及びナット
  (b) 植物性油脂（第15類参照）
  (c) ソーセージ、肉、くず肉、血、魚又は甲殻類、軟体動物若しくはその他の水棲無脊椎動物の一以上を含有する調製食料品で、これらの物品の含有量の合計が全重量の20%を超えるもの（第16類参照）
  (d) 第19.05項のベーカリー製品その他の物品
  (e) 第21.04項の均質混合調製食料品

2　第20.07項及び第20.08項には、フルーツゼリー、フルーツペースト、砂糖で覆つたアーモンドその他これらに類する物品で、砂糖菓子の形状のもの（第17.04項参照）及びチョコレート菓子の形状のもの（第18.06項参照）を含まない。

3　第20.01項、第20.04項及び第20.05項には、第7類、第11.05項又は第11.06項の物品（第8類の物品の粉及びミールを除く。）で1（a）に定める方法以外の方法により調製し又は保存に適する処理をしたもののみを含む。

4　トマトジュースで含有物の乾燥重量が全重量の7%以上のものは、第20.02項に属する。

5　第20.07項において「加熱調理をして得られたもの」とは、水分を減らすことにより又はその他の手段により粘性を増すために、大気圧における又は減圧下での熱処理により得られたものをいう。

6　第20.09項において「発酵しておらず、かつ、アルコールを加えてないもの」とは、アルコール分（第22類の注2参照）が全容量の0.5%以下のものをいう。

Chapter 20　Preparations of vegetables, fruit, nuts or other parts of plants

Notes.
1.- This Chapter does not cover:
(a) Vegetables, fruit or nuts, prepared or preserved by the processes specified in Chapter 7, 8 or 11;
(b) Vegetable fats and oils (Chapter 15);
(c) Food preparations containing more than 20% by weight of sausage, meat, meat offal. blood, fish or crustaceans, molluscs or other aquatic invertebrates, or any combination thereof (Chapter 16);
(d) Bakers' wares and other products of heading 19.05; or
(e) Homogenised composite food preparations of heading 21.04.
2.- Headings 20.07 and 20.08 do not apply to fruit jellies, fruit pastes, sugar-coated almonds or the like in the form of sugar confectionery (heading 17.04) or chocolate confectionery (heading 18.06).
3.- Headings 20.01, 20.04 and 20.05 cover, as the case may be, only those products of Chapter 7 or of heading 11.05 or 11.06 (other than flour, meal and powder of the products of Chapter 8) which have been prepared or preserved by processes other than those referred to in Note 1 (a).
4.- Tomato juice the dry weight content of which is 7% or more is to be classified in heading 20.02.
5.- For the purposes of heading 20.07, the expression "obtained by cooking" means obtained by heat treatment at atmospheric pressure or under reduced pressure to increase the viscosity of a product through reduction of water content or other means.
6.- For the purposes of heading 20.09 the expression "juices, unfermented and not containing added spirit" means juices of an alcoholic strength by volume (see Note 2 to Chapter 22) not exceeding 0.5% vol.

番号 No.	統計細分 Stat. Code	NACCS用 NACCS No.	品名	税率 Rate of Duty				単位 Unit	Description
				基本 General	協定 WTO	特恵 Preferential	暫定 Temporary		
20.06			調製し又は保存に適する処理をしたその他の野菜（冷凍していないものに限るものとし、食酢により調製し又は保存に適する処理をしたもの及び第20.06項の物品を除く。）						Other vegetables prepared or preserved otherwise than by vinegar or acetic acid, not frozen, other than products of heading 20.06:
2005.10			均質調製野菜						Homogenised vegetables:
	100	0	1　砂糖を加えたもの	28%	16.8%	×無税 Free		KG	1 Containing added sugar
	200	2	2　その他のもの	12.8%	12%	9.6% ×無税 Free		KG	2 Other
2005.20			ばれいしよ						Potatoes:
	100	4	1　マッシュポテト及びポテトフレーク	16%	13.6%	×無税 Free		KG	1 Mashed potatoes and potato flakes

番号 No.	統計細分 Stat. Code No.	N A C C S 用	品　　　名	税　率　Rate of Duty				単位 Unit	Description
				基　本 General	協　定 WTO	特　恵 Prefer- ential	暫　定 Tempo- rary		
			2　その他のもの						2 Other:
	210	2	(1)　気密容器入りのもの 　　（容器ともの1個の重 　　量が10キログラム以下 　　のものに限る。）	12.8%	12%	9.6% ×無税 Free		KG	(1) In airtight containers not more than 10 kg each including container
	220	5	(2)　その他のもの	9.6%	9%	×無税 Free		KG	(2) Other

別紙3

実勢外国為替相場の週間平均値

（1米ドルに対する円相場）

期　　　　　　　間	週間平均値
令和6. 9.15　～　令和6. 9.21	￥101.00
令和6. 9.22　～　令和6. 9.28	￥100.00
令和6. 9.29　～　令和6.10. 5	￥98.00
令和6.10. 6　～　令和6.10.12	￥102.00

〔例題解説〕

(1)　為替レート

　為替レートは，輸入申告の日（10月13日）の属する週の前々週の週間平均値となる（定率法4条の7第1項，2項，施行規則1条）。よって，9.29～10.5までの週間平均値として，＄1＝￥98.00となる。

(2)　品目番号

　品目番号の決定については，輸出の場合と同様，同一の水準にあるもののみを比較する*6 ことに留意しつつ，インボイス上の品名と関税率表の「DESCRIPTION」及び「品名」欄を照合していく。この際，類注の規程についても注意する必要がある。仕入書上の貨物には記載がないが，便宜上(1)～(6)までの番号を付する。

　(1)　七面鳥のサンドイッチセット　| 1602.31-290,2 |

　七面鳥の肉の重量が全重量の20％を超える*7 ので，**16類注2**により16.02項に属する。

　なお，(1)から(3)まで，セットになっているフレンチフライは，通則3(b)により，サンドイッチセット及びバーガーセットに含まれる。

　(2)　チキンバーガーセット　| 1602.32-290,1 |

　チキンフライの重量が全重量の20％を超えるので，16類注2により16.02項に属する。チキンはガルルス・ドメスティクスのものであるので，上記番号に属する。

　(3)　フィッシュバーガーセット　| 1604.11-010,4 |

　サーモンのフライの重量が全重量の20％を超えるので，**16類注2**により16.02項に属する。気密容器入りのものではない（Not in airtight containers）ので，上記番号に属する。

　(4)　ばれいしょの粉から成る混合物を成形後，食用油で揚げ，又は焼いたもの（砂糖を加えていないもの）| 1905.90-323,0 |*8

　(5)　ポテトチップス　| 2005.20-220,5 |

　(6)　冷蔵した桃　| 0809.30-000,4 |

　冷蔵した果実は，**8類注2**により，生鮮のものと同一の項

（右欄　着眼点）

着眼点 *6

輸出の場合と同様に，(1)～(6)について都度，「項」を確定していくとよい。

着眼点 *7

仕入書より，60g÷160g＝37.5%となり，20%を超える。

着眼点 *8

(4)の英名はわかりにくいが，仕入書の記載（based on potato powder）から，「穀紛の調理品」として19類ではないかと見当を付けてみる。

第4編　通関実務

に属する。

(3) 申告価格（課税価格）

　仕入書上の価格は，今後，輸入者（買手）が輸出者（売手）に対して販売する製品の価格を10％引き下げることを条件に，輸出者により10％の値引きが与えられた後の価格である。輸入貨物の買手が売手に販売する他の貨物の価格に，当該輸入貨物の価格が依存しているが，条件に係る額が明らかである（**10％**）ので，輸入貨物の**課税価格の決定を困難とする条件**が当該輸入貨物の輸入取引に付されている場合に**該当しない**（定率法基本通達4-17（2））。また，当該輸入貨物の代金そのものに係る値引きではないので，値引きされる前の価格で判断すべきである。したがって，10％を加算*9して課税価格を計算する。

　輸入貨物の運送に使用される**リーファーコンテナーの賃借料**は，課税価格に算入すべき運賃等に該当し，加算する（基本通達4-8（3）イ（ハ））。

　コンテナーのクリーニング費用は，コンテナーの使用後（本邦到着後）の費用であるので，加算しない。

　輸入者が負担する**販売促進費**は，売手に対する間接的な支払いに該当せず，**現実支払価格に含まれない**ので課税価格に算入しない（基本通達4-2（4））。

　輸入申告事項登録の品目番号欄（(a)〜(e)）には，申告価格の大きいものから順に入力され，20万円以下の貨物を一括して一欄にまとめたものについては，最後の欄に入力するから，(1)〜(6)までの貨物について，仕入書価格の大きいものから順に計算*10していく。

　仕入書価格の合計は，　$36,000

　申告価格の合計は，（$36,000 ÷ 0.9）＋ $2,000 ＝ $42,000

　これより，各欄の貨物の価格は，次のようになる。

(f)貨物(2)… $14,400 × $42,000/ $36,000 × 98 ＝ **¥1,646,400**

(g)貨物(3)… $10,260 × $42,000/ $36,000 × 98 ＝ **¥1,173,060**

着眼点 *9

　値引き前の価格×90％（0.9）＝仕入書価格となるので，値引き前の価格は，「仕入書価格÷0.9」として計算する。

着眼点 *10

　輸出の場合と異なり，すべての欄について価格を計算することとなるので，「20万円が仕入書上どう表記されるか」について計算する必要はない。

(h)貨物(1)… $\$6,120 \times \$42,000/\ \$36,000 \times 98 = ¥$**699,720**

(i)貨物(6)… $\$2,160 \times \$42,000/\ \$36,000 \times 98 = ¥$**246,960**

　貨物(4)は, $\$1,620 \times \$42,000/\ \$36,000 \times 98 = ¥185,220$ と
なり, 20万円以下となる。これより, 貨物(5)も20万円以下で
あることになり, 貨物(4), (5)については, 品目番号が異なるが,
一括して最後の(e)の欄に入力する。入力すべき品目番号は,
$\boxed{1905.90\text{-}323.X}$ となり, 合計価格は(j)の欄に入力する。 $\$1,620$
$+\ \$1,440 = \$3,060$ となる[*11]ので,

(j)貨物(4), (5)… $\$3,060 \times \$42,000/\ \$36,000 \times 98 = ¥$**349,860**

正解　(a)-⑤　(b)-⑨　(c)-④　(d)-①　(e)-⑬

　(f)-1646100　(g)-1173000　(h)-699720

　(i)-246960　(j)-349860

着眼点 [*11]

　先に仕入書価格（外
貨建て）の合計額を計
算した上で, 価格按分
で為替レートの計算
を行う。

復習テスト

　下記事項により，AからEの貨物について輸入申告を通関情報処理システム（NACCS）を使用して行う場合，(a)～(c)に入力すべき統計品目番号及び課税価格（(d)～(f)）を答えなさい。

① 統計品目番号が同一となるものがある場合は，これらを一欄にまとめる。

② 統計品目番号が異なるものの申告価格が20万円以下のものについては，これらを一括して一欄にまとめる。

　　なお，この場合に入力すべき統計品目番号は，これらの品目のうち申告価格が最も大きいものの統計品目番号とし，10桁目は「X」とする。

③ 輸入申告事項登録は，申告価格（上記①によりまとめられたものについては，その合計額）の大きいものから順に(a)～(c)に入力されるものとし，上記②により一括して一欄にまとめるものについては，最後の欄に入力されるものとする。

貨　　物	統計品目番号	価　　格	為替レート
A	1234567890	$ 1,900	
B	1234567890	$ 2,100	
C	1234001005	$ 5,500	$ 1 ＝¥94
D	1232900006	$ 1,800	
E	1234101003	$ 1,600	

統計品目番号		課税価格
(a)	→	(d)円　　((a)欄のもの)
(b)	→	(e)円　　((b)欄のもの)
(c)	→	(f)円　　((c)欄のもの)

【解 答】

(a)－1234001005，(b)－1234567890，(c)－123290000X

(d)－517000，(e)－376000，(f)－319600

解説

　貨物A及び貨物Bは同一番号となるので，一欄にまとめる。

また，貨物D及び貨物Eは統計品目番号が異なり，申告価格が20万円以下（＄1,800×94＝￥169,200）であるから，一括して一欄にまとめる。この場合に入力すべき統計品目番号は，申告価格が大きい貨物Dの統計品目番号とし，10桁目は「X」とするので，123290000Xとなる。

以上より，貨物D及び貨物Eを最下欄とした上で，価格の大きい順に整理すると，次のようになる。

(a)	貨物C	1234001005	(d) $ 5,500→￥517,000
(b)	貨物A，B	1234567890	(e) $ 4,000→￥376,000
(c)	貨物D，E	123290000X	(f) $ 3,400→￥319,600

第**5**章

税額の計算

  出題傾向

項目	H28	H29	H30	R1	R2	R3	R4	R5
1 関税額の計算	○		○	○	○	○	○	○
2 内国消費税等の計算					○	○	○	

  本章のポイント

　輸入貨物の課税価格を決定し，適用する税率を選択した後には，関税及び
内国消費税を計算していく必要がある。本章では，関税額の計算を中心に学
習する。

　本試験においては，通関実務計算式において，1〜2問出題される可能性
が高い。確実に得点できる箇所なので，端数処理を正確に覚えた上で練習を
繰り返しておいてほしい。

1　関税額の計算

① 従価税

　従価税品については，以下の方法で関税額を計算する（関税法13条の4，国税通則法118条1項，119条1項）。特に，課税価格の端数処理（千円未満切捨て）に注意する必要がある。

課税価格	×	税率	＝	税額
（千円未満切捨て）		（％）		（百円未満切捨て ＊1）

（例）　課税価格 345,678 円，税率 12.3％の場合

　　 3 4 5, 6 7 8円→ 345,000 円

　　□□□, ■■■（千円未満切捨て）

　　345,000 円× 12.3％＝ 42,435 円

　　 4 2, 4 3 5円　→ 42,400 円

　　□□, □■■（百円未満切捨て）＊2

② 従量税

　従量税品については，課税標準となる数量に端的に税率を乗じて，関税額を求めればよい。

課税数量	×	税率	＝	税額
				（百円未満切捨て）

（例）　数量 5,672 L，税率 184 円／ L の場合

　　5,672 L × 184 円／ L ＝ 1,043,648 円

　　→ 1,043,600 円（百円未満切捨て）

　ただし，課税標準となる数量に小数点以下の桁が存在する場合には，以下の要領により端数処理を行った上で計算を行う（関

税法基本通達13の4－2(2))。

【課税標準数量の端数処理】

①酒税の課税されるもの		10ml 位まで※1
②揮発油税の課税されるもの		L 位まで※1
③石油ガス税の課税されるもの		kg 位まで※1
④石油石炭税の課税されるもの		L 位又は kg 位まで※1
⑤その他のもの	税率が円以上2桁までの場合	整数位まで※2
	税率が円以上3桁の場合	小数点以下1位まで※2
	税率が順次円以上 n 桁の場合	小数点以下（n－2）位まで※2

※1　それぞれの単位未満は切り捨てる。
※2　それぞれの位未満は切り捨てる。

【計算の具体例】

（例1）重量 256.479kg，税率 128.3 円 /kg の場合

256.4|79kg　　　×　　　128.3|円 /kg

　↑（1位未満切捨て）　　　　↓

（小数点以下1位まで）　・　（税率が円以上3桁）

関税額は，256.4kg × 128.3 円 /kg = 32,896(.12)円

→ 32,800 円（百円未満切捨て）となる。

（例2）数量 72,500.375 L，税率 35 円 / L の場合
　　　（酒税が課税されるもの）

72,500.37|5 L　　　×　　　35 円 / L

　↑（10ml 位未満切捨て）

（10ml（0.01 L）位まで）

関税額は，72,500.37 L × 35 円 / L = 2,537,512(.95)円

→ 2,537,500 円（百円未満切捨て）となる。

③ 従価従量税

(1) 選択税，複合税

価格と数量の双方を用いて関税額を計算する場合である。それぞれの貨物の価格，数量に応じて，実際に計算を行っていけばよい。

> （例1） 選択税
>
> 　課税価格 345,600 円，数量 80 足の室内用履物の関税額を計算しなさい。税率は，60%又は 4,800 円 / 足のうちいずれか高い税率とする。
>
> ↓
>
> ① 60%の場合
>
> 345,000 円（千円未満切捨て）× 60%＝ 207,000 円
>
> ② 4,800 円 / 足の場合
>
> 80 足× 4,800 円 / 足＝ 384,000 円
>
> 　　以上より，①＜②となるから , 税率は 4,800 円 / 足 ,
>
> 　　　　　　関税額は 384,000 円 となる。

 ＊3

複合税の計算ができるようにしておけば，選択税の計算は容易である。

> （例2） 複合税＊3
>
> 　課税価格 240,570 円，面積 700㎡の綿織物の関税額を計算しなさい。税率は，3.7%又は 2.9%＋ 1.01 円 /m² のうちいずれか高い税率とする。
>
> ↓
>
> ① 3.7%の場合
>
> 240,000 円（千円未満切捨て）× 3.7%＝ 8,880 円
>
> ② 2.9%＋ 1.01 円 /㎡の場合
>
> 240,000 円× 2.9%＋ 700m² × 1.01 円 /m²
>
> ＝ 6,960 円＋ 707 円＝ 7,667 円
>
> 　　以上より，①＞②となるから , 税率は 3.7% ,
>
> 　　　　　　関税額は 8,800 円 （百円未満切捨て）となる。

(2) スライド税率

次の（例）のような場合には，まず税率を計算した上で，関税額を求めていくことになる。

（例） 課税価格 2,450,000 円，重量 10t の亜鉛の塊の関税額を計算しなさい。税率は，（250 円－1 kg あたりの課税価格）/kg*4 とする。

↓

税率を求めるため，「1 kg あたりの課税価格」を計算する必要がある。

10t＝10,000kg，2,450,000円÷10,000kg＝245円/kg

したがって，税率は，

（250 円－245 円）/kg ＝ 5 円 /kg となり，関税額は，

10,000kg×5 円 /kg＝ 50,000 円 となる。

発展 *4

1 kg あたりの課税価格が低いほど，税率が上がる。本邦の産業の保護と貿易の促進の両者に配慮した税率となっている。

４ 修正申告により納付すべき関税額

修正申告により納付すべき関税額を求める場合には，「納付すべき（修正申告後の）税額」から「納付した（修正申告前の）税額」を控除すればよい。この場合，それぞれ，端数処理後（百円未満切捨て後）のものについて，計算を行う。

【修正申告により納付すべき関税額】

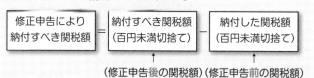

また，「納付すべき税額」及び「納付した税額」を求める際，貨物が複数存在する場合には，端数処理（百円未満切捨て）を行う前のものについて合計を行い，端数処理は，その「合計額につき，1 回のみ」行う。これは，内国消費税，地方消費税についても同様である。

【複数貨物の関税額の計算】

（例）　貨物Ａ：関税額 3,296 円，貨物Ｂ：関税額 5,184 円

↓

A＋B＝ 3,2[96]円＋ 5,1[84]円＝ 8,480 円

→ 8,400 円（百円未満切捨て）

（「3,2[00]円＋ 5,1[00]円＝ 8,300 円」としてはならない。）

〔例題〕

　輸入統計品目番号が異なる A 及び B の貨物を一の申告書で輸入（納税）申告したが，納税後において，下表のとおり課税標準に誤りが判明し，修正申告をすることとなった。

　この場合において，当該修正申告により納付すべき関税額（附帯税の額を除く）を計算しなさい[*5]。

着眼点 [*5]

　関税の計算において，最頻出のパターンの一つである。なお，更正の請求により減額される関税額を求める場合も出題されているが，同様に考えていけばよい。

貨物の品名	輸入（納税）申告時の課税標準	修正申告時の課税標準	適用税率
A	467,825 円	566,240 円	11.5%
B	153,258 円	184,500 円	7.2%

解答

修正申告前の関税額

　貨物 A　467,000 円（千円未満切捨）× 11.5% = 53,705 円

　貨物 B　153,000 円（千円未満切捨）× 7.2% = 11,016 円

　A + B = 53,705 円 + 11,016 円 = 64,721 円

　→ 64,700 円（百円未満切捨）

修正申告後の関税額

　貨物 A　566,000 円（千円未満切捨）× 11.5% = 65,090 円

　貨物 B　184,000 円（千円未満切捨）× 7.2% = 13,248 円

　A + B = 65,090 円 + 13,248 円 = 78,338 円

　→ 78,300 円（百円未満切捨）

　以上より，78,300 円 − 64,700 円 = 13,600 円が修正申告により納付すべき関税額となる。

2　内国消費税等の計算　★★

1　酒税額の計算[*1]

　酒類を輸入する場合，関税のほかに酒税を納付する必要がある。その計算方法及び端数処理は，関税の場合と同様である。ただし，その種類とアルコール度数による区分（原則としてアルコール度数による）により酒税率は異なる。

$$\underset{(\text{kl})^{*2}}{\underline{\text{課税数量}}} \times \underset{(\text{酒税率表参照})}{\underline{\text{税率}}} = \underset{(\text{百円未満切捨て})}{\underline{\text{税額}}}$$

【酒税率表（抜すい）】

酒類		税率
酒類，品目及び級別	区分	税額（１キロリットルあたり）
ビール		22万円
清酒		12万円
果実酒		8万円
甘味果実酒リキュール	(1)　13度未満	12万円
	(2)　13度以上	12万円に12度を超える1度ごとに1万円を加えた金額
ウィスキーブランデースピリッツ	(1)　37度未満	37万円
	(2)　37度以上	20万円にアルコール分が20度を超える1度ごとに1万円を加えた金額

着眼点　*1

　酒税の計算問題は，最近の通関士試験ではほとんど出題されていない。関税額の計算を優先して準備すべきであるが，計算方法と端数処理については理解しておこう。

着眼点　*2

　酒税は，１キロリットルあたりについての税率によって計算する従量税である。

第4編

通関実務

441

(例)「酒税率表（抜すい）」を参考にして，容量 760ml，アルコール分 15 度の甘味果実酒 2,300 本を輸入する場合の酒税額を，計算しなさい。

↓

まず，酒税率表を参考にして酒税率を求める必要がある。アルコール分 15 度の甘味果実酒であるので，酒税率は 1 kl につき，「12 万円に 12 度を超える 1 度ごとに 1 万円を加えた金額」となる。

120,000 円＋(10,000 円× $\boxed{3 度}$ (15－12))＝150,000 円

よって，酒税率は 150,000 円 /kl となる。

次に，貨物の数量を kl に換算する。

760ml × 2,300 本＝1,748,000ml ＝ 1.748kl

以上より，酒税額は，

1.748kl × 150,000 円 /kl ＝ $\boxed{262,200 円}$ となる。

 ＊3

消費税，地方消費税については，計算問題が出題されるようになってきている。端数処理等をしっかりとものにしておこう。

 ＊4

軽減税率は 6.24% となる。

2 消費税額等の計算[*3]

消費税は，課税標準となる価格に税率を乗じて求める。消費税の税率は，現行では7.8%（標準税率）である（消費税法29条）。人の飲用又は食用に供されるもの（酒類を除く）については，軽減税率[*4]が適用される。具体的な計算の手順は以下のようになる。**課税標準を求める場合の端数処理**に注意する。

【消費税額の計算方法】

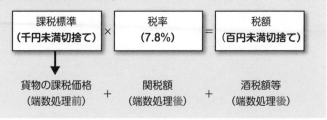

（例）課税価格 287,964 円，関税率 16%の貨物（人の飲用
　　　又は食用に供されないもの）を輸入する場合の消費税
　　　額を計算しなさい。（標準税率は 7.8%，軽減税率は
　　　6.24%とする。）

↓

消費税額を求めるために，**まず関税額を求める**必要がある。
　287,000 円（千円未満切捨）× 16% = 45,920 円
　→ 45,900 円（百円未満切捨）

消費税の課税標準
　287,964 円（端数処理前）+ 45,900 円 = 333,864 円

消費税額
　人の飲用又は食用に**供されないもの**であるので，標準税
　率（7.8%）を適用する。
　333,000 円（千円未満切捨）× 7.8% = 25,974 円
　→ 25,900 円 （百円未満切捨）

【地方消費税額の計算方法】

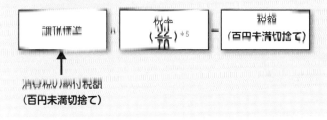

消費税の納付税額
（百円未満切捨て）

〔発展〕 *5
軽減税率の場合も
22/78 となる。

【消費税率及び地方消費税率】		
	標準税率	軽減税率
消費税率	7.8%	6.24%
地方消費税率	2.2% （消費税額の $\frac{22}{78}$）	1.76% （消費税額の $\frac{22}{78}$）
合計	10.0%	8.0%

復習テスト

1 従価税品の関税額の計算方法と端数処理

課税価格1,587,463円，税率23.8％の貨物の関税額を計算しなさい。

2 従価従量税品の関税額の計算方法

課税価格480,720円，面積4,800㎡の綿織物の関税額を計算しなさい。(税率は，5.6％又は4.4％＋1.52円/㎡のうちいずれか高い税率とする)

【解 答】

1 377,700円

1,587,000円（千円未満切捨て）×23.8％＝377,706円

→377,700円（百円未満切捨て）

2 28,400円

① 5.6％の場合

480,000円（千円未満切捨て）×5.6％＝26,880円

② 4.4％＋1.52円/㎡の場合

480,000円（千円未満切捨て）×4.4％＋4,800㎡×1.52円/m²

＝21,120円＋7,296円＝28,416円

以上より，①＜②となるから，税率は4.4％＋1.52円/m²，関税額は28,400円（百円未満切捨て）となる。

第6章
関税率表上の所属

出題傾向

項目	H28	H29	H30	R1	R2	R3	R4	R5
1 各類の概要と代表的な貨物		◯	◯	◯	◯	◯	◯	◯
2 所属決定要件								

本章のポイント

　輸入貨物は，関税率表上，ごくわずかな例外を除いて，第1類から第97類までのいずれかに分類されることとなる。

　通関士試験においては，通関実務の複数選択式又は択一式において，この分野から例年3問の出題がある。避けては通れない箇所であり，また一般常識のみでは解くことができない場合が多いが，同一の貨物が繰り返し出題されることが多い。近年は，試験問題中に資料が提示されることが多く，頻出項目さえ覚えておけば，細かい知識がなくても解答できる可能性が高い。最初は各類の代表的な品目をある程度押さえ，問題演習を行っていってほしい。

次のものは，特に重要なものであるので，最優先で記憶しておいてほしい。

【所属を誤りやすいもの】

品目	正	誤
うみがめ	動物（生きているものに限る）（1類）	魚，甲殻類，軟体動物等（3類）
スイートコーン	食用の野菜（7類）	穀物（10類）
大豆	採油用の種（12類）	穀物（10類）
ホワイトチョコレート	砂糖菓子（17類）	ココア及びその調製品（18類）
オレンジジュース	果実の調製品（20類）	飲料（22類）
インスタントコーヒー	各種の調製食料品（21類）	コーヒー（9類）
卵白	たん白系物質（35類）	鳥卵（4類）
野球用ミット	革製品（42類）	運動用具（95類）
中古のジーンズ	中古の衣類（63類）	衣類（62類）
スキー靴	履物（64類）	運動用具（95類）
ガラス繊維	ガラス（70類）	特殊繊維（58類）
整形外科用の履物	医療機器（90類）	履物（64類）
巡回サーカスに使用される動物	遊戯用具等（95類）	動物（生きているものに限る）（1類）
木製の喫煙用パイプ	雑品（96類）	木材の製品（44類）

また，次のページからは，試験対策上，優先的に押さえておくべき類と，その代表的な品目を挙げる。表題の概要を把握しておこう[*1]。

着眼点 *1

「第○類が何であるか」については覚える必要はなく，例えば「動物（生きているものに限る）」を掲げている類が存在するということを大まかに把握しておけばよい。

類	表題（概要）	代表的な品目
1	動物（生きているものに限る）	豚，羊，かめ，両生類等（第3類に分類されるもの等を除く）
2	肉	塩蔵，くん製の肉，豚の筋肉層のない脂肪
3	魚，甲殻類，軟体動物等	うなぎ，くん製のにしん，冷凍の魚のフィレ，いせえび，塩蔵のあさり
4	酪農品，鳥卵等	チーズ，脱脂粉乳，卵黄
5	動物性生産品	食用に適しない肉，動物の腸，人髪，羽毛
7	食用の野菜等	たまねぎ，スイートコーン，オリーブ
8	食用の果実等	干しぶどう，生鮮のアボカド，くるみ
9	茶，香辛料等	コーヒー，しょうが，カレー粉
10	穀物	てば，オート，木
11	穀粉，麦芽等	ばれいしょの粉，いった麦芽，でん粉
12	採油用の種等	小さい大豆，べき
15	動植物性の油脂	ごま油，肝油，ひまし油
16	肉，魚の調製品等	ソーセージ，キャビア，コーンビーフ
17	糖類，砂糖菓子	化学的に純粋なぶどう糖，ホワイトチョコレート，チューインガム
18	ココア及びその調製品	カカオ脂，チョコレート，ココアを含有する砂糖菓子
19	穀物の調製品等	スパゲッティ，ビスケット
20	野菜，果実等の調製品	オリンクラッセ，パイナップルジュース，酢漬けのきゅうり，フルーツゼリー
21	各種の調製食料品	インスタントコーヒー，アイスクリーム
22	飲料，アルコール等	ミネラルウォーター，スパークリングワイン，ぶどう酒
23	食品工業残留物等	大豆油かす
27	鉱物性燃料等	石炭，天然ガス，プロパン，石油
29	有機化学品	くえん酸，カフェイン，ビタミンC
30	医療用品	人血，脱脂綿，薬用紙巻きたばこ
33	化粧品等	まゆずみ，化粧用鉛筆，シャンプー
37	写真用の材料等	フィルム，現像液
38	各種化学工業生産品	医療廃棄物（薬剤で汚染された使用済みの注射器），活性炭
39	プラスチック及びその製品	プラスチック製の窓枠，板，取手つきの袋（長期間の使用を目的としないもの）
40	ゴム及びその製品	自動車用タイヤ，外科手術用ゴム手袋

第4編

通関実務

類	表題（概要）	代表的な品目
42	革製品，ハンドバッグ等の容器等	スポーツバッグ，プラスチック製のスーツケース，野球用のグローブ，皮製のベルト
44	木材及びその製品	木炭，竹製のくし，割りばし，靴の木型
48	紙及びその製品	新聞用紙，日記帳，紙コップ
49	印刷物等	書籍，地図，紙幣，カレンダー
57	じゅうたん	自動車用のじゅうたん
61	衣類（メリヤス編み等のもの）	羊毛製マフラー，クロセ編みのネクタイ，毛糸の手袋，
62	衣類（メリヤス編み等以外のもの）	スーツ・絹製ハンカチ・ネクタイ（織物製のもの），ブラジャー，リスペンダー（メリヤス編み，クロヤ編みであるか否かを問わない）
63	中古の衣類等	電気毛布，中古の衣類，履物，帽子
64	履物	スキー靴，サッカー用スパイクシューズ，ゴム長靴
65	帽子等	ゴム製の水泳帽，革製の帽子
68	石等の製品	炭素繊維，研磨紙
70	ガラス及びその製品	時計用ガラス，ガラス繊維，ガラス製造花
71	真珠，貴石，貴金属等	金の一次製品，金の指輪，貴金属の合金（金，銀，白金を2％以上含有するもの）
73	鉄鋼製品	鉄鋼製の汎用性部分品（ボルト，ナット，ねじ等），鉄鋼製ストーブ，手縫針
82	工具，道具，刃物	手のこぎり，柄が木製のテーブルナイフ
84	機械類等	自動車用エンジン，自動データ処理機械，ブルドーザー，家庭用電気ミシン，冷蔵庫
85	電気機器等	電動工具，ラジオ受信機，デジタルカメラ，自動車用リーチライト
87	自動車等の車両	トラクター，コンクリートミキサー車，自転車，乳母車，バンパー，ハンドル
90	写真用機器，測定機器等	映画用スクリーン，ガラス製の浮きばかり，カメラ，眼鏡，松葉づえ
91	時計，その部分品	腕時計，時計用のバンド（革製，貴金属製）
94	家具，寝具等	シャンデリア，木製たんす
95	がん具，遊戯用具及び運動用具	おもちゃの人形，遊戯用カード，ビリヤード台，スケートを取り付けたスケート靴
96	雑品	鉛筆，歯ブラシ，化粧用トラベルセット，乳児用のおむつ，自撮り棒
97	美術品，収集品及びこっとう	使用済みの切手

２　所属決定要件

例えば、「生鮮のたまねぎ」については、「1kgあたりの課税価格」が、①67円以下のもの、②67円を超え73.70円以下のもの、③73.70円を超えるものに分けて、所属の決定（貨物の分類）がなされている。

このように、各品目について、関税率表の所属を決定するための要件が定められている場合がある。以下に代表的なものを挙げる[*1]。

着眼点 ＊1

所属決定要件は最近はほとんど出題されていないが、平成14年以前にはよく出題されていた。優先順位は低いが、下表のものについては、覚えておいたほうがよい。

ミルク，クリーム	脂肪分の含有量
生鮮のたまねぎ	1kgあたりの課税価格
生鮮のバレンシア・オレンジ等	輸入の時期
コーヒー	いってあるかどうか及びカフェインを除いてあるかどうか
緑茶，紅茶	一包装あたりの正味重量
とうもろこし	用途
落花生	殻の有無
ひまわり油，ごま油	酸価
エチルアルコール	アルコール度数
肥料	成分
せっけん	用途
写真用フィルム	幅
ハンドバッグ	1個あたりの課税価格
合板	外面の単板の樹種及び厚さ
紙	1m²あたりの重量
金の一次製品	形状
鉄鋼	炭素等の成分
銅，鉛，亜鉛の塊	1kgあたりの課税価格
乗用自動車	シリンダー容積
貨物自動車	車両総重量
こっとう	製作後の年数

第4編

通関実務

【語呂合わせ】

(所属する類)

1　夜の　　君は　　　白い　　珊瑚
　　4類　←　卵黄（黄身）　卵白（白身）→　35類

2　とにかく　大好き　こまったな
　　12類　←　　　大豆　　　ごま

3　ちょこっと　一杯どう？
　　チョコレート　18類

(所属決定要件)

4　ミルクを　しぼる
　　ミルク　　脂肪分の含有量

5　たまねぎ　切ろうか？
　　たまねぎ　1 kg あたりの 課 税価格

6　H　　　　　　どす？
　　エチルアルコール　アルコール度数

450

索 引

2024年度版　通関士　スピードテキスト

（2011年度版　2011年4月10日　初版　第1刷発行）

2024年1月22日　初版　第1刷発行

編　著　者　　Ｔ　Ａ　Ｃ　株　式　会　社
　　　　　　　　　　　（通関士講座）
発　行　者　　多　　　田　　　敏　　　男
発　行　所　　ＴＡＣ株式会社　出版事業部
　　　　　　　　　　　　　　　（ＴＡＣ出版）
　　　　　　　〒101-8383　東京都千代田区神田三崎町3-2-18
　　　　　　　電話　03 (5276) 9492（営業）
　　　　　　　FAX　03 (5276) 9674
　　　　　　　https://shuppan.tac-school.co.jp

印　　　刷　　株式会社　光　　　　　邦
製　　　本　　株式会社　常　川　製　本

© TAC 2024　　　Printed in Japan　　　ISBN 978-4-300-10997-7
　　　　　　　　　　　　　　　　　　　N.D.C. 678

乱丁・落丁による交換,および正誤のお問合せ対応は,該当書籍の改訂版刊行月末日までといたします。なお,交換につきましては,書籍の在庫状況等により,お受けできない場合もございます。また,各種本試験の実施の延期,中止を理由とした本書の返品はお受けいたしません。返金もいたしかねますので,あらかじめご了承くださいますようお願い申し上げます。

通関士

試験ガイド

試験実施日程

試験案内配付	試験申込期間	試験	合格発表
例年7月上旬～8月中旬	**2023年度** 例年7月下旬～8月中旬	**2023年度** 毎年1回 例年10月第1又は第2日曜日	**2023年度** 例年11月上旬～12月上旬

2023年度
①願書を書面で提出する場合
7/24（月）～ 8/7（月）
※税関への提出は土曜日及び日曜日を除く
10:00～17:00
※郵送の場合は8/7（月）の消印有効

②願書を税関手続申請システムを使用して提出する場合
7/24（月）～ 8/7（月）17:00

2023年度 毎年1回
例年10月第1又は第2日曜日
10/1（日）9:30～15:30

※受験の申込みに関するお手続きの際は、必ずご自身で最新の試験情報をご確認ください。

2023年度 試験概要

受験資格	どなたでも受験できます。
試験日	例年10月第1又は第2日曜日（2023年度は10/1）
受験地	北海道・新潟県・宮城県・東京都・神奈川県・静岡県・愛知県・ 大阪府・兵庫県・広島県・福岡県・熊本県・沖縄県
受験料	3,000円

試験方法　各試験科目ともマークシート方式で行います。

択 一 式		5肢選択一。該当する肢がない場合、「0」をマーク。
選択式	語群選択式	文章の中の空欄に対し、与えられる語群の中から該当する番号をマーク。
	複数選択式	5肢の中から該当するものをすべてマーク。
計 算 式		貨物の価格や税額を計算し、正しい額をマーク。
申 告 書		与えられる資料から貨物を正しく分類し、正しい番号を選択肢から選び、マーク。 輸入申告書については、貨物の価格を計算し正しい額をマーク。

2023年度　試験科目・出題数・配点・時間

通関業法（9:30～10:20）

形式	出題数	配点
選択式	10問	35点
択一式	10問	10点

関税法等（11:00～12:40）

形式	出題数	配点
選択式	15問	45点
択一式	15問	15点

通関実務（13:50～15:30）

形式	出題数	配点
輸出申告書	1問	20点
輸入申告書	1問	
選択式	5問	10点
択一式	5問	5点
計算式	5問	10点

試験データ

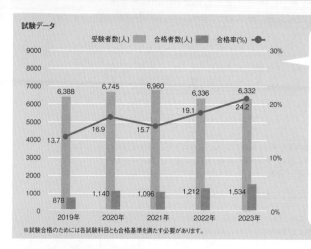

凡例：受験者数(人)、合格数数(人)、合格率(%)

年	受験者数(人)	合格数数(人)	合格率(%)
2019年	6,388	878	13.7
2020年	6,745	1,140	16.9
2021年	6,960	1,096	15.7
2022年	6,336	1,212	19.1
2023年	6,332	1,534	24.2

※試験合格のためには各試験科目とも合格基準を満たす必要があります。

＜参考＞ 2023年度合格基準

通関業法

形式	出題数	配点	合格基準
選択式	10問	35点	60%以上の得点 （45点中27点以上）
択一式	10問	10点	

関税法等

形式	出題数	配点	合格基準
選択式	15問	45点	60%以上の得点 （60点中36点以上）
択一式	15問	15点	

通関実務

形式	出題数	配点	合格基準
輸出申告書	1問	20点	60%以上の得点 （45点中27点以上）
輸入申告書	1問		
選択式	5問	10点	
択一式	5問	5点	
計算式	5問	10点	

通関士試験に関するお問い合わせ

最寄の税関の通関業監督官（函館、東京、横浜、名古屋、大阪、神戸、門司、長崎、沖縄地区）
税関ホームページ：http://www.customs.go.jp/

科目ガイド

通関士試験の出題一覧、合格基準（2023年度）

科目	合格基準		設問数	形式	配点
通関業法	45点満点中27点以上が合格基準（満点の60％以上）		第1問～第5問（各5点）	語群選択式	25点
			第6問～第10問（各2点）	複数選択式	10点
			第11問～第20問（各1点）	択一式	10点
関税法等	60点満点中36点以上が合格基準（満点の60％以上）		第1問～第5問（各5点）	語群選択式	25点
			第6問～第15問（各2点）	複数選択式	20点
			第16問～第30問（各1点）	択一式	15点
通関実務	通関書類の作成要領（申告書）	45点満点中27点以上が合格基準（満点の60％以上）	第1問（5点）	輸出申告書	5点
			第2問（1点×5、2点×5）	輸入申告書	15点
	その他通関手続の実務（その他）		第3問～第7問（各2点）	複数選択式	10点
			第8問～第12問（各2点）	計算式	10点
			第13問～第17問（各1点）	択一式	5点

合格基準は実施年度により変動します。

通関業法

通関業務（例えば、依頼者に代わってする輸入申告）を行う場合の「**業界のルール**」を定めた法律です。依頼者の利益の保護という観点から学習していけば、容易に理解することができます。

通関業法の攻略法は「語群選択式」にあり！
通関業法では「語群選択式」が最も配点が高いため、「語群選択式」をいかに取りこぼさずに得点するかが合格への鍵となります。

「語群選択式」は他の「複数選択式」及び「択一式」より得点しやすい！
「語群選択式」では、1問ごとに5つの答えを導きだしますが、1つでもあっていれば1点をとることができます。しかし、「複数選択式」及び「択一式」では、一肢一肢の正誤の判断が正確にできてやっと1点です。「語群選択式」では、内容的にも基本的な知識があれば解ける問題がほとんどです。

関税法等

関税法を中心としていくつかの科目が出題されます。関税法は、輸出入等に際しての「**カネ（関税）**」と「**モノ**（検査等の手続）」を規制する法律です。

関税法等の攻略も通関業法と同じ！
関税法等では通関業法と同じで、「語群選択式」が最も大きなウエイトを占めています。ここでも「語群選択式」攻略が合格の鍵となります。

しかし、通関業法とは違い「複数選択式」及び「択一式」の得点も必要！
関税法等では、通関業法とは違い、「語群選択式」以外の形式も得点しなくても合格基準に達しません。「複数選択式」及び「択一式」という得点しづらい形式の対策も必要です。また、関税法等の知識は通関実務でも出題されますので、ここで正確な知識を養っておきましょう。

通関実務

「関税法等」で学習する知識の範囲から、様々な形式で出題されます。「**申告書**」は、与えられる資料から輸出入申告書を完成させる形式です。「**計算式**」では、輸入貨物の価格や関税額等を求めます。「**貨物の分類**」では、「ある貨物が○○類に含まれるか」といったことが問われます。

配点も少なく、ミスが許されない通関実務！
通関実務は、合格基準を満たすための配点が少ないことが特徴的ですが、他の科目で得点源となった「語群選択式」がありません。「複数選択式」及び「択一式」を得点源とするとともに、「申告書」及び「計算式」への対策が必要です。

通関実務の対策は問題を繰り返し解くことが重要！
通関実務で出題される「申告書」。ここでは、与えられた資料を正しく読み取る力が必要で、そのためには問題を繰り返し解くことが重要です。「計算式」も、問題を繰り返し解かなければ対応できません。また、「複数選択式」及び「択一式」で得点するには関税法等の段階でしっかりとした対策が必要です。さらに、忘れてはいけないのが「貨物分類」の対策です。貨物分類は第1類から第97類まであり、早い時期からコツコツと覚えることが重要です。

通関士

答練パック

全10回 | 2024年 8月〜9月開講 | 学習経験者対象

学習期間の目安 1〜2ヵ月
※全学習メディアに Webフォロー 標準装備！

本試験4回分に相当する問題演習で実践力養成

どれだけ知識があっても、実際にその知識が活用できなければ本試験で点はとれません。そこで、知識を活用する問題演習を通じての弱点の発見、そしてその克服というプロセスが重要となります。質・量ともに充実した問題演習が含まれた答練パックで、ライバルに差がつく実践力を身につけましょう。

● カリキュラム（全10回）

8・9月〜	9月	10月上旬	11月下旬
直前答練（9回）	**公開模試（1回）**	通関士本試験	合格
答練＋解説講義	答練＋解説講義		

直前答練（9回） 答練＋解説講義

本試験のシュミレーションとして、また重要な基本知識の確認、弱点発見や解答の時間配分の調整などにお役立てください。
直前答練は演習だけではなく、解説講義がありますので、本試験レベルの問題を使いながら、解答への着眼点などもしっかり伝授いたします。

・通関業法 3回
・関税法等 3回
・通関実務 3回

公開模試（1回） 答練＋解説講義

本試験の傾向を分析したTACの予想問題を出題し、本試験と同じ形式で実施する全国規模の公開模試です。全国のライバルと自分自身の実力を比較して得意分野、不得意分野をチェックし、直前期に向けて学習の戦略を立てるのにお役立てください。

本試験形式

● 開講一覧

📖 教室講座

8月・9月開講予定 | 新宿校・八重洲校・横浜校・神戸校

📺 ビデオブース講座

仙台校・水道橋校・新宿校・池袋校・渋谷校・八重洲校・立川校・町田校・横浜校・大宮校・津田沼校・名古屋校・京都校・梅田校・なんば校・神戸校・広島校・福岡校　8/22（木）から順次視聴開始予定

💿 DVD通信講座

8/16（金）から順次発送開始予定

🖥 Web通信講座

8/22（木）から順次配信開始予定

● 受講料

学習メディア	通常受講料	再受講割引受講料	受験経験者割引受講料
教室講座	¥66,000	¥44,000	¥55,000
ビデオブース講座	¥66,000	¥44,000	¥55,000
DVD通信講座	¥77,000	¥55,000	¥66,000
Web通信講座	¥66,000	¥44,000	¥55,000

※過去にTAC通関士講座の本科生を受講された方、過去に通関士本試験を受験された方は、お得な割引受講料にてお申込みいただけます。

Webフォロー [標準装備]

※0から始まる会員番号をお持ちでない方は、受講料のほかに別途入会金（¥10,000・10%税込）が必要です。会員番号につきましては、TAC各校またはカスタマーセンター（0120-509-117）までお問い合わせください。
※上記受講料は、教材費・消費税10%が含まれます。　※上記内容は2023年12月時点での予定です。詳細につきましてはTAC通関士講座パンフレット、ホームページをご覧ください。

書籍の正誤に関するご確認とお問合せについて

書籍の記載内容に誤りではないかと思われる箇所がございましたら、以下の手順にてご確認とお問合せをしてくださいますよう、お願い申し上げます。

なお、正誤のお問合せ以外の書籍内容に関する解説および受験指導などは、一切行っておりません。

そのようなお問合せにつきましては、お答えいたしかねますので、あらかじめご了承ください。

1 「Cyber Book Store」にて正誤表を確認する

TAC出版書籍販売サイト「Cyber Book Store」の
トップページ内「正誤表」コーナーにて、正誤表をご確認ください。

CYBER TAC出版書籍販売サイト
BOOK STORE

URL：https://bookstore.tac-school.co.jp/

2 1の正誤表がない、あるいは正誤表に該当箇所の記載がない
⇒ 下記①、②のどちらかの方法で文書にて問合せをする

★ご注意ください★

お電話でのお問合せは、お受けいたしません。

①、②のどちらの方法でも、お問合せの際には、「お名前」とともに、

「対象の書籍名（○級・第○回対策も含む）およびその版数（第○版・○○年度版など）」

「お問合せ該当箇所の頁数と行数」

「誤りと思われる記載」

「正しいとお考えになる記載とその根拠」

を明記してください。

なお、回答までに１週間前後を要する場合もございます。あらかじめご了承ください。

① ウェブページ「Cyber Book Store」内の「お問合せフォーム」より問合せをする

【お問合せフォームアドレス】

https://bookstore.tac-school.co.jp/inquiry/

② メールにより問合せをする

【メール宛先　TAC出版】

syuppan-h@tac-school.co.jp

※土日祝日はお問合せ対応をおこなっておりません。
※正誤のお問合せ対応は、該当書籍の改訂版刊行月末日までといたします。

乱丁・落丁による交換は、該当書籍の改訂版刊行月末日までといたします。なお、書籍の在庫状況等により、お受けできない場合もございます。

また、各種本試験の実施の延期、中止を理由とした本書の返品はお受けいたしません。返金もいたしかねますので、あらかじめご了承くださいますようお願い申し上げます。

（2022年7月現在）